中国の監獄改良論と
小河滋次郎

孔穎

清文堂

序

　孔穎博士の労作『中国の監獄改良論と小河滋次郎』は、清末中国がいかに監獄制度の近代化へ邁進したかの姿を、法制改革の面から考察した新鮮な成果である。

　従来、法制関係の研究は主に、法律や制度の改革に主眼がおかれ研究され、多くの成果が累積されてきた。しかし、孔穎博士は、これまで看過され、注視されていなかった監獄制度に楔を入れ、ここに新成果を生み出したのである。

　清朝中国が西欧諸国と交流を進展させて行く中で、生活習慣などの文化摩擦が見られたが、こと中国の法制や法習慣の相違などにより、監獄に投獄された西欧人等は、中国監獄の劣悪さに気づき、多くの文献などに記した。その監獄の改善が、清朝中国が西欧と対等の外交条件を整備していくために必要な要件であったのである。

　孔穎博士は、その必要な要件をどのように克服していったかを着実な史料分析により解明したのである。特に、清末中国が、明治維新によって西欧化を進展させた日本に、監獄改革のモデルを求め、日本の監獄書の翻訳、中国から日本の監獄への視察者の派遣、留学生の派遣、日本の監獄学の専門家の中国への招聘など、これまでの研究者が注目してこなかった問題を、日中の文献を博捜して解明したのである。

　本書は、これまでの中国近代史研究に新しい分野を開拓したのみならず、同時に中日関係史研究においても新しい視点を提示した重厚な成果と言っても過言ではない。本書の刊行によって、多くの識者に、孔穎博士が開墾した分野の重要性が理解されることを祈念するものである。

　2015 年 1 月　　　　　　　　関西大学アジア文化研究センター　　松浦　章

中国の監獄改良論と小河滋次郎

目　　次

序 ……………………………………………………………………… 松浦　章　i

序　章　清末中国における日本監獄制度
　　　　受容研究の課題と展望 ……………………… 3

第一編　清末中国における西洋近代監獄制度の啓蒙

第一章　西洋人が見た明清時代の中国監獄 ……………………15
　一　緒　　言
　二　16、17 世紀のポルトガル人の伝えた中国監獄のイメージ
　三　啓蒙時代の批判
　四　パークスと清国監獄
　五　宣教師の影響
　六　「蘇報事件」と「沈荩事件」の刺激
　七　小　　結

第二章　中国官民が見た 19 世紀後期の西洋監獄 ………………43
　一　緒　　言
　二　19 世紀後期における清末中国官民の西洋監獄視察
　三　清末中国官民の西洋監獄視察の特徴
　四　19 世紀後期における中国官民の西洋監獄視察の役割
　五　小　　結

第三章　清末中国における監獄改良論の高揚 ………………………73
　一　緒　　言
　二　清末中国における西洋獄制の早期文献
　三　清末中国の先駆知識人による監獄改良論の創始
　四　清末新政時期の新聞紙上に見られる監獄改良論の高揚
　五　小　　結

第二編　清末中国における日本監獄視察の潮流

第一章　清末中国官民の日本監獄視察の概論 ……………… 101
　一　緒　　言
　二　19 世紀後半の清末中国官民の日本監獄視察

三　20世紀初期の清末中国官民の日本監獄視察の潮流

四　20世紀初期の清末中国官民の日本監獄視察

五　小　　結

第二章　清末直隷官紳の日本監獄視察 ……………………………… 131

一　緒　　言

二　清末中国における法政人材の需要

三　直隷官紳の日本監獄視察の類型

四　日本監獄視察と直隷監獄改良

五　小　　結

第三章　清末中央政府派遣の日本監獄視察団 …………………… 163

一　緒　　言

二　清末中央政府派遣の日本監獄視察団の時代背景

三　清末中央政府派遣の日本監獄視察団の経緯

四　清末中央政府派遣の日本監獄視察団の成果

五　小　　結

第四章　1906年中国地方政府連合派遣「調査日本監獄員」… 191
——浙江省を中心に

一　緒　　言

二　1906年浙江省官派「調査日本監獄員」

三　浙江省「調査日本監獄員」の在日活動

四　浙江省「調査日本監獄員」の帰国事跡

五　小　　結

第三編　清末中国語訳された日本監獄学書籍の動向

第一章　清末中国語訳された日本監獄学書籍の書目 ………… 205

一　緒　　言

二　清末における日本監獄関係書籍の中国語訳一覧

三　日本監獄学専門書類の訳書

四　百科全書類の日本監獄学訳書

五　小　　結

v

第二章　清末中国語訳された日本監獄学書籍の著者と訳者… 231
　　一　緒　　言
　　二　清末中国語訳された日本監獄学書籍の著者
　　三　清末中国語訳された日本監獄学書籍の訳者
　　四　小　　結

第三章　清末中国語訳された日本監獄学書籍の伝播………… 253
　　一　緒　　言
　　二　中国語訳された日本監獄学書籍の販売方法
　　三　中国語訳された日本監獄学書籍の出版広告
　　四　地方官吏の法政受験参考書
　　五　清国皇帝及び高官への贈呈
　　六　小　　結

第四編　小河滋次郎と清末中国の監獄改良
第一章　小河滋次郎と清国留学生……………………………… 273
　　一　緒　　言
　　二　法政大学の法政速成科
　　三　東斌学堂
　　四　東京警監学校
　　五　小　　結

第二章　小河滋次郎の監獄学中国語訳本 …………………… 291
　　一　緒　　言
　　二　小河滋次郎の履歴
　　三　小河監獄学著述の中国語訳本
　　四　小　　結

第三章　小河滋次郎と 1906 年清政府派遣の日本監獄視察団… 311
　　一　緒　　言
　　二　清国視察団の日本監獄協会への訪問
　　三　小河滋次郎と帰国した清国視察団成員との交流
　　四　小　　結

第四章　清末獄務顧問としての小河滋次郎……………………… 319

　一　緒　　言
　二　監獄管理の人材の育成
　三　京師模範監獄の設計
　四　大清監獄則草案の編定
　五　「清国の獄制」の記録
　六　小　　結

終　章　清末中国における日本監獄制度受容研究の意義 … 333

　付録一　清末における中国官民の西洋監獄視察の一覧表……349
　付録二　清末における中国官民の日本監獄視察の一覧表……350
　付録三　清末中国語訳された日本監獄学書籍の目次……353

　初出一覧……366／あとがき……367／索　　引……371

vii

中国の監獄改良論と小河滋次郎

序　章　清末中国における日本監獄制度
受容研究の課題と展望

　近代中国は、阿片戦争の敗北により 1842 年の南京条約をはじめとする一連の不平等条約を結ばざるを得ず、華夷秩序で構築されてきた中華文明の世界が崩壊しつつあった。古代中国人が考えてもみなかった「夷を以て夏を変ずる」という未曾有の時代を余儀なく迎え、近代化の道を歩み始めたのである。

　とりわけ法制度も西洋の巨大な衝撃のもとで、伝統的な中華法系から、西洋法系へと変容させていかざるをえなかった。フランスの思想家モンテスキューは「中国は専制の国で、その原則が恐怖である」と批評した [1]。中国法の中で、最も非難されたのは監獄であった。「監獄の実況を見て、その国の文明と野蛮を測ることが可なり」[2] とされたように、中国監獄の暗黒と酷刑は西洋の 16 世紀前葉に渡来した宣教師及び 19 世紀後半に渡来した使節や新聞記者によって世界に晒された。中国では、「刑は士大夫に上らず」という伝統があるため、士大夫階層には、穢れた監獄から遠ざかる習慣があった。しかし、阿片戦争以降、海外へ出国した近代中国官民の視察日記を見ると、彼等が西洋の監獄に関して詳細な記録を残している。西洋列強は中国監獄の暗黒と法制の不備をもって、治外法権と領事裁判権の正当性を強調した。したがって、従来中国官僚知識層から看過されてきた監獄は近代西洋文明の代表的な象徴として注目を集め、一時監獄改良論が世に風靡した。そして西方列強から清国監獄の不備を口実にされることなく、既得権となっていた治外法権を放棄させるには、中国の監獄制度の改良は急務となったのである。

　清末の監獄改良を含む法制の近代化は中国法制自身の自覚発展というより応急的で受身的と言ったほうが適切である。蔡枢衡は清末中国の刑罰体系の近代化の過程について、伝統的な五刑体系から自由刑を中心とする近代の刑罰体系への転換は「中華民族の自我覚醒ではなく、当時中国社会の半植民地化の刑法への反映である」[3] と評論した。これは清末中国に限ったことではなく、当時

3

のアジア諸国にも当てはめることができる。「同文同種」の国家とされる日本も、西洋の「堅船利砲（強大な軍艦と強力な艦載砲）」の脅威のもとでやむを得ず開国し、西洋化の道を歩み始めた。

　明治日本は率先して西洋の法制度を参照しながら法律改革を進めた。その典型的なものに監獄制度がある。明治4年（1871）、日本政府は当時イギリスの植民地であった香港・シンガポールへ獄制視察団を送り出した。その後、試行錯誤を繰り返し、近代西洋監獄制度を導入し確立したのである。その成果は、明治27年（1894）の西洋との間の治外法権撤廃の一要因となったと言えよう。このように見るならば西洋との間の不平等条約を撤廃するまで二十数年を要したことになる。

　日清戦争を契機に、清末中国において、明治維新の成果が認められ、古くから日本を見下してきた見方は大きく変化した。そこで、清政府は明治日本を見本に本格的に監獄改良を実行していくのである。日本の監獄制度を受容した方法として、監獄視察団の派遣、留学生の派遣、日本監獄学書籍の翻訳、日本人の獄務顧問の招聘などの4つのルートが挙げられる。本書は、清末中国の監獄の近代化において、媒介としての明治日本が果した役割の重要性を論証するものである。

　近代中国の監獄制度に関しては、近年の肖世傑の「清末監獄改良」（2007年湘潭大学法学院博士論文）をはじめとする成果が続々と発表されるようになったが、いずれも中国側の史料を使い清朝中国の監獄事情を述べるにとどまり、その近代的監獄制度がどのように明治日本から導入されたかに関しては、ほとんど明らかにしておらず、またこのような視点すら見られない。従来の中国監獄に関する研究は、監獄そのものに暗いイメージが先行するためか、研究者から関心を持たれず看過された状態であった。一般的に法学分野の専門著作には、法理の角度から分析されることがあったが、監獄の歴史そのものは非常に簡単に扱われてきた。そして、近代の監獄制度に関する改良政策が簡略的に触れられるのみであった。そのような先学の成果として次のものがある。

　中華人民共和国成立前に著された王元増の『監獄学』（1917年初稿、1924年出版）の第一章第一節「中国監獄之沿革」、孫雄の『監獄學』（上海商務印書館、

序　章　清末中国における日本監獄制度受容研究の課題と展望

1936年）第一編第四章「我国獄制沿革及改良情形」、趙琛の『監獄学』（上海法学編訳社、1931年）第三編第二章第四節「我国獄制之沿革」等が主な先駆的な成果である。これらは、監獄の歴史を簡略的に素描する程度である。ところが、2005年に近代監獄学に関する専門書が現れた。それが郭明の『中国監獄学史綱：清末以来的中国監獄学術述論』（中国方正出版社、2005年）である。同書は、清末以来の監獄に関して出版された書籍を紹介している。さらに、これまでの法学の分野からの視角のみならず、多方面の角度から監獄を考察する研究が出現したのである。その典型的な成果が馬志冰の『中国監獄文化的伝統與現代文明』（北京法律出版社、2006年）であり、郭明の『学術轉型與話語重構：走向監獄學研究的新視域』（中国方正出版社、2003年）である。これらは、監獄を社会学や文化学的な面から論じている。また研究論文において、近代中国の社会変遷の研究の進展にしたがい、清末監獄改良を論じる研究論文も発表されるようになった。

　しかしこれらの成果も中国の監獄制度の範疇のみで論じられた成果であり、近代中国における西洋監獄制度の移植に関する明治日本の仲介作用に論及した論文は皆無に近い。しかしながら、例えば、王長芬の「"聲噪一時"與"改而不良"：清末監獄改良再考察」（2006年華東師範大学修士論文）を見れば、主に『申報』・『時報』・『大公報』・『東方雑誌』などの中国国内の新聞雑誌を利用し、京師及び江蘇浙江の地域を中心に、清末監獄の改革の時代背景や実施効果などを分析しているが、日本に関する論述は史実を簡単に列記するのみである。特に本書と関連するため、王長芬が指摘した箇所を掲げてみたい。王長芬は、光緒三十二年（1906）五月二十七日の『申報』に掲載された「電商派員学習巡警監獄諸法」という記事を取り上げ、1906年に直隷・江蘇等十省が連合し、日本へ官吏を50名派遣し監獄知識を勉強させたという史実を指摘するのみで、その後の視察や関連する考察は究明されていない。このように、本書が掲げる課題はほとんど未開拓と言える。

　これまで中国人の日本留学については、実藤恵秀をはじめ、多くの中日学者によって研究され、多数の研究成果が出されている[4]。本書で取り上げる分野の清末中国官紳の日本視察に関する研究は、必ずしも先行研究が多いとはいえ

5

ない。熊達雲の『近代中国官民の日本視察』[5]と汪婉の『清末中国対日教育視察の研究』[6]の研究に代表されるように、近代中国官民の日本視察が注目を集めている。汪婉は教育視察を中心に論述するが、本論と関係する視察に関しては全く触れていない。熊達雲は、『近代中国官民の日本視察』第二編第七章に「近代的監獄・警察制度への傾倒」という一節を設けたが、近代中国官民の対日政法視察に関しては概説的に述べるに止まっている。

　日本人の研究には近代の中国監獄制度に関する成果として島田正郎の『清末における近代的法典の編纂——大清監獄則草案の編定に関連して』（東京創文社、1980年）があり第六章に「罪犯習芸所と模範監獄」が収められ、その中に「小河滋次郎の寄与」という4千字の一節がある。ただ、小河滋次郎に関しては、慶応大学の小野修三をはじめとする多くの日本学者が論じているが、主に彼の早年の監獄改良事業の貢献と晩年の社会福祉方面の活躍について論及されている。1908年から1910年までの2年間にわたり、小河が清国獄務顧問として招聘されたことについては、全く論じていない。この意味では、管見の限り島田正郎の研究が本研究と最も関係する。しかしながら、島田の研究はその副題に示されたように、全体として「大清監獄則草案」の編纂に重点を置いて論じたもので、中国監獄そのものへの日本からの影響については究明されていない。

　そこで、このような中国の監獄の問題を究明するにはどのような課題があるであろうか掲げてみたい。

　上記のようにこれまでの中国における監獄制度の研究は、主として中国内の監獄制度の法学的研究や監獄の実状を述べる研究に止まるものであって、特に明清時代の中国において監獄そのものがいかに劣悪な状況であったが外国人に明らかにされ、どのように外国とりわけ明治日本から影響を受けて近代的な監獄制度が成立していたかについては、ほとんど究明されていない。清末に西洋諸国との接触が高まる中で、中国監獄の状況が世界の人々に知られるようになった。さらに清末に対外開放され、中国人が外国に赴く中で西洋の監獄と中国の監獄を対比し、中国監獄の問題点が浮かびあがり、監獄改良論の高揚につながっていた事実さえこれまでの研究では看過されてきた。そして清末監獄制度を改革するうえで、模範とされたのが明治日本であったことについては全く

序　章　清末中国における日本監獄制度受容研究の課題と展望

究明されていない。また、日本監獄制度を受容した過程で、多数の中国官民の日本監獄視察と日本人の著した監獄学書籍の中国語訳本の伝播が大いに寄与したことについても、これまでの研究は気づいていない。近代日本監獄学の先覚者である小河滋次郎と清末中国の監獄改良の関係も見過ごされている。清末中国の監獄近代化に関して、中国では近年来やっと研究成果が若干見られる状態である。さらに、清末中国の監獄近代化に関連して、明治日本が果たした媒介作用は全く未開拓の分野と言える。

　そこで本書は、清末の中国がどのように監獄制度を外国とりわけ日本から受容し、監獄制度を整備していったかを明らかにするものである。

　次に、各編において掲げた問題提起に関して述べたい。

　序章においては、本書で述べる課題と展望について述べた。

　第一編において、清末中国における西洋の近代的な監獄制度がどのように中国の人々に認識され、旧態の監獄制度の問題点を啓蒙したかを述べる。

　清代の文学家・方苞は、悲惨な清代監獄の様子を「獄中雑記」に描き、刑部監獄の内情を述べている[7]。その記述から、当時の人々は監獄といえば、恐怖な人間地獄というイメージを浮かべたことが知られる。このような暗黒至極の監獄事情は、もともと国内に限って中国士大夫を含め誰でも熟知していたが、珍しいことではなかった。しかし、中国の監獄事情は、近代以降、次第に国外に知られ、西洋各国に野蛮国と見なされるようになった。したがって、中国士大夫は西洋各国の文明と自国の野蛮をしかたなく認め、民族尊厳の崩壊という未曾有の破局に直面させられた。

　このため西洋の法律を模倣し、歴代変わらない中国刑法を改革する声が次第に高まり、朝野の主流意識となりつつあった。そのため「中國刑法以禮制為主，而尊上抑習為固然，歴代以來遵守勿易。近日以來有志之士漸知中律之慘酷，謂中國定律宜法西人，而改革刑律之說遂騰於朝野」[8]と言われた。西洋の非難を浴びた中国監獄も次第に注目を集め、改良の声が日増しに高まったのである。近代中国の監獄改良に関する初期の議論は主に宣教師・中国駐在公使・西洋記者を中心として行われ、また19世紀後期から、海外使節として派遣された中国官民は次第に増加し、西洋法制や西洋監獄を視察している。西洋人と出国し

7

た中国官民の記録によって、中国知識階層は大きな影響を受け、中国の監獄制度を見直すようになったわけである。中国の知識人が西洋獄制の早期文献との接触によって、形成発展された監獄改良論を国内に発信し、清末新政期にいたって、新聞報道によって監獄改良論が高揚した状況等については第一・二・三章において論じた。

第二編においては、清末中国における日本監獄視察の潮流に関して究明した。

中国と日本は一衣帯水の隣国で、古くから交流があった。しかし、日清戦争までは中国人の日本に対する認識はほぼ皆無に近かった。中国人の日本への印象は、昔から朦朧としていた。『後漢書』以降の歴代の官修史書には日本のことが記載されているが、日本の風土人情どころか、地理方位までも茫然としてはっきりしていない。しかし、日清戦争をきっかけに、中国人の日本観は大きく変化した。清末中国人の日本観の転換とともに、清末新政に明治日本の法制度を受容したのである。古くは日本が中国から学び、文物制度を受容してきた。しかし、その傾向が逆転するのが19世紀末の明治維新以後のことであり、それまでとは異なり中国が日本から様々な文化を受容することになった。

清末の中国は、明治維新によって近代化した日本の法制度に対して特に注目したことは王宝平主編『晩清東遊日記彙編　日本政法考察記』[9]によっても明らかであるが、その中でも、具体的に最も注目されたのが日本の監獄制度であった。清末には、日本の監獄の実状を視察するために、実に多くの中国人官民が日本に赴いている。1903年から1910年までの7年間に、中国の各省のみならず、中央政府からも日本の監獄制度を視察するために派遣された人数は92人に達した。このように、近代中国人がなぜ日本の監獄制度に関心を持っていたのかと言えば、それは監獄が近代西洋文明の代表的な象徴として、早くから中国の有識者の目を引きつけたからである。

これまで中国人の海外留学、特に日本留学については、研究が蓄積されてきたが、中国官民の日本視察については、必ずしも先行研究が多いとはいえない。その中で近代中国が明治維新後の日本の法制度を受容した一例として、第二編では清末中国官民の日本監獄視察がいかに日本の監獄制度を受容したかを四章の各論に分けて明らかにしてみたい。

序　章　清末中国における日本監獄制度受容研究の課題と展望

　ここで言う官民とは新式教育によって育成された近代的な知識階層と異なり、科挙時代の旧式官紳いわゆる地方官と郷紳である。これら清国官紳による日本視察の問題は、特に清末新政において火急の問題であった監獄問題の視察について探求する。第二章で取り上げた直隷官紳をはじめとする清末中国官民は、旧式官紳に属する人々であった。しかしながら、最近の学界では中国近代化における日本視察者の功績について注目されるようになった。これらの視察者は、留学生のように系統的な近代的知識の体系は育成されていなかったが、年功を積んで官職に就任し、容易に革命説に染まらず清政府から大いに信頼を受け、しかも清末新政における急進的で急激な改革を即時に必要とする具体的な問題に関する視点が明確であった。旧式官紳は、中国の近代社会の新陳代謝を押し進めた決定的な力量はなかったが、制度移植と民智啓蒙という方面に否定できない影響を及ぼしたのである。そこで清末地方政府の日本視察派遣の一例として、直隷官紳を取り上げ、日本監獄視察の時代背景、視察類型、視察成果に分け、中国近代化における日本視察の影響を検討した。

　光緒二十八年（1902）から始まった修律活動は、刑法が最初に改革され、従来の生命刑・身体刑・遷徙刑（流刑）を主体とした刑罰体系が、自由の剥奪を特徴とする近代的自由刑に取って代わった。次第に、刑罰の執行場所である監獄も改革しなければならなくなった。一方、明治日本は監獄を含む法整備によって、治外法権の撤廃に成功した。そこで、1906年、晩清政府は日本に監獄視察団を送り出し、明治日本を見本に本格的に監獄改良を実行していくのである。1906年に修訂法律大臣の沈家本より派遣された董康一行の日本監獄視察団は、近代において中日法曹界の初めての接触となった。日本政府は非常に重視し、司法省は参事官・斎藤十一郎と監獄局事務官・小河滋次郎を特派し、接待の任に当てた。また、明確な視察目的を持っていたので、実り多い成果をあげたことについて第三章で論じた。

　第四章は前述の「電商派員学習巡警監獄諸法」と題する『申報』の記事（光緒三十二年五月二十七日）を手がかりとし、1906年浙江省を中心に十省の中国地方政府が連合派遣した「調査日本監獄員」の経緯を具体的に考察するものである。主に浙江省の人員派遣名簿を調査し、中日両方の資料に依拠し、対日監

獄視察の状況を究明し、さらにそのうちの3人の足跡を追跡し、帰国後浙江省の監獄改良に果たした貢献を論じた。

　第三編においては、清末に中国語訳された日本監獄学書籍として次の問題を論究した。

　日本監獄制度の受容法として、視察のほかに、書籍の翻訳も見落とせない役割を果たしたのである。当時、日本や中国では監獄関係の漢訳本が多数出版されていた。そこで、清末中国において中国語に翻訳された日本監獄関係の書籍には、どのような日本の監獄学書籍があったかを明らかにするものである。

　清末中国において日本書籍の翻訳に関する議論は、光緒二十四年（1898）六月に康有為が上奏した「請廣譯日本書派遊學折」[10]に遡ることができる。それまで、曾国藩をはじめとする地方有力者が上海・天津・福建・広州で西洋学の翻訳を開始して40年を経過したが、それは失敗とされ、その原因が欧米の書籍を翻訳したこと、しかも農工学兵学などの人々の思想啓蒙に関係のない書籍ばかりであったとされた。これに対して、日本書籍の翻訳の利点が喚起された。康有為は日本書籍の翻訳の主唱者であり、日本監獄書籍の翻訳の先覚者でもあった。彼は1896年から編纂し始めた『日本書目志』の「政治門」の監獄類に、3種の監獄関係の書籍を収めている[11]。康有為などの有識者の呼びかけによって、10年後の1906年には監獄関係の書籍の翻訳等は数十種[12]にのぼっている。また、日本留学生による盛んな監獄書籍の翻訳事業ぶりは、当時日本に遊学していた周作人のエッセイ「見店頭監獄書所感」[13]にも見られ、日本の書店に中国人の日本留学生が訳した監獄書籍がたくさん並べてあった様子が描かれていることなどについては第一章で明らかにした。

　これらの書籍の著者と訳者については、第二章で明らかにした。第一章の中で示した「清末における日本監獄関係書籍の中国語訳一覧」からも明らかなように、33種の日本監獄書籍の漢訳本のうち11種が日本で出版されたのである。特に日本監獄学書籍の漢訳本の印刷を行った日本の印刷所は、浅草の東京並木活版所・蚕光社・東京池田九段印刷所・日本印刷株式会社・東京秀志社・東京神田区錦町の小川印刷所・東京牛込区神楽町の翔鸞社・日本橋の東京印刷株式会社などであり、これらの印刷所で刊行された日本の監獄関係の漢訳本がどの

序　章　清末中国における日本監獄制度受容研究の課題と展望

ように清朝中国に伝わり、そして使われていたかについては第三章において明らかにした。

　第四編においては、近代日本監獄学の木鐸である小河滋次郎と清末中国の監獄改良の関係を論究した。

　この小河滋次郎が、20世紀初めに相当する日本の明治末期の公立・私立の法律学校等において、清国留学生を対象にどのような教学活動を行っていたのかについては、これまでの研究ではほとんど注目されてこなかった。そこで第一章において小河滋次郎と清国留学生に関して、これまでの研究ではほとんど知られていない小河と清国留学生の交誼について中日両国の史料に依拠して明らかにしている。

　前編でまとめた「清末における日本監獄関係書籍の中国語訳一覧」から明らかなように、日本に関係する翻訳書は33種にのぼる。そのうち、18種は小河滋次郎がかかわっており、全体の半数を超えて第一位である。小河はなぜこのように清末中国に受け入れられたのか、そしてどのような作品が中国語訳されたか、第二章で彼の経歴を述べながら分析してみた。

　小河は多数の清国留学生を育てあげ、彼等に慕われ、留学生の翻訳によって清末中国では有名になった。しかし、修訂法律大臣の沈家本に注目され、清国獄務顧問として招聘されるのは1906年の董康視察団一行と直接な関係があると考えられる。小河はどのように清国中央政府派遣の日本監獄視察団を接待したか、どうして日本監獄協会の名義で視察団を招待したか、さらに、帰国後の視察団成員との交流などについて、第三章において論じた。

　小河は1908年5月から1910年5月までの2年間北京に招かれ、清国の獄務顧問に任じられた。この2年間、小河はどのように清国監獄の近代化に寄与したか、また、小河の功績を清国政府はどう評価したか、さらに、小河はどうして清末の監獄改良の事業に多大な情熱と熱望をかけたかについて、第四章で探究してみた。

　終章において、本書の結論を述べた。

　以上の問題を、四編十六章にわたって詳論した。

11

〔注〕
1) 孟德斯鳩『論法的精神』上冊、商務印書館、1961 年、第 129 頁。
2) 「修訂法律大臣沈家本奏實行改良監獄宜注意四事折」故宮博物院明清檔案部編『清末籌備立憲檔案史料』北京中華書局、1979 年、第 831 頁。
3) 蔡枢衡『中國刑法史』中國法制出版社、2005 年、第 87 頁。
4) 例えば、実藤恵秀『中国人日本留学史稿』日華学会、1939 年。実藤恵秀『中国人日本留学史』くろしお出版、1960 年。嚴安生『日本留学精神史』岩波書店、1991 年。尚小明『留日學生與清末新政』江西教育出版社、2003 年。靳明全『攻玉論:關於 20 世紀初期中國軍界留日生的研究』重慶出版社、2001 年。周一川『近代中國女性日本留學史（1872 ～ 1945 年)』社會科學文獻出版社、2007 年。黃福慶『清末留日學生』中央研究院近代史所、1975 年。舒新城『近代中國留學史』中華書局、1933 年。李喜所『近代中國的留學生』人民出版社、1987 年。「CNKI 中国知識資源総庫」で検索すれば、「清末留日」或いは「晩清留日」を題目にした論文は 70 点もある。
5) 熊達雲『近代中国官民の日本視察』成文堂、1998 年。
6) 汪婉『清末中国対日教育視察の研究』汲古書院、1998 年。
7) 方苞「獄中雜記」『桐城三家散文賞析集』巴蜀書社、1989 年、第 84 頁。
8) 「論中國改革刑法」『東方雜誌』甲辰（1904 年）第八期内務、第 91 ～ 95 頁。
9) 王宝平主編『晩清東遊日記彙編 日本政法考察記』上海古籍出版社、2002 年。
10) 劉琅編『精讀康有為』廈門市鷺江出版社、2007 年、第 333 ～ 334 頁。
11) 康有為『日本書目志卷五』『康有為全集』第三冊、上海古籍出版社、1987 年、第 756 頁。
12) 文夢輝・曾遇賢譯『獄務攬要』例言、東京秀志社、1906 年。
13) 周作人『知堂書話』（上）海南出版社、1997 年、第 1269 頁。

第一編　清末中国における西洋近代監獄制度の啓蒙

第一章　西洋人が見た明清時代の中国監獄

一　緒　　言

阿片戦争後、中英政府が1842年に南京条約を調印し、さらに1843年にまた「中英五口通商章程」（港）を結んだ。その第13条においてイギリス人が中国で訴訟に関係すると「如何科罪、由英國議定章程法律、發給管事官照辦」と、訴訟に際してイギリスの章程と法律により議定し担当官吏がそれに基づいて行動すべしと定められていた。これが中国における領事裁判権の始まりで、その後の一世紀にわたる中国の近代史に重大な影響を与えたのである。

西洋列強が中国における領事裁判権を獲得する主な理由は3つあった。

1、中国が外国人を「夷狄」と見なすため「夷狄之法」で治めるべきである。

2、中国の裁判官は法律知識がなくて、道義心も薄く、甚だしきにいたっては賄賂で裁判を左右することもある。

3、中国法制が整備されていなく、裁判の際には肉刑もあり得た。もし囚人が死亡したり逃亡したりする場合、連座制度により、無実な人も乱暴に殺すことがあった[1]。

以上の2と3は中国司法の不公平と残酷を訴えるもので、西洋列強が中国の後進性を指摘する最も大きな口実であった。そのうち、中国監獄の状況は最も有力な例証といえよう。

1840年、英軍が浙江省の舟山を攻めた時、1人の落伍者が中国庶民に捕えられ、寧波の監獄に移送され、木造の籠に閉じ込められ、首に枷をかけられ、手足も鎖をつけられ、街中引き回された。籠があまりにも小さく、彼のひざがあごに当たるほどであった。3日間の引き回しの後、この人はまた籠に閉じ込められたまま、監獄に送られた。そこで多くの同じような悲惨な境遇に遭った人を目撃したのであった[2]。

第一編　清末中国における西洋近代監獄制度の啓蒙

　1840 年 9 月 15 日、商船を改造した英軍の「Kate」号が浙江沿海の浅瀬に乗り上げ、船長と 26 名の船員は中国人の捕虜になった。それぞれ鉄の鎖をつけられ、狭い木の籠に閉じこめられ、寧波の監獄に送られた。のち船長の妻が『中国叢報』に投稿した文章によって、その旅の怖ろしさが知られる。

　　私の籠は高さが 1 ヤード足らずで、長さが 4 分の 3 ヤード、幅が半ヤード
　　程度。門が上にあった。われわれはこんな籠に閉じ込められたまま運ばれ
　　た。首に鎖がつけられていて、籠の蓋に固定された。彼らは長い竹さおで
　　籠の中を通し、前後 1 人ずつ竹さおの一端をもって運んだ。われわれは、
　　こういうふうにある町から別の町へと揺られながら運ばれたわけである。

　寧波監獄は、舟山の東から 30 マイル離れたところにある。拘禁中でも、相変わらず籠に入れられた。籠の中は排泄物も清掃されずに臭くなっていた。そのうちの 3 人は、赤痢で死亡した。10 月 13 日、英軍は寧波を攻め落とし監獄を焼き払ったが、囚人用の籠を中国人の残酷さの証として 1 つだけ残し、インドに送られ公開されたという[3]。

　上記のように、阿片戦争中、イギリス人の捕虜が中国の監獄で受けた酷い扱いは直接的にイギリス政府を刺激し、戦後の講和の話し合いにおいて、イギリス公民が中国監獄に投獄されないよう、意図的に領事裁判権を取得しようとしたのではないかと考えられる。

　本章では、16 世紀以来中国刑獄をめぐる西洋人の中国観の形成・発展、さらに清末監獄改良への影響を、宣教師をはじめとする近代中国を訪れた西洋人の記述によって述べてみたい。

二　16、17 世紀のポルトガル人の伝えた中国監獄のイメージ

　領事裁判権に関して、イギリスは政治・経済面での実際的な利益を考慮したとしても、監獄での怖ろしい刑罰をはじめとする中国司法の実態について、ヨーロッパ人は昔から書き残してきた。中国監獄に関するヨーロッパ人の記述は 16 世紀前葉にさかのぼることができる。それらは主として、ポルトガル使

16

第一章　西洋人が見た明清時代の中国監獄

節団と宣教師の書簡及び報道、さらにこれらの記述に基づいて書かれた中国誌である。

　1524年、トメ・ピレス（Tomé Pires、漢名は皮萊資）をはじめとするポルトガル使節団は広州で明政府との間に摩擦を生じ、監獄に拘禁された。使節団員は、ヨーロッパに送った獄中の書簡に中国監獄の恐怖を描いている。

　　トメ・ピレスなど6人は、広州の地方民政を司る布政使の監獄に送られ、ほかの4人はそれぞれ都司の牢屋に監禁され、10ヶ月の監獄生活を過ごした。1525年8月14日、ピレスは手錠をかけられ、随従は手錠のほかに、足にも首にも鎖をかけられ、街中を引き回されてから、地方の司法検察を司る按察使の役所に護送され、またもっと重い鎖に変えられ投獄された。そのうちの1人は、その重い鎖で命を落とした。ほかの人は腕が腫れて、足がきつい鎖で血が止まらない状態であった。日が暮れる前に、ピレスは重い枷をかけられ、裸足で坊主刈りにされて、罵りの中でわれわれの財産が没収されるのを見に広州府大獄に連れて行かれた。

　　投獄された船員は餓死した者もいれば、溺れた人もいた。ハンマーで頭部を叩かれて死んだ者もいた。首に縄を絞められ鞭で700回も叩かれて死んだ者もいた。……ほかの3、4人は重い枷で命を落とした。2人は飲酒後の獄卒に鞭でひどく殴られ、6日後に死亡した。……ピレスも病死した。ただ2人が生き残った[4]。

　中国史上初の欧州使節団は、中国の監獄でその訪問を終えたわけである。ヨーロッパに送られた書簡に描かれた中国監獄の枷鎖、獄卒と疾患はその後も中国の姿をイメージさせる主要な材料となり、中国監獄とは残忍さの代名詞になった。

　時代が下って、ポルトガル商人のペレイラ（Galeote Pereira、漢名は伯來拉）は中国沿海で密貿易を行ったため、1549年に福建で中国役人に逮捕され、のち広西に護送された。その後、監獄から逃走して中国から脱出した。帰国後、中国の囚人生活を記録した報告を書き残した。

　ペレイラの記録によって、初めて中国の代表的な刑罰である「笞杖」即ちむちで打つ刑と杖で打つ刑が紹介された。すべての囚人は監獄に入れられる前に、

17

第一編　清末中国における西洋近代監獄制度の啓蒙

事の是非曲直を問わずに叩かれていた。

　　彼らの鞭は一種の竹で、真ん中から捌かれ、とげがなくなめらかに作られ
　ている。叩かれる人は地に伏せ、行刑人が竹の鞭を持って力を入れて尻を
　叩く。傍観者は彼らの怖ろしい様子を見て震えるほどである。10回叩く
　だけで大量な血が出る。20回か30回で皮肉が裂け、50回か60回になる
　と長期治療が必要であった。100回なら助けようがなかった[5]。

　ペレイラは役所の腐敗問題にも触れた。もし行刑の小役人に賄賂を払えば、
受刑の時、受ける傷害が小さくなる。

　監獄の生活条件は非常に悪い。「犯罪者は監獄に入ると、飢えと寒さで早く
死亡した。われわれは監獄にいる時、たくさんの犯罪者が死亡したことを目撃
した」[6]とされた。

　中国監獄でもう1つ怖ろしいのは囚人を護送する時に使われる囚籠である。

　　捕縛された盗賊は体よりやや長い箱に閉じこめられ、皇帝に雇われた人に
　担がれ、ある地から監獄に運送される。囚人は箱の中のベンチに腰掛けて、
　箱の蓋は2つの板からなり、板の中央部に丸い穴が開いていて、囚人の首
　を固定する。囚人は箱に座り、頭が箱の外、体が箱の中。頭を左右に動か
　すこともできなければ、縮めることもできない。箱の底に排泄用の穴があ
　る。食べ物はほかの人が口の中に運ぶ。護送中は、昼夜を問わず、箱に入
　れられたままである。運搬者が転んだり、箱が揺れたり、乱暴に地面に落
　とされたりすると、中の囚人はひどい目に遭う。小さな揺れでも、首をつ
　るされたようになるからである。われわれの同伴者は、このように7日間
　をかけて福州に送られた。彼らの話によると、途中何の休みも得られず、
　最大の苦しみがむしろ途中の逗留であった。目的地にたどり着いて箱から
　出された時、立つこともできなく、そのうちの2人は間もなく死亡した[7]。

　一方、ペレイラは中国監獄の管理のよさにも言及した。「全体が高い壁に囲
まれて、上に監視塔がある。壁は頑丈で高く、正門も同様に堅固で、昼夜の別
なく、監視と警戒が行われている。」[8]庭も広くて平坦である。「監獄の中に
街道と市場がある。日用品のすべてが販売されている。商売で生計を立てる囚
人もいる。買い込みもすれば、売り出しもする。寝台の貸し出しもする。」[9]

第一章　西洋人が見た明清時代の中国監獄

彼は特に当時の中国南方の豊かさ、町の華やかさ、生活の平和とゆとりについて描写した。このように表現された環境のもとで、監獄の残酷な雰囲気も薄められたわけである。

ペレイラの記録はのちに耶蘇会（イエズス会）が欧州総部に送付した宣教報告の付録として、イタリア語に訳され、広く流布し、またイギリスの耶蘇会士 Richard Willes によって英語に訳され、『東西インド群島旅行史』（*History of the Travayle in the West and East Indies*, 1577）に発表され、英語圏の人々が東洋をイメージする際の１つの重要な源になった。

ポルトガルのドミニコ会修道士クルズ（Friar Gaspar da）は、1556 年に広州に来航している。1569 ～ 1570 年に出版された彼の著作『中国志』（*Tractado em que se cotam muito por esteso as cousas da China*）は、ヨーロッパにおける最初の中国に関する専門書である。その中に司法と監獄の内容が少なくない。その一部は前述したペレイラの報告に由来している [10]。

クルズの目に映った中国監獄は、ペレイラの記述よりも恐ろしいものであった。ペレイラの静かな記録は、クルズによって怖ろしい姿に一変した。中国では、むちと杖で打つ笞杖刑が真相を得る唯一の方法として使われていた。「彼らは誓言を使わない。神を信じないからである。」[11] 刑具の竹杖が水に浸されたのは打つ際の残酷さを増すためである。

　このような鞭と杖は、非常に残酷で、１回打たれただけで血がすぐに出る。刑罰を施すのは２人の小役人で、それぞれ片方の足を打つ。２回なら立つこともできなくなり、人の手助けで起こされる。多くの人は、50 あるいは 60 回打たれて死亡した。それは、精巣が打ちつぶされたからである。その残酷さは、地面が血でいっぱいになるほどであった。刑罰を施行した後は、囚人は護送されるのではなく、羊のように引きずり牢屋に投げ込まれた。小役人は執行中、大声で回数を数えた。

クルズの記録では、拘禁されたポルトガル人の口述によれば、笞杖が恐怖極まりなかったという。ある日、40 名の囚人が牢屋で首を吊って自殺した。杖打ちされるより、自殺のほうがましだったからである。ポルトガル人の話によると、縄が短くて、首を絞められなく、壁に差し込んだ棒にかけた。棒も短い

19

第一編　清末中国における西洋近代監獄制度の啓蒙

から、彼らは息を引き取るまで互いに引っ張った。また首を吊る順番の先を争うために、殴りあった[12]。

　最も悲しいことに、刑罰の執行中、「役人たちは不憫に思うこともなく、話し合ったり、食べたり、飲んだり、爪楊枝を使ったりしていた」[13]ということである。

　クルズは、最も軽い刑罰の一種とされ、指を5本の棒で挟んで痛める「拶指」という刑罰も紹介している。

　　指の太さぐらいの5本の丸い棒切れで、穴が開いており、2本の縄が穴から通る。指を棒で挟んで、骨が鳴るまで縄を力いっぱい引き締める。13〜14歳の子供がこの刑罰を受けるのを見たことがある。本当に目にあまる光景だ。子供が処罰されたのは、拘禁された青年の監視中、不注意で逃げられても気づかなかったからである。それで、子供を囚人のように処罰するわけである。

　もう1つは「足刑」である。「刑具は2つの四角い棒切れで、片方がちょうつがいで、片方が縄でつながられている。足首を真ん中に挟んで、ハンマーで棒切れを叩いて、骨をつぶす。」[14]

　獄中においては、重刑囚の拘禁が非常に厳しい。

　　突き当たりの廊下の両側に、それぞれあまり高くない板が1つある。板の間に2本の堅固な鉄の輪で繋がれる長い鎖がある。囚人は毎晩、その中に閉じ込められている。仰向けになった囚人の上に、鎖が通っている。囚人が持つ厚い鉄の輪が鎖に通されており、鎖の重さでひどく圧迫される。このように拘禁されたことがあるポルトガル人は、牢屋に入ったばかりの頃は、毎朝鎖を解かれた時、皮肉が鬱血してしびれるほどだった。すべての囚人は鎖のほかに、頭上を板で覆われ、鍵をかけられる。板の下の空間は、囚人の体が入るだけの狭さだった。それで、囚人は少しも身動きが取れない。それでも、外に看守がいて、徹夜で勤務する。夜でも囚人の人数を点検して、その声の大きさはベッドで寝る獄吏に聞こえるほどだった。夜が明けたらもう1度、人数を再点検する[15]。

　クルズは、ピレスがかけられた手錠にも言及した。

第一章　西洋人が見た明清時代の中国監獄

手錠といっても、厚い木で作られており、開いた２つの穴を手首にかける。そうすると、囚人は何もできなくなる。獄吏に賄賂を贈る人は別の手錠をかけられる。その手錠は、片手を抜くことができる。囚人は皆片手を手錠から取り出したいので、いろいろと思案をめぐらせる。しかし、一旦手を抜いたら、十分な注意を払わなければならない。獄吏に発見されたら、最も厳しい処罰を受けさせられるからである[16]。

　ある意味では、むしろ死刑囚の待遇のほうが若干ましである。「毎月、皇帝から死刑囚に一定の糧を賜る。そのほかに、獄中で靴の製造などの手芸を学ぶことによって、生きている間の生活を維持できる。」[17]しかし、多数の人は判決が下る前に、死亡した。壊れ果てた獄舎は風雨に曝され、衣服がぼろぼろで体を覆うことができないし、食べ物もないからである。重刑囚は食べていけないから、役人の慈悲にすがり、厳密な監視のもとで、街に出て乞食をする。飢えと寒さに同時に迫られて自殺する人はたくさんいた[18]。

　中国監獄の死亡率は非常に高い。「あるポルトガル人の囚人の話によると、彼が入った牢屋では、毎年約 2,000 人も死亡したそうである。飢饉で死んだ人もいる。寒さで死んだ人もいる。刑罰で死んだ人もいた。」[19]クルズの記述では、囚人の死後の待遇は地獄よりも悪い。

　　囚人が自殺したり死亡したりした時は、中国の法令では、死体を牢屋に３日間放置して、ねずみに噛ませる。ほかの飢えた囚人に食べられることさえある。３日経つと、役人が書記と小吏をつれてくる。縄で死体の足を縛って、田んぼに近い小さい門まで引きずり、鉄棒で尻を３回たたく。そして、書記は、その囚人が何罪で獄死し、正式な検死によって確かに死亡したことを証明すると書く。このように厳重に検死するので、死を装う人はいないわけである[20]。

　中国監獄は残酷さのほかに、腐敗問題も抱えていた。

　　ある役人は賄賂あるいは親友のため、ある囚人を助けるために、替え玉を探す。お金のために代わりに鞭打ちあるいは死罪を受ける人がいるが、だまされて替え玉になる無実の人もいる。替え玉の方法が効かないときは、獄吏を買収して、獄死した囚人として見せかけて救い出す[21]。

21

第一編　清末中国における西洋近代監獄制度の啓蒙

　しかし、ペレイラと同じく、クルズが記録した中国監獄にもいいところがある。例えば、監獄の中に「広い果樹園、野菜の畑と大きい養魚池があり」、中の敷地が「街道と市場まであるほどの大きさで、囚人がいろいろな商売をし、外から運ばれる食べ物や必需品を売って、生計を立てる。寝台を持つ人はほしい人に貸し出す。」[22]したがって、怖い牢屋と刑罰のほかに、平和な生活の雰囲気がないわけでもなかった。

　ペレイラとクルズが紹介した中国監獄の実態は、一部のヒット作によって、広く当時のヨーロッパの人々に知られるようになった。それは、1585年にローマで出版されたメンドーサ（Juan Gonzalez de Mendoza）の『中華大帝国史』（*Historia de las Cosas mas notables, Ritos y Costumbres del Gran Reyno de la China*　注：日本語訳本として、大航海時代叢書『シナ大王国誌』〈岩波書店、1965〉がある。本書では中国語訳本を利用した）である。16世紀末までに、この本は主要な欧州言語で30種類の版本が出された。メンドーサの本は17世紀初めごろ、良好な教育を受けたほとんどのヨーロッパ人に読まれたと言っても言いすぎではなかろう。この本の影響力は巨大であった。Francis Bacon や Sir Walter Baleigh のような著名人は、やはりこの本から中国に対する最初の印象を得た。中国に来たことがある旅行家でも、この本に依拠して中国を描いたのである[23]。著名なケンブリッジ大学の歴史学家 G. F. Hudson はメンドーサのこの本の出版が大きな分岐点となり、これ以降、欧州の学術界は中国及びその制度に対する充分な知識が得られるようになったと評価した[24]。

　メンドーサの引用文献は、主にペレイラ（Pereira）とクルズ（Friar Gaspar da）の2人の記録である[25]。メンドーサは、著書の中に中国監獄という一章を設けた。その中に、笞杖、木枷、鎖など、前の時代の人々が紹介した残虐な体罰が取り上げられている。生きるよりむしろ死ぬほうがましという感受的な描写は、中国監獄の恐ろしいイメージをヨーロッパ人の想像に根付かせたわけである。しかしながら、メンドーサはペレイラが言及した中国監獄のよさも読者に届けた。獄中に「養魚池、花園と庭がある。罪が軽い者は1日中そこで散歩し、娯楽を楽しむこともできる。……食品店と商店があり、囚人が生活維持のために作った各種の品物を売っている」[26]ということであった。

第一章　西洋人が見た明清時代の中国監獄

　その後、ポルトガル宣教師セメード（Alvaro Semmedo）も 1636 年の『大中国誌』(Imperio de la China　注：日本語訳本として、大航海時代叢書『チナ帝国誌』〈岩波書店、1983〉がある。本書では中国語訳本を利用した）で、中国監獄についてより深く説明した。セメードは、マテオ・リッチ（Matteo Ricci、中国名は利瑪竇）に続く重要な漢学家である。彼の『大中国誌』は早期西洋漢学の主要な著作の 1 つで、西洋の中国理解に大きな役割を果たした。セメードはかつて 1616 年の南京のキリスト教排斥事件で逮捕され投獄されたことがあるので、中国の司法と監獄制度を身をもって体験したわけである。したがって、『大中国誌』に「中国人の監獄、審判と刑法」という 1 章を設けた。その中で、囚人が生き残るためにしかたなく獄吏の「尽きることのない」ゆすりをさせられたことを指摘した。役人が監獄を巡閲する時、囚人は災いを避けるように極力、虚弱さを装う。それは「役人が顔色がよくて太っていることに気づけば、直ちに杖打ちの処罰が下る。いわゆる「太いやつを打て」（Ta' Foiti）で、囚人が改悛するために投獄しているのであり、太らせるためではない」からである。ベッドさえあってはならない。「中国の牢屋はわれわれのとまったく違う。囚人の肉体を苦しめるために作られている。」セメードの記述では、中国監獄では、冬に最期を迎える囚人が多い。「非常に寒く、物質も不足し、囚人は苦難を耐えるしかない。……多くの人は惨死した。私は一度に 6、7 体の死体が捨てられるのをよく目撃した。」また、「ポルトガルにはないが」、中国監獄では常用する特有な刑罰、すなわち「枷」について特筆した。

　　それは幅が 4、5 掌ぐらいの板で、真ん中に人の頭の大きさの穴が開いて、首にかける。その上に手の幅ぐらいの 2 枚の紙切れが貼られている。紙には犯した罪及び受刑の理由が書かれている。これは封印の紙でもあり、枷を開けなかったしるしである。これらの哀れな人たちは首に大きい枷をかけられ、毎日町中に引き回され、侮辱を受けさせられる。判決によって、15 日、20 日、30 日と日数が異なる。最も苦しいのは処罰の期間中、枷は昼夜を分かたず首にかけられることである。

　セメードは監獄にかぎらず、中国における権力的な体制に欠かせない「笞杖」について詳しく説明した。「日本人は彼らの統治に刀剣が欠かせないとよく言

第一編　清末中国における西洋近代監獄制度の啓蒙

う。一方、中国人は人をこらしめるための竹の板がなければ、統治が成り立た
ない。」彼はこの「長さが七掌」で、下が太くて上が細い「頑丈で、強靭で、重い、
硬い」刑具がいかに中国人の尻を打ち付けるか、詳細に記した。この刑具は中
国人を痛めるだけでなく、徹底的に尊厳をたたきつぶしたと評した[27]。

三　啓蒙時代の批判

　18世紀以降、当時のヨーロッパの文化の中心とされたフランスに、中国
関係の書物が2種類、登場した。1つはデュ・アルド神父（Jean-Baptiste
Du Halde、1674 ～ 1743）が編集した『耶蘇会士書簡集』（Lettres édifiantes et
curieuses, 1702 ～ 1776　注：日本語訳本として、『イエズス会士中国書簡集』〈東
洋文庫370、平凡社、1979〉がある。本書では中国語訳本を利用した）で、もう1
つは同氏が上記の『書簡集』に基づいて著した『中華帝国通志』（Description
géographique, historique, chronologique, politique et physique de l'empire de la
Chine et de la Tartarie chinoise, 1735）である。これはフランス漢学の基礎の3
部作のうちの2部で、ヨーロッパを沸き立たせた。そのうち『中華帝国通志』
はわずか数年の間にフランス語版が3回、英語版が2回、さらにロシア語版と
ドイツ語版も相次いで刊行された[28]。また、『耶蘇会士書簡集』も、各巻が74
年にわたって継続刊行された。当時中国を訪ねた耶蘇会士は康熙帝に謁見し、
平和な中国の様子を見学した。そのため、デュ・アルドの書物は、中国が理性
的聖賢思想によって治められる理想的な国であるという印象を、啓蒙運動中の
ヨーロッパに与えることとなった。ヴォルテール（Voltaire）は、完全にデュ・
アルドの描いた中国に魅了された。そして、当時のイギリス文化界の泰斗であ
るサミュエル・ジョンソン博士（Samuel Johnson、1709 ～ 1784）もデュ・アル
ド神父の本で中国に強い興味を示した。
　全体的に言えば、デュ・アルドの著作は中国に対する態度が頗る肯定的であ
る。『中華帝国通志』の監獄の関連部分に、中国監獄は「便利で広い。比べれば、
ヨーロッパの監獄のほうが恐ろしくて汚い」、「北京の最高裁判所にある牢屋に

第一章　西洋人が見た明清時代の中国監獄

は商人と職人もいる。裁縫、食肉処理業者、米屋、薬屋などは監獄に入って囚人に商売することができる。さらにコックが現場で食品を加工していた」と記した[29]。

一方、『中華帝国通志』には中国監獄のマイナスイメージ、特に賄賂のことも指摘した。例えば、「囚人は昼に外に出て散歩してはならない。人と話してはならない。……でも、獄吏を買収すれば別の話になる。重罪者でも数時間の自由を得られる。……小金でも適当に運用できれば、獄吏の慈悲心を買ってむごいことができなくなる。」[30]

比較的初期の文献である『耶蘇会士書簡集』には暗い描写が残されている。例えば、ドミニコ・パランナン（Dominique Parrenin）が1727年にデュ・アルド神父に宛てた手紙には、再三再四洗礼を受けた貴族は北京の監獄に投じられ、そこに「厳酷な監禁と恥辱的で残忍な死」があることに言及し[31]、また教徒が監獄で拷問されたことにも数多く触れているが、簡単な記述にとどまる。一方、1777年の書簡には、アステュディロ（Juan de Astudillo、漢名は艾若望）が四川の監獄で迫害されたことを非常に詳しく書いた。

アステュディロはくるぶしを責めつける「夾棍」という刑具の構造及び彼の体験談を詳しく述べた。拷問された時、「裁判官が供述を得るために、部下に「彼の骨をつぶせ！」と叫ぶ」、すると、内臓が位置を変えたように感じて、命が尽きる日が来たようであった[32]。

ほかに、ほっぺたをなぐる「掌臉」という刑罰の過程も記録した。

　掌臉用の刑具は、ヨーロッパ製の靴の2枚の牛革の中敷きからなる。皮の下だけが縫われ、ほかの部分は分かれている。施刑人はこの刑具の下部をもって囚人のほっぺたを段る。アステュディロは5回目で気を失ってしまった。一緒に入獄した男の子はこの刑罰を受けてから、顔がものすごく腫れて、血が目から流れる[33]。

無論、アステュディロも赫赫たる悪名の笞杖の威力を試させられた[34]。また、牢屋の中の状況を詳しく述べた。

　われわれを拘禁する牢屋は、まるで人間地獄のようである。蒸し暑くてたまらない。鼻につく悪臭が漂う。汚くていろいろな小虫とシラミがいる。

25

第一編　清末中国における西洋近代監獄制度の啓蒙

……同室の囚人は通常60名余いる。多数の人は極貧の状態である。また、獄中に伝染病がはやり、命を落とした人が少なくない。病人は地に転がって、言葉で表しにくいほど目に余る光景である。叫び声などとても喧しい[35]。

　監獄の管理者は悪辣きわまる。「獄吏は弱小なものを威圧し、そのうち天に背き道理にもとる業を行う人は少なくない。」アステュディロが重病にかかって治療を要請した時、獄吏にきっぱりと拒絶されたうえに、さらにいっそ死んだほうがいいといわれた。監獄中の人命は塵芥のように扱われる。総督は宣教師アステュディロの存在に面倒がり、「手紙には問題がなければ、獄中で彼を殺せという命令を下した」。また、県令は「糧をもらう囚人の名簿から私を削除し、餓死させようとした。」[36]

　『中華帝国通志』と『耶蘇会士書簡集』は全体として、中国を賞賛する基調である。上述のように、監獄と刑罰を批判する記述は大作に散見される程度である。ヴォルテール（Voltaire）とサミュエル・ジョンソン（Samuel Johnson）は孔孟の道を賛嘆して、これらの目立たない問題を省みる余裕がなかった。しかし、モンテスキュー（Charles-Louis de Montesquieu、1689～1755）は閲読後に、『法の精神』において、中国が棒によって統治される国家、つまり、中国が「専制国家で、その原則が恐怖である」とずばりと言い当てた[37]。

　18世紀が過ぎると、中国ブームも次第に衰え始めた。ヨーロッパは産業革命の推進力で日増しに強大になり、欧州中心論が高まってきた。モンテスキューの見方も中国に対する西洋認識の基準となった。

　19世紀に入って以来、西洋知識界では文化発展水準の視点から、さらに中国文明を貶すのが主流となった。例えば、ヘーゲル（Georg Wilhelm Friedrich Hegel、1770～1831）は『歴史哲学』（1837）に、中国では、家長政治の原則のもとで、中国人の精神が非常に幼稚な状態にとどまっていて、個人としてのプライドが非常に発達していないので、その法律は教誨を通して人を反省させ過ちを悔い改めるのではなく、笞杖という体罰の恐怖感で犯罪を制止するしかないという見解を示した[38]。

　1793年、イギリスのマカートニー（Lord Macartney、1737～1806）使節団が

第一章　西洋人が見た明清時代の中国監獄

中国を訪ねた。使節団の総管であるバロウ（John Barrow）は帰国して数年後、『中国旅行記』（*Travels in China*, 1804）を発表し、攻撃の矛先を直接中国封建統治の暴虐に向けて、中国人が最も卑劣な暴政のもとで生存し、笞杖の恐ろしさの影に覆われていると明言した。イギリスで一番影響力のある雑誌 Edinburgh Review は「本書の出版が半野蛮国の中国帝国の声名を悪くした」と歓呼した[39]。その前に、ロンドンではすでに金文字総革で装丁された『中国酷刑』という本を出した。その中に22枚の彩色挿絵があり、英語とフランス語の二ヶ国語注解もつけられている。同書の章節及び対応の挿絵の目録は以下のとおりである。

1、役人との面会　　2、入獄
3、尋問　　　　　　4、杖刑
5、耳をねじる　　　6、ブランコ
7、船頭を懲罰する　8、通事を懲罰する
9、踝を責めつける　10、指を挟んでいためる
11、レモンで目を焼く　12、鉄柱に縛って見せしめにする
13、枷鎖　　　　　　14、木の株に縛る
15、籠に閉じ込める　16、木の棒切れの刑罰
17、足の筋を切断する　18、幽閉
19、見せしめ　　　　20、刑場へ護送する
21、絞首刑　　　　　22、斬首刑[40]

本書の出版は、この種の出版物の先駆けである。その後、中国酷刑及びその背後に隠された民族性の研究は次第に西洋学術研究の重要な流派となった。したがって、中国の監獄は酷刑と結び付けられ、西洋人の中国理解の不可欠な要素となった。

四　パークスと清国監獄

第二次阿片戦争中、中国の監獄は再び西洋の注目を集める焦点となった。当

27

第一編　清末中国における西洋近代監獄制度の啓蒙

時、西洋のメディアはすでに発達していた。イギリスの著名な歴史学家 G. W. Cook は *The Times* の特派記者として、英仏連合軍が広州を攻め落とす戦役について、数多くの記事を書いた。そのうち、紙面を最も大きく占めていたのは政府の調査グループと共に、西洋人と取引する罪で投獄された人員の釈免を調べるために、監獄で過ごした 2 日間の見聞記である。Cook はこんなことを書きたくないが、事情が日常的な不潔さや疫病流行より甚だしい場合は、その事実を書いて公表する責任があると言った。中国監獄の中は「鼻につくほどくさくてしようがない。まるで動物園の動物を囲む籠のようだ。……これ以上怖い風景を見たことはない。……中は臭くて我慢できない。こんなところには決して 2 度と足を踏み込まない。(ここに拘禁されるのは) 髑髏で、人間ではない」と酷評した[41]。

　もっと影響が深遠なのはパークス (Sir Harry Smith Parkes) 監禁事件である。1859 年 6 月、英仏連合軍が北京へ進攻したとき、清政府は和平交渉に来た英国代表のパークスら 31 名を拘禁し、北京の刑部監獄に投獄した。パークスに随行した英国全権公使の秘書 Henry Loch は、のちに回想録で 1 週間の拘禁体験を振り返った。食物はまずいが、餓死のおそれはなかった。最も心配したのは体を縛る縄によって感染を受けることと、牢屋の食槽の周辺にわいたウジであった。ほかの随員は両手を縛られたまま、無理やりに庭にひざまずかされた。3 日間水も米ものどを通らなく、両手は腫れて腐った。彼ら捕虜たちの死亡原因は、病気と脱水であった。例えば、同行した *The Times* 記者 Thomas Bowlby は 4 日後に死亡した[42]。投獄された 26 人の英国人のうち、13 人のみが生還した[43]。

　パークス本人の回想は最も詳しい。1 年後に上海領事となった彼は、上海の英文新聞 *North China Herald* でその時の回想録を発表した。それによると、パークスは重い鎖でつながれ、審問中さまざまな刑罰を受けたという。

　　目の前の巨大な門が開いて、また閉じた。やかましいところに入った。中に 70 人の重罪犯がいて、皆汚くて怖く、好奇心に駆られ先を争って私を見る。私の首に重い鎖がかけられ、手足も鎖でつながれた。やや安心したのは腰につけられた縄が解かれたことである。その縄はきつくて、手がす

28

第一章　西洋人が見た明清時代の中国監獄

でに通常の２倍ほどに腫れ上がった。幸い、鎖が長くて仰向けに寝ることができた。……夜中になって、再び拷問所に引きずり出され、聴いたこともないさまざまな刑罰を受けて虐待された。４人が私を殴り続けた。イギリスの軍隊の状況、インドでの兵力など、数多くの質問をされ、私はいちいちそれらに答えた。英国女王に「陛下」という尊称を用いたときは、尋問の役人が非常に腹を立て、「なぜこの言葉を使うのか。あなた自身も言っただろう。中国に長く滞在して、中国語ができ、中国の書籍も読めるなら、こちらに１人の陛下しかいないということがわかるのではないか」と責めた。私はできるだけ簡単な言葉で私の身分が戦士ではないことを説明しようとしたが、中国側は私が戦闘の最前線に立っていたのをみたと頑なで、私の解釈を聞こうともしない。私が受けた虐待に対して文句を言ったときには、現場の高い地位の役人にもからかわれた。ただ囚人だけが同情を寄せてくれた。ある日、看守が私の首の鎖を引き締めたため、もう少しで息が切れそうだった[44]。

　パークス監禁事件は使者を拘禁し虐待することで清政府のイメージを大いに損ねただけでなく、メディアの発達した時代において西洋世界に中国監獄の状況をリアルに伝えたのである。また、パークス本人はのちに上海領事になり、上海租界で中外混合法廷の「会審公廨」[45]の建立に尽力した。周知のように、「会審公廨」の設立は中国の治外法権を喪失させ、中国の司法主権を大いに侵害した。

五　宣教師の影響

　阿片戦争前後、中国における宣教師の活動と影響は日増しに拡大した。彼らは文明の啓蒙者を自任し、中国の司法機構と監獄で、過去に投獄された者たちが書き記してきた残酷さを目の当たりにして、それを中国の国民性と結びつけ、キリスト教で中国人を改造する世論を形成した。

　1830 年に中国を訪れた宣教師アベール（David Abeel、漢名は雅裨理）がその

29

第一編　清末中国における西洋近代監獄制度の啓蒙

一例といえる。彼は日記に「この帝国内では、生命と財産の安全が少しも保障されない。不公正な法律が多く、また卑劣な者に彎曲乱用されることも多い。……とにかく、中国の悲惨な状況を描いたら、1冊の厚い本になる」と酷評した[46]。

　チェッター（Holcombe Chester、漢名は何天爵）は、宣教師出身の清国駐在アメリカ外交官である。1871年から1885年までの十数年間、前後してアメリカ公使館の通訳・一等参事官・代理公使などの職を歴任し、1880年の中米間の中国人移民条約の起草にも参与した。中国通であったため、アメリカの対華政策の制定において重要な役割を果たした。彼は1895年に帰国してから *The Real Chinaman*（1895年）を出版した。緒言に中国人は優れた道徳品質を数多く有するので、「この民族には輝かしい未来がある」と記したが、本のタイトルに使われた 'Chinaman' という言葉は軽蔑に満ち溢れている言葉、当時アメリカの中国排斥運動の最中に中国労働者に対して使う侮辱的な言葉であった。彼のこの種の軽蔑は、中国刑獄状況への理解に由来したものではないかと思われる。彼は、アメリカの監獄と中国の監獄をこう比較している。

　　もし、アメリカ監獄改革協会のメンバーが清国に来て監獄を見学したら、言うまでもなく、清国で一番いい監獄でも、その様子に驚かされるに相違ない。あっけにとられてものが言えないだろう。中国の監獄は、ほとんど暗くて気味が悪い、怖ろしい地下牢である。その中で、たとえようもないほど野蛮で残酷なことが起こる。……中国庶民の窮屈な日常生活と中国監獄の威力に震え上がる状況が分かれば、この国の地獄のような監獄にも納得できよう。アメリカで設備が最悪の監獄を模した監獄を清国に造れば、この地の囚人の半分はわざわざ罪を犯して、監獄の一人部屋に入ろうとする。入った後も長期居留の特権を得ようと思案して、懲役を延ばそうとすることが想像できよう[47]。

　また、彼は中国の監獄には既決囚はもちろん、未決囚も、さらに証人も拘禁されるという問題の本質、つまり司法の不公正を指摘した。「清国の法廷では、自由刑がまだ導入されていない。それゆえに、残忍を極める中国監獄の実情は許すことができない。無数の無実の被害者を生じ、さらに無念の死を遂げる人

　　　　　　　　　　　　　　　　　　　　第一章　西洋人が見た明清時代の中国監獄

も多数いるからである。」[48] 彼は北京の監獄の正門に「地獄」と書き残した人
もいると言及したが、彼は「地獄」という言い方が実際の中国の監獄状態と比
べれば、まだ生温すぎるという考えを示した[49]。

　また、1877 年に福州で中国官吏と共同審問した収賄事件も記している。こ
の裁判の極端な不公平さと野蛮さを指摘してから、事件に巻き込まれた 30 人
の現地漁民の悲惨な境遇に触れた。「漁民たちは、このケースで唯一の無実の
被害者である。証拠によると、法律を犯した人は 1 人もいなかった。当時は真
夏の 8 月で、暑くてたまらない。福州の町の中はコレラがはやり、どこでも悪
臭がぷんぷんする。それにしても、漁民たちは審問を受ける前に条件が悪くて
たとえようもない恐怖の監獄に送られた。彼らは中で殴られ、さまざまな刑罰
を受けたうえに、飢饉にも苦しめられた」という。数ヵ月後法廷に引き出され
た時、「30 人のうち 23 人だけが生き残り、あとの 7 人は獄死した」。生存者は「み
なひどく虐待され、目にあまる悲惨な光景」であった。そのうちの 1 人は「棒
のように 4 人の獄卒に法廷に運ばれてきた。ひざまずくように体をささえよう
としたが、ばったり地面に倒れこんだ。最後にしかたがなく仰向けにして審問
を受けさせた」という[50]。

　チェッターは特殊な身分であったことから、彼の中国刑獄に対する反感はア
メリカ政府だけでなく、直接中国役人にも伝えられ、彼らに影響を与えた。こ
の点について、書中でたびたび言及した。

　長期にわたって『中国叢報』（The Chinese Repository）[51] を編集し、7 回も
清国駐在アメリカ代理公使の任に就いた宣教師ウィリアムズ（Samuel Wells
Williams、漢名は衛三畏）も、彼の大作『中国総論』（The Middle Kingdom,
1848）において清朝刑律の残酷性を批判した。「中国法廷と監獄の残酷さは恐
ろしく、世間をぞっとさせる。無数の裁判例は、中国人の苦難・腐敗・残虐と
不公正を示し続けるだけである。」しかし、彼は中国人民のために正義を要請
する一方、すべての中国人は西洋キリスト教の世界と対立する暗黒な世界にい
ると表現した。「中国官吏と人民の邪悪さはキリスト教社会の礼儀正しく、公
正で、純潔で誠意ある人々にとって、想像しがたいことである。」これらの宣
教師の考えでは、中国監獄の暗黒さは単なる暴政の現れではなく、国民性の問

31

第一編　清末中国における西洋近代監獄制度の啓蒙

題で、ジンギスカンの遺伝子にさかのぼることができると評した[52]。

　アメリカ宣教師アレン（Young John Allen、漢名は林樂知）は 1895 年に『万国公報』（Wan Guo Gong Bao, or A Review of the Times）に著名な社説の「険語対」を発表し、中国国民性を表す 8 つの積習について評論した。その 5 番目の「曰暴虐」で、中国の刑罰が真の孔孟の道から遠ざかっていることを指摘した。

　　孔孟之道，仁民愛物。華人苟躬行實踐，則幾上理而無難。不圖高坐堂皇者，

　　於尋常刑訊之外，別創非法諸刑具。竟有草菅人命，而罔知顧忌者。[53]

　アレンは中国を日本と比較し、中国が「領事裁判権」の屈辱を蒙る原因を分析した。つまり、中国において、伝統の真の儒教の伝承が途絶え、司法では「仁道」を実行しなくなったのがその原因であるとし、西洋法律の仁道精神を取り入れようと勧めた。

　　仁者，暴之對也。中國問刑衙門，有刑訊之例，實為暴民之尤。西人之所以

　　不服者首在於此。查泰西各國通例，寓居本國民人即歸地方官轄治。其所派

　　之領事官，專為保護商務起見，不能專地方官治民之權。乃其與東方所訂之

　　約，領事官得以自治其民。是削主國之體統也。問其故，曰：教化之不同也。

　　日本深知其辱，不能強人以就我之教，遂改而從其教。前年，與各國重議和約，

　　先以得保體統為請，各西國亦既允之矣。中國未知此事之為辱，故恒存而不

　　論。且中國既論之，西國必卻之也。竊謂：中固以儒教為宗，儒教本尚真實，

　　而偶有失傳者，何弗參西教真實之理而為以仁易暴之一大助乎？夫仁道至大，

　　茲但就問刑一端言之。西例凡未經鞫問罪名之犯，即使經人控告，必仍待若

　　良民。華例則一經被告，縲絏隨之。問之而不承，笞杖隨之。甚或加以種種

　　非刑，必使如問官之意而後已。西人其能堪之乎？[54]

　アレンのこの文章が中国士大夫階層に及ぼした影響力は、明らかである。彼が編集主幹である『万国公報』は宣教師が創設した中国語新聞で一番歴史があり、内容も最も豊かで、最も影響力があると見なされる。王韜、鄭観応、康有為、梁啓超、譚嗣同、宋恕といった近代中国の早期改良派及び変法を唱える知識人は、ほとんど『万国公報』の影響を受けた。したがって、『万国公報』は中国の近代啓蒙に寄与した新聞のトップとして数えられるといえる。1900 年、八国連合軍は北京を占領し、光緒帝の宮殿内に 1 セットの『万国公報』を発見

32

第一章　西洋人が見た明清時代の中国監獄

したそうである [55]。

ドイツ宣教師ファーベル（Ernst Faber、漢名は花之安）は 1881 年から 1883 年まで『万国公報』で 48 回連載し、のちに『自西徂東』（*Civilization, China and Christian*）という 1 冊の本にまとめた。この本の各巻は中国の道徳モットーである「三綱五常」[56] の中の「五常」により、仁集、義集、礼集、智集、信集と命名された。この本の創作中、ファーベルは中国文人に手伝ってもらい、中国名士にも修正潤色してもらった。西洋宣教師の発想と視点でありながら、真に儒教的な表現であったため、中国士大夫階層に容易に受け入れられたわけである。巻一の仁集は 13 章からなる。その中に、「省刑罰（刑罰の減軽）」、「體恤獄囚（監獄の改革）」という 2 章がある。中国の刑罰を討論する場合、ファーベルは中国の笞、杖、徒、流、死の五刑が上古よりやや減軽されたが、刺配、凌遲、戮屍、碎骨、緣坐 [57] などは頗る酷刑に近く、また、拷問を施して自白を迫る審問方式の残酷を指摘し、中国刑罰を改革しなければならないと表明した。すなわち、「至於審訊強用拷打，逼人招認，如擰耳、跪鏈、背登、壓膝、類棍、火烙，尤為暴虐已極，故常有杖不數巡而人斃於堂下，棍未去脛而畢命於階前者。是此人之死、非死於法而死于刑也」[58] という。さらに重刑と監獄について、西洋と比較した。酷刑のほうは、西洋では昔も中国と同様だったが、今はすべて取り除かれた。

> 酷刑俱已省除，故審事不用嚴刑拷打，而案亦無遁情。其法，凡審訊之期，刑官之外另有陪審人員，且國家狀師、民間紳耆，俱得赴案備錄口供，採訪證據，公斷是非。若屬小事，無證據者，即行釋放；至於案情重大，仍著管押，俟期再審，務令真情共得。如是官無受賄之弊，民無枉屈之冤。[59]

監獄に関しては、西洋の監獄は「高廣闊大，虔潔乾爽，犯各一室，其内床桌俱備，日食三餐，並無壞物，且無手鈕，只有脚鐐，以防走脱耳。醫生每日巡視監獄，見染病者則給藥餌以調治」、それに対して、中国の監獄は「高牆密禁，風氣不通，窟室嚴局，日光無睹，固已慘難言狀，且地勢潮湿，多聚蚊蟲，土内藏骸，時形穢氣，兼之囚徒赭衣黑索，手足亦為拘攣，蓄髮垢顏，身衣無從浣濯，以至汙惡漸積，癘疫繁生，竟不免有奄奄一息」と照らし合わせた [60]。つまり、建築・衛生・給与・検束という近代監獄の要素を備えた西洋監獄と異なり、中国の監獄は風

33

第一編　清末中国における西洋近代監獄制度の啓蒙

通しも日照も悪く、湿気が多く、汚くて、病気にかかる囚人が少なくないという。ファーベルは、中国の監獄状況が伝統の仁政理想と遠くかけ離れているという見方を示した。

1909年、英国宣教師マガウアン（J. Macgowan、漢名は麦高温）は「英国官報」と「工部局代弁者」と言われる上海租界の英文新聞『北華捷報』（*North China Herald*）[61] で中国評論文 *Men and Manners of Modern China* を連載した。その中の「刑罰」という長い文章に、人を驚かす言葉で、笞杖・戴枷・站籠[62] をはじめ中国でよく見かける刑罰に関して極めて詳細に記録した。そのうち、凌遅が一番残酷で、「かつてインディアンが捕虜に施した刑罰よりも残忍だ」と彼は考えた[63]。中国の監獄は「最も悲惨な、最も汚い所である。昔人間がやむを得ず住んでいた洞穴でさえましだ」と酷評した。彼が描いた中国の牢屋は「晴れる日も相変わらず暗い小屋で、窓もベッドもない、十数人の囚人は藁の上に寝転がり、非常に込み合う汚い所」である。彼から見れば、牢屋に閉じ込められた囚人よりは、枷をかけられて市中引き回しされる囚人のほうが幸運だと思った。朝の日光を浴びることができるからである[64]。

マガウアンは中国の事情に詳しく、客観的に中国の刑罰と監獄を説明する一方、同時代のほかの宣教師と同じく矛先を中国人の国民性に向けた。

> 中国人は強烈な正義感と崇高な理想を持っている。しかし、犯罪に立ち向かい、法律を制定し執行する場合はイギリス人とまったく異なる。彼らは急に善良な本性を隠し、獲物を引き裂いて野蛮な欲望を満たす野獣のように残忍な人に変身してしまう[65]。

そして、刑罰を興味津々に傍観する人たちに、深い嫌悪感を示した。「傍観者たちは刑罰の場面に刺激され、深く感動したようで、ろうのように黄色い顔に歯をむき出しにして不気味な笑いを浮かべていた」[66] と記している。

以上のマガウアンの文章を掲載した『北華捷報』（*North China Harold*）は1981年に『中国日報』（*China Daily*）が創刊するまで、中国で発行部数が最も多い英語新聞であった。パークスは上海領事の在任中、かつて自ら「領事通告」（Consular Notice）を起草し、『北華捷報』の権威性を承認したので、ある意味では英国政府の代弁者ともいえる。報道内容が幅広く、中国の政治・経済・文

第一章　西洋人が見た明清時代の中国監獄

化と社会などの各方面にゆきわたる。したがって、中国国内外から注目されて
いた。李鴻章をはじめとする中国の高官はその報道記事と言論動向に十分に注
意を払い、情報を収集し、対策をねった[67]。マガウアンが同誌に連載した上
述の長編評論は、中国側の関係者の目に入ったに違いない。

六　「蘇報事件」と「沈荩事件」の刺激

　一方、英語読者は『北華捷報』に載せられたマガウアンの文から中国の監獄
を知った。同時期に、上海と北京では相次いで二大事件が起こり、中国監獄の
実情が直接世界の注目の的になった。これらの事件はマガウアンの見解を強く
裏付けただけでなく、清政府に刺激を与え、中国監獄の近代化を推し進めた。
　1903年6月、章炳麟・鄒容・龍澤厚等は上海租界で『蘇報』を通して革
命排滿論を鼓吹したため、清政府は會審公廨に章炳麟等を訴えた。それで、
主に英国人によって運営される上海共同租界の最高行政機関である工部局
（Shanghai Municipal Council）は章炳麟らを逮捕し、清政府の圧力の下で『蘇報』
を閉鎖した[68]。いわゆる「蘇報事件」[69]である。
　章、鄒ら6人の拘禁中、訴訟管轄権をめぐって、清政府と租界当局の間に紛
争が起こった。清政府は裁判権が中国側にあるという考えで、犯人を接収して
厳罰にしようとする。しかし、工部局は犯人を渡さず、清政府に人を派遣して
共同裁判に参加する方針を固持した。結局、清政府が譲歩し、鄒・章に永遠監
禁という判決を言い渡した。しかし、領事に反対され、清政府の監獄に送らず
に、工部局の巡捕房（共同租界の警察署）に入れた。その原因は、同年7月に
北京で発生した「沈荩事件」にある[70]。
　7月17日、記者沈荩は「中露密約」の内容を漏らしたことで清政府に逮捕
され、刑部監獄に入れられ、厳しく拷問された。詳しく尋問もなく、確かな
証拠もないまま、西太后慈禧の密令によって、当日の夜、棒打ちで殺害され
た[71]。9月16日『大公報』に、その惨事が報道された。
　まず強健な衙役（役所の雑用係）2名を遣わして86回も杖で打ち、骨がす

35

第一編　清末中国における西洋近代監獄制度の啓蒙

でに粉のようになったが、終始声1つも出ないため、役人は死亡したと思い込んだ。しかし、意外に沈藎は「なぜ死んでいないのか。早く縄で締めてくれ」と言うので、役人はしかたなく沈藎の言うとおりに首を絞めて殺した[72]。

　この事件は、世論に大きな波紋を投げかけた。各国の世論はいっせいに清政府を非難した。『北華捷報』(North China Herald) は「北京政府の暴行」と題して、清政府の酷刑を譴責し、西太后の命令1つで処刑することを激しく非難して、法律をもって裁くべきだとコメントした。原文は「按中國法律，非賤如宦官，必不處以如此之刑，而清太后竟行之，則其言可為法律矣。如此慘刑，實為昏暴。使審判者而能據法律以爭之，則雖處斬亦何礙！」とある[73]。

　したがって、各国の清国監獄制度への不満がつのり、先に進行中の「蘇報事件」において、章太炎・鄒容を引き渡すようにという清政府の交渉は難航した。もともと「上海 (蘇報) 六犯はただ英国領事が清政府に引き渡すのに反対したが、「沈藎事件」発生後、「各國皆不以為然，決不肯交」と、列強諸国は決して清政府に引き渡さないという意見に統一した[74]。「治外法権」を維持しようとする租界当局は「夫華人之正法於北京者，受殘酷之刑罰，其野蠻之情況，……由此觀之，目前所論之案，雖有一派人主張交諸人於華官手，吾等決不當附和之也」と、この間北京において残酷な刑罰を受けて死亡した「沈藎事件」は野蛮きわまりない。これを踏まえて、目下の「蘇報訴訟」は反対の意見があっても、われわれは決して犯人を清政府に引き渡さないと明言した[75]。同年8月5日、英国首相はすでに駐華公使サトウ (Ernest Satow) に蘇報事件の犯人を清政府に引き渡さないように命令したということを議会で発言した[76]。サトウも9月27日の日記に「中国側がどんな保障をしても、絶対に引き渡さない。「沈藎事件」によって、引き渡す可能性はゼロになった」と記した[77]。もともと交渉に最も積極的だった張之洞も断念し、「近因沈克誠杖斃，各國皆不以為然，決不肯交」と端方に電報で知らせた[78]。翌年5月、清政府は妥協し、寛大に取り扱うという英国公使の意見を聞き入れた。結局、章太炎は懲役3年、鄒容は懲役2年とされた。

　これらの事件により中国の刑獄の悪名は知れ渡り、西洋列強に中国内政への

第一章　西洋人が見た明清時代の中国監獄

干渉と治外法権の維持の口実を与えることになった。西太后も頗る後悔したと言われる[79]。これは、のちに西太后が監獄改良に同意した要因の1つといえよう。

七　小　結

　上述したように、16世紀以来の中国刑獄をめぐる西洋人の中国観の形成・発展、さらに清末監獄改良への影響を述べた。

　近代において、西洋人の中国監獄に対する認識は、明末における中国監獄の暴虐に関するポルトガル商人の早期記録にさかのぼることができる。清の康熙時代になって、フランスのデュ・アルド神父の大作『中華帝国通志』と『耶蘇会士書簡集』に見られるように、主な意識は中国文明への憧れでありながら、中国監獄の不公平さと残酷さにもふれた。それ以降は、中国批判論に一辺倒となった。モンテスキューとヘーゲルは、理論上から中国の専制制度と蒙昧な精神状態を批判した。1793年のイギリスのマカートニー（Lord Macartney）の訪中使節団をきっかけに、西洋のマスコミによる中国監獄の描写がいきいきと展開された。阿片戦争以降、西洋宣教師は中国監獄の暗黒をあばきだすことを通して、中国異教徒の霊魂を非難し、キリスト教をもって、中国人を改造しようとした。宣教師をはじめとする西洋人が近代中国において創刊した漢英文の新聞紙が、中国の官僚層と知識層に与えた影響も無視できない。これらの新聞紙には、よく中国監獄への非難と西洋監獄の宣伝の投稿が掲載されていた。1903年の「沈荩事件」がメディアに曝されてから、西洋列強は直接中国司法への干渉に乗り出し、「蘇報事件」の裁判に干渉した。西太后も頗る後悔したと言われる。要するに、中国の刑獄の悪名は西洋列強に中国内政への干渉と治外法権の維持の口実を与えることになった。これが、清末監獄改良の大きな推進力であると言える。

　中国の刑獄について、西洋人の認識の形成と発展が上記の資料には如実に語られている。16世紀には、東洋中国文化への敬慕から、中国刑獄に関する西

37

第一編　清末中国における西洋近代監獄制度の啓蒙

洋の描写と評論は毀誉褒貶相半ばするが、全体としてマイナスイメージであった。モンテスキュー以降は西洋の認識が感性から理性に昇華され、中国の暗黒刑獄の根本原因を明確に中国の後進的な政治と「蒙昧心霊」に帰し、中国監獄が野蛮な東洋のシンボルになった。したがって、野蛮な中国の悪名をすすぎ、西洋列強の領事裁判権保有の口実を取り除くため、監獄という象徴的意義を持つ領域から着手しなければならなかった。中国では、「刑不上大夫」[80] という伝統があるため、士大夫階層には穢れた監獄から遠ざかる習慣が根付いた。それにしても、自国の監獄の暗黒な実状を知らないわけでもない。唐宋の古文を規範として文章の典雅さを尊んだ清代の文章家であり、桐城派を創始した方苞の「獄中雑記」は、悲惨な清代監獄の様子を描いた名作である。方苞は康熙五十年（1711）に投獄された。彼の「獄中雑記」は体験談である。同時期には、『耶蘇会士書簡集』がフランスで次々と発表されていた。実は、中国文学には監獄を対象とする恐怖の描写が少なくない。しかし、西洋的な視点が、それを明確にヒューマニティーの理性的な高みに昇華させた。その上、西洋の大砲と軍艦がもっとも現実的な圧迫感を有していた。したがって、当たり前のように存在していた監獄問題は、直ちに変えなければならない問題となったのである。西洋列強に国の尊厳を認めてもらうためには、西洋の近代監獄制度を導入するのが唯一の選択肢と見なされるようになったといえよう。

〔注〕
1) 梁敬鏐『在華領事裁判權論』上海商務印書館、1934 年、第 2 頁。
2) 特拉維斯・黒尼斯、弗蘭克・薩奈羅『鴉片戰爭———一個帝國的沉迷和另一個帝國的墮落』上海三聯書店、2005 年、第 125 ～ 126 頁。
3) 特拉維斯・黒尼斯三世、弗蘭克・薩奈羅（W. Travis Hanes, Frank Sanello）『鴉片戰爭———一個帝國的沈迷和另一個帝國的墮落』（*The Opium Wars: The Addiction Of One Empire And The Corruption Of Another*）上海三聯書店、2005 年、第 155 頁。
4) 金國平『中葡關係史地考證』澳門基金會、2000 年、第 153、159、160 頁。
5) 伯來拉（Galeote Pereira）等著、何高濟譯『南明行紀』北京中國工人出版社、2000 年、第 74 頁。
6) 伯來拉（Galeote Pereira）等著、何高濟譯『南明行紀』、第 74 頁。
7) 伯來拉（Galeote Pereira）等著、何高濟譯『南明行紀』、第 77 頁。

8) 伯來拉（Galeote Pereira）等著、何高濟譯『南明行紀』、第 77 頁。

9) 伯來拉（Galeote Pereira）等著、何高濟譯『南明行紀』、第 77 頁。

10) 伯來拉（Galeote Pereira）等著、何高濟譯『南明行紀』、第 3 頁。

11) 伯來拉（Galeote Pereira）等著、何高濟譯『南明行紀』、第 193 頁。

12) 伯來拉（Galeote Pereira）等著、何高濟譯『南明行紀』、第 194 頁。

13) 伯來拉（Galeote Pereira）等著、何高濟譯『南明行紀』、第 194 頁。

14) 伯來拉（Galeote Pereira）等著、何高濟譯『南明行紀』、第 199 頁。

15) 伯來拉（Galeote Pereira）等著、何高濟譯『南明行紀』、第 198 頁。

16) 伯來拉（Galeote Pereira）等著、何高濟譯『南明行紀』、第 198 頁。

17) 伯來拉（Galeote Pereira）等著、何高濟譯『南明行紀』、第 183 頁。

18) 伯來拉（Galeote Pereira）等著、何高濟譯『南明行紀』、第 198 頁。

19) 伯來拉（Galeote Pereira）等著、何高濟譯『南明行紀』、第 195 頁。

20) 伯來拉（Galeote Pereira）等著、何高濟譯『南明行紀』、第 195 頁。

21) 伯來拉（Galeote Pereira）等著、何高濟譯『南明行紀』、第 192 頁。

22) 伯來拉（Galeote Pereira）等著、何高濟譯『南明行紀』、第 197 頁。

23) 伯來拉（Galeote Pereira）等著、何高濟譯『南明行紀』、第 1 頁。

24) Hudson, G.F. Europe and China: a survey of their relations from the earliest times to 1800. London: E. Arnald, 1931. 第 242 頁。

25) 伯來拉（Galeote Pereira）等著、何高濟譯『南明行紀』、第 2 ～ 3 頁。

26) 門多薩（Juan Gonzalez de Mendoza）、何高濟譯『中華大帝國史』北京中華書局、1998 年、第 109 頁。

27) 曾德昭、何高濟譯『大中國志』上海古籍出版社、1998 年、第 165 ～ 172 頁。

28) 張雲江「法國啓蒙運動中的 "儒學" 鏡像」『書屋』2006 年第 9 期。

29) 周寧『世紀中國潮』北京學苑出版社、2004 年、第 374 頁。

30) 周寧『世紀中國潮』第 374 頁。

31) 杜赫德編、鄭德弟譯『耶蘇會士中國書簡集・第三卷』鄭州大象出版社、2001 年、第 130 頁。

32) 杜赫德編、鄭德弟譯『耶蘇會士中國書簡集・第三卷』、第 154 頁。

33) 杜赫德編、鄭德弟譯『耶蘇會士中國書簡集・第三卷』、第 152 頁。

34) 杜赫德編、鄭德弟譯『耶蘇會士中國書簡集・第三卷』、第 147 頁。

35) 杜赫德編、鄭德弟譯『耶蘇會士中國書簡集・第三卷』、第 150 頁。

36) 杜赫德編、鄭德弟譯『耶蘇會士中國書簡集・第三卷』、第 155 ～ 158 頁。

37) 孟德斯鳩、張雁深譯『論法的精神』（上）北京商務印書館、1961 年、第 129 頁。

38) 黑格爾『歷史哲學』王造時譯、北京三聯書店、1956 年、第 172 頁。

39) 佩雷菲特『停滯的帝國』王國卿等譯、北京三聯書店、1993 年、第 427 頁。

40) 楊植峰『帝國的殘影：西洋涉華珍籍收藏』北京團結出版社、2009 年、第 56 頁。

第一編　清末中国における西洋近代監獄制度の啓蒙

41）　Cook, George Wingrove. China: *Being The Time Special Correspondence From China in the Years 1857-1858*. London: G. Loutledge, 1858 年、第 372 頁。

42）　特拉維斯・黑尼斯三世、弗蘭克・薩奈羅（W. Travis Hanes, Frank Sanello）『鴉片戰爭——一個帝國的沈迷和另一個帝國的墮落』（*The Opium Wars: The Addiction Of One Empire And The Corruption Of Another*）三聯書店、2005 年、第 295 頁。

43）　中國史學會主編『第二次鴉片戰爭』（二）（中國近代史資料叢刊）上海人民出版社、1978 年、第 455 頁。

44）（英）斯坦利・萊恩 - 普爾、弗雷德里克・維克多・狄更斯（Lane-Poole, Frederick Victor Dickins）『巴夏禮在中國』（*Life of Sir Harry Parkes: Council in China*）廣西師範大學出版社、2008 年、第 253 〜 254 頁。

45）　会審公廨では同時に中国と西洋、二種類の法律が適用されていた。中国政府は会審公廨を通じて租界内における司法権をある程度保持し、西洋の植民地主義者は会審公廨を通じて領事裁判権を拡張し、領事裁判権を持たない無条約国の人々までを外国領事の保護範囲内に納めるようになり、租界内を外国人に奉仕する華人とそうでない華人に区別し、事実上外国人に奉仕する華人をも治外法権の保護対象とした。

46）　王立新「試論早期美國人的中國觀」『世紀之交的中國史學 青年學者論壇』莊建平・陸勤毅主編、中國史學會編、中國社會科學出版社、1999 年、第 720 頁。

47）　何天爵、鞠方安譯『真正的中國佬』北京光明日報出版社、1998 年、第 151 頁。

48）　何天爵、鞠方安譯『真正的中國佬』、第 151 頁。

49）　何天爵、鞠方安譯『真正的中國佬』、第 151 頁。

50）　何天爵、鞠方安譯『真正的中國佬』、第 156 頁。

51）　その読者層は主に中国滞在の西洋商人と宣教師、及び海外の中国に興味のある西洋人、英語のできる中国商人である。内容は中国の社会・文化・地理などの知識の紹介で、当時において西洋人の中国理解に相当な影響を与えたといえよう。

52）　王立新「試論早期美國人的中國觀」『世紀之交的中國史學 青年學者論壇』莊建平・陸勤毅主編、中國史學會編、中國社會科學出版社、1999 年、第 720 頁。

53）　林樂知「險語對」『中國近代學術名著 萬國公報文選』錢鐘書主編、三聯書店、1998 年、第 334 頁。

54）　林樂知「險語對」『中國近代學術名著 萬國公報文選』、第 354 〜 355 頁。

55）　張仲禮『近代上海城市研究』上海人民出版社、1990 年、第 182 頁。

56）　儒教で社会の根本となる三つの大綱と人の常に守るべき五つの道徳、即ち君臣・父子・夫婦の道と仁・義・礼・智・信。

57）　刺配とは、入れ墨され、遠地へと流される刑。凌遅とは、一寸刻みに肉を

削いでいく刑罰。戮屍とは死体を辱めること。縁坐とは、親族の犯罪につき、
関係ないにもかかわらず、刑事責任を負わされること。

58） 花之安『自西徂東』（*Civilization, China and Christian*）上海書店出版社、
2002 年、第 18 頁。

59） 花之安『自西徂東』、第 19 頁。

60） 花之安『自西徂東』、第 18 ～ 21 頁。

61） 王文彬編著『中國現代報史資料匯輯』重慶出版社、1996 年、第 858 頁。

62） 笞杖とは、鞭打ちと棒打ち。戴枷とは、囚人の首や手足などに木製の刑具
をかけること。站籠とは、木籠に囚人を立たせること。受刑者は両手を縛られ、
板の丸い穴の中に頭を入れられる。

63） 麥高溫（J. Macgowan）『中國人生活的明與暗』（*Men and Manners of
Modern China*）朱濤譯、北京時事出版社、1998 年、第 170 頁。

64） 麥高溫（J. Macgowan）『中國人生活的明與暗』（*Men and Manners of
Modern China*）、第 164 頁。

65） 麥高溫（J. Macgowan）『中國人生活的明與暗』（*Men and Manners of
Modern China*）、第 162 頁。

66） 麥高溫（J. Macgowan）『中國人生活的明與暗』（*Men and Manners of
Modern China*）、第 162 頁。

67） 方漢奇主編『中國新聞事業通史』（第一巻）北京人民大學出版社、1992 年、
第 308 ～ 309 頁。

68） 郭廷以『近代中國史事日誌』北京中華書局、1987 年、第 1183 頁。

69） 当時 19 歳の鄒容は『革命軍』を著した。その『革命軍』は革命を礼賛し、
排満復仇を強く表明したセンセーショナルな書であった。章炳麟と意気投合
し、やがて義兄弟となった。一方、章炳麟は 1903 年 6 月、「康有為を駁して
革命を論ずる書」を雑誌『蘇報』に連載した。これは康有為が海外の華僑に
あてて立憲こそ中国がとるべき道で革命は非であると説いたことへの反駁の
論である。上記の二著書は公然と清朝打倒を叫ぶもので、世を震撼せしめる
に十分であった。そのため、ついに鄒容・章炳麟ともに逮捕され監禁される
に至る。途中鄒容は獄死したが、章は日々仏教書を読んで三年過ごした後に
釈放され、そのまま日本へと亡命した。これが所謂「『蘇報』事件」の顛末で
ある。

70） 范忠信・陳景良主編『中西法律傳統』第二巻、北京中國政法大學出版社、
2002 年、第 307 頁。

71） 范忠信・陳景良主編『中西法律傳統』第二巻、第 307 頁。

72） 大公報一百周年報慶叢書編委會『大公報一百年新聞案例選』上海復旦大學
出版社、2002 年、第 5 頁。

第一編　清末中国における西洋近代監獄制度の啓蒙

73)　唐振常・沈恒春『上海史研究（二編）』學林出版社、1988 年、第 14 頁。

74)　范忠信・陳景良主編『中西法律傳統 第二卷』中國政法大學出版社、2002 年、第 308 頁

75)　張篁溪「蘇報案實録」『中國近代史資料叢刊本　辛亥革命』（一）上海人民出版社、2000 年、第 384 頁。

76)　楊湘鈞『帝國之鞭與寡頭之鏈 上海會審公廨權力關係變遷研究』北京大學出版社、2006 年、第 138 頁。

77)　Satow, Ernest.,*The Diaries of Sir Ernest Satow, British Envoy in Peking (1900-06)*, Vol. 1. Lulu Press Inc. 2006. 第 423 頁。

78)　唐振常・沈恒春『上海史研究（二編）』、第 14 頁。

79)　大公報一百周年報慶叢書編委會『大公報一百年新聞案例選』、第 6 頁。

80)　出典は二千年前の中国の春秋戦国時代の儒教経典のひとつである『禮記』の「曲禮」である。つまり、高級官僚である士大夫の身分にある者は、当然、高い倫理規範を有しているはずであるから、刑罰の対象としなくてもよい。それと対をなしているのが、「礼不下庶人（礼は庶人に下らず）」という言葉で、つまり「礼は庶民に下っては適用されず、刑は大夫にまで上って適用されない」ということである。一般の民衆には、倫理観など必要ない。そのかわり、人民は刑罰で統御すればよいのである。身分が高い人は、法ではなく礼の意識によって、清廉潔白であるように自らを律しなければならない。身分の高い人は、礼、つまり高い倫理規範を有しているはずであるから、刑罰を受けるような行為をするはずがない。そういう前提で身分が高い人に法が適応されない、刑罰を免れるという特権を持つと考えられた。

42

第二章　中国官民が見た 19 世紀後期の西洋監獄

一　　緒　　言

　前章で論述したように、中国では、「刑は士大夫に上らず」という伝統があるため、士大夫階層には穢れの監獄から遠ざかる習慣が根付いた。しかし、阿片戦争以降、海外へ渡航した近代中国官民の視察日記を読むと、彼らがたびたび監獄に足を運び、詳細な視察記録を残したのは一見して不思議なことと映る。しかし、「監獄の実況を見て、その国の文明と野蛮を測ることが可なり」[1] といわれるように、監獄は近代西洋文明の代表的な象徴として、早くから中国官僚や知識層の目を引き付けたのはもっともなことであろう。一方、西洋列強は清国監獄の不備を口実に治外法権を放棄しないため、監獄改良は注目されるようになった。

　近代中国史は西洋文明を受容する歴史である。要約すれば、3 つの大きな段階を経てきた。第一段階は「堅船利砲」「工商興国」という器物面から西洋に学ぶ、いわゆる洋務運動時期である。甲午中日戦争（日清戦争）における中国の失敗は「中体西用論」[2] が破綻し、第二段階に入る。第二段階はさらに深まり、明治日本を仲介に西洋の政治法律制度を取り入れる、いわゆる「戊戌維新」「清末新政」「辛亥革命」である。第三段階は思想意識面まで滲入する、いわゆる「五四」新文化運動である。本章が取り上げる時期は、第一段階の洋務運動時期にあたる。

　本章は時代を 19 世紀後期に設定し、近代中国官民の海外視察日記を通して、近代監獄との早期接触はどのようであったか、また、明治日本がどのような役割を演じたのかなどについて検討してみたい。

43

第一編　清末中国における西洋近代監獄制度の啓蒙

二　19 世紀後期における清末中国官民の西洋監獄視察

　中国人が近代西洋監獄制度に言及した最も古い文献は、1842 年の魏源の『海国図志』と思われる。その中の「彌利堅総記」に、建物・衛生状態・給与品・作業内容などの近代監獄の状況を紹介している[3]。しかし、これは視察記録ではなく、魏源がアメリカ人高理文の『米国志略』に基づいて書いたものである。

　そこで『走向世界叢書』と『小方壺齋輿地叢鈔』に基づいて「清末における中国官民の西洋監獄視察の一覧表」（付録一）をまとめた。この一覧表から見ると、近代西洋の監獄を見学した最初の中国人は、同文館一期生の張徳彝である。彼はのち 1891 年光緒皇帝の英文教師になり、1901 ～ 1906 年英国駐在公使となった。同治五年（1866）、総税務司を務める英国人のハート（Robert Hart、漢名は赫徳）の勧めによって、清政府は初めて西洋へ同文館学生を含む 5 人の遊歴団を派遣した。約 4 カ月をかけて欧州 11 カ国を回った。同年四月十七日に当時 18 歳の張徳彝はロンドンの監獄を見学した。その記述は以下の通りである。

　　　又至英國囹圄。四面高樓，每犯淨屋一間，酒食役使，一切極為優渥。譬如皮匠犯罪，官給皮麻等料，令其作工。俟出監時，將所作之鞋靴易錢，分與其人一半。監內七日一犒。是監禁不惟飽暖，且得獲利。在株連者固體其好生之德，而奸回者未免啓其藐法之心。監有花園，晚間許罪人出遊，只戒彼此交談。英國刑無極刑，罪無殺罪，最重者止於絞。由此觀之，刑書不必鑄，酷吏不可為，饒有唐虞三代之風焉。"[4]

とある。記述は簡単であるが、近代監獄の大体の輪郭をつかんだものである。つまり、四要素のうち、教誨を除いて、衛生状態、給与品、作業に触れている。注意に値するのは張徳彝の反応である。張は近代西洋監獄の良い面を認めながらも、犯罪者に優しすぎるではないかという半信半疑の態度であった。張徳彝は近代西洋監獄視察に関する中国史上最初の記録であるだけでなく、その記載が最も多く詳しい。

44

第二章　中国官民が見た 19 世紀後期の西洋監獄

同治七年（1868）、海関道総弁章京の志剛が外交交渉のために元中国駐在米国公使のバーリンゲーム（Anson Burlingame、漢名は蒲安臣）を伴って欧米各国を歴訪した。これは清政府が派遣した最初の欧米使節団である。張徳彝は通訳として同行した。同年六月十七日に米国のオーバーン（Auburn）州立監獄を見学した。張の記載は徒刑者の朝食メニューまで記し、前回よりさらに詳しいものとなっている。

　　晴。辰正，隨志、孫兩欽憲乘車行七裏許，往看監獄。中建石樓，環以鐵壁，共犯人九百五十一名。每名石屋一間，內置鐵榻，外立鐵門，早啓晚閉，功令森嚴。通監共分十五房。凡在獄者，無論拙巧，終日作工。所造者系鐵木皮棉器皿等物，皆用輪機。每房有頭役一名管轄。每飯搖鈴，則人皆停工，結隊行入大廳，內設長案座凳，錫碗鐵盆，每人給麵包豬肉各一塊，青菜一盆，加非、湯、醋各一碗。眾入，齊立不語。有教師一名，立而誦禱數句。鐵鐘一響，眾皆坐而刀錘亂動，杯盤狼藉。有一人頭戴鐵帽，形如雞罩，乃極重之刑也。或雲戴此帽之限，自六點鐘之工至數日、數月、數年不等。苟怙惡不悛，恐終生不息也。獄囚衣食皆系官給，所造之貨販賣，則錢歸東主，而東主每日交官洋銀不足一圓。不但囚人藉以閑其邪心，而東主且厚獲其利矣。看畢回寓早饌[5]。

それに対して、志剛のほうはきわめて簡潔である。

　　觀監獄其門戶之禁，房屋之固，飲食之均，約束之周，法亦猶人。惟使罪人各執一業，終日興作不休。既使之費有出而公私皆便，更使之勞而思善而災疢潛消，為得法矣[6]。

張徳彝と違って、志剛は完全に監獄作業制度を受け入れた。1876 年、張はまた中国第一任駐外公使の郭嵩燾に従い、欧州に赴いた。赴任中、ロンドンの監獄をはじめ、6 カ所の監獄を視察した。随員の職責のためか、張の記載は常に同行者より緻密であった。

同治九年（1870）春、王韜はロンドンを訪れ、新しくできたベドフォード（Bedford）監獄に招かれた。

　　獄囚按時操作，無有懈容。織成氈毺，彩色陸離，異常華煥。出售於外，有値金錢數十磅者。屋舍既潔淨，食物亦精美。獄囚獲住此中，真福地哉。七

45

第一編　清末中国における西洋近代監獄制度の啓蒙

日一次，有牧師來宣講，悉心化導之。獄吏出所照屋宇為贈[7]。

　この 80 字ぐらいの短い記述の中で、作業制度のほかに、王韜はだれよりも早く西洋監獄の教誨制度について取り上げた。

　帰国後、丁日昌の要請に応じて書いた『仏国志略』に、王韜は監獄について特筆した。

毎値禮拜日牧師或神父入獄講道，使獄囚鹹集環坐，靜聽以化其頑梗之心，消其桀驁之氣，……以視中國之牢獄，相去奚只天淵矣！此則猶有三代以上之流風善政歟。……牢獄之制法極周詳，刑無苛酷，待獄囚務極寬厚，日給飲食，歲給衣履，皆得溫飽，無虞凍餒。……在獄亦課以工作，視其所能，使之製造各物，或延藝匠教導，俾有一材一技之長，則出獄之後不至流為廢民。

　こうして、近代監獄への中国人の認識は深まっていったのである。阿片戦争から光緒元年（1875）の 35 年間、西洋の地を踏む中国人は少なく、残された記録も極めて少ない。近代中国官民の視察日記を編集した鐘叔河の言うとおり、その間の出国知識人の「思想見解」は「容閎のほか、王韜しかいない」[8]。王韜自身も、「余之至泰西也，不啻為前路之導，捷足之登」と先行者を自任していた[9]。彼の西洋獄制に関する記録によれば、その話は自画自賛ではないといえる。中国の士大夫は皆大志を抱き、昔から監獄から遠ざかる伝統があるため、残念ながら王韜も例外なく、墨を金のごとく惜しみ、監獄につき、あまりたくさん記さなかった。

　19 世紀の近代中国人の欧米日本視察において、外交使節職員の記述は多く見られるが、民間人の海外視察はごく稀であるため特筆に価するのであろう。王韜に加え、李圭（1842 ～ 1903）もその中の 1 人である。寧波税関に 10 年間勤務していた彼は中国工商界の代表として、光緒二年（1876）に米国建国百周年のためにフィラデルフィアで開かれた万国博覧会に出席した。帰国後、『環遊地球新録』という視察日記を書いた。この書名は意味深い。地球が丸いというのは今日に至って小学生でもわかる常識であるが、当時において大いに啓蒙の役割を果たした。

　李鴻章が序言において、

泰西諸國，日出其聰明才力以相角逐，凡可為富強計者，若鐵路，電線，車船，

46

炮械之屬，轉相仿效，務極新奇，而于商務尤所措意，舍是則無以自立其國。
と記しているように、李圭がもっとも注目したのは工商製造方面の成果である。
監獄視察は副産物である。六月十五日、二十一日に、李圭はそれぞれフィラデ
ルフィアの軽刑囚監獄、重刑囚監獄及び感化院を見学した。その記述の字数は
約4,000にのぼる。施設・待遇・規則・作業・教誨に限らず、理論まで探求し
ている。

　軽刑囚監獄は中米友好のために、清国の竜旗をかけた。昼食に招待し、その
後案内してくれた。おそらく中国監獄の参考とするから、米国監獄の清潔・給
与・作業・廉潔などが印象深かった。広くて明るいダイニング、1人部屋に、
板張りの床、潔白な壁、窓があり風通しがよく、ベッドや机や椅子や鏡などの
家具がそろい、シーツは週に1回取り替える。浴室もあり、週に1回入浴させ
る。洗面所とトイレはきれいで臭気がない。3階は女囚の作業場で、縫い物や
刺繍をさせる。女囚は、普段と変わらずに談笑をしながら働く。2階は男囚の
作業場で、靴作りや床洗いや洗濯や厨房仕事などをさせる。あるいは監獄の外
へ出かけ、野菜作りや道路修理をさせる。鞭撻はない。4階は1,500人が入れ
る教誨堂である。医者もいる。その薬代は国家が支払う。親族が面会に来る場
合、時間の制限がなく、また獄吏の強要もない[10]。

　重刑囚監獄の設備については、ほぼ軽刑囚監獄と同じであるが、特筆される
のは冬に暖房、夏に扇風機があるということである。毎日散歩の時間を設けて
運動させる。囚人は皆1人部屋で、総計580室。女囚たちの部屋は上層にある。
作業の収入所得の半分は、釈放の日に本人に支給された。羞恥心を守るために、
作業に出るときは布で顔を覆う。毎日3食あり、料理が新鮮で、肉などがある。
2階に蔵書9,000余冊の図書館があり、3階に広い教誨堂があった[11]。

　李圭は中国の監獄と西洋監獄を比較して、以下の5つの相違点をまとめ、西
洋監獄が「法良意美」と結論した。

　　竊謂外國監獄，迥異中華。第一務取潔淨；第二飲食調勻；第三作息有節；
　　第四可習技藝；第五則其總管、司事，一切體貼人情，處若父兄之於子弟。
　　故凡遊覽其中者，非特不覺其為監獄，即犯人監禁日久，亦忘其身在監獄也。
　　迨期滿釋歸，有技藝，有資蓄，皆可為養身贍家計，或更可傳諸子孫。法良

47

第一編　清末中国における西洋近代監獄制度の啓蒙

意美，於斯盡矣[12]。

　面白いことに、アメリカの役人に西洋監獄に対する感想を聞かれたとき、「誠法良意美矣，然弗乃渉於過寬乎」、「倘有倣而行之，殆將真以囹圄為福堂也」[13]と答えている。罪人をゆるやかに処置しているのではないかという李圭の疑問に対し、その役人は「是固然。然吾西人尚舒適，畏拘鬱。若人之在獄也，吾儕視之，已不勝其苦。且彼非死罪者，故但拘其身體，鬱其志氣，使仍於拘鬱中有樂生之心，而後可冀其悔罪遷善也。又吾西人性多激烈，倘使加以敲撲桎梏，則必有自殞其生者矣」[14]と説明した。つまり、西洋人は快適な生活を好み、束縛された生活が嫌なので、投獄されるだけで大きな苦しみになる。また、性格が激しいので、鞭撻を加えると自殺してしまう恐れがある。これを聞いて、李圭はアメリカの寛大な処罰の原因が納得できた。

　感化院、すなわち児童自立支援施設についても、李圭は詳しく紹介した。施設は男女が別になっていて、男子用の規模がわりと大きい。女子用施設の給与品は男子用よりいい。1人部屋で、監獄よりは設備がいい。入院した時から、品行によって、十色の紙でランク付けられる。黒が最低である。白が最高で、品行を完全に正して家に帰れる意味である。40人が一組で、自立できるように技術を身につけさせる。規則正しい日課表によって行動させる。外に出てはいけない。管理は、1人の紳士によって総括される。費用は公費であるが、寄付金もある[15]。

　3カ所の矯正機構を見学した後、李圭は西洋の刑罰哲学の理念が「化人為善」、つまり勧善にあることを認識できた。また、中国にも同じ見解を持つ賢明な官吏がいる。李化楠という人は、すりを捕まえた場合、刑罰の代わりに手芸を学ばせる。暇なときに、自ら作業場へ赴き感化する。手芸ができれば、悪事を行わないと誓ってから保釈される[16]。

　同年、近代中国の初任公使である郭嵩燾はからかいと罵りの中で欧州へ向かった。光緒二年（1876）十月十七日夜、郭嵩燾は副使の劉錫鴻、通訳の張徳彝などを伴い上海から船に乗り、十二月八日にロンドンに到着、初任英国駐在中国公使に就任した。光緒四年（1878）正月二十一日、また、出使仏蘭西勅使に任命された。光緒五年（1879）正月十日ロンドンを発ち、三月四日に上海に戻っ

第二章　中国官民が見た 19 世紀後期の西洋監獄

た。すなわち、英国にいた期間は 3 年足らずである。その日記によると、視察
した監獄は 7 カ所、監獄制度に関する記載は 10 カ所、合計約 6,000 字に達する。
そのうち、ジョン・ハワード（John Howard）を舵取りとする西欧獄制改革と
万国刑法監牢会にも言及したのは未曾有のことである。

　面白いことに、最初に寄港した香港で船を下りて見学したのは、監獄と学校
で、そのうち、十月二十三日の監獄見学は郭公使の要望に応じて手配されたの
であった。三階で、上層は重刑囚の三人部屋、下層は一人部屋。各部屋に人数
分の布団やじゅうたんやタオルや箒などがある。囚人は西洋人もいれば、ルソ
ン人とインド人もいる。総計 30 余名。中国人が 514 人。管理法は拘禁、じゅ
うたんを紡績させる、石と鉄玉を運ばせるという 3 種類に分かれていた。鉄球
の所は 3 カ所で、西洋人とルソン人と中国人という国別に分け、兵隊で管理す
る。石の所は 1 カ所のみで、重刑囚のために設けられる。部屋に鉄軸があり、
手で運び、日に 1 万 4,000 回、回転しなければならない。計算機で統計する。
足りなければ食事を減らす。1 日に 2 食、米飯と四匹の小魚。刑期の長い者は
肉食がある。女囚の収容所があり、1 人部屋である。見学中、囚人は皆整列し
敬礼する。浴室と教誨堂と病院と霊安室がある。いたるところは清潔で、穢れ
の臭気がない。鞭や鎖などの刑具もある。繰り返し犯行をするものに対して、
首に刺青をして、香港から追放する [17]。

　十一月七日、セイロンに着くと、仏寺と監獄を訪ねた。「總督派中軍談布來
此迎迓，因陪遊近地佛寺及按察司所管監牢，並派土司狄習拉瓦為之前導。監牢
不及香港規模，而清潔則同。大監八所，毎所監十七人，日間督使工作。罪犯重者，
禁錮別為一院，毎房一人。女牢一院，凡二所，毎所亦十七人。亦有病館」[18]
とあり、セイロンの監獄は香港ほど大きくないが、清潔さは同様である。大監
は 8 つ、女牢は 2 つ、それぞれ 17 人の囚人を収容する。昼は作業させる。病
院もある。重刑囚は別設の監獄に収容し、1 人部屋である。

　翌年二月二十三日、ロンドンのペントンビル（Pentonville）監獄を見学した。
当時のロンドンには、監獄が 9 つあった。ペントンビルとミルバンク（Millbank）
は刑期 5 年以上の囚人を収容し、官費で運営されていた。ほかは民間資金で運
営された。中には、監獄と異なる少年教護院と未決囚の看守所がある。その日

49

第一編　清末中国における西洋近代監獄制度の啓蒙

見学したペントンビルは収容人数が 1,165 人、4 区 5 階からなる大きい監獄である。紡績や大工や鋳造や洗濯などの工場がある。警報ベル装置とオルガンの精巧さに興味を示した [19]。

同年七月五日、ロンドンのニューゲイト（Newgate）監獄を見学に行った。ニューゲイトは 300 年の歴史があるが、規模が大きくない。4 階建ての建物で、収容囚人が 150 人、そのうち、女囚が 50 人。入獄の 1 日目はまず 1 階の浴室で入浴し、下の部屋に入居する。医者の診察が済めば、上の部屋に移す。弁護士が来たときは、容疑者と直接対面して相談し、部外者は立ち会えない。死刑囚には、絞首刑を執行する。死体を庭に埋める。毎年、1、2 人の囚人のみを収容する。刑期 1 年以上の者はペントンビルに送りだし、監禁するか、苦役として各現場へ行かせるという処置をした。市長（mayor）が所轄する監獄は 2 カ所ある。市長所属の高級市政官（alderman）が 26 人。理事庁が 2 つ、市長と高級市政官は普段理事庁で訴訟を判決する。その下に配属された市議会議員（common councilman）220 人が、行政事務を司る。市役所の判決の軽重を統一できないので、翌年の 2 月を境にして、国家が専門官を遣わして統括するようになった。郭嵩燾は監獄見学を終えて、題辞を求められたので、この監獄の概況を記し、勧戒という監獄の主旨を称えた [20]。

同年八月十三日、ロンドン市長所轄のもう 1 カ所のホロウェイ（Holloway）監獄を見に行った。ホロウェイは設立して 26 年目で、ほかの監獄とほぼ同じであるが、作業に大きな特徴がある。作業は鉄工・大工・泥工という 3 種類に分けられる。同監獄の運営は自給自立できるだけでなく、ロンドン市内の監獄用のじゅうたんと獄吏の衣服履物のすべても供給する [21]。

光緒四年（1878）九月二十一日、スコットランドのカールトン（Calton）監獄を見学した。1792 年に創設された。未決囚の待遇は既決囚と区別して、作業させない。女囚は 1 歳以下の幼児を連れることが許されるが、1 歳以上の子供の場合、羞恥心を培うため、監獄に入れない [22]。

光緒五年（1879）二月十九日、離任して帰国の途中、シンガポール監獄を見学した。この監獄では、まだ鎖などの刑具を使用していた。態度のよい囚人には、手当を支給する。軽罪者は道路舗装用に石をつぶし、重刑囚は鉄工・大工・

50

第二章　中国官民が見た 19 世紀後期の西洋監獄

細工・紡績などの仕事を課される。食後は鉄球を運搬させ、筋肉を鍛えるという。ほかには、浴室・病院・教誨堂・学習館などが揃っていた[23]。

　郭嵩燾が清末中国監獄改良史において貢献したことは、以上のように、近代西洋獄制を細やかに記述し国内の同胞に伝えたことだけでなく、万国監獄会議への中国参加を実現させた発起者でもあったことである。「万国刑法監牢会」について、光緒三年 (1877) 六月十八日の郭嵩燾日記に次のように書かれている。

　　瑞典，挪威公使愛達華達擺柏函稱：“整理萬國刑法監牢會前在比利時白魯
　　塞爾都城會議，定于明年八月在瑞典斯多克火恩都城會議，先告各國國家來
　　赴此會，願中國亦遣官赴此會。”聞英國數十年前有名侯爾得，獻議創修監
　　獄以處罪人，無專困苦之。英國監牢立法之善，自侯爾得始。於是次第赴法，意，
　　德，俄諸國，皆依其言行之，卒于俄國之南克爾生。諸國守其法至今。瑞典
　　公使所雲整理刑獄會者，當即侯爾得之遺也。

　つまり、スウェーデン・ノルウェー公使から 1878 年 8 月にストックホルムで行われる万国刑法監牢会の招請状を受け取ったという[24]。それで、郭嵩燾は「請派員赴萬國刑罰監牢會片」という上奏文を書き、清政府に報告した[25]。

　　再，據瑞典國使臣愛達華達擺柏照會内稱：整理萬國刑罰監牢會今年在比利
　　時國都城伯魯塞爾會議。明年八月在瑞典都斯多克火恩會議，應由其國預先
　　通告各國；並稱瑞典主極盼中國國家派員往赴此會，乞將此情轉奏各等因。
　　臣因查詢此會之緣始，蓋前八十年間，英國有名侯爾得者，遍歷各處監牢，
　　備悉其苦况，言之國家，定更制度，以次及法，奧，德，俄諸國，一皆獻議
　　仿行。於是西洋各國公立此會，互相維持。臣去歲過香港，新嘉坡，遍視其
　　系囚處，整齊清潔，歎為盡善。至倫敦，往觀敦威拉監牢，收系一千六百
　　餘人，規模尤極闊大。大致以年分久暫定罪名輕重，而一皆制以教養之經。
　　凡所收系，課以工藝，使其出而皆可以謀生，尤服其用意之深厚。至是始知
　　其發端自侯爾得，而因以公會為名，相與益致其情。度其會議，必多有可紀
　　者。臣現奉使英國，距瑞典國為近，應由臣處奏派一人前往。謹先將該使臣
　　照會大旨，陳請聖裁。應如何辦理之處，當俟奉旨後開具參贊以下銜名，聽
　　候簡派一員，屆時前赴瑞典國，以資與各國會議。理合附片陳明。謹奏。光
　　緒三年八月二十七日奉旨：“該衙門議奏。”

51

第一編　清末中国における西洋近代監獄制度の啓蒙

　その結果、1890 年に清政府は欧州駐在の使節関係者を派遣して、ロシアの首都サンクトペテルブルクで開かれた第 4 回「国際監獄会議」に初めて参加した [26]。

　郭嵩燾の日記には、万国監獄会議に関する記載がほかに 2 カ所ある。1877年 8 月 23 日に、スウェーデン公使から手紙をもらい、各国刑律会長宛のアンケートが入っていた。刑罰・監獄の運営・過ちを改めた囚人の数・管理官・民間世論など、総計 37 問あった。西洋が力を入れて研究するものはすべて中国では無視されるものばかりなので、返答に困った。最後に次回の万国監獄会議は翌年 8 月 20 日にストックホルムで行われることを特筆した。

　　瑞典公使斯狄印伯克函致各國刑律會長韋音斯三十七問, 由瑞典國外部刊發。
　　其言通主與會各國言之, 而詢及斬, 絞, 凌遲諸律, 則西洋各國所無者, 殆
　　專爲中國言也。所問刑獄多寡? 及如何養贍, 課以工藝? 及所以勸善改過之
　　方及改過者幾人? 及由何官管理? 及民間公論何如? 及一切經理所從出。凡
　　西洋所極意考求者, 皆中國所漠視者也, 只此已窮於爲答矣。瑞典都城名斯
　　托莫夥, 公議監牢會定於一千八百七十八年八月二十日開辦 [27]。

　1877 年 11 月 12 日に、ベルギー大使に会見したとき、前年ベルギーで開催された万国監獄会議の資料が出版されたかどうかを聞いた。すると、当時の新聞に掲載されたが、意見が分かれているので、未刊行の状態であるという返答だった。そして、アメリカの監獄法の話も出た。アメリカでは、6・7 年間人に会わせず物も言わせない、あまりにも厳しいので、各国から改良せよと勧告した。ベルギー大使は自国の監獄法が優れていることを誇りに思って、郭嵩燾が視察したロンドンのペントンビル監獄もベルギーの監獄制度をまねてできたと教えた。原文は以下の通りである。

　　晤比利時使索拉宛, 詢及去年監牢會在其國會議, 無有成書。答言:"當時
　　亦見新報, 所議多曲當, 至今尚無成書刊行。"因言美國用刑寬而監牢立法
　　頗峻, 有六七年不令見一人, 不令說話。會友勸令以漸改之。於是稍減其年
　　分, 亦稍分別寬免。又言比利時創立監牢式優於各國:一人立其中, 各所監
　　牢上下皆在目中。予謂倫敦幷敦威拉監牢即此式。索拉宛曰:"然, 此式即
　　仿比國制度爲之。"始知西洋各國互相仿效, 會友考求之力居多。[28]

第二章　中国官民が見た 19 世紀後期の西洋監獄

　ベルギー大使の話は虚言ではない。日本監獄改良の父とされる小河滋次郎は
ベルギー監獄事業について、欧米では一位と高く評価していた。

　　監獄改良事業の最も進歩完整を見る所のものは列國中獨り白耳義（ベル
　　ギー）を推さゞるを得ず、今や此の眇たる一小王國に於て完全なる分房監
　　獄を有するもの實に廿有五の多きを以てし、之れに費やす所、總計凡そ
　　二千一百万「フラン」の巨額に達す[29]。

　郭嵩燾の副使として英国に赴いた劉錫鴻も、彼の視察日記『英軺私記』に監
獄見学の記録を残している。彼は郭嵩燾に伴って、香港監獄[30]とロンドンの
ペントンビル監獄[31]を視察した。そのほか、ロンドンのミルバンク監獄とダ
ブリン（Dublin）監獄を含め、計 4 カ所の監獄を視察した。3 人の記載を比較
して見ることができる。最も面白いことに、光緒三年六月二十三日、劉錫鴻は
4 カ月前にロンドンのペントンビル監獄を見学して、その施設の整備にあまり
にも驚き、イギリス人が醜いところを隠して、事前に準備したと疑ったので、
予告なしにミルバンク監獄を視察してみたが、結果は前回と変わらなかった。
それで、やっと信服したのである。

　　英人獄制之善，餘慮其有所飾以美觀也。二十三日偕博郎出門，突至其他禁
　　犯之所覘之，飼養，督教無異，房室之潔亦無異。該處禁犯一千八百人，據
　　司獄雲：每人工作所成毯布器物，均貰諸外。獲價至百息零，則給其人五息
　　零，餘充公。歲入貨價，足敷獄所一切支應，或且贏焉。在獄者禁不得言語，
　　犯則減其食一次，通國例式。此則曩赴奔敦維辣時所未詢及[32]。

　イギリスの刑獄制について、「查英國制法最恕，無殊死刑，惟謀殺叛逆者縊
殺之。……瘋病者，禁錮終身，恒犯不改亦然，並優給以食，若香港監牢所見狀。
但英國無予人以坐食者，必驅以勞役，如運土，負土，築城，造橋，除道，建舍
諸事。男子二十一歲，女子十六歲，謂之成人，有犯乃科罪。未至成人，勿治也。
鞭撻之刑法，第施于凶狠較甚者，不数数見。以民命為重，而懲戒從寬」、「到倫
敦兩月，細察其政俗，惟父子之親，男女之別全未之講，自貴至賤皆然。此外則
無閑官，無遊民，無上下隔閡之情，無殘暴不仁之政，無虛文相應之事」「制治最恕，
無殊死刑，亦不事鞭撲。犯罪者輒監禁，而仍優養之」と要約している[33]。イ
ギリスの監獄では囚人を働かせるかわりに、給与を支給して優遇し、鞭撻も普

53

第一編　清末中国における西洋近代監獄制度の啓蒙

通使用しないという寛大さを称えた。

　張徳彝は随員として、郭嵩燾大使と劉錫鴻副使に伴って、香港監獄[34]・セイロン監獄・ロンドンのペントンビル監獄[35] を見学した。ほかに、ミルバンク監獄[36] は劉錫鴻副使と、ニューゲイト監獄[37] とホロウェイ監獄[38] は郭嵩燾大使と一緒に見に行った。3人の記録を照らし合わせてみれば面白い。例えば、ペントンビル監獄に関する記述では、郭大使の日記に見られない情報が記された。「數日前，盆島威監有犯人因瘋自縊窗上，又一人由樓上自墜未死，調養現已痊癒。夫倫敦九獄立法皆同，待罪犯如此其寬，尚有自縊墜樓以求死者，足見鋼禁之苦，不比家居之優遊自適耳。倘冤枉不伸，而治以非刑者，則每歲不知願死者幾何人，枉死者幾何人，言之令人酸鼻」とある[39]。つまり、数日前に、首を吊って自殺した人がいた。また、飛び降り自殺した囚人もいたが、幸いに救われて回復した。中国人から見れば、ロンドンの監獄は清潔で囚人を優遇するのに、やはり自殺したい囚人がいるのは不思議に思われる。西洋人にとって、虐待されなくても、拘禁だけで相当な苦しみだということが分かったと書いた。

　光緒十五年（1889）二月二十八日、英法意比（イギリス、フランス、イタリア、ベルギー）四国駐在清国公使の劉瑞芬が3年の任期を終えたため、清政府は後任に江蘇按察使陳欽銘を任命した。しかし、使節として外国に行くのは清国官僚にとって、極めて苦しい仕事と見なされていた。陳氏も例外なく「為官者不願出使外都（使節として蛮夷地に行きたくない）」という伝統的な偏見にとられ、病気を口実に赴任を断った。このため「曾門（曾国藩門下）四弟子」で洋務派として知られた薛福成が選抜された。光緒十六年（1890）一月、薛福成は上海から出発し、1894年に上海に帰国した。欧州で4年半過したことになる。残念ながら、帰国して1カ月もたたないうちに病気で亡くなった。

　薛福成が渡欧中に書いた日記は数十万字で、西洋獄制に関する記録は5カ所もある。そのうち、監獄見学の記録はただ2回しかない。その原因は2つあると考えられる。1つは、郭嵩燾の時代より公務が煩雑で忙しく、監獄を自ら視察する余裕を持てなくなっていたのではないかということである。例えば、1890年五月二十一日、「英御前大臣奉君主諭，于前三日請余赴伯金韓模宮觀跳舞會，余因事冗未往」と記した[40]。イギリス王宮の舞踏会に招かれたが、忙

54

しくて行かれなかったという。もう１つの原因は前者の記録がすでにあるので、省くことにしたであろう。例えば、香港監獄について、「香港有學堂，有監牢，郭筠仙侍郎已記之。」と記して、具体的なことは省略された[41]。薛福成は出国日記の前書きに、前任の大使郭嵩燾、曾紀澤の書き記した内容と重ならないように書く難しさを明言した。「惟日記雖體例不一，而出使情事無甚歧異。查前出使英法大臣郭，及前出使英法大臣曾，俱有日記，所紀程途頗已詳備。若但仿照成式，別無發揮，雷同之弊，恐不能免：此一難也。」[42] したがって、前任大使の書かなかったパリの監獄だけを詳しく記載したのではないかと思われる。

光緒十七年(1891)十一月二十七日、パリの監獄を視察した。未決監、重刑囚監、軽刑囚監という監獄の種類からメニュー、防寒、医務室、図書室、親友との面会まで詳細に述べた[43]。

欧州にいる４年間は薛福成にとって、「堅船利砲」「工商興国」を唱える洋務派から西洋の政教を学ぼうとする維新派に転じる重要な転換期であった。その変身は監獄に関する記載からも一端を窺えるといえよう。例えば、1893年にある出使随員が西国の富強の原因を五大要因にまとめた論述文を新聞から読んだ薛福成は、共鳴して六月十四日の日記に摘録した。西洋獄制に関する内容は、５つの要因の１つに数えられた。原文は、

> 四曰養民恥。西國無殘忍之刑，罪止於絞及遠戍苦工，其餘監禁罰鍰而已。監獄清潔無比，又教以誦讀，課以工藝，濟以醫藥，無拘攣，無鞭撻，而人皆知畏刑，不敢犯法，幾於道不拾遺。父母不怒責其子，家主不呵叱其僕，雍然秩然。男女雜坐，談笑而不及淫亂，皆養辱之效也。

とある[44]。1892年十二月十六日付の日記に西洋の刑獄の変遷を論じた。

> 英法德各國刑律，皆本羅馬，羅馬古律極嚴。謗人者死，私刈田禾者死，故燒人物產者投諸火，犯竊者鞭責後充奴婢，奴婢犯竊，加等投諸崖，遇竊盗格殺勿論，辱人者罰驢三十五匹，折人牙齒者罰至三百匹。尤奇者，本夫不得擅殺姦夫，惟奴僕奸主母則殺勿論。逆倫之犯，取雞，犬，蛇各一，同置一囊而沉諸水。蠱毒殺人者罪同。嗣後旋改旋輕，除大逆不孝，師巫邪術，奴僕作奸數等之外，概從寬恕。
>
> 英吉利本羅馬屬地，羅馬既去，更用嚴刑，截脛剝膚，挖目劓鼻，水溺火灼，

第一編　清末中国における西洋近代監獄制度の啓蒙

　　種種兇殘,民不堪命,然犯罪者益眾。西暦一千七百五十年,法益苛而民益頑,
　　議院乃議盡改舊法，減省刑罰，罰鍰監禁以外，至重不過纝首而已。又得延
　　狀師申辯，無威嚇逼勒之虞，無搒掠鈒鐺之苦，雖犯罪不得相屈辱，牢獄亦
　　亢爽潔淨，不致釀為疫癘；且設學堂，書庫，醫院，庖廚於其中。復考核通
　　國罪人之數，若少若多。若尤多，究其獲譴之故，察其為惡之由，以施懲戒。
　　行之不過五六十年，而頑梗潛消，民多知恥。其收效之捷，有如此者[45]。

　もともと西洋でも刑律がきびしく、さまざまな酷刑もあった。しかし、国を
うまく治められず、刑法がますます厳しくなる一方、人民もますます愚劣で救
いようがない。そこで、1750年から議会では旧法を改め、減刑するように検
討しはじめた。対策として、弁護士制度を整えた。また、監獄も疫病がはやら
ないように清潔にし、さらに監獄の中に学堂、書庫、病院、厨房を設けた。こ
のようにただ50年実施して、人民は羞恥心を培い、多大な効果をあげたという。
　もう1つの1890年三月十三日付の記載には、薛福成は自分の思想転換を明
確に語っている。

　　昔郭筠仙侍郎每嘆羨西洋國政民風之美，至為清議之士所詆排。余亦稍訝其
　　言之過當，以詢之陳荔秋中丞，黎蓴齋觀察，皆謂其說不誣。此次來遊歐
　　洲，由巴黎至倫敦，始信侍郎之說，當于議院，學堂，監獄，醫院，街道征
　　之[46]。

　郭嵩燾は西洋の国政民風を賞賛するので、国内の保守派の人々にさんざん貶
され排斥された。郭大使の言論の言いすぎにやや驚かされ、陳荔秋中丞、黎蓴
齋觀察に確認してみれば、皆本当のことだと証言した。欧州に来てみて、やっ
と郭大使のいうことを信じた。議院、学堂、監獄、病院、街道からその話の真
実を裏付けたという。
　1894年に参賛として龔照瑗公使に随従し、イギリス・フランス・イタリア・
ベルギーの4カ国に行った宋育仁の中西監獄比較論はとてもすばらしい。実は、
宋育仁（1857～1931）は出国の前、すでに維新改良論を持論していた。清仏戦
争によって、洋務派の新政が破産した。それをきっかけに、宋育仁は自分なり
の改良主義を形成した。1887年、代表作の『時務論』の初稿を完成した。同
書は士大夫と知識層の間で広がり、注目と賞賛を受け始めた。その後、宋育仁

第二章　中国官民が見た19世紀後期の西洋監獄

は黄遵憲、陳熾などの改良派と親交を深めた。1894年、ヨーロッパへ赴任する。在任中、宋育仁はパリとロンドンの間を往来し、西洋の政治家や大学教授や記者などと交際した。日本政治家の望月小太郎、記者の下田歌子とつきあった。また、各国の議院・学校・商工会に出入し、西洋の社会風俗・文教制度・政治生活を調査し、四巻の『泰西各国采風記』を著した。早くから西洋法政を学ぼうと唱えた先駆者といえよう。日清戦争中、ロンドンにいる宋育仁は清政府に「目前困倭之謀，異日防俄之計」を提出し、日本とロシアがともに中国の大敵であると表明した。清軍敗北の消息を聞いて、アメリカ退役海軍少将とイギリス銀行経理と密謀し、銀行から借金し、軍艦を購入し、オーストラリア水兵を召募して軍隊を組む。オーストラリア商船を保護する名義で、フィリピンから日本の長崎を攻める計画を企てたが、1895年3月に中日講和が成立したので、宋育仁は祖国を遠望して嘆くしかなかった。

　彼の「觀英獄政益知中國獄政之弊」[47]という中西監獄比較論は、上述の『泰西各国采風記』に収められている。まず、彼が視察したイギリスの未決囚の監獄制度に関して、入獄の登録手続きから部屋の設備・法廷の判決・監獄面会制・医療・教誨まで、つぶさに紹介した。次に、判決の遅滞や酷刑の使用や獄吏の強要など中国監獄の弊害を容赦なく指摘した。さらに、当時の2つのよくない傾向を批評した。「譽洋者」は西洋の表面のことばかりほめる。「自蔽者」は昔からそうであることを口実にして、自国の欠点をかばう。引き続いて中国の刑獄史を回顧する。中国には昔から減刑思想があり、肉刑を排除しようとしたが、秦朝をはじめとする歴代の暴君によって、重刑酷吏の弊害が生じた。最後に、政教について、中国は倫理を、西洋は権利を根本とするが、中国のほうがすぐれていることが明らかである。しかし、西洋の刑法をもって治める点においては、まさに中国より古典中国の伝統に合っているという見解を示した。

　唐宋の古文を規範として文章の典雅さを尊んだ清代の文章家の桐城派を創始した方苞の「獄中雑記」は、悲惨な清代監獄の様子を描いた名作である。それを読めば、なぜ国を出た近代中国官民が西洋監獄に引かれたかが納得できるであろう。清代の監獄は、人で埋まっている状況であった。なぜならば、刑部から胥吏獄卒まで役人の利益は監獄にかかっていたので、手段を選ばずに無実の

57

第一編　清末中国における西洋近代監獄制度の啓蒙

罪で人を監獄に入れたからである。既決監と未決監は区別せず、窓のない牢屋に二百余の囚人を収容し、トイレなどの衛生施設もなく、生者と死者は並べて寝させられる。毎日の死者は少ないときで３、４人、多いときは十数人、また軽刑囚あるいは巻き込まれた証人が死者の多数を占めていた。それに対して、大盗賊や殺人犯などの重刑囚はかえって体が丈夫なため無事であった[48]。

　上述のように、清代の監獄は給与、作業、教誨どころか、基本の衛生条件も極悪な状態だった。清末監獄改良の第一人者である沈家本は、当時風靡した「西学中源」思想の影響を受け、『獄考』に西洋監獄の作業制度は紀元前の中国周朝の土を累積して牢とするという周礼圜土に源があると考証した。実は、懲悪と勧善の対立が中西監獄の根本的な相違点である。中国監獄は昔から「系囚」（安全保衛）、「憫囚」（生活待遇）、「録囚」（審査監督）という制度が続いてきたが、『光緒朝硃批奏摺』[49] によれば、三者のうち、「系囚」が一番重要であることは一目瞭然である。この中国第一歴史檔案館編集の奏摺集の法律類において律例、申弁、命案、盗案、貪汚案、監獄解獲、発遣、禁煙案、其他などの九類に分けられる。光緒元年（1875）正月から光緒三十四年（1908）十二月にかけての「監獄解獲」に収録されている上奏文の大半は、囚人脱獄で担当官吏の罪を問う件ばかりであった。それによると、囚人が監獄で惨死することは無視される一方、脱出すれば、獄官だけでなく知縣（県知事）まで罪を問われて革職（免職）させられた。

　したがって、中国の士大夫は従来どおりに大志を抱き、監獄を軽視するにもかかわらず、あまりにも中国と西洋との監獄の巨大な差に驚き、墨を惜しまずに貴重な歴史記録を残してくれたのである。

三　清末中国官民の西洋監獄視察の特徴

　清末中国人の視察日記から、西洋文物に直面して彼らの中に現れた複雑かつ矛盾に満ちた心理状態とその特徴を検討してみたい。

　王韜は、ロンドンの監獄を見学し、「獄囚獲住此中，真福地哉」[50] と感嘆し

58

第二章　中国官民が見た 19 世紀後期の西洋監獄

た。しかし、入獄されたイギリス囚人はきっと同じ思いはしなかったのであろう。アメリカの中国学者のポール・コーエン（Paul Cohen）はこれについて、「19世紀の欧州には、王韜の理想化した標準に合う監獄がそんなにたくさんあるのか疑問に思う」[51] と指摘している。実は、19 世紀のみならず、20 世紀においても「福地」と言える監獄は天国にしかないであろう。アメリカの著名な法学家ハロルド・J. バーマン（Harold J. Berman）は「われわれの新聞と学術著作にはわが国の未決勾留制度、公訴人と被告者の協議で解決する制度及び監獄制度の報道と論述が満ち溢れているが、これらの制度のでたらめと滑稽さを物語っている。われわれはまるでチャールズ・ディケンズ（Charles Dickens）の時代にもどったようである」と感慨深そうに語った[52]。したがって、西洋の監獄事情は清末中国人の見たような簡単なものではないことが知られる。

　また、香港監獄の「転鉄軸」という労作は郭嵩燾に「所以勞其筋骨，導其血脈，使不致積鬱生病」の善行として称えられた。しかし、これは実は当時の西洋世界ではすでに野蛮残忍な中世期の獄規の遺物であり、非人間的なものと見なされていた。香港はイギリスの制度を実施していたが、植民地なので、英国本土よりずいぶん立ち遅れていた。郭嵩燾より 100 年前に、ジョン・ハワード（1726 ～ 1790）をはじめとするイギリスの人道主義改革家は運石・運鉄球と転鉄軸、及び鞭撻・鎖・首の刺青など、囚人を侮辱虐待する処罰を猛烈に批判した。「転鉄軸」とは、囚室で鉄軸を設け、毎日囚人に手で回転させることである。「日運萬四千轉，有表為記，不如數者減其食」と、香港監獄では、1 日に 1 万 4,000回も回転しなければならなかった。足りなければ、食事を減らすという処罰を与えた。「運石」「運鉄球」は、囚人に毎日一定量の石塊あるいは鉄球をここからほかへ、またほかからここへと運ばせるものであった。当時、英国本土ではすでに廃止されていたが、植民地では採用されていた。これは典型的な二重の基準といえよう。しかし、郭嵩燾たちはその事実を知らず、西洋政教の勢いに圧倒された。

　また、同じく郭嵩燾の香港監獄訪問記に、あまり目立たない記述がある。「禁錮室中，啓外牢門揚聲喝之，囚犯皆起立，當門垂手向外」と、見学中に囚人が獄官の号令で、立ち上がって整列する姿を見て、郭嵩燾は「節度整齊可觀」と

59

第一編　清末中国における西洋近代監獄制度の啓蒙

感心した[53]。30年後、政治視察大臣の載澤がベルギー監獄を訪問したとき、「習工藝之囚者，見客過，皆起立為禮，有愧色」と特筆した。このケンブリッジ大学より博士号を贈られた載澤は、「即此可以覘泰西國民之程度矣」と感想を述べた[54]。囚人は間違いなく動物園に閉じ込められた動物のように展示された実状であるのに、郭嵩燾、載澤の2人が西洋監獄の強制規則を国民性の高まりと賞賛するのは、西洋かぶれの一例といえよう。

　以上のように、主に郭嵩燾を例にして、西洋かぶれの一面を述べてきたが、彼の考えはそんなに単純なものではなく、複雑かつ矛盾していた。彼はロンドンに到着して1ヵ月も経たない光緒三年正月初九日の日記に、「此間富強之基與其政教精實嚴密，斐然可觀，而文章禮樂不逮中華遠甚」[55]と書いた。つまり、西洋の器物と政教制度は優れているが、倫理道徳ははるかに中国に及ばないという。この考えは、当時中国の知識層では代表的な言論と言える。黄遵憲も日本人との会話で、「形而上，孔孟之論至矣；形而下，歐米之學盡矣」とはっきり語った。また『日本国志』にも、「吾不可得而變者，凡關於倫常綱紀者是也。吾可以得而變者，凡可以務材，訓農，通商惠工者皆是」と書いた[56]。

　薛福成も西法を取り入れて強くなった日本と暹羅（シャム）を例にして、「今之立國，不能不講西法者，亦宇宙之大勢使然也」とし、今日の立国は西洋に学ばなくてはならず、これが時代の潮流であると確信した[57]。その一方で、「西洋各國無不法良意美，獨三綱之訓，究遜於中國」と持論した[58]。「三綱」とは、儒教で社会の根本となる3つの大綱、すなわち君臣・父子・夫婦の道。中国の士大夫は西洋の法政実績を十分に肯定すると同時に、中国文化の核心である「三綱五常」を譲らずに固持しようとした。

　視察日記に見られる西洋獄制の記録は、大半はこまごました見聞であった。西洋監獄の建築構造、囚人教育、作業起居、医療保健などについて、詳しく記述する。さらに、囚人の食事メニューや服装の様式までもつぶさに調べた。例えば、初期の郭嵩燾、薛福成などの監獄訪問記は皆極めて詳細である。給与・教誨・建築・衛生という諸要素を含む近代西洋獄制の導入は、決して容易なことではない。結局、清末監獄の改良において、スムーズに取り入れたのは監禁・戒護と作業制度である。それは伝統中国固有の人を管轄する、「徒者，奴也」と、

60

囚人は奴隷であるという考えに合致したからであろう。中国では、自由刑を「徒刑」と名づけたのも一例ではないかと思う。また、思想家梁漱溟の説をもって、清末中国における西洋獄制の移植を当てはめることができる。

梁漱溟は 1930 年の『中国民族自救運動之最後覚悟』と 1937 年の『郷村建設理論』で、2 回にわたって、生活様式としての「態度表情」が「天下大事」を決定するという論説を強調した。

態度表情實為生活習慣的核心；而法律制度不過是習慣的又進一歩，更外一層。自其人之態度神情以迄社會之習慣法律制度，原是一脈一套，不可分析。法律制度所以為活法律制度而有靈，全在有其相應之態度習慣；雖視之無形，聽之無聲，其勢力偉大關係重要固遠在形著條文者之上。但中國一九一一年革命後則徒襲有西洋制之外形，而社會眾人之根本態度猶乎夙昔之故，相應習慣更説不上。所以當共和成立之後，十多年擾攘不寧[59]。

つまり、態度表情が生活習慣の核心であり、法律制度は習慣の外層にすぎない。活きた法律制度として根付くのは、相応する態度習慣があるかどうかにかかわっている。無形無声の態度習慣は、見える法律制度よりはるかに勢力が強大である。辛亥革命以後の中国は西洋制度の外形を備えるだけで、社会大衆の根本態度が古来のままであったから、十数年来安定できないでいるという。

しかしながら、西洋法制の移植効果は別として、郭嵩燾をはじめとする先人たちの勇気と使命感に敬服しないではいられない。

四　19 世紀後期における中国官民の西洋監獄視察の役割

つづいて、19 世紀後期における中国官民による海外の監獄視察の果たした役割について、検討してみたい。

㈠　孤独な先知先行者

上述した初期出国の近代中国官民のうち、郭嵩燾、黄遵憲、薛福成などは時代の先を歩む先知といえる。彼らは洋務派の「中体西用論」に止まらず、監獄

第一編　清末中国における西洋近代監獄制度の啓蒙

を含む西洋の政治法律制度を取り入れようと唱え、さらに道徳、人心、風俗の
重要性もずばりと見抜いたからである。

　19世紀において、一般の中国官僚知識層は西洋学問を拒絶する態度だった
ので、西洋関係事務に携わる「洋務派」に「鬼」とあだ名をつけた。例えば、
奕訢は「鬼子六」、丁日昌は「丁鬼奴」と呼ばれた。郭嵩燾が初任公使に任命
されたとき、北京の人は彼をののしる対聯を作った。

　　出乎其類，抜乎其萃，不見容堯舜之世；

　　未能事人，焉能事鬼，何必去父母之邦？

作者は外国人を一概に「鬼」とののしり、正常の外交活動を「事鬼（鬼に仕
える）」と罵倒した。一方、故郷の湖南では、郷試を受けるために長沙に集まっ
た若者たちは郭嵩燾が修復した上林寺を焼き、さらに郭氏の住宅を破壊すると
公言した。このように、郭嵩燾はからかいと罵りの中で英国へ向かったのであ
る。

　光緒元年（1875）、郭嵩燾は「條議海防事宜」の中に有名な本末観を主張した。
すなわち次のように述べている。

　　西洋立國有本有末，其本在朝廷政教，其末在商賈。造船制器，相輔以益其
　　強，又末中之一節也[60]。

　この卓識は、郭が洋務派を遥かに超越したことを物語る。それゆえに、数奇
な生涯を送った。彼の海外視察日記である『使西紀程』は国内保守派の攻撃の
的になり、出版禁止となった。その後、1年もたたないうちに免職されて海外
から帰国し、1879年が彼の政治生命の終点となった。英国から帰ってきたば
かりの時、友人が人に洋務を話さないように忠告した。郭は先知としての使命
感を痛切に認識し、

　　吾謂並不見人，然固不可不談洋務。……夫惟其知也，以先知覺後知，以先
　　覺覺後覺，予於此亦有所不敢辭，於區區世俗之毀譽奚校哉！[61]

と聞き入れなかった。1900年義和団事件の際には、彼の死体を鞭打つと言う
人まで出た。

　薛福成（1838～1894）は阿片戦争の前に生まれ、日清戦争の直前に亡くなっ
た。彼の生涯は、中国の激動の半世紀にあたる。彼の『出使英法義比四国日記』

62

は、洋務派から維新派への変身記録である。以下の日記から、郭嵩燾より深い影響を受けたことが見られる。

> 光緒十六年三月十三日 昔郭筠仙侍郎，毎嘆羨西洋國政民風之美，至為清議之士所抵排，餘亦稍訝其言之過當。以詢之陳荔秋中臣，黎蒓齋觀察，皆謂其説不誣。此次來遊歐洲，由巴黎至倫敦，始信侍郎之説，當於議院，學堂，監獄，醫院，街道征之[62]。

つまり、国内にいた薛福成はもともとほかの人と同じように、郭が西洋の国政民風を褒め称える話は誇大で実際とかけ離れていると信じなかった。「百聞は一見にしかず」というとおり、この目で監獄を含む西洋の施設を見てやっと信服したという。後で触れるが、黄遵憲と同じように、早くも明治日本の成果に注目した人である。残念ながら、このようなかけがえのない俊才は帰国して１カ月もたたないうちに病死した。

19世紀後期において、西洋監獄を視察した人に、使節人員が多数を占めるほか、王韜と李圭（1842～1903）のような「華洋界」に生きる民間人も混じっていた。帰国途中、李圭は香港で王韜に出会った。王韜の才能が世に知られないのを嘆いた。『東行日記』に２人の接触について次のように書いている。

> 遇呉中王君紫詮，言談半日，頗能洞悉中外機宜；雖坐而言，要皆可起而行也。不意天南羈旅，世不知其才，惜哉！

おそらく王韜も李圭のことを同感しただろう。前述のように、李圭は視察日記で有名になったが、才能を振るう機会はあまりなかった。薛福成の薦めで1893年に浙江海寧州知州になったが、1898年に脳疾に罹り、1903年５月に杭州で亡くなった。才能が埋もれて発揮するチャンスに恵まれないことは、先知先行者の普遍的悲劇であろう。

（二）　視察日記の流布

郭嵩燾の『使西紀程』は西太后によって出版禁止とされたが、光緒十五年（1889）五月二十一日、薛福成は出国する前に、成年になって親政したばかりの光緒皇帝に面会し、『使西紀程』を呈した。光緒帝は大きな関心を示し、郭嵩燾に近況を尋ねた。

第一編　清末中国における西洋近代監獄制度の啓蒙

　郭嵩燾が視察日記に書いた西洋獄制に関する記録は、同時代の知識人の著作の基礎資料になっている。たとえば、『小方壺齋輿地叢鈔』に収録された張自牧の『蠡測厄言』には、香港監獄を例にして西洋獄制を紹介している。

　　西人治圄圉最善。英國香港牢獄設正副監督官屋三重，各為列房，周以鐵柵。
　　所犯重者居上房三人，輕者居下房一人。設榻如其人數，衾褥氈毯巾帚盆盂
　　畢具。松香塗地，灑掃精潔。陳枕簟不如式者有罰。收繫久者五七年，少或
　　五七日，亦有禁錮終身者。囚有課以織絨毯者，有運石鐵軸者，皆以兵法部
　　勒之。人日再食飯一盂，小魚四尾。久繫者加肉食。牢外設浴室，人日一就
　　浴。有禮拜堂，醫館及收斂死者之所。刑具有鎖有桎，皆以械足。結繩為鞭，
　　五十鞭即皮裂矣。罰款白銀錢二百圓至四五圓不等。郭侍郎過香港時所見如
　　此云 [63]。

　張自牧は湘陰の人で、字を笠臣という。候選道、布政使に就任したことがある。在任中、贅沢三昧に暮らした。詩才があるが、詩歌の多くが散逸した。外国の歴史地理を好んで研究しており、中国史書の体裁で、英国や仏国などの国史を編纂する計画を立てたことがあった。郭嵩燾が外国赴任に行くとき、かつて彼を参賛官として招きたかったが、ほかの官僚から反対されて実現できなかった。著作に『蠡測厄言』のほかに、『瀛海論略』などがある。

　上記の香港監獄の記載は、郭嵩燾の日記に由来するものである。彼自身も、その中に「郭侍郎過香港時所見如此云」と明記した。その表現まで似ている。郭嵩燾の日記の摘録といえよう。下記は郭嵩燾の香港監獄に関する日記で、下線の部分は張自牧が引用した箇所である。

　　光緒二年（1876）十月廿二日　香港總督鏗爾遜及羅伯遜來報見。此間監牢收
　　系各國人民之有罪者，亦一體視之。問可一往觀乎，欣然曰："可。"即顧阿
　　克那亨以肩輿來迎，而屬羅伯遜陪行。
　　其監牢設正副監督，至則副監督達摩森導以入。屋凡三層，罪犯重者在上層。
　　下層一人一房，上層三人一房，禁錮者局其門。每屋一區，或自為一行，或
　　相對兩行，皆設鐵柵局鑰之。房設小木塌當中，如人數，衾褥，氈毯，巾帚，
　　盤盂畢具。日疊衾毯塌上，整齊如一，不如式者減其食。其所收系，有西洋人，
　　有呂宋人及印度人，通計三十餘名，中國至五百一十四人，別有罰款二百元

第二章　中国官民が見た 19 世紀後期の西洋監獄

至四五元不等。收系久者五年，七年，少或（至）五日，亦有禁錮終身者。辦法亦略分三等：有錮閉者，有久羈課以織氈毯者，有運石及鐵彈者。運鐵彈者三處，一西洋人，一呂宋人，一中國人，皆以兵法部勒之，或五人為隊，或十人為隊，每日以兩時為度。運石者一處，則所犯較重者也。其禁錮者，房設一鐵軸，令手運之，每日萬四千轉，有表為記，不如數者減其食。人日兩食，飯一盂，小魚四頭。收系久者，肉食，飯亦精。別有女囚一處，皆人一房。

達摩森導令遍遊各監獄及運石，運鐵彈處，有至百餘人環立一院中，舉手示之，皆趨就行列，或三列四列，立處截然齊一，舉手加額［以］為禮。即禁錮室中，啓外牢揚聲喝之，皆起立，當門垂手向外，節度整齊可觀。牢外設浴堂一，人日一就浴。中設禮拜堂一，七日禮拜，囚人環立聽講。病館一，以處病者，一醫士掌之。又收斂病故人犯堂一。所至灑掃精潔，以松香塗地，不獨無穢惡之氣，即人氣亦清淡，忘其為錄囚處也。禧在明雲："從前人犯皆督令工作，築垣牆，修補道路。鏗總督乃始禁錮之，不令工作。運石若鐵彈及轉鐵軸，皆所以苦之，亦以勞其筋骨，導其血脈，使不至積鬱生病。"其刑具有鎖有鈕，皆以械足者；有鞭，用繩為之，五十鞭即皮裂矣。其變詐反復亂風俗者，則刺其頸為"〇"，驅而逐之，不准留香港。亦有用刀削其"〇"，以膏塗之，瘡愈而成斑，亦經巡捕查獲，執而囚禁之。［所以不可及］，在罰當其罪，而法有所必行而已。

　上記のように、郭嵩燾の視察日記はほかの知識人の著作に引用され、より一層広がったことが知られる。

　薛福成の論著は、梁啓超に近代中国の「言西事之書」の中の「佳作」と賞賛された。また、維新闘士の譚嗣同は薛氏の遺著を読んで大いに啓発されたという。20 世紀初期の清末新政において、薛福成の『出使日記』は「新政受験必読書目」に入れられた。

　李圭の『環遊地球新録』は序言を書いた李鴻章の関係で、官費で 3,000 部が発行された。当時の人々は争って買い求めた。初任公使の郭嵩燾は英国にいた時、『環遊地球新録』を閲覧し、日記にも記入した。戊戌領袖の康有為は 22 歳の時、この本とほかの世界情勢を紹介する書籍を読んでから、「西洋へ真理を

第一編　清末中国における西洋近代監獄制度の啓蒙

探る」という道を志した。したがって、「華洋界」で生計を立てていた無功名、無官職で一介の平民だった李圭は世に知られるようになった。

　黄遵憲が1898年四月に書いた『日本雑事詩』の後記から、その流布は国内だけでなく、香港や日本でも出版され、1898年まで9回刊行されたことが分かる[64]。

　視察日記が流布するにしたがって、近代獄制思想も広がった。康有為を例とすれば、1896年から編纂する『日本書目志』の「政治門」に監獄類の書籍を三種含めた[65]。また、戊戌維新の際、監獄改良を変法内容として上奏した[66]。

(三)　視察日記に見られる明治日本に関する記述

　黄遵憲の『日本雑事詩』は無論、もっぱら日本のことを記述したわけであるが、監獄に関する記載は初刻本になく、1890年に参事官として英国に駐在するとき、付け加えたのは興味深いことである。旧作を修訂する原因は、作者の思想変化にある。日本にいたとき、源輝声、宮島誠一郎をはじめとする保守的漢学家の影響で、明治維新に対して、半信半疑の態度だった。後年、欧米を歴訪してから、日本の政治学術が西洋と変わらないことを発見した。西洋を参照にして、明治日本を見直したのである。

　「同文同種」のためか、欧州駐在の歴代の中国公使は日本公使と親しく交遊したり、明治日本について評論したりしたことは視察日記に多く見られる。郭嵩燾、薛福成などは早くも明治維新の成果を認め、中国より十年も進んでいると明言した。例えば、薛福成の日記から以下の記載を引用する。

　　光緒十七年三月初二日　此四者，振興商務之本也，中國有一於是乎？然則講求西法以奪西商之利者，環顧亞洲，舍日本其誰屬哉！[67]

　　光緒十七年三月十九日　觀明治十九年海關冊，中國出口運日本貨，值銀七百十萬餘兩；日本出口運中國貨，僅值九萬五千餘兩。迨至去年，日本貨進中國口者，增至七百三十八萬八千余兩，華貨運日本者，只四百八十三萬二千餘兩[68]。

　　光緒十七年六月初三日　日本……盡廢諸侯而退德川氏，以全國之權歸於國主，陸續與諸國通商，步趨西法，名曰"維新之政"。三十年來，外交之道

第二章　中国官民が見た 19 世紀後期の西洋監獄

日益講求，……工藝益興，商務益旺，有蒸蒸日上之勢。蓋日本之地，小於
中國不啻十倍，而風氣之開，先於中國則不止十年，斯所以能轉貧弱而漸基
富強也。藉非多難以磨礪之，激勵之，安能若是？是故國不在大小，而在人
才之奮興；才不限方隅，而惟識時務者斯謂之俊傑。吾於今之日本見之 [69]。
光緒十七年九月朔日　日本通國，肄習洋學者，幾于十居四五；往泰西讀書
學藝者，絡繹不絕，拔取醫學，礦學，律學者皆有其人；譯西書為日本文字
者，汗牛充棟；詢以西事西學，泰西掌故，無有不知者。惟漢學則微矣，謂
其無所用之也 [70]。

　特筆すべきなのは薛福成が、パリで帰国を待つ間に、親友の黄遵憲がシンガ
ポールから郵送してきた『日本国志』を受け取り、その序言を頼まれた。その
千字の「日本国志序」に、

咸豐，同治以來，日本迫於外患，廓然更張，廢群侯，尊一主，斥霸府，聯邦交，
百務並修，氣象一新；慕效西法，罔遺餘力。雖其改正朔，易服色，不免為
天下譏笑，然富強之機，轉移頗捷，循是不輟，當具可與西國爭衡之勢。

と、明治維新の成果を認めた。一方、

至今以後，或因同壤而世為仇仇，有吳越相傾之勢；或因同盟而互為唇齒，
有吳蜀相援之形。時變遞嬗，遷流靡定，惟勢所適，未敢懸揣。

と、中日関係の将来走向についても予測したのであった [71]。

五　小　結

　上述のように、中国官民の視察日記を主な資料とし、19 世紀後期における
中国官民の近代獄制との接触を論じた。その大半は、欧州駐在の使節をはじ
めとする欧米視察日記に見られる。一方、日本視察日記にも散見するが、分量
として欧米視察日記と比べ物にならないほど少ない。初任外交大使の郭嵩燾を
例にすれば、西洋獄制にふれたのは 10 カ所で、字数は 6,000 字にものぼった。
残念ながら、当時の外交使節は中国国内での地位がひくく、帰国後才能を振る
うことができなかった。また、薛福成のような貴重な人材は帰国して間もなく

67

第一編　清末中国における西洋近代監獄制度の啓蒙

亡くなった。何よりも、当時中国国内の西洋文明への認識はまだ「船堅砲利」というような物質面に止まっていたのが大きな要因であろう。したがって、19世紀後期において、西洋制度文明の代表の1つとされる監獄はただ欧米や日本視察日記に記録され、脚光を浴びることができなかった。

とはいっても、視察日記の流布に伴い、近代獄制思想を康有為などの維新派をはじめとする中国官僚知識層に種をまいた。康有為が1896年から編纂する『日本書目志』に入れた三種の監獄書類の1つである『ドイツ監獄管理法』は、後年の清末新政において清国獄務顧問として招聘される小河滋次郎の著作である。これはおそらく、日本監獄専門家の小河氏の中国でのデビュー作であろう。

19世紀後期における中国官民の海外視察日記に見られる数多い明治日本の記載は、注目に値することである。中国国内は日清戦争にいたるまで、明治日本の成果を否定していた。なぜ、出国した中国官民はいち早く明治日本を肯定できたのか。その原因は、黄遵憲の『日本雑事詩』の修訂から窺えると思う。『日本雑事詩』について、周作人は「『日本雑事詩』を詩歌として読むのはもっともだが、それより一番重要なのは作者の思想を見ること、つづいて日本文物の記録として読みとることである」と正しい読み方を教えてくれた[72]。監獄の詩は1879年の初刻本にはなく、1890年参事官として英国に駐在するとき、明治日本の成果として付け加えたのである。その経緯は本人がこういうふうに語っている。

　　余于丁醜之冬，奉使隨槎。既居東二年，稍與其士大夫游，讀其書，習其事。擬草《日本國志》一書，網羅舊聞，參考新政。輒取其雜事，衍為小注，串之以詩，即今所行《雜事詩》是也。時值明治維新之始，百度草創，規模尚未大定……余所交多舊學家，微言刺譏，咨哇太息，充溢於吾耳。雖自守居國不非大夫之義，而新舊同異之見，時露於詩中。及閱歷日深，聞見日拓，頗悉窮變通久之理，乃信其改從西法，革故取新，卓然能自樹立，故所作《日本國志》序論，往往與詩意相乖背。久而游美洲，見歐人，其政治學術，竟與日本無大異。今年日本已開議院矣，進步之速，為古今萬國所未有。時與彼國穹官碩學言及東事，輒斂手推服無異辭。使事多暇，偶翻舊編，頗悔少作，點竄增損，時有改正，共得詩數十首；其不及改者，亦姑仍之[73]。

第二章　中国官民が見た 19 世紀後期の西洋監獄

　欧米を歴訪して、日本の政治学術は西洋と大差がない。その上、西洋の高官
及び学者と日本のことを言及するとき、皆惜しげのない賛辞を述べた、という。
つまり、西洋を参照にしてこそ、出国した近代中国官民は世界形勢を敏感に読
み取り、明治日本の飛躍をいち早く見抜いたのだと考えられる。これは、20
世紀初期の清国が明治日本を媒介に監獄を含む西洋制度文明を取り入れる大き
な動きの前触れといえよう。

〔注〕
1)　沈家本「奏請実行改良監獄折」光緒三十三年四月十一日。
2)　「中体西用論」とは、西洋の用（火砲・軍艦）は優れているが、中国の体（制
　　度・文化）は遠く西洋に勝ると考え、さらに西洋文物の起源をすべて中国に
　　仮託した。
3)　魏源『魏源全集・海国図志』、巻五十九　彌利堅記上、岳麓書社、2004 年、
　　第 1616 頁。
4)　張徳彝『航海述奇』鐘叔河主編『走向世界叢書』岳麓書社、1985 年、第 74 頁。
5)　張徳彝『欧美環遊記』鐘叔河主編『走向世界叢書』岳麓書社、1985 年、第
　　678 頁。
6)　志剛『初使泰西記』鐘叔河主編『走向世界叢書』岳麓書社、1985 年、第 277 頁。
7)　王韜『漫遊随録』鐘叔河主編『走向世界叢書』岳麓書社、1985 年、第 149 頁。
8)　鐘叔河『走向世界──近代知識份子考察西方的歴史』北京中華書局、2000 年、
　　第 141 頁。
9)　王韜『漫遊随録』、第 14 頁。
10)　李圭『環遊地球新録』湖南人民出版社、1980 年、第 243 頁。
11)　李圭『環遊地球新録』、244 〜 245 頁。
12)　李圭『環遊地球新録』、第 246 頁。
13)　李圭『環遊地球新録』、第 246 頁。
14)　李圭『環遊地球新録』、第 247 頁。
15)　李圭『環遊地球新録』、第 247 〜 249 頁。
16)　李圭『環遊地球新録』、第 249 頁。
17)　郭嵩燾『倫敦與巴黎日記』鐘叔河主編『走向世界叢書』岳麓書社、1984 年、
　　第 33 〜 34 頁。
18)　郭嵩燾『倫敦與巴黎日記』、第 49 頁。
19)　郭嵩燾『倫敦與巴黎日記』、第 151 〜 155 頁。
20)　郭嵩燾『倫敦與巴黎日記』、第 275 〜 276 頁。
21)　郭嵩燾『倫敦與巴黎日記』、305 〜 307 頁。

69

第一編　清末中国における西洋近代監獄制度の啓蒙

22)　郭嵩燾『倫敦與巴黎日記』、第 760 頁。

23)　郭嵩燾『倫敦與巴黎日記』、第 950 頁。

24)　郭嵩燾『倫敦與巴黎日記』、264 頁

25)　郭嵩燾『郭嵩燾奏稿』楊堅校補、岳麓書社、1983 年、386 頁

26)　郭嵩燾が紹介した「万国刑罰監牢会」は元「国際監獄会議」と呼ばれた。旧訳は「万国監獄会議」。1930 年から「国際刑法與監獄大会」と改名した。1950 年から国連が引き継ぎ、「国連犯罪予防與罪犯処遇大会」に改称した。大会の歴史は前期と後期に分けられる。前期は 1846 年の初回大会から 1858 年の第三回大会までで、参加国はほとんど西欧各国だけであった。1872 年、米国大統領の提唱によって、欧米合流後の第一回大会を行い、世界大会にまで発展した。通常、1950 年の改名までの 12 回大会というのは 1872 年の大会を起点とする。その年、John Howard 没後百周年にあたり、記念大会を同時に行った。中国は 1910 年に正式代表団を組んでワシントンでの第八回大会に参加した。

27)　郭嵩燾『倫敦與巴黎日記』、第 313 頁。

28)　郭嵩燾『倫敦與巴黎日記』、第 398 頁。

29)　〈獄事雑俎〉「白耳義「ルーバン」監獄（集治監）の所見（岳洋生）」『大日本監獄協会雑誌』Vol.10No.11（114）、明治 30 年 11 月、1897/11/30、第 24 頁。

30)　劉錫鴻『英軺私記』鐘叔河主編『走向世界叢書』岳麓書社、1986 年、第 29 〜 30 頁。

31)　劉錫鴻『英軺私記』、第 102 〜 105 頁。

32)　劉錫鴻『英軺私記』、第 178 頁

33)　劉錫鴻『英軺私記』、第 89 頁。

34)　張徳彝『隨使英俄記』鐘叔河主編『走向世界叢書』岳麓書社、1986 年、第 282 〜 283 頁。

35)　張徳彝『隨使英俄記』、第 368 〜 371 頁。

36)　張徳彝『隨使英俄記』、第 437 頁。

37)　張徳彝『隨使英俄記』、第 445 頁。

38)　張徳彝『隨使英俄記』、第 456 頁。

39)　張徳彝『隨使英俄記』、第 371 頁。

40)　薛福成『出使英法義比四國日記』、鐘叔河主編『走向世界叢書』、岳麓書社、1985 年、第 159 頁。

41)　薛福成『出使英法義比四國日記』、第 71 頁。

42)　薛福成『出使英法義比四國日記』、第 60 頁。

43)　薛福成『出使日記續刻』鐘叔河主編『走向世界叢書』岳麓書社、1985 年、第 469 〜 470 頁。

第二章　中国官民が見た 19 世紀後期の西洋監獄

44)　薛福成『出使日記續刻』、第 803 頁。
45)　薛福成『出使日記續刻』、第 702 ～ 703 頁。
46)　薛福成『出使英法義比四國日記』、第 124 頁。
47)　宋育仁『泰西各國采風記』『中國近代學術名著叢書　郭嵩燾等使西記六種』
　　　北京三聯書店、1998 年、第 355 ～ 358 頁。
48)　方苞「獄中雜記」『桐城三家散文賞析集』巴蜀書社、1989 年、第 84 頁。
49)　中國第一歷史檔案館編『光緒朝硃批奏摺』120 冊、中華書局、2009 年。本
　　　書は中国第一歷史檔案館所蔵の光緒朝漢文硃批奏摺のまとめである。光緒元
　　　年（1875）から光緒三十四年（1908）満族と漢族官吏の上奏文は 10 万件近く
　　　収録され、約 6,000 余万字、光緒朝の系統的原始歴史檔案文献である。硃筆
　　　奏摺は当時において法律効力と行政効用を持っていたため、史料価値が極め
　　　て高い。本書は内政、軍務、財政、外交等の 18 類に分けられる。
50)　王韜『漫遊隨録』鐘叔河主編『走向世界叢書』岳麓書社、1985 年、第 149 頁。
51)　柯文著、雷頤・羅檢秋譯『在傳統與現代性之間——王韜與晩清改革』江蘇
　　　人民出版社、1994 年、第 120 頁。
52)　哈樂德・伯爾曼著、梁治平譯『法律與宗教』北京三聯書店、1991 年、第 57 頁。
53)　郭嵩燾『倫敦與巴黎日記』、第 33 ～ 34 頁。
54)　載澤『考察政治日記』岳麓書社、1986 年、第 336 頁。
55)　郭嵩燾『倫敦與巴黎日記』、第 119 頁。
56)　岡千仞『觀光紀遊』明治七年八月一日日記。黃遵憲『日本國志・工藝志序』
　　　上海古籍出版社、2001 年、第 424 頁。
57)　薛福成『出使英法義比四國日記』、第 231 頁。
58)　薛福成『出使英法義比四國日記』、272 ～ 273 頁。
59)　『梁漱溟全集』卷 2、濟南山東人民出版社、1988 年、第 242 頁。
60)　郭嵩燾『郭嵩燾奏稿』岳麓書社、1983 年、第 345 頁。
61)　郭嵩燾『郭嵩燾日記』第 3 卷、湖南人民出版社、1981 年、第 860 頁。
62)　薛福成『出使英法義比四国日記』鐘叔河主編『走向世界叢書』岳麓書社、
　　　1985 年、第 124 頁。
63)　張自牧『蠡測卮言』『小方壺齋輿地叢鈔』第十一帙、第 507 頁。
64)　黃遵憲『日本雜事詩』鐘叔河主編、岳麓書社、1985 年、第 791 頁。
65)　康有為『日本書目志卷五』『康有為全集』第三集、上海古籍出版社、1992 年、
　　　第 756 頁。
66)　康有為「請改定法律折」『戊戌奏稿』台北文海出版社、1968 年。
67)　薛福成『出使英法義比四國日記』、第 352 頁。
68)　薛福成『出使英法義比四國日記』、第 357 頁。
69)　薛福成『出使英法義比四國日記』、第 387 頁。

71

第一編　清末中国における西洋近代監獄制度の啓蒙

70)　薛福成『出使英法義比四國日記』、第 425 頁。

71)　薛福成『薛福成選集』上海人民出版社、1987 年、第 524 ～ 525 頁。

72)　周作人「日本雑事詩」『知堂書話』（上）中国人民大学出版社、2004 年、第 258 頁。

73)　黄遵憲「日本雑事詩・自序」『日本雑事詩広注』湖南人民出版社、1981 年、第 23 頁。

第三章　清末中国における監獄改良論の高揚

一　緒　　言

　中国において、昔から成文法以外に、「潜規則」という目に見えないルールがある。いわゆる「上に政策あれば、下に対策あり」というのがある。役所は貢物の金額によって、法律に違反しても、事務処理をしたり便宜を取り計らう。中国の監獄においても、金銭は囚人の運命を変えるほど巨大な魔力があった。監獄のような穢れたところからなるべく遠ざかる中国士大夫でも、監獄における「潜規則」をよく知っていた。

　清末中央の役人を何年もしたことのある李慈銘は彼の『越縵堂日記』に「近日周瑞清等人刑部獄，索費至三千金；竜継練等羈管關帝廟中，亦費至二千金」[1]と記載した。周瑞清などは投獄され、3千金を強要された。また、竜継練などは関羽を祀る廟に拘禁され優遇されたため、2千金を支払った。大金を支払わされたかわりに、以下のように優待された。「周得小室三間，龍止一間，可自攜僕作食，且通家人，賓客往來」[2]と、2人とも個室に入れられ、下男を召し使って自炊でき、しかも家族や賓客と会うことが許された。もちろん、金額の差によって、優遇条件も異なる。3千金を払った周は3室、2千金を払った竜は1室のみであった。同時に入獄して賄賂が出せない者は「僅一小土炕，以兩獄卒敝衣穢垢者夾持之，不許家人納一勺飲矣」[3]というように、土で築いたオンドルが1つしかない、穢れ者と同室し、家族の差し入れが一切許されなかった。

　1898年の戊戌変法の失敗後、維新志士譚嗣同は逮捕され、獄中の悪習を熟知するため、家族に速く収監の場所を有力者に知らせ、助けてもらうようにした。「速往源順鏢局王子斌五爺處，告知我在南所頭監，請其設法通融招扶」、「趨快通融飯食」[4]と、最も気になるのは食事であった。同時期に入獄した戸部左侍郎張蔭桓も、事前に獄吏に賄賂を出したため、譚嗣同より優遇された。「獄

73

第一編　清末中国における西洋近代監獄制度の啓蒙

卒代備酒食被褥甚豊潔。又次日，獄卒叩喜，謂奉旨出獄看管。須臾司官至，遂帯赴看管所。所在獄門西屋三間」[5]とある。つまり、入獄した最初は獄卒が豊かな酒食と清潔な布団を用意してくれた。まもなく、獄卒は出獄して看守所に入れるという吉報を告げた。それで、三室の新しい所に連れて行かれたという。前章で述べた方苞も、悲惨な清代監獄の様子を描いた名作「獄中雑記」に刑部監獄には老監、現監と板屋の区別があると指摘した。「貧者系手足入老監，有資得脱械居板屋，費數十金」とは、貧者は手足の枷をかけられ老監に入れられ、数十金を払った裕福な者は枷をつけられずに板屋に入れるという。当時中国の監獄の主旨は教育主義ではなく、懲罰主義で、「苦人辱人」という機能であった。当時の人々は監獄といえば、恐怖な人間地獄というイメージが浮かんだ。「我國最苦之人，無過犯罪而入牢獄者，蓋視之直不以人類。手足桎梏與多人聯，系黒暗土室中，動轉不得自由。遇獄卒之酷者，頻施笞搖，且向其索費不得，則益虐苦之」と言われた[6]。

　こんな暗黒至極の監獄事情はもともと国内に限って中国士大夫を含め誰でも熟知していたが、珍しいことではなかった。しかし、前章で述べたように、中国の監獄の状況は、近代以降、次第に国外にさらけ出され、西洋各国に野蛮国と見なされるようになった。このため、中国士大夫は西洋各国の文明と自国の野蛮さをやむをえず認め、民族尊厳の崩壊という未曾有の破局に直面させられた。下記の文章は、その当時の中国士大夫の無念を歴然と語っている。

　　　當閉關鎖港之時代，我國自尊自大視為法律最完全之國，而藐視海外國為野蠻。及其海禁大開，交通往來，徐察夫人國政治之何以整飭，我國政治之何以廢弛。人國民族之何以安寧，我國民族之何以紛亂。不有公德不明公理不能自治不知自愛，瞠乎遊於法律之外，茫乎昧於法律之意，始恍然於人國之國為法國，人為法人。向之以野蠻視人者，今覺人文明而己野蠻矣[7]。

　したがって、西洋の法律を模倣し、歴代以来変わらない中国刑法を改革する声が次第に高まり、朝野の主流意識となりつつあった。それは「中國刑法以禮制為主、而尊上抑習為固然、歴代以來遵守勿易。近日以來有志之士漸知中律之慘酷、謂中國定律宜法西人、而改革刑律之説遂騰於朝野」と言われた[8]。

　最も西洋の非難を浴びた中国監獄も次第に注目を集め、改良の気運が日増し

74

に高まってきた。第一章から、近代中国の監獄改良に関する初期の議論は主に西洋宣教師・中国駐在公使・西洋記者を中心として行われたことがうかがわれる。また、第二章で述べたように、19世紀後期から、海外使節として派遣することにしたがって、外国へ赴く中国官民は次第に増え、西洋の法政を視察するために、西洋文明の成果の1つとされる監獄まで足を運ぶ人が少なくなかった。西洋人と出国した中国官民の記録によって、国内にとどまる中国知識階層は大きな影響を受け、中国の監獄制度を見直すようになったのである。

そこで本章は、中国の知識人が西洋獄制の早期文献との接触によって、形成発展された監獄改良論を国内に発信したこと、さらに、清末新政期にいたって、新聞紙上による監獄改良論の高揚を論じたい。

二 清末中国における西洋獄制の早期文献

近代中国において西洋の監獄制度を紹介した最も古い文献は『東西洋考毎月統計傳』(*Eastern Western Monthly Magazine*) であろう。『東西洋考毎月統計傳』は、1833年にドイツ宣教師郭実臘（K. F. A. Gutzlaff, 1803～1851、筆名は愛漢者）によって広州で創刊され、近代中国国内で出版された最初の中国語刊行物と言われる。『東西洋考毎月統計傳』は、西洋各国の歴史・地理・科学技術・宗教及び文学芸術を紹介した総合誌であった。当誌は晩清社会に相当な影響を与えた。阿片戦争以降に出版された二種類の重要な地理著作、すなわち魏源の『海国図志』と徐継畬の『瀛環志略』は『東西洋考毎月統計傳』から引用したものが多いとされる。

『東西洋考毎月統計傳』は西洋の文物制度を紹介する際、非常に工夫していた。下記の記事からもその苦心の跡が見られる。道光十八年（1838）五月号に「侄答叔論監内不應過於酷刑」が掲載されたが、管見の限り中国において西洋監獄制度を紹介した最古の文献と考えられる。この記事は近代監獄改良運動の先駆者であるイギリス人の慈悲家ジョン・ハワード（1726～1790）について紹介されたものであるが、全体として著者が年下のおいという低い身分で、年上の叔

第一編　清末中国における西洋近代監獄制度の啓蒙

父に宛てる手紙という謙遜する形をとった。そして、ハワードの略歴に出た年代はすべて一々、丁寧に中国年号に直したのであった。当誌の編集者は、中国の士大夫が違和感なしに西洋の制度を受け入れるようにいろいろ思い巡らしたのであろう。

　　得接來翰感蒙叔父大人詳解如何治罪、以明除罪之意。但愚見各國人、尚未了然明白。或有人欲報私恨，或欲去鄉裏對頭，即捏情誣告，牽累其人。此乃尋常之笑。恭修書信以後，愚侄加意體察，遍處博訪原由，幸得書幾本，內闡明中外各西國監牢，並因犯之情形。一覽而知監牢，乃千辛萬苦之窩，習成流弊之處，吃驚不小。坐監之後，放了者，多人多愈陷匪僻，監內喪心喪德。故竊欲推論及天下監牢之書，明因人之委屈，一一奉之與大人，昔有一好人，名叫侯活，為人平生專務遍地認真查明監牢，因犯受苦受刑罰的人。他本是英吉利人，雍正三年生，幼年喪父。在京城大商處學做經紀，但他堅意欲遊覽天下，故未至二十一歲，將銀送家主，祈稍宿工夫之期。則進于法蘭西伊大理等國。後來娶了妻，過三年後，其妻死了。那時正三十歲。搭船往遊於葡萄呀京城，欲見其因地震，所傾頹之房屋，查數萬人遭災之苦。不幸所駕之船，被法蘭西擒獲，他被收在法蘭西監內，受了許多苦楚，寢食皆廢。在彼見許多人學習惡弊。後得放，即盡力救了同在監內之人。因此，即起心到各處，勸教囚犯，並力查究監內之情形。後來他娶了繼室，在家無事，農圃自務，並起些茅屋與貧人居，又開書館，請先生教貧乏子弟。至四十七歲時，得眾人公舉為巡監官。因司獄以酷待囚，不悅，致仕，周遊英吉利國各處，並到監獄查獄卒如何待囚犯，後將此情奏于王。歷年巡遊歐羅巴列國，已到過法蘭西，葡萄雅，西班雅，瑞典，俄羅斯等國監，將各事表彰通行世間，令人人知監內之惡弊。亦查瘋院醫館等，人人傳知，有國王數位，並大臣皆喜悅他所行之事。因建此功勞，人皆景仰之。乾隆五十三年，秋九月，他到俄羅斯京城，寫信寄回朋友，內云，數日前到此城，今始看醫館監牢等形勢，深為可歎。去年醫院內死兵丁水手共七萬餘。由京城至中國交界，見病人不勝數，在兵醫館多，皆因飲酒成病。在彼處十三個月內，有一萬一千三百十九病人進此醫館，其中一千九百四十九人已死。是年之末，尚在俄羅斯國，成熱瘟病。故俄羅斯王太子波田見差大醫顧他。官員來慰他之

第三章　清末中国における監獄改良論の高揚

時，侯活對伊説，既誠心遵信天下救世主，並望死後得天上之福，不憚死也。未死之先，吩咐死後不要厚葬，乃尋一塊土而已。乾隆三十四年正月二十日辰時氣絶。死後尊卑貴賤人等皆憂戚，屍用柩給車裝載，以六馬牽之，文武官員士庶車馬步行送葬者約二三千人。茲耑此奉遠大人，伏惟崇鑒不宣[9]。

　ハワードは、18世紀後半において英国人の犯罪者への関心を喚起させた一番重要な人物で、18世紀英国の監獄改善運動をリードした偉大な監獄改革家であった。彼は1726年、イギリス中部都市ハクニーに生まれた。2度の結婚をへて、地方での穏和な生活をおくるが、1773年、47歳のときにイギリス中部の都市ベドフォードの執行官に任命されたハワードは、ヨーロッパ各地の刑務所を見てまわり、囚人の置かれた状況のひどさに驚嘆した。それ以降、ハワードは囚人の待遇改善を訴え続けた。彼は自らの仏国拘禁経験と博愛主義の精神により、延べ6回にわたりヨーロッパ11カ国の監獄を歴訪した。その徹底した調査と観察にもとづいて、監獄の現状を記し、改革を提言する報告書をまとめた。当時の監獄の劣悪な環境がハワードの報告からは生々しく伝わってくる。当時あまりに悲惨な状況に置かれていたイギリスの囚人達に目を向け、改革の必要性を強く訴えかけている。部屋の広さ、食事などの具体的な記述がかなりの紙面を占めるため、当時を知る上で貴重なものである。ハワードは、1790年ロシアの監獄視察旅行中に、伝染病にかかって死亡した。

　ハワードの名は20世紀初頭の監獄学の著作に頻繁に見られ、広く中国社会に知られるようになった。これが、おそらくハワードに関する最初の中国語文献であろう。

　前掲の記事は、外国人の宣教師が中国語で書いたものである。一方、中国人が近代西洋監獄制度に言及した最も古い文献は1842年の魏源の『海国図志』と思われる。その中の「彌利堅総記」で、次のように建物・衛生状態・給与品・作業などの近代監獄の状況を紹介した。

各省各府，皆有監獄，監内左右上下，皆用大石為之。或數人一房，或一人一房，皆極潔淨，亦有小窗通風，房外四圍有欄杆，餘地可以散歩。管監官體恤其衣食，勸誡以善言，約束以事業。今計道光十五年馬沙諸些監内犯人所作工銀，除管監官，教師，並看門兵丁等工食，並各犯衣食所用外，尚存

77

第一編　清末中国における西洋近代監獄制度の啓蒙

銀七千二百九十六元，盡撥充公。……新國立仁會以濟在監之犯。昔監内弊端甚眾，由監出之犯為惡甚於前，由是會中遂改各監之規模。分佈二十六部監，内分善惡兩途，善者居寬廣之所，惡者居淺狹之所，俱不能相見。前收監者無事業，今則一日不能閑，並有善書，於禮拜日使誦，故今之犯法收監者，出監後即痛改前非。且前此監中所費極多，今犯人作工營生，故每年除支外，反有餘資 [10]。

これは無論魏源の米国視察記録ではないが、魏源がアメリカ人宣教師 E.C. ブリッジマン（漢名は高理文、または裨治文）の『米国志略』に基づいて書いたものだと言われる。簡単な記述であり、清末監獄改良に対する影響に関する直接的な史料とはいえないのに対して、幕末の日本獄制改良論へは予想もつかないほど大きな影響を与えたことが分かっている。

　幕末における日本の獄制に対して、日本の有識者から監獄改革論が唱導されたが、その代表的人物は、吉田松陰、橋本左内及び久坂玄瑞である。吉田松陰と橋本左内の獄制改革論が、世界の地理書ともいうべき『海国図志』によって生まれたことはあまり知られていない。

　松陰は、その師佐久間象山の感化によって渡米を志し、国禁を破って日米和親条約の調印のために来航し下田に停泊していた黒船に乗船を申し入れたが、これを拒否される。安政元年（1854）4月に自首して江戸伝馬町の獄舎に拘禁され、10月には萩の野山獄に幽閉された。松陰は、野山獄において、安政2年（1855）の2月、4月、6月の3回にわたって『海国図志』の差し入れを求めて貪り読んでいる。

　『海国図志』の中の「弥利堅国総記」には、アメリカの監獄事情が記されていた。アメリカでは各省各府に石造りの監獄があり、雑居房と独居房に分けられ、監房は極めて清浄であり、風通しもよい。房外の周囲には欄干があり、その庭では散歩もできる。看守は収容者に衣服を給し、善言を以て勧戒し、作業工銭も与えている、云々というものであった [11]。松陰はこの『海国図志』に述べられているアメリカの獄制と日本の獄制との差異を痛感して、後に「福堂策」を書き、獄制改良を叫んだ [12]。

　吉田松陰が処刑されたのは安政6年（1859）、彼はまだ数え年30歳という若

78

第三章　清末中国における監獄改良論の高揚

さであった。彼の著作は当然ながら、罪を得てから刑死するまでの数年間に集中する。それは、大半がいわば獄中記であると言ってよい。『幽囚録』『江戸獄記』『福堂策』『野山獄文稿』『獄中俳諧』『冤魂慰草』『幽窓随筆』など著作の題名を見れば、一目瞭然であろう。『江戸獄記』は、伝馬町牢獄の1日の生活を写し、さらに獄制の実際を精細に記述したものであり、実際に投獄を体験した者の目に映じた牢獄の日常が確かな文章によって描き出されている。稀に見る貴重な実録である。

　ここに特に紹介したいのが、松陰の獄制改良意見書『福堂策』である。まず、その書き出しを引用する。

　　元魏の隆文、罪人を久しく獄に繋ぎ、其の困苦に困りて善思を生ぜしむ。因って云はく『智者は囹圄を以て福堂とす』と。(中略)余獄に在ること久し。親しく囚徒の情態を観察するに久しく獄に在りて悪術を工む者ありて善思を生ずる者を見ず。然らば滞囚は決して善治に非ず。故に曰く『小人閑居して不善を為す』と。誠なるかな。但し之は獄中教なき者を以て云ふのみ。若し教ある時は何ぞ其れ善思を生ぜさるを憂へむや。嘗て米利幹の獄制を見るに、往昔は一たび獄に入れば、多くは其の悪益々甚だしかりしが、近時は善書ありて教導する故に、獄に入る時は更に転じて善人になると云う。是の如くにして始めて福堂と謂ふべし[13]。

　囹圄とは監獄のこと、したがって福堂もまた監獄の別名である。「智者は囹圄を以て福堂とする」というのが「福堂策」の題名の所以である。この『福堂策』は、実に堂々たる監獄改良論である。この書き出しに、いち早く魏源の『海国図志』から読み取ったアメリカの獄制を通して監獄改良の主旨が悪人を善人に転じさせるという教育主義にあることを掲げた。松陰の提言のいくつかについて、その趣旨を摘録してみよう。

　1、新たに一大牢獄を設け、遠島に処せられるべき者は、まずこれに入れ、うち志ある者一人を、その長にする。

　2、3年を1限として、出牢を許す。但し罪悪を改めることのない者は、更に3年間を滞獄させる。遂に改心が認められない時に初めて遠島に処する。その判断は主として獄長の建白に任せる。

79

３、獄長の建白により諸役数人を置き、その選任など獄中のことは長に委任
　　し、獄が治まらないときは、獄長の責任とする。
　４、獄中では、読書、写字、諸種の学芸等を助ける。
　５、食事の賄いは郡司に命じ、別に毎日監司による監察を行う。
　６、隔日あるいは２～３日置きに御徒士目付が巡回をし、月に２～３度は御
　　目付が巡回をする。巡回の際には囚人の申立を詳聴する。
　７、医者は毎月３～４回巡回を来診し、急病人あれば来診させること。
　８、獄中に統一的な制度を設け、板書して掲出する。

　松陰は、前掲の１・２・４において、旧来の追放刑に代えて自由刑を採用し、
着実な教育を行うことを提案している。２においては、教育の効果が現れなかっ
た者に対する最後の手段として追放刑を残すこととしているが、その主張の基
本は、矯正教育を効果あらしめるための不定期刑制度の採用、ひいては不定期
刑釈放の主張である。さらに２・３では、囚人自治制を提案している。囚人を
獄長に登用してその運営を囚人の手に委ねる。

　松陰は『福堂策』において、単に監獄改良の意見を述べたにとどまらず、「若
し新獄の長となることを得ば、或は微力を延べて万一を庶幾するを得む」と述
べて、自ら監獄の長となって監獄改良を実践したいとさえ述べているのである。

　同じ伝馬町にあった橋本左内の処刑は、松陰よりも20日早く執行し斬首さ
れている。左内は東牢、松陰は西牢であったため相まみえることはなかったが、
左内の獄中教育の論を伝え聞いて、その「獄の論大に吾意を得たり。益々左内
を起して一議を発せんことを思ふ。嗟夫」と書き記している。橋本左内もまた
「獄制論」を著して感化主義の教育行刑を論じていたのである。「罪は事にあり
人にあらず、一事の罪何ぞ遽に全人の用を廃するを得んや」とは、紛れもなく、
人道的感化主義、教育刑の思想を表現するものである。

　橋本左内も松陰と同じように『海国図志』を読んでおり、その結果として「獄
制論」を著しているが、共に『海国図志』に触れて生まれたものとして興味深い。

　『海国図志』の中のアメリカ獄制の記述は一見頗る簡単な記述であるが、近
代日本の監獄改良論の形成に無視できぬ役割を果たした。中国知識人も同様に
影響を受けたのではないだろうか。

三　清末中国の先駆知識人による監獄改良論の創始

　変法運動の先駆者である王韜は、1870年に書いた『普法戦紀』で日本でも
知られるようになった。1879年、王韜は日本の名士たちに招かれ、東京・大阪・
神戸・横浜を訪問した。その旅行記は『扶桑遊記』としてまとめられた。新聞
の主筆を務め、大量の政論を発表した。例えば、「変法」という文章に「宜亟
変者（変えなければならないもの）」として「取士之法、練兵之法、学校之虚文、
律例之繁文」という４項目をあげた。さらに「変法自強」に「州県監獄必大加
整頓，罪囚拘繋，無得虐待，夏冬之間，所以体恤罪囚者，毋作具文。州県胥役，
限以定数，毋得逾百人。凡此者，皆所以拡清積弊也」とし、監獄改良の措置ま
でを説いた[14]。

　また、何啓と胡礼垣が1887年の共著『新政真詮』に、宋恕が1892年の『六
字課齋卑議』に、鄭観応が1895年の『盛世危言』に、それぞれ以下のような
共通認識を述べた。つまり、中国の伝統法律は不公正で刑罰が重い。中国人で
も認められないなら、外国人は無論こんな法律に従うわけにはいかない。監獄
改良を唱え、酷刑を廃除し、労役をもって監禁を取り替えるように呼びかけた。
彼らの結論は中国の法律制度を改革しなければ、西洋列強に平等視されず、治
外法権の撤廃もありえないということにある。

　何啓と胡礼垣は以下の文で、詰問を連発して中国刑獄制度の不公平を問いた
だした。未決なのに刑罰を用いること、証人に鞭打ちと棒打ちを施すこと、で
たらめに棒打ちで人を殺すこと、無実の罪で獄死すること、死体を侮辱するこ
と、高級官僚には刑罰は適用されないこと、貧者に発言権がないこと、裕福者
は金品をゆすられること、監獄は残酷で非人間的であること、ひとつひとつ列
挙して痛烈に批判した。

　　今者中國之律例，其有平乎？無也。罪案未定，遽用刑威，何平之有？供證
　　無罪，輒笞杖，何平之有？斃於杖下，意氣殺人，何平之有？瘐死獄中，有
　　告無訴，何平之有？凌遲梟首，死外行兇，何平之有？今者中國之法司，其

第一編　清末中国における西洋近代監獄制度の啓蒙

　　有公乎？無也。縉紳名帖，可逮無辜，何公之有？苟宜載道，上下皆同，何
　　公之有？情面枉法，貧者無辭，何公之有？吏胥勒索，富室傾家，何公之有？
　　監牢刻酷，不得為人，何公之有？其不平不公也如是 15)。

　何啓と胡礼垣は『新政論議』で中国司法制度の改革動因を論及したとき、「乃
中国之法比外国為残忍独絶、吾不能不取外而酌中矣」とし、中国の法は外国よ
り残酷なので、やむをえず外国法を取り入れて中国法を改正するしかないと直
言した。そのため、監獄改良を含め、4つの司法制度改革措置を提出した。す
なわち、重刑の廃止、監獄条件の改良、陪審員の設立と弁護士制度の導入。「監
獄条件の改良」という箇条には、以下のように述べた。

　　每縣必建圜圖，而圜圖之建，必光爽幹潔，所以卻癘疫。減薰蒸，恤愚蒙，
　　期改惡也。司獄者不可苛虐，在獄者必使循規。上司多到巡查，有事則委員
　　代理。凡系作苦工者，使為鐵路開礦等事。凡監作官奴者，使為工作手藝等
　　事，皆給以薄值。則在獄時皆為有用之人，出獄時無復如前作惡矣。是皆宜
　　於中外法律參酌而行者也 16)。

　近代啓蒙思想家の宋恕は 1887 年、岳父に従って上海・南京・杭州に赴いた。
繁栄する上海租界と太平天国の乱後の荒涼な江南郷里、清仏戦争の戦勝講和な
どから、強烈な精神刺激を受け、むさぼるように西学を学び、国家を社会危機
から救い出そうとした。1892 年 4 月に完成した『六字課斎卑議』は李鴻章に
提出する「上李中堂書」の付録として誕生したが、変法維新の綱領といえる。
1897 年 6 月に修正し、出版された。この本の読者には、李鴻章・俞樾・張謇・
王韜・張煥綸・梁啓超・譚嗣同・章炳麟・楊晨・王修植・黄紹第などの有名人
もいた。俞樾、周觀と王修植が後書きを書いた。梁啓超はこの本を『西学書目
表』に収録し、世間の人々に推薦した。多くの人はこの本につき「驚世駭俗」（世
を驚かし俗人をびっくりさせる）と評した。浙江平陽出身の宋恕本人は「東甌之怪」
と言われ、怪人扱いされた。「固而存之」と勧告する人もいた。つまり、安全
のため、しばらくの間、保存して世に広めないようにと。

　宋恕の『六字課斎卑議』は、思想の先駆性で知られていた。その中に刑獄に
関する二章がある。「軽刑章」に、彼の減刑論が書かれていた。日本と西洋諸
国を例にして、減刑することこそ犯罪をくい止めると唱えた。日本と西洋諸国

82

は、争って死刑廃止を実施しようとするところだと紹介した。死刑を保留する国では、気絶法という漸死法と銃殺という速死法を採用されている。これらの処刑法は中国の磔、斬、絞という酷刑とは雲泥の差のようである。磔、斬、絞刑と連坐の刑罰を取り除き、死刑を気絶法と銃殺に改めると提議した。

徐北海曰："夫賞罰者，不在重而在必行。必行則雖不重而民戒，不行則雖重而民怠。"誠哉是言也！昔唐虞別衣為刑，其輕至矣，而民乃鮮犯者，非必行之效歟！

今日本及白種諸國，咸務輕刑，以教民仁。或競廢死刑；或雖有死刑而死之之法──非閉絕養氣使之漸死，即對腦槍擊使之立死。等死也，而視磔，斬，絞之苦則相去天壤矣。夫人犯死罪，使之死可也；使之求死而不得，不可也。磔，斬，絞之刑，乃使之求死而不得之刑也，仁者所不忍聞，而何忍行之？是教民忍也！

夫日，英等國，刑如此其輕矣，然而犯者反甚少；我國刑如此其重矣，然而犯者反甚多；則非必行，不必行之異歟！將欲必行，必先輕刑；刑之不輕，行無可必，理勢然也。

赤縣俗壞已久，固難驟廢死刑；然軼，斯遺法，必不可用。今宜先除磔，斬，絞刑及連坐律，死刑改用閉氣，槍擊新法。大小案件概不牽累本犯祖孫，父子，叔侄，兄弟，夫婦等倫屬；大改刑律，務使刑輕而必行，則北海所謂"民戒"者可致，而唐虞之風可漸幾矣！[17]

また、「懲罪章」には、作業制度を監獄に導入しようと勧めた。

每縣宜設男，女懲罪所各一區。男所用男吏役。女所用女吏役，以收囚本縣種種惡男女，日夜督作苦工。工分極苦，次苦，又次苦，視罪輕重，囚限長短如之。向受虐害者，許入所鞭撻，以快積忿，但不得致死[18]。

最も系統的に西洋監獄制度を論述したのは鄭観応である。鄭観応の維新思想は、代表作の『盛世危言』に系統的に述べられた。1895年の『盛世危言』増訂新編十四巻本の凡例[19]には、同書の流布について詳しく記した。初稿は1861年にできて、当時の書名を『救時揭要』と名づけ、日本に伝わり、直ちに翻刻された。また、1870年、続編を上下に分け、『易言』と名づけ、出版に付し、日本と韓国で流行した。その後、数回にわたって、書き直された。1895

第一編　清末中国における西洋近代監獄制度の啓蒙

年に再出版するのには特別な意義がある。つまり、「今中日戰後，時勢變遷，大局愈危，中西之利弊昭然若揭。距作書僅年餘耳，而事已迥異，故未言者再盡言之，已數易其稿」と、日清戦争で時局が急変し、中国と西洋の格差が誰の目にも分かるほど明らかになった。そこで、言いきれなかったことを付け加えて修正したのである。

　鄭観応は「恤刑獄（刑・獄の改革）」と主張した。審判中、容疑者が理非曲直を問わずに拷問にかけられてやむなく無実の罪を認めさせられることを批判し、酷刑を廃止し絞首刑・自由刑・官奴・罰金・鞭撻・追放という刑制を採用するように唱えた [20]。鄭観応は、西洋列強が中国において中国法律の管轄に服せず領事裁判権を享有する原因が、西法と異なる中国法律の厳酷さにあると指摘した。「惟我國尚守成法，有重無輕，故西人謂各國刑罰之慘，無有過於中國者。如不改革，與外國一律，則終不得列於教化之幇，為守禮之國，不能入萬國公法，凡寓華西人不允歸我國管理云」とある [21]。したがって、「西律諸書亟宜考訂」として、日本をまねて西洋法律に改めるべきだと主張した [22]。

　「獄囚」の中で、貧困が犯罪要因だと指摘し、さらに「西学中源（西洋の学術の起源が古代中国にある）」という論理から「西洋監獄制度の源が古代中国の周礼にある」と主張し、西洋監獄の作業制度を導入しようとする。中国国情によって囚人に道路を修築させることを提案した。また、「至於牢獄拘禁之所，葺其房屋，勤其掃除，不使濕蒸破漏，以免受病而便作工。再設有浴堂，病館，使醫士掌之，地方清潔，飲食適口，其曲體人情若此」と、衛生状態と給与品の方面にも留意して紹介した。ほかは民事監と刑事監を区別して設立すべしと明言し、「破産して投獄された者を他の囚人と同室させない」と主張した。さらに、「今為化莠起見，莫如於監獄之外，另設工芸学堂」、「毎晩請通達事理善於辞令之人講学勧導」と、西洋監獄の作業及び教誨制度を模倣すべきと付け加えた [23]。西洋監獄の作業制度の紹介は相当な紙面を占め、鄭観応の監獄改良論の主幹となるといえよう。

　変法運動の指導者である康有為も、西洋各国の中国監獄への批判から強く刺激を受けた１人である。1896年から編纂し始めた『日本書目志』の「政治門」に監獄類に以下の三種を入れた。

84

監獄全書	『法律叢書』第三十五巻	四分
監獄則注釈	小原重哉著	一圓七角五分
ドイツ監獄管理法	小河滋次郎著	六角

西洋から刺激を受けたことは、その下の注釈に明確に書かれている。

『春秋』之義在於仁，霸，王之道皆本於仁。仁者，天心。仁莫大於愛人，故先王之於獄尤慎之。外國人以影法畫吾之監獄而去，黑暗非刑，吏卒逼索，汙穢臭毒，無辜而腍死者，歲不可勝數也。嗚呼！多士滿朝廷，仁者宜戰慄。同治元年，英人破粵城，輒放府縣之囚。彼自矜甚惠，而吾以中國仁政禮義之邦，豈可使西人以亞，非黑人之慘暴相視哉。嘗窺外國監獄之潔浄，而飲食有度，真得吾先聖仁政之道哉。日本昔與我同，維新後変之矣。法人昔與我同，乾隆時国会人破其大獄，其後無是獄矣[24]。

つまり、西洋人は中国監獄の写真を写して、重刑や不潔や獄卒の強要などの問題で毎年無数の無念の死者が出るという中国監獄の実情を公表した。同治元年（1862）、自国の人道的な監獄をほこりに思う英国人は広州を攻め落としてから、府県の囚人を釈放した。仁政礼儀の国の人として、西洋人に黒人と同様に野蛮人とみなされるのは悔しいと思う一方、西洋監獄の清潔と待遇を称え、西洋監獄の基本が古代中国の仁政と変わらないと結論づけて、大国心理上のバランスを取り戻した。また、日本とフランスの監獄について、昔は中国と同じだが、それぞれ明治維新とフランス革命以後、様変わりしたと特筆した。

時代が下って、光緒三十二年（1906）に、大馬站裕和堂によって1冊の監獄論が出版された。名も知らぬ作者は自らの清末広東番禺縣看守所に拘禁された体験に基づいて、監獄の内幕をすっぱ抜き、さらに展開して監獄改良策を述べた。当時の印刷部数が恐らく多くなく、しかも今日まで伝わったことは非常に幸いであるため、ここに摘録しておく。

作者は、広東省番禺縣の監獄の積弊を痛烈に告発した。そのうち、賭博場のような監獄の様子を最も詳しく描いた。

各人犯日間自晨早七句鐘起，至下午五句鐘止，均團聚賭博。而所賭之名曰番攤，曰牛欄，曰推牌九。曰十五糊，曰碰金。而所賭之法，不論錢之多寡，如自己無錢，則與別人借，每銀一角，每日利息二十文。甚或將口糧典押，

以充孤注。其典押口糧之法，名之日押米籌。外羈人犯每名每日米籌一條，領米一斤，另錢十二文。每押米籌一條，連錢米在内値銀六毫。系由甲借銀六毫與乙，則乙每日之口糧錢米全歸甲得，以為利息，俟乙還清六毫與甲，乙始得回。而所押之米籌僅得銀六毫，將此六毫之資，以充孤注。贏則洋煙酒肉大嚼酩酊，並即贖回米籌；輸則清腸枵腹，甘受饑餓，因而餓斃者不知凡幾。甚或寫信回家，瞞騙父兄，或説罰錢贖罪，或説保釋需銀。家内得接此函，以為確事，籌得三二十元送來。那時，軍馬重興，大開戰鬥，好酒好菜大盆煙，種種妄為，深堪髮指。而有錢之犯人，則專押米籌放銀生利，如開當店一般。每押一米籌，雖見該犯餓將垂斃，亦不給回粒米。其狠心貪毒，實非人類可比。……凡有新收之犯，如不愛賭博者，該犯即從旁慫弄，教其騙取家資為賭博洋煙之用。如該新收之犯能夠自愛，不受伊等之惑，伊等即共而排之，互相欺侮。現在羈押百餘人。而不沾嗜賭博者不及五人之數[25]。

囚人たちは朝7時から午後5時まで、集まって賭博を開帳する。賭博は番攤、牛欄、推牌九、十五糊、碰金など多種類である。賭博法は金の多少にかかわらず、金がなければ、金を借りてもいいし、あるいは毎日監獄で支給される1人分の食糧を賭け金にしてもいい。もちろん、その借金に利息がつく。博打で勝てば、西洋産のタバコや酒肉を享受し酔っ払いになる。負ければ、食物さえ失う。それで、飢餓で死亡した囚人は少なくない。手紙を家族に宛てて、罰金を払えば出獄できるとか保釈金がいるとか、うそをついて金を請求する人もいる。家族はそれを疑わずに、2、30元を工面して送金してくる。すると、受け取った人はまた賭博を開帳する。金もちの囚人は監獄内で質屋のようなものを開設し、囚人の口糧を敷金として高利貸しをする。飢え死にしそうな囚人を見ても、米を与えない。その貪欲と残忍は、人間の心を持たないほどである。新入の囚人をそそのかして、家の金を騙し取らせ賭博を誘う。誘惑に負けない新入囚人なら、排斥されいじめられる目に遭わされる。現在拘禁された100余名の囚人のうち、賭博に手を染めない人はわずか5人しかいないという。

　作者はこのような監獄の悲惨な光景を目撃し、心がひどく痛んだ。そして以下の13カ条の監獄改良策を提議した。1、革勒索（ゆすりを禁止すること）。2、禁賭博（博打を禁止すること）。3、禁洋煙（タバコを禁止すること）。4、勤巡察（巡

回に勤むこと）。5、定苦工（作業を定めること）。6、保衛生（衛生を保つこと）。7、施恩澤（蒲団、綿入れ等生活用品の給与を与える）。8、定職守（看守規則を定めること）。9、足養廉（看守収入を確保すること）。10、設工藝（手仕事を設けること）。11、通下情（囚人通報制度を設けること）。12、速定奪（裁判を即決すること）。13、准探望（受刑者との面会を許すこと）等である[26]。

さすが獄中体験を持つ作者は、上記の監獄改良策に近代監獄の要素を包含して述べた。例えば、第6条の「保衛生」は言うまでもなく衛生のこと、第7条の「施恩澤」は言い換えれば給与のこと、第5条の「定苦工」と第10条の「設工藝」は作業のこと。第2条の「禁賭博」と第3条の「禁洋煙」と第8条の職責を定める「定職守」は戒護のこと。第1条の金銭の強要を禁止する「革勒索」と第4条の巡閲制度を設立する「勤巡察」と第11条の囚人が受けた不正・虐待を訴える制度を設立せよという「通下情」と、第12条の「速定奪」はすなわち容疑者を長く拘置しないように裁判を速決すること、第13条の「准探望」は家族が囚人と面会することの容認である。以上の5カ条は、囚人の人権を守ることである。第9条の「足養廉」は不正・収賄をせずに勤務させるために、獄吏の一定の収入を確保することで、獄吏の人権を守ることなどであった。

四　清末新政時期の新聞紙上に見られる監獄改良論の高揚

20世紀に至って、清末中国の新聞雑誌には監獄改良関係の記事が漸次多く掲載され、注目を集めるようになった。内容によって分類してみると、大体監獄改良の呼びかけ、監獄改良の新政の奨励及び監獄改良の不備への論難などに分けられる。

1904年の『東方雑誌』第8号に「論中国改革刑法」という論説が掲載された。作者は冒頭に「然自予觀之改革刑律固為今日之要務矣，然今日之急宜改革者則律外之刑而已」と中心となる論点を明言し、刑法改革が無論今日の要務であるが、法律以外の刑獄が最緊急の急務であると主張した。監獄の弊害がその1つにあげられた。

87

第一編　清末中国における西洋近代監獄制度の啓蒙

　　一曰牢獄之苦中國之牢獄固以汙穢不治聞天下矣。與巴黎巴士的獄大約相同
　　而獄吏之逞淫威者至較虎狼為尤酷。而牢獄而外復有班快各房皆為拘繫囚徒
　　之所。鞭撻之苦縲絏之加私刑之慘勝於官刑。吾民何幸乃罹此厄 [27]。

　中国監獄が悪名で全世界中に名をはせていると指摘し、さらにフランスのバ
スティーユ監獄と比較し、その刑罰の残酷さを批判した。続いて、

　　中國之刑獄所由為弊竇叢生之所也而推其原因，悉由於上無司刑之官，下無
　　知律之吏，而非盡由於定律之失也。故欲救中國刑律之失，必先設法學堂以
　　造就律師，又必設地方裁判之官，以與縣官分治，庶胥吏之弊牢獄之苦漸可
　　改良。

と述べ、その原因と対策を討論した。中国刑獄の弊害の発生原因は法律にある
のでなく、法律を知る官吏がいないことにあると批判し、法学堂を設け弁護士
と裁判官を育成して、行政から司法を独立させるという対策を提議した。最後
の結論が優れているため、ここに引用する。

　　至改從西律中國當十餘年以前固早有持此論者。然推其改革之意，非真有見
　　於中律之過酷也，不過欲取媚西人以收回治外法權耳。至謂通商之地可從西
　　律而各省腹地仍沿舊章。夫同為中國之民徒以所居之異地乃同罪異罰，公理
　　何存。故知改從西律諸公非真有見於中律之宜改也。觀於今日之政府於此等
　　思想仍不能信其決無吾是以為中國之新法危也。蓋西律之所以稱善者亦有數
　　因。一曰司法權獨立，一曰君臣上下皆從律，一曰法律以權利為本位，一曰
　　公法與私法區分。此皆西律最精之意，亦即西律之根本也，今中國之於西律
　　固當擇善而從 [28]。

　西洋の法律を受け入れようとする言論は、十数年前から見られた。しかし、
その改革の真意は中国法律の過酷さを認識したためではなく、西洋各国に媚び
て治外法権を奪回するところにあると論述した。外国と通商する地方では西洋
の法律を採用するのに対して、外国と通商しない内陸では依然として旧法を援
用する。すると、中国国内では同じ罪を犯しても、地方の差によって、処罰が
異なるという異常な現象が起こる。要するに、問題の根源は意識変換である。
中国人は西洋法律の精粋、いわゆる司法独立、法律に基づいて国を治めること、
権利本位、公法と私法の区分などを十分に理解せず、中国法律の弊害も反省で

第三章　清末中国における監獄改良論の高揚

きないでいたと結論づけた。

　1906年7月、『東方雑誌』丙午第八号に「監獄改良兩大綱」という投稿が載せられた。「我國監獄素稱黑闇、設法改良豈容再緩」と、監獄改良の緊迫性を強調し、その原因を二分化した。外部原因は「或者曰我國若欲拒回領事裁判，非改良監獄,則外人仍鄙我為野蠻,而不服我法權」と、領事裁判権の返還にある。内部原因は「夫監獄者為内政之一部而人民生命財産名譽之所關非細故也。外國人不居黑闇監獄，豈本國人遂無所不可」と、内政整頓である。具体的な改良綱領として、「統一獄制」と「培養獄官」という二項を掲げた。つまり、制度の整備と人材の育成に目を向けたわけである。

　「統一獄制」では、アメリカを例にした。もともと分房制で監獄改良の先進国として知られたアメリカは、連邦制で異なる監獄制度が採用されたため、かえって欧州各国に追い抜かれてしまった。

　　　夫為世界分房監獄制之先進，于獄史上最有名譽且最占勢力者，非北美合眾國乎。乃至今日比較歐洲各國之監獄反日形其退步者，則以其無統一全國監獄之機關，以致各邦之獄制不同，各監之獄制又不同，甚至同一監獄有時因政界改選之更變，典獄交迭之頻繁，前後迥殊其管理方法故也。夫以美洲之文明無統一獄制之機關弊且如此，況我國改良著手之初而可以不慎乎。

　「培養獄官」では、以下のように日本を例に取り上げた。明治23年（1890）に典獄を育成する監獄専門学校を創設した。その上、各法科大学や法律学校にも監獄学を開設した。したがって、日本の獄政は日進月歩に発展し目覚しい進歩を成し遂げた。

　　　考日本監獄改良，知獄官不得其人不足以奏效也，乃於明治二十三年設監獄專門學校，養成上級司獄官。第一期修學期限為六個月，卒業後分遣為各地典獄。政府見其著有成效，益知養成獄官為第一要義。復於明治三十二年設監獄專門學校於東京，其入學生徒分甲乙二種，甲種由全國現任上級司獄官吏（看守長）年四十五歲以下，身體健全者選拔之，以六個月卒業。乙種由中學卒業及有同等學歷，年三十歲以下身體健全者選拔之，以一年卒業。其教科為監獄學，監獄衛生，刑事心理學，統計學，身體測度法，免囚保護法，刑法，刑事訴訟法，體操，實務練習及憲法民法並行政法之大綱（明治

89

第一編　清末中国における西洋近代監獄制度の啓蒙

　　三十一年又於帝國法科大學設監獄學一科，其後各私立法律專門校亦添監獄
　　學一科）。人第見日本今日獄政之進步日新月異而歲不同，而不知其培養獄
　　官實事求是為已久矣[29]。

　この時期の監獄改良論は、初期の出国日記の単純な記述とは様変わりし、官
吏の育成・管理法の変革・監獄軽視の観念の転換などという内容で、認識の深
化に驚かされる。

　1909 年 1 月 1 日、『神州日報』第一面のトップ記事として、長編評論の「監
獄解蔽篇」が掲載された。論者はまず、「執行自由刑之機關也。自由刑者何？
剝奪罪人之自由，使之隔離於社會，而授以必需之智識技藝，使出獄而可為良民
視之謂也」と監獄の定義を下した。次に、監獄改良の最大の妨げが社会の慣習
と経済の困難という 2 つにあると指摘した。そのうち、社会慣習は「一般觀念，
亦群視獄舍為不祥之地，獄吏為不祥之人，自愛之士廢然而不為。則執獄舍之大
柄，制囚人之生命，大都徒隸賤夫之手，欲求其獄制之善，是適越而北其轍也」と、
監獄軽視をさす。獄吏の地位の低下は古くからの習慣で、一時に変えられない
が、2 つの方法がある。「一在治獄者之自尊，一在國家之重視治獄者。」つまり、
第一は獄吏の自愛自尊、第二は国家の重視。一方、財政問題も容易に解決する
のではない。国家は政治法律実業など各方面で新政を展開させるため、国庫空
虚の実状が予想内のことである。「至若經濟之困難，誠不易解決」、「今日新政，
凡百待舉，而金錢支絀之困狀，亦可以大白於天下，度其輕重，相其緩急，誠非
得已。然監獄改良之必要，亦正與他種新政同為刻不可緩之圖」と述べた。最後
に、論者は監獄改良の未来に期待をかけた。「吾國監獄不數寒暑，一躍而介於
列強之間，亦歷史之美談，而國民之幸福也」と言っている[30]。

　1910 年 1 月 17 日の『申報』第 13276 号第一面に「論改良監獄之要點」が掲
載された。この論説では、「改良監獄者，不但高大其洋房，豐足其衣食，便可
以為盡責，而於管理監獄之方法，必宜再三注意者也」と、管理法の改善の重要
性を強調した。「京師及外省之派員前往日本考察者已不下十餘人」、「考察員回
國之後，有擇地重建者，有就原址開拓者，較諸往日殷穢醒黷之地，其氣象固已
大異」と記したように、日本へ監獄視察員を 10 人以上派遣し、彼らが帰国後、
監獄を新設しあるいは改造したという監獄改良の実績を肯定する一方、これら

90

第三章　清末中国における監獄改良論の高揚

の視察員は建築法などの表面的な現象にのみ注目していた面もあった。「然而察其注意之點，房屋洋式也，食料增加也，臥處高燥也」、「此等種種，雖亦為改良監獄中不可缺遺之點，願此皆表面之文章而已」と述べた。「做表面之文章而不下實在之功夫，此為我國辦事之通病，尤為近日辦理新監獄之通病」とし、見せかけでうわべの努力をするのはわが国の通病であると批判した。監獄設立の第一要義は囚人を感化することにあるため、管理法を工夫しなければならない。「則不能不講求管理之方法，試思同一管理，與其悚以嚴毒之刑而使之不敢犯，何如化之以感導之術而使之不欲犯，不敢犯者？」とし、最後に、「我是以謂今日改良監獄，無論洋房如何高大，衣住如何豐足，苟不從管理上著意，則可決其無補於實際者焉。」[31] という結論に達した。すなわち、監獄改良に対する認識は建築などの外観からマネージメントの段階に深まり、当時中国社会の進歩を物語った。

　上記の監獄改良論説のほかに、清末の新聞は大いに監獄新政を積極的に報道し、奨励した。『申報』を例にしてみたい。1906 年 11 月 9 日に「試辦寅僚警監講習所」と題して、寧波における警監講習所の開設を報じた[32]。1907 年 6 月 4 日には「擬選學員赴東學習監獄法」と題し、江寧員警学堂から学生を選び監獄法の勉強に日本に 6 カ月派遣することを報道した[33]。1907 年 10 月 22 日の「咨行各省法政學堂增設監獄科」という記事に地方の法政学堂に監獄科を増設せよという清政府の通達が記された[34]。1908 年 10 月 1 日に、「法部奏變通提牢章程酌加獎敘摺」と法務省の獄吏の位階と収入をあげるための上奏文が載せられた[35]。1909 年 10 月 10 日の「監獄學堂行開校禮」という記事に、安徽省で 200 余名の学生を募集し監獄伝習所を開校したことが掲載された[36]。1909 年 10 月 22 日の「院司對於改良監獄之政見」という記事に、蘇州の省罪犯習芸所の中に監獄官吏養成所を附設したことが記され、さらに募集要項まで公開された[37]。1910 年 4 月 17 日の「浙臬注重監獄專科」は、浙江省習芸所に監獄専科を設け監獄管理人員を育成するという記事である[38]。1910 年 10 月 18 日の「續辦監獄學堂」は、昨年開設して 1 年になった安徽省監獄学堂は継続して運営するという記事である[39]。1910 年 10 月 24 日の「創設守衛教練所」には、湖北省城模範監獄の中に守衛教練所を附設し学生を募集しようとしても、「守衛為

91

第一編　清末中国における西洋近代監獄制度の啓蒙

賤役薪俸與獎勵均不甚優故報名者甚少」と、地位の低下と待遇の劣化で応募する人が少ないことが記事にされた[40]。1910 年 10 月 18 日の「籌辦女子監獄養成所」は従来の「官媒」という女監管理制度を廃止し、女子監獄養成所を開設し、新しい女子管理員を育てるという大きな変革を報道した[41]。

　以上、監獄関係の教育機構の増設に関する一連の記事は、清末において司法を行政から独立させ裁判所を創設するため、容疑者を拘置する看守所の看守や監獄守衛が人手不足になり、監獄学堂などを開設し管理人員を育てる必要性について取り上げたものであった。

　新式監獄の建設にしたがって、改良効果への批判の声も現れた。

　批判の矛先は、都の北京周辺の順天府に向けられた。「改良監獄為現在屢奉諭旨特崔之件。京師如法部大理院及提署各等處, 已均皆陸續改良, 一洗從前黑闇。惟順天府雖近在都城, 直如未聞明詔者, 監獄之黑闇較前有加無已, 所屬大興宛平兩縣為尤甚」、「吁嗟京師地方尚有如此黑闇監獄, 何況各省」と、筆者は都の周辺地方がまだ暗黒状態なら、各地方の監獄実状が懸念されると嘆いた[42]。

　地方の模範監獄の多数は日本監獄を模倣し、立派に作られたが、有識者にその中味の実質を問われた。その批判の記事も、新聞に掲載された。たとえば、1911 年 1 月 24 日の『申報』に、広東挙人[43] 譚鶚英が獄中から監獄の不正を訴えた手紙が掲載された。「凡諸勒詐種種, 而竟行於改良之監獄, 尤可怪可駭者也」とし、旧監獄に見られた種々の弊害が改良したあとの新監獄に復活したことに、大いに驚愕している[44]。同様の報道は、ほかにもある。その記事には、「今日況言改良監獄矣, 而改良之結果何如。獄室之黑暗如暗也, 獄卒之私刑逼索如故也；獄中之犯人無教育如故也, 如此則非特罪人不能獲改良之益, 而所謂立法, 裁判亦同歸於無效」とある[45]。つまり、監獄改良の現実は監獄内の部屋が依然として暗く、獄卒の拷問と金物強要も昔のまま、囚人の教育もなし。囚人はその監獄改良の利益を少しも得られず、さらに立法と裁判の改革も同時に無効になったという。

　1910 年、第 8 回万国監獄会議がワシントンで開催されるため、清政府は許世英、徐謙などを派遣した。『申報』は重大な関心をよせ、会議期間中、連続して報道した。一行の帰国後も、1911 年 7 月 10 日から 8 月 1 日まで第一面で

92

第三章　清末中国における監獄改良論の高揚

徐謙等の報告書を連載した。しかし、その視察に対し、下記のような批判の声
もでた。監獄視察を含め、すべての新政視察の効果はただ無用な書面報告書で、
新聞の資料を添えるだけであるという。

　　法部所派考察萬國監獄之徐謙等已返國矣，度部所派調査財政之陳宗媯等已
　　回京矣，若郵部所派之考査郵便，商部所派之査察實業，軍部所派之觀軍隊，
　　或已就道，或將起行，其結果不外一紙報告書，添我報紙之資料而已 46)。

　上述のように、20 世紀初期の清末新聞紙は監獄改良をアピールすると同時
に、改良中に現れた問題も容赦なく批判した。つまり、監獄改良に関するプラ
ス報道とマイナス報道をとおして、新聞界は清末中国の監獄改良の動向に無視
することができない役割を果たしたといえよう。

五　小　結

　1910 年 3 月 4 日の『申報』第 13313 号に掲載された論説「論各省設立模範
監獄之必要」には、「蓋中國自古制浸失，數千年來視監獄為無足重輕。雖當籌
備憲政時代，謀國者無不深思熟慮以冀其發達。然輕視監獄之餘習，猶恐不免深
中於人心，而當局者或未能出之以鄭重」47) という内容があり、中国において監
獄を軽視する伝統を指摘した。また、1906 年 7 月 31 日の『申報』第 11956 号
に載せられた「小菅監獄参観記」には、「按吾國學説，舊有刑不上大夫之説，
故其刑獄目的以慘酷為本然之性質，政府對於刑獄毫無感情之可言」48) とある。
すなわち、中国において、「刑は士大夫に上らず」という伝統があるため、士
大夫階層には穢れの監獄から遠ざかる習慣が根付いた。昔から獄吏を「賤役」
と見なし、監獄を軽視する伝統が続いてきたという。

　中国士大夫の監獄に対する軽視の態度は、著名な近代文学家・周作人にすら
窺われる。1907 年に日本に遊学していた周作人が本屋で見つけた書籍は、監
獄に関する中国語の翻訳書であった。そして、その翻訳書のほとんどが日本に
留学していた清国の留学生の作品であったことに彼は驚かされ、次の「見店頭
監獄書所感」という感想文を書き残した。

93

獄之為物不祥，仁人所不楽言，更何必需之有？顧吾适市，乃見有書累累，標志獄務，皆留学生之所為者，則又何耶？国人遠适求学，不有大願，流連荒亡，及于殂落，斯亦已耳，何監獄之足道。且士縱不肖，將假一技博升斗以糊口，雖執鞭猶可為，奚必與伍伯争囚糧之餘粒耶？夫歐西號文明，狴犴之設，托詞化善，君子猶或非之；若吾國監牢，更何物耶？不過囚系生人，以備屠宰，籠檻森然，猶居人之棧豕耳！使渉足其間，聯念所及，當立有血泊刀光之景，來襲靈台，令生悪感。而吾學子諸君，胡獨津津樂道之？[49]

周作人は屠殺される豚のような囚人に同情をよせるが、監獄を「不祥」の所で、君子が口に出したくない禁物で、また、獄吏を「極人間至愚，執至賤之業者」と、世間で一番賤しい仕事につかわれる愚劣至極のものであると考えた。監獄に足を運ぶだけで、血と抜き身が目の前にちらつく不気味な気配がし、嫌悪感が起きる。したがって、監獄学を翻訳した留学生に対し、批判的な意見を持っていた。せっかくはるばる日本留学に来たのに、大きな理想を持たずに、言うに足りない監獄を取り上げて論じ、そして獄吏とこんな賤しい仕事を争うことは甚だ不謹慎なことであると評した。

周作人の態度から、数千年以来、中国の士大夫は刑獄を軽蔑し極力避ける実状を想像できよう。

しかし、近代以降、中国士大夫は忌みはばからずに監獄改良論を唱え、さらに20世紀初期に至り新聞界でその言論が満ち溢れることは注目すべき大きな転換と言える。

中国士大夫の思想転換には、未曾有の民族危機に直面するという外発的な原因があると思われる。国の主権を損なう領事裁判権を奪回するため、西洋の法律を模倣して中国の法律を改革しなければならない。よい法律があっても、よい裁判がなければ、無用である。また、公正な裁判ができても、刑罰の執行機関である監獄が残酷であれば、立法も司法も無効になってしまう。いわゆる立法・司法・行刑という三者は依存関係であり、同時に改良しなければ、効果が望めない。「年來議訂法律，議改裁判，既已見諸明文。然而法律所纂訂，裁判官所判斷，必至監獄改良，乃可實行。若監獄不知改良，雖使法律裁判公而且平，亦必以執行機關之故，而立法司法失其効用，不能達保全社會之目的。蓋監獄與

第三章　清末中国における監獄改良論の高揚

立法裁判相輔而行，重刑法必先重監獄，灼然無可疑也」[50]「今日競言改良監獄矣，
而改良之結果何如。獄室之黑暗如故也，獄卒之私刑逼索如故也，獄中之犯人無
教育如故也。如此則非特罪人不能獲改良之益，而所謂立法裁判亦同歸於無效。
古來刑事制度有三：曰立法，曰裁判，曰行刑。三者缺一不可，即如改良之後規
定自由刑法者謂之立法，適用此刑法者謂之裁判，執行此刑法者謂之行刑」[51]とし、
行刑機関としての監獄の重要性は次第に認識されるようになった。

　中国士大夫のこの思想転換の源流をさかのぼると、いくつかある。近代初期
において、主に西洋宣教師・中国駐在公使・西洋記者を中心として行われた中
国監獄への非難から刺激を受けたと想像できよう。19世紀後期から、海外使
節を派遣することにしたがって、外国へ赴く中国官民は次第に増え、西洋の法
政を視察するために、西洋文明の成果の1つとされる監獄まで足を運ぶ人がす
くなくなかった。西洋人と出国した中国官民の記録によって、国内にとどまる
中国知識階層は大きな影響を受けて、中国の監獄制度を見直すようになったわ
けである。

　20世紀初期の清末中国の新聞紙上に見られる監獄改良論には、明治日本の
例が頻繁にでてくることは注目に値すると思われる。その関連記事には、日
本監獄の見学記[52]もあり、日本留学生の提議書[53]もあり、日本監獄視察員の
意見書[54]もある。清末中国の監獄改良と明治日本との関連する問題の詳細は、
章をあらためて展開したい。

〔注〕
1)　劉體智『異辭録』北京中華書局、1988年、第79頁。
2)　劉體智『異辭録』、第79頁。
3)　劉體智『異辭録』、第79頁。
4)　蔡尚思・方行編『譚嗣同全集』北京中華書局、1981年、第533頁。
5)　中國史學會編『戊戌變法』（一）上海人民出版社、1957年、第489頁。
6)　孫寶瑄『忘山廬日記（上）』上海古籍出版社、1983年、第502頁。
7)　「論宜推廣法律學堂」『大公報』1906年6月30日（光緒32.5.9）。
8)　「論中國改革刑法」『東方雜誌』甲辰（1904年）第八期内務、第91～95頁。
9)　愛漢者『東西洋考毎月統計傳』中華書局、1997年、道光戊戌年五月、第
　　371～372頁。

95

第一編　清末中国における西洋近代監獄制度の啓蒙

10)　魏源『魏源全集・海国図志』巻五十九　彌利堅記上、岳麓書社、2004 年、第 1616 頁。

11)　欧羅巴人原撰、林則徐訳、魏源重輯、中山伝右衛門校正『海国図志』墨利加洲部、嘉永 7 年（1854）。

12)　『矯正図書館への招待──設立 40 周年を記念して』財団法人矯正協会矯正図書館、2010 年、第 2 頁。

13)　安形静男「吉田松陰の監獄改良論」『調査月報』みやぎん経済研究所編、2005 年 11 月号、第 4 頁。

14)　王韜『弢園文録外篇』『戊戌変法（一）』中国史学会主編、上海人民出版社、1957 年、第 141 頁。

15)　胡禮垣『胡翼南先生全集・曾論書後』沈雲龍編『近代中國史料叢刊續輯（261）巻三』文海出版社、第 19 頁。

16)　胡禮垣『胡翼南先生全集・新政論議』沈雲龍編『近代中國史料叢刊續輯（261）巻四』文海出版社、第 24 頁。

17)　鄭大華選注『砭舊危言──唐才常宋恕集』遼寧人民出版社、1994 年、第 191 〜 192 頁。

18)　鄭大華選注『砭舊危言─唐才常宋恕集』、第 192 頁。

19)　『盛世危言』増訂新編凡例、『鄭観応集』（上）上海人民出版社、1982 年、第 238 頁。

20)　「縲首致死, 系獄苦工, 監作官奴, 罰鍰贖罪, 鞭棰示辱, 充發出境」『鄭観応集』（上）、第 502 頁。

21)　『鄭観応集』（上）、第 500 頁。

22)　『鄭観応集』（上）、第 421 頁。

23)　鄭観応「獄囚」『鄭観応集』（上）、第 505 〜 511 頁。

24)　康有為『日本書目志卷五』『康有為全集』第三冊、上海古籍出版社、1987 年、第 756 頁。

25)　佚名著『縲絏見聞悲憤錄』『近代史資料』總 64 號、中國社會科學院近代史研究所近代史資料編輯組編、中國社會科學出版社、1987 年、第 199 頁。

26)　佚名著『縲絏見聞悲憤錄』『近代史資料』總 64 號、第 200 〜 203 頁。

27)　「論中國改革刑法」『東方雑誌』甲辰（1904）八月第八期内務、第 92 頁。

28)　「論中國改革刑法」『東方雑誌』、第 94 頁。

29)　「監獄改良兩大綱」『東方雑誌』丙午第八期七月内務、第 171 〜 176 頁。

30)　「監獄解蔽篇」『神州日報』1909 年 1 月 1 日。

31)　「論改良監獄之要點」『申報』第 13276 號、1910 年 1 月 17 日（宣統 01.12.07）、第 104 冊第 290 頁第 3 面。

32)　「試辦寅僚警監講習所」『申報』第 12055 號、1906 年 11 月 9 日（光緒

96

32.09.23)、第 85 冊第 345 頁第 9 面。

33）「擬選學員赴東學習監獄法」『申報』第 12255 號、1907 年 6 月 4 日（光緒 33.04.24)、第 88 冊第 445 頁第 10 面。

34）「咨行各省法政學堂增設監獄科」『申報』第 12477 號、1907 年 10 月 22 日（光緒 33.09.16)、第 90 冊第 626 頁第 11 面。

35）「法部奏變通提牢章程酌加獎敘摺」『申報』第 12811 號、1908 年 10 月 1 日（光緒 34.09.07)、第 96 冊第 437 頁第 2 面。

36）「監獄學堂行開校禮」『申報』第 13177 號、1909 年 10 月 10 日（宣統 01.08.27)、第 102 冊第 584 頁第 3 面。

37）「院司對於改良監獄之政見」『申報』第 13189 號、1909 年 10 月 22 日（宣統 01.09.09)、第 102 冊第 772 頁第 3 面。

38）「浙臬注重監獄專科」『申報』第 13357 號、1910 年 4 月 17 日（宣統 02.03.08)、第 105 冊第 758 頁第 3 面。

39）「續辦監獄學堂」『申報』第 13541 號、1910 年 10 月 18 日（宣統 02.09.16)、第 108 冊第 758 頁第 3 面。

40）「創設守衛教練所」『申報』第 13547 號、1910 年 10 月 24 日（宣統 02.09.22)、第 108 冊第 854 頁第 3 面。

41）「籌辦女子監獄養成所」『申報』第 13541 號、1910 年 10 月 18 日（宣統 02.09.16)、第 108 冊第 758 頁第 4 面。

42）「京師近事」『申報』第 13488 号、1910 年 8 月 26 日（宣統 02.07.22)、第 107 冊第 919 頁第 5 面。

43）中国の明・清時代、科挙試験の郷試に合格し、進士の試験に応ずる資格を得た者。その資格は終身保持。

44）「所謂改良監獄者如是」『申報』第 13639 号、1911 年 1 月 24 日（宣統 02.12.24)、第 110 冊第 373 頁第 2 面。

45）「時評其一　異哉今日之所謂改良監獄者」『申報』第 13710 号、1911 年 4 月 12 日（宣統 03.03.14)、第 111 冊第 675 頁第 6 面。

46）「時評其一」『申報』第 13807 号、1911 年 7 月 17 日（宣統 03.06.22)、第 113 冊第 265 頁第 6 面。

47）「論各省設立模範監獄之必要」『申報』第 13313 号、1910 年 3 月 4 日（宣統 02.01.23)、第 105 冊第 49 頁第 2 面。

48）「留日學生來稿:小菅監獄參觀記」『申報』第 11956 号、1906 年 7 月 31 日（光緒 32.06.11)、第 84 冊第 297 頁第 2 面。

49）周作人『知堂書話』（上）海南出版社、1997 年、第 1269 頁。

50）「留日學生來稿:小菅監獄參觀記」『申報』第 11956 号、1906 年 7 月 31 日（光緒 32.06.11)、第 84 冊第 297 頁第 2 面。

第一編　清末中国における西洋近代監獄制度の啓蒙

51）「時評其一　異哉今日之所謂改良監獄者」『申報』第 13710 号、1911 年 4 月
　　 12 日（宣統 03.03.14）、第 111 冊第 675 頁第 6 面。
52）　例えば、「小菅監獄参観記」『申報』第 11956 号、1906 年 7 月 31 日（光緒
　　 32.06.11）、第 84 冊第 297 頁第 2 面。
53）　例えば、「日本警監學校畢業生湖南石一清上法部大理院書（為改良監獄事）」
　　 『大公報』、1908 年 5 月 16 日（光緒 34.4.17）。
54）　例えば、「調査日本監獄員範倅炳勳上列憲改良直隷監獄條陳」『大公報』、
　　 1908 年 6 月 17 日。

第二編　清末中国における日本監獄視察の潮流

第一章　清末中国官民の日本監獄視察の概論

一　緒　　言

　中国と日本との文化交流は、紀元前3世紀ごろの弥生時代までさかのぼるとされ、この長い交流史のなかで、もっぱら2000年以上にわたって日本が中国から学び、文物制度を受容してきた。しかし、その傾向が逆転するのが19世紀末の明治維新以後のことであり、それまでとは異なり中国が日本から様々な文化を受容することになったのである。

　清末の中国が、明治維新によって近代化した日本の法制度に対して特に注目したことは王宝平主編『晩清東遊日記彙編　日本政法考察記』[1]によっても明らかであるが、その中でも、具体的に最も着目されたのが日本の監獄制度であった。監獄といえば、暗いイメージが先行し、抵抗感を感じる人々は少なくないと思われるが、清末の中国人は日本の監獄の実状を視察するために、実に多くの人々が日本に赴いている。後述するように管見の調査ではあるが、60余の報告書から抽出した統計によると、1903年から1910年までの7年間に、中国の各省のみならず、中央政府からも日本の監獄制度を視察するために派遣された人数は92人にも達している。

　なぜこのように近代中国人が日本の監獄制度に関心を持っていたのかというと、「監獄の実況を見て、その国の文明と野蛮を測ることが可なり」[2]と言われたように、監獄は近代西洋文明の代表的な象徴として、早くから中国の有識者の目を引きつけたからである。

　これまで中国人の海外留学、特に日本留学については、研究の蓄積が重ねられてきて、留学生の近代中国への貢献も無論大きかったが、彼らが留学先から帰国するまでは、上述のような日本視察に関する体験のある中国の役人は官職に就くため、新政策を直接制定し、また実施に移したと思われ、清末の中国で

101

大いに活躍した。しかし、中国官民の日本視察については、必ずしも先行研究が多いとはいえない。その中でも、熊達雲の『近代中国官民の日本視察』[3]と汪婉の『清末中国対日教育視察の研究』[4]が注目される。汪婉の研究が教育をめぐるものであるのに対し、熊達雲の研究は監獄視察にも触れたが、近代中国官民の対日政法視察の総論だけに限定されていると言える。

そこで、本章では近代中国が明治維新後の日本の法制度を受容した一例として、清末中国官民の日本監獄視察について検討してみたい。

二　19世紀後半の清末中国官民の日本監獄視察

西洋監獄の視察に比べると、明治初期の日本監獄は19世紀後期に使節人員をはじめとする日本に赴く中国官民の目を強く引き付けなかった。それは言うまでもなく、古くから日本を「蕞爾国」、「海東小国」、「弾丸之地」と見下す狭い伝統意識と深く関わるのであるが、近代中国人の日本観に関する研究が多いので、ここでは中日法制史上の3つの客観的原因を指摘しておきたい。

その一　日本は古代から明治13年（1880）にかけて、中国法系に属してきた。桑原隲蔵は、昭和4年（1929）に京都帝国大学第二十四夏季講演会で「中国の古代法律」と題する講演を行った。その中に「奈良朝から平安朝に至るまでのわが国の王朝時代の法律は、無論形式上においても精神上においても、皆「唐律」に依拠する。徳川時代から明治13年頃まで、いわゆる日本の法律というものは、直接にしても間接にしても皆明律の影響を受けた」と論じた[5]。

明治初年、日本は維新を推進しようとするが、中国の影響が未だ色濃く残り、中国と西洋の間に迷い折衷しながら、法律制度をたびたび改正した。明治元年（1868）、「唐明清律」などを参照して「暫行刑律」を編成した。明治3年（1870）10月に「暫行刑律」を廃止、12月に中国の「大明律」を見本とする「新律綱領」を発布した。しかし、明治6年（1873）に公布した「改定律例」はその法典形式が西欧法典の目次に従い、首尾として318条あるが、法律の文言はなお「大明律」から援用したもので、大きくは変わらなかった。これについて、穂積陳

第一章　清末中国官民の日本監獄視察の概論

重は、かつて以下のような主旨の評論をした。つまり、この二部の法典は、いずれも日本法律史の過渡期を代表するものである。前者は中国法系の最終のもので、後者は欧州法系への傾斜の始まりである。日本の法律は、これによって中国法系から欧州法系に急転することになる[6]。

　その二　近代日本における獄制改良思想の芽生えは、中国に遡ることができるといわれる。1837年の大塩平八郎の乱、1839年の高野長英などの蛮社の獄、1842年の高島秋帆の投獄、1854年吉田松陰、佐久間象山の投獄、及び1855年徳川斉昭、慶喜に対する処罰と橋本左内、吉田松陰等を処刑した安政の大獄など、獄政改革思想の芽生えはこのような封建体制を打倒するため投獄された人々が牢屋に閉じ込められながら思索した結果である。

　獄政改革者の思想の源は2つある。1つは、中国と日本の古典文献である。例えば、『聖徳法王帝説證注』、『日本霊異記考證』、『古京遺文』、『箋注倭名類聚抄』等。また林良齋の『懷刑説』は大鹽中齋の学説を継承し、刑罰の脅威作用を強調する一方、中国陸王心性学の「自訴慎独」、すなわち、「深究心霊」と「道徳自律」を主張する遷善論を吸収消化したものである。もう1つは、魏源の『海国図志』の「彌利堅総記」に紹介された衛生作業教育要素を含む西洋獄制である。吉田松陰は獄中において3回にわたって『海国図志』を求め、そして『幽囚録』、『福堂策』などの獄制改革に関する論著を残した。

　その三　日清戦争前の日本監獄改良は、まだ完備されたとはいえなかった。そこで、中国官民に強い印象を与えなかった。明治6年（1873）、笞杖刑を廃止。明治7年（1874）、獄制の統一をはかるため、日本各府県の既決・未決両監を内務省の管轄の下に移した。明治8年（1875）、「囚徒供与規則」を定めた。明治14年（1881）、「給与規則」を廃止し、替わって「在監人傭工銭規則」を定め、さらに「改正獄則」を公布、混同雑居制を採用。無論、これは完備された獄則ではなかった。その後監獄規則はたびたび改廃し、明治22年（1889）、「第二次監獄則」を公布。明治23年（1890）に至って、ドイツの監獄専門家を顧問として日本に招請し、獄官講習科を設け、内務省に監獄評議委員会を開くという一連の対策をとったことで、日本の獄政改良の気運は日増しに高まっていった。

103

第二編　清末中国における日本監獄視察の潮流

　当時の中国官民の日本視察の関係資料を点検すると、監獄について記述した人は、ただの４人しかいない。そのうち、黄遵憲は1898年の湖南新政において近代監獄の作業制度を中国に導入した第一人者として注目すべきである。

　19世紀後期において、日本を研究し、明治維新の成果を中国に紹介し、中国国内で大きな反響を呼んだのは、光緒三年（1887）に何如璋公使に従い、清朝初任駐日大使館参事官として日本に赴任した黄遵憲である。黄遵憲は近代監獄制度の改良に対する貢献はあまり知られていないが、『日本国志』、『日本雑事詩』の作者として中日文化交流史上に高く位置づけられていることは言うまでもない。黄遵憲はこの二部の著作をもって、中国国民に「明治日本に学ぼう」という貴重なメッセージを送った。『日本雑事詩』に、黄遵憲は明治日本の法律、訴訟、監獄、警視、官制、租税、国債、議院などについての詩を作ったばかりでなく、大量の注釈をつけたのである。明治維新以後の監獄について、以下の詩を詠んでいる。

　　　　　春風吹鎖脱琅璫，夕餔朝糜更酒漿，

　　　　　莫問泥犁諸獄苦，殺身亦引到天堂。

　注曰，牢獄極為清潔，飲食起居，均有常度，病者或給酒漿。但加拘禁，不復械系。一切諸苦，並不身受。雖定罪處絞者，行刑時，或引教士或神官，僧人為之諷經，俾令懺悔，仍祝以來生得到天堂雲[7]。

　清末の外務省にあたる総理各国事務衙門は、海外へ視察員を派遣することを「洋務」の１つに列した。1884年に御史謝祖源の勧めで、大規模に海外視察の派遣活動を行った。1887年に、厳しい選抜によって選ばれた兵部郎中の傅雲龍等12人が東西洋各国に赴く。近代監獄学のいわゆる「禁錮監（既決監）」「懲治監（未決監）」に関する内容は、傅雲龍によって初めて中国に紹介された。また、日本監獄の種類、囚人の作業と教誨などにもふれて、当時の日本監獄の概貌を正確に捉えた。

　光緒十三年十月三日　日下知事[8]遣兵部科藤田俊範導遊監獄，其長池上四郎偕視。男監房五十二，已決之屬，有禁錮監，有屏禁，有暗室，而暗室為最，地板數孔，裁足通氣。歲末二十者入懲治監；病入病監；否則驅之監內工業場，舂米，結繩，強弱有差，其值計十之二，然在獄不支也。未決者

第一章　清末中国官民の日本監獄視察の概論

（猶言未定，亦曰未濟）支全直。凡犯四百有奇。女監十，其目與男同，其工
課織紉，凡犯三十九。有堂，七日一説佛法，且有幼犯讀書習字處。

十月四日　又遊監獄出役場，與監無異，故曰出役。造煉化石視之磚也。罪
人八十，辰出申歸，月造磚十萬，其爐十四[9]。

　徒刑人による作業制度は、傅雲龍の心に深く印象づけられた。このため『遊
歴日本図経』巻15に「明治十八年日本考工・罪人工表」を採録し、工種は25種、
既決囚と懲治者にわけてそれぞれ人数を統計した[10]。

　1891年7月8日に、北洋水師提督丁汝昌が駐日公使李經方[11]を伴い東京集
治監を見学した資料は、『日本監獄協会雑誌』に掲載された。西人の所謂其国
の文明の度を察知するために、来日して他を顧みるこくなく、まず帝国大学を
一覧し、直ちに東京集治監に至るというものである。見学中、監獄の構造・監
房の数・看守の人数・食事・脱獄・運営経費など、一々と興味津々として聞い
た。その記録は以下の通りである。

○清國丁提督及ひ李公使東京集治監來觀

去る八日午前、内務省依り電話を以て此度來航の清國北洋水師提督丁汝昌
氏、同國李公使同伴、本日午後、東京集治監を來觀すへき旨通知ありたる
に付き、典獄は直ちに差閊無き旨且、門前の橋修繕中にして假橋馬車を通
せされは、門前にて下車ありたき旨申通し置かれたしと答へられたり。

左の各項は同氏と典獄との對話其他の要を摘したるものなり。

一午後四時三十分頃、前兩氏並に外務省譯官鄭永邦[12]、外に属官一名來監、
石澤典獄は兩氏に對し握手の禮を行ひ且、暑天を犯し遠路此郊外迄御出
下されれとも、本監は建築中と申し諸事甚不整頓にて切角御出の價も
有之間敷、乍去少しも御遠慮なく充分に御覽下されたしと挨拶せり。

一李公使曰く、豫て御監の建築其當を得、諸事御整頓の由承り及びし故、
是非拜見致度存居りたる處、今般來航の丁提督の拜觀を望むに依り、幸
に同伴致したり拜見を願ふ。

一典獄先導、先つ本監の中央看守女所に到り、五監を通觀し夫より第五監
に到り、監房に入り仔細に其構造を見、而して其立方尺幾何なるかとの
問を起したり。典獄は之に答て曰く、我か曲尺一丈二尺立方なるも床板

105

より天井に到るの高さは一丈五尺とす。續て又之に何人を容る、を程度とするかと問ふ。六人を程度とし八人を極度とす。外に一人一房の構造ある。此は間口六尺奥行一丈二尺とす。他は此房に異るとなしと答ふ。

一全監房の數は幾何にして、全監に幾何人を容る、やと問ふ。答て曰く、監房の數は、百五十にして千人を容る、を程度とすれとも、千貳百人迄を容る、を得へしと。

一其囚人に對し看守者の數は幾何なりやと問ふ。答て曰く、看守は囚員に依り増減あれとも、本日の囚員九百拾八人にして、看守百拾五人、看守長は常置四人なり。囚人千人に滿つれは、看守拾名を増し、百貳拾五名とするの制なりと。

一如此少數の看守にて、此多數の就役囚を取締るは、實にむずかし難からん。時々犯獄逃走はなきや。答て曰く、犯獄の如きは小官就任殆と十年一度もありしとなし、逃走は數年前一二人ありたれとも、近年絶江てあるとなし。尤も之を企つる者は間々ありと。

一監房一覧後、工場に案内し煉化窯（一番窯五番窯と名つくるもの）を一覧せしむ。製品の甚た赤色なるを見之には、着色の法あるか、又は土質なりやと問ふ。土質と火度にありと答ふ。彼國に於ては如此壮大なる窯あらすして、尋常の土窯を以て薪材或は藁を燃料とすれは、製品も甚た粗なりと云ふ。

一煉化窯の室數如何なりや、又一室何個を容る、かと問ふ。室數は十六、一室凡そ一万三千個を容る。一室の燃焼時間は如何。一室二十七八時間なる旨を答ふ。

一工場を一週し、事務室に返り談數十分時、囚徒の良否に依り取扱差異ありりやを問ふ。善良ふる者には賞譽して、其標を與へ、其數に應し食物に等差あり。都て賞標者は、優遇する制なりと答ふ。

一食物は如何と問ふ。一日三度米麥飯にして、米四麥六を通常とし、改悛の効顯る、者には、米麥折半の飯を與ふ。菜は朝夕兩度晝飯には、漬物味噌を與ふるのみ。其量に至りては、駆役の難易に依り差異あり。然れとも一日八合より四合まてとすと答ふ。

第一章　清末中国官民の日本監獄視察の概論

一別に獸肉を與ふるの制ありやと問ふ。有るとなし、賞標者には別菜を與
ふるの制ありて、時々魚肉等を與ふれとも、費途に限りあるを以て、獸
肉を與ふるを得すと答ふ。

一貴監一年の經費幾何なりやと問ふ。本年度の經費金拾万〇三百七拾七圓
なりと答ふ。工場等より得る所の金幾何なりや、本年度の決算は知るへ
からされとも、二十二年度は、七万貳百貳拾壹圓五拾四錢。二十三年度
は五万千八百八拾五圓六錢なりと答ふ。

一我國に在りては、時として犯獄を起し不得已、斬殺する等の事あり。出
兵を求むるか如き事ありや。前にも述べたるか如く、小官就任以來犯獄
等の事絶ゑてあることなき故、斬殺せしとも一度もなし。況して出兵等
のことは思ふ寄らす。曾て警察の手を借りしともなし。乍去萬々一是等
の不幸を見る時は、内務大臣に急報し、東京鎭臺の出兵を求むる心得な
りと答ふ。

一本日は、突然參監大に御手數を煩し、充分に拜觀致し誠に難有、且つ種々
の御話を伺ひ、大に益を得たり。

一豫て貴官等の芳名を聞き、一度馨咳に接せんとを希ふと、久し圖らさり
き、今日兩臺の御來臨を辱うせんとは、實に欣喜に堪へす。

一午後五時五十分退散。

右は丁・李兩氏、來監對話の概客なり。其他雜談あれとも要なきものなれ
は、省きて記さす。而して此對話は、李氏二、丁氏一の割合にして、今一々
之を記臆せす。皆鄭永邦氏の通譯に係る。

丁提督の東京に入るや、毫も他を顧ることなく、先つ帝國大學を一覧し、
直ちに東京集治監に至る。蓋し西人の所謂其國文明の度を察知せんとせは、
其監獄を視るに如かすとの意歟、能く其要領を提し得たるものと謂ふへし。
（右　正員印南於菟吉　報す。東京）[13]

とあり、丁汝昌と李經方が1時間20分間にわたり監獄見学をし、監房の構造
と数・収容囚人数・看守人数・煉化窯・賞罰制度・給食・監獄運営経費・犯獄
など細かい所まで詳細に質問し、大きな関心を示したと言えるであろう。

1893年に、地方資金援助を受けて海外視察に出かけた黄慶澄は、日本にい

107

第二編　清末中国における日本監獄視察の潮流

るとき、監獄を訪ねなかったようだが、司法省で刑律について質問した時の記
録を残している。

　　査日本刑律，大旨宗於法，而參以英德。

と、日本の刑法は概ねフランスからとって、イギリスとドイツを同時に参照す
ることを指摘した。また、重刑 9 （死刑、無期徒刑、無期流刑、有期徒刑、有期
流刑、重懲役、軽懲役、重禁獄、軽禁獄）、軽刑 2 （重禁錮、軽禁錮）、加刑 6 （削
去權柄、削去官位、停止權柄、禁止治産、監視、充公入官）及び罰金などの日本の
刑法の種類を述べた [14]。

　参考として、1896 年の西洋人の日本監獄に関する記録も併記しておく。

　　米國氣象臺技師にして當時同國大學教授たる米人ブルクトル氏は、先頃我
　　國に渡來内務省に請ふて、一両日前、巣鴨監獄を視察し、大に構造の機密
　　監獄制の整備に應じたりと云ふ [15]。

　上記のように、西洋人は明治日本の監獄の整備を称えたが、一方、同時代の
清国監獄はどうなるか、以下の貴重な資料が残された。これは、のち 20 世紀
初期に清国政府に顧問として招かれた法学博士岡田朝太郎が 1897 年 3 月に欧
米視察に赴く途中上海において現地監獄を見学し、その報告を国内の日本監獄
協会に送ったものである。彼は清国監獄につき、「不潔」、「不整頓」、「悪臭」、
「豕小屋」、「乞食小屋」、「ゴミ溜」などの形容詞を容赦なく使った。したがって、
当時の海外監獄視察をした中国人が受けた印象を想像する 1 つの手がかりにな
るのではないかと言える。やや長文であるが、貴重な資料であるので、以下に
引用したい。

　　三月廿一日横濱發。廿二日午後三時神戸へ上陸、直に同所の地方獄に至り、
　　監房二葉採影。上海にて現像したるに二枚とも極めて鮮明。廿七日、上海
　　に上陸。領事官補法學士龜山松二郎氏の案内にて、城内の固有の監獄を一
　　覧す。上海縣廳に向ひて右に一構、左に一構あり。右の一構は、入口に待
　　質所との札あるを以て、未決獄ならんと想像し、導かれて内に入る。一言
　　之を形容せば、長屋門を通過して士族長屋に達するの狀あり。内部に在る
　　一軒は三室に分れて、一室の大さ廿畳敷前后なり。更に待質所との札ある
　　は僅に一室のみにして、其用は想像せし如く未決獄なれども、他の二個に

第一章　清末中国官民の日本監獄視察の概論

は自新所との標札を懸けたれば、之を獄吏に質すに罪稍輕き者を拘束する
獄舎にして、七八年以前の新設なりといふ。其不潔と不整頓なるとは云ふ
までもなし。待質所と記せる内に輕罪の既決獄を置ける如き、當該官吏が
七八年前の新設なりと答へて、確には設置の時期を知らざる如き。何れも
不都合の極なり。特に甚しきは、そもゝ自新所といふ名稱の意義は如何
と聞ひたるに、全く之を知らざるの狀ありし一事也。歐洲の（Maison de
Correction）を意譯して輕罪獄にあてたるならんと。

更に歩を轉じて左方の獄房に向ふ。入口は同じく長屋造にて、哨兵の營所
なり。之を通り越せば、一軒の長屋ありて、初めの一室は番人の扣所なり。
次は獄神堂の三字を出ける額を掲げて、らん魔の掠の神の祠あり。線光の
烟消らなんとして余命を惹く次に福堂との額ある入口より入れば、左例に
一むね獄舎なり。右側を塀にて其入口より内部に二個の監房を有す式を雑
居も雑をも甚しき雑居にして、官士と囚人との區別もつかす、其暗の處に
て一二人ワラジ様のものを造り居る様子なれば、去るにても若役のありけ
るよと思へば、我等の來るを見て急ち手を止めて、官吏のそばに馳寄り、
耳語して不思議相に我等を見る。そうかと思へば横手からに我等を見んと
て、官吏と囚人と押合ひるく罵るあり。何から尋ねんかとぼう然たる所に、
一人の氣食然たる囚人手に鉢のかけをもちて前により來る。驚きて案内官
吏にとへば、食を求むるなりと爰て自ら衣食し得ざる者のみに官給するを
以て、貧者は常に餓へ來觀者あれば食を乞ふ。即ち囚人兼乞食なり。支那
内地の獄、皆同様なりと云ふ。流石の小生も惡臭に堪えずして、數十分の
後もとの福堂との額ある入口に戻る後方に人聲あり。顧れば是女監なり。
竹のかきねとりつき我等一行を見るの狀、今之を追想するも尚嘔氣を催す。
福堂とは何ぞと問ふに、重罪囚の拘束所なりといふ。之に何故福堂の名あ
るかを問ふ。笑つて答へず。

蓋し心自ら閑なるべし之を要するに、支那固有の獄は豕小屋と乞食小屋と
ゴミ溜とを合せて成り。囚人と獄吏とが争ひ、若しくば戲るゝ所なりとの
定義を下すを待べし。採影せん事を乞ふ、決して許さず。失望極なし。市
中にて他の場合の寫眞數葉を求め、僅に自ら慰めたり。

109

第二編 清末中国における日本監獄視察の潮流

　上海の居留地は、英、佛、米、等それヽの租界にて一定の犯人を支配
す[16]。
　上述のように、日清戦争前の日本監獄視察は数量や分量にしても、内容の深
みと範囲の広さにしても、より早く行われた西洋監獄視察と比べ物にならな
かった。その原因には華夷思想という主観原因と、明治日本が西洋を模倣した
制度の建設がまだ発展中という客観的原因があったといえるのではなかろう
か。しかし、1890年代以降、ドイツの監獄専門家の招聘、監獄官練習所の創設、
監獄費用国庫支弁という一連の対策をとったことから、日本の獄制改良の気運
は日増しに高まっていった。
　上記のように、その成果は西洋人にも認められるようになった。一方、清国
の監獄はまだ旧態依然の状態にとどまっていたのである。

三　20世紀初期の清末中国官民の日本監獄視察の潮流

　義和団事変の結果、清の半植民地化が著しく進み、民衆の間に強い亡国危機
意識が生じた。戊戌の変法を否定した西太后が、同様な政治改革を自ら行わざ
るをえなくなった。新政施行にあたっての具体策は、1901年に両江総督の劉
坤一と湖広総督の張之洞が連携して3回にわたって上奏した変法策に見られ
る。それが、いわゆる著名な「江楚会奏変法三摺」である[17]。ここでは、そ
の上奏のうち、主に刑・獄の改革を言う「恤刑獄」と海外視察を推し進める「広
派遊歴」という2項目を紹介したい。
　「広派遊歴」の下に、日本視察が極めて推奨され、
　　惟遊歴実効, 以遍游欧米日本為全功, 而以先遊日本為急務。蓋遊歴者, 若
　　無翻譯相随, 瞠目泛覧, 仍無所得。東瀛風土文字, 皆與中国相近, 華人僑
　　寓者亦多, 翻譯易得, 便於遊覧詢問, 受益較速, 回華較早。且日本諸事,
　　雖仿西法, 然多有参酌本国情形斟酌改易者, 亦有熟察近日利病刪減変通者,
　　與中国採用, 尤為相宜。
とある。海外視察の普及において、欧米と日本を歴訪するのが最も望ましいが、

110

第一章　清末中国官民の日本監獄視察の概論

日本視察が急務として考えるべしと強く主張した。その理由として、1つは「同文同種」であり、もう1つは、明治維新は全面的な西洋化ではなく、東洋の国情に合わせて能動的に西法を取り入れたことであると述べた。「恤刑獄」という項目の下に、監獄改良に関しては獄舎を建てる「修監羈」、囚人に手工業技術を教える「教工芸」、専門官吏を遣わす「派専官」などの措置が提案された。

　これらの考えは近代監獄制度における衛生、作業、管理の三要素に集中し、のちの清末監獄改良の手本となったといえよう。有名な歴史家の柳治徴は劉、張の「変法三摺」について、「其言多見於施行。二十年来旧制之日趨消滅，新法之日有増益基於此也」と述べ、劉・張の変法策は実行に移されたものが多く、20年来、旧制の消滅と新法の増益はこの変法策に基づいて起こったものであると高く評価した[18]。

　清末における監獄改良を推し進めたもう1つの無視できない動因は、治外法権の撤廃にある。阿片戦争以降、中国は南京条約をはじめとする不平等条約によって、欧米列強の植民地的支配をうけるようになった。そうして、治外法権を含む不平等条約が中国の近代化の重大な障害ともなった。光緒二十八年（1902）八月、清政府はイギリスと通商行船条約を結んだ。条約の中に、

　　中国深欲整頓本国律例，以期與各西国律例改同一律，英国允願尽力協助以
　　成此挙，一俟査悉中国律例情形及其審断弁法，及一切相関事宜皆臻妥善，
　　英国即允棄其治外法権[19]。

とある。つまり、イギリスは中国が西洋各国に学んでその立法裁判などの法律制度を整えれば、治外法権の放棄を承諾した。欧米列強では、イギリスが初めて商約で領事裁判権の放棄を言い出した国である。「自此而議律者，乃群措意於領事裁判権」[20]とし、それ以降、領事裁判権の撤廃が国を挙げての近代化の主題になった。

　一方、日本も嘉永七年（1854）アメリカの使節ペリーとの間に神奈川条約を締結して、初めて開国し、その後引き続いて西欧列強との間に不平等条約を締結した。しかし、日本は明治22年（1889）の憲法をはじめとする各方面の法律制度の整備によって、開国してから40年をかけて明治27年（1894）に治外法権の撤廃に成功した。日本の成功に対して、中国の知識人は、

111

第二編　清末中国における日本監獄視察の潮流

　　夫東洋日本為小国耳。自明治維新後，痛革積気，変更刑章，倣行西例，近
　　年與西人立約，首去其領事治西旅人之権，竟得與公法而列為平等。乃中国
　　不如焉，可恥孰甚 [21]。

のように、ごく複雑な心情を抱きながら、大いに鼓舞され中国の希望を見出し
た。また、日本とタイを成功の範例とすると同時に、失敗の例として古い律法
を改正しないため亡国の危機に陥っているトルコ・韓国・ベトナム・インドな
どを挙げ、

　　日本以修改刑律収回法権，暹羅亦然。而土耳其等国不能改者，則各国名曰
　　半権之国，韓越印度西域諸回部之用旧律則尽亡国矣。得失如此，従違宜
　　決 [22]。

と、中国は迷わずに西洋の近代法律制度を取り入れるべしと主張した。

　　清末中国において、治外法権の撤廃を求める時代背景のもとで、明治日本が
注目されると同時に、監獄改良も次第に脚光を浴びるようになった。これに関
して、

　　我国而不排除領事裁判権也亦已矣，如欲使居留我国之外人受我国家法律之
　　支配，不先従事於監獄改良，則雖有君如堯舜，有臣如皋陶櫻契，雄如拿破
　　侖，強過聖彼得，吾知其領事裁判権終不可以排斥也 [23]。

とあり、また、

　　泰西監獄由野日進於文，吾国監獄由文日退於野，設任其毎況愈下，流弊何
　　極！此監獄改良所由不可須臾緩也。世人不察，以為国家所当挙弁要政極多，
　　何暇急此不急之事，殊不知世界開明之邦，莫不以獄制之文野卜政治之隆汚
　　一故。西諺有云，入其国先視其監獄，則其国内政足見一斑。蓋即小見大，
　　見微知著，非偶然也。況値朝廷予備立憲，欲各国撤退領事裁判以興国恥而
　　重国権，如非改良監獄，縦使新刑律如何完全，審判庁如何美備，外人将以
　　我獄制不良終不服我法制 [24]。

とされるように、監獄を改良しなければ、堯舜皋陶、ナポレオンのような古今
東西の名君賢臣を集めても、領事裁判権が撤廃できないと指摘する人も出た。
つまり、中国監獄の暗い現状を鑑みて、待ったなしの急務として、西洋の諺と
領事裁判権の撤廃という二方面から監獄改良の必然性を説いた。その国の監獄

第一章　清末中国官民の日本監獄視察の概論

から内政が一目瞭然に窺われるという西洋の諺を引用して、仮に新しい刑法と審判庁がいかに整備されても、監獄改良を実行しなければ、監獄不良という口実で西洋列強に領事裁判権の返還を拒絶されるということであった。

　中国は西洋との間の領事裁判権の返還、治外法権の撤廃の交渉の中で、監獄制度の不備を1つの口実として西洋側から拒絶された。一方、日本は明治22年（1889）の憲法をはじめとする各方面の法律制度の整備によって、明治27年（1894）に西洋との間に治外法権の撤廃に成功した。したがって、清政府と有識者は明治日本を見本として、監獄制度を含める西洋の近代法律制度を導入しようという認識で一致していた。修訂法律大臣の沈家本は法律改正を基礎とし、新刑法を公布する前から、凌遅・さらし首・財産没収・入れ墨などの重刑を廃止し、民風が次第に変わり、東アジアの強国に上がったという明治維新史をまとめ、明治日本の法律改正の成果を大いに肯定し、中国は政教も文字も風俗も共通する日本を模範とするのは疑いないことだと明言した[25]。1907年、清政府の法部の上奏文にも、日本の監獄改良について書かれている。

　　東西各国以圜圄之良窳覘政治之隆汙。日本能撤去領事裁判権，首以改良監獄
　　為張本，蓋監獄與裁判互相表裏，有密切之関係，非徒取外観已也。故其構造
　　有種種之設備，如監房工廠，教室，病監等類均合于衛生之旨，教育之方[26]。

とある。清政府の法部は、東西各国は監獄の良し悪しによって政治の進退を判断しており、日本は監獄改良を通して領事裁判権を撤廃したという見解を述べて、日本を見本として監獄改良を行うという方針を打ち出した。したがって、清政府と有識者は明治日本を見本として西洋の近代監獄制度を導入し、監獄改良を推し進めて治外法権を撤廃しようという認識で一致した。

　具体策として、清政府は、若い人を欧米や日本に留学させ、熟年の官紳に日本視察をさせるという方針を打ち出した。地方官紳は上下の情報を通達し、民智を開くという地方官紳本来の特別な地位に鑑み、文明開化を求めるなら、地方官紳から始めなくてはならない。その上、革命思想に走りやすい若者より清政府をささえた熟年官紳を大いに信頼していた。留学は時間もかかり費用も高くて普及しにくく、それに、官紳はみな職務に追われるために視察のほうが簡便で押し広めやすいと考えられた。

113

第二編　清末中国における日本監獄視察の潮流

　もっとも早く官吏の日本視察に乗り出したのは、湖広総督の張之洞である。光緒三十一年（1905）三月、張之洞は湖北の候補地方官に日本視察をするように命令した。『鄂督張飭湖北実缺州県出洋遊歴博覧周諮札』[27]によると、そこには官吏候補者の名簿が記され、用務のある人と年配者以外は、遅延なく自費で日本を視察すべしと書かれている。視察期間は途上往復を除き半年とした。政法に関すること、例えば、学校、警察、監獄、道路、水利、財政、武備製造及び一切の農工商漁などの実業は随時真剣に視察し、その要旨や記録を帰国後提出しなければならないとし、また、官吏は就任前に一度は日本視察しなければならないと明記された。

　直隷総督兼北洋大臣の袁世凱も、官紳の日本視察を推奨した首唱者の１人である。光緒三十一年（1905）六月、袁世凱は新しく選ばれた各州県の地方官が就任する前に３カ月の間、日本視察しなければならないと上奏した。袁世凱は上奏文で、「民事を治めるべき官吏は、昔同様乱雑で、民衆の信望を集めるべき紳士[28]は、昔同様蒙昧である」[29]と指摘し、「民智開化を求めるならば、官紳を経なければ入手できない」[30]と明言した。その「開智の道」には２つあり、それは「有為の青年は遊学させ、熟年の官紳は遊歴（視察）させる」ことと、「この２つに分けることにより、効果は相乗される」[31]というものであった。

　このうちの遊学について、袁世凱はすでに直隷官紳の百数十人を派遣していたが、「時間が長くかかり、費用も高く、普及させ難い」[32]という理由から、官紳視察について検討した。それは官吏と紳士にわけて策定され、「官吏候補者は就任する前に手当てを支給され、日本を３カ月間視察して行政司法各官庁及び学校実業などの概略を見学し、帰国後視察日記を提出してから、任官する。……学識も人品もすぐれた紳士を選抜し、日本へ４カ月視察させる。その費用は教育費用から支出し、別途も可とする。州県ごとに少なくとも１人を選び出し、随員通訳も同行させる」[33]ことにした。袁世凱は「時局更新に際し、上下一心に、隣邦の良法を博採するにほかならない。官紳視察は目前の行政改良の始めで、すなわち将来地方自治の基となる」[34]と考えた。

　当時、清政府の要所であった直隷だけでなく、全国的に官紳の日本視察ブームが盛り上がった。

第一章　清末中国官民の日本監獄視察の概論

　1905 年の官紳日本視察ブームは偶然ではなく、その原因が 6 つあると考えられる。

　1、「親民の官は知事に如かず」[35]、「（上下）情勢に疎い、（官の）精力不足も憂慮される」[36]、「各州県の学堂工芸諸政に、官吏が独自に治めることができないため、地元紳士の補佐が必要となる」[37] などの理由から、上下の状況を通達し、民智を開くという官紳本来の特別な地位に鑑み、新政と開化を求めるなら、官紳から始めなくてはならない。

　2、遊学は時間もかかり費用も高くて普及しにくく、そのうえ官紳はみな職務に追われるから、視察のほうが押し広めやすい。そこで、1906 年 9 月 8 日、学部は『通行京外給咨出洋遊歴簡章文』[38] を公布した。

　3、日清戦争後、張之洞は『勧学篇』に、「遊学の国西洋は東洋（日本をさす）に如かず。道が近く費用も安く、数多く派遣できる。中国に近く、視察しやすい。日本語は中国語に似て分かりやすい。西学は複雑だが、日本人はすでに西学の精髄以外を削除した。中国と日本の情勢風俗が似て模倣しやすく、半分の努力で 2 倍の効果があることはこれのほかにない」[39] と主張した。彼は遊学について論じたが、同じく視察も勧めた。

　4、1905 年の日露戦争で、日本が意外にも欧州の強敵であるロシアに勝ったことは中国に大きなショックを与えた。明治維新の実効が再び証明され、清政府はその衰退を食い止めようと、人員を日本へ派遣し、法政を学ばせた。

　5、1905 年 9 月まで 1300 余年続いてきた科挙制度が廃止され、1906 年に清政府は 1903 年に張之洞が設定した『奨励遊学卒業生章程』[40] を基に遊学奨励規則を定めた。したがって、視察と留学が科挙に変わり、新しい出世の道となった。

　6、当時日本政府はロシアが中国を独占することを防ぐため、進んで清政府に日本遊学を奨励し、視察官紳を受け入れ、留学生を教育することを通じて親日派を育て、中国の軍事、工商などを統制してその権益を拡大することを企てていた。

　光緒三十一年（1905）八月、清政府の行政議政機関である政務処は、各省督撫に、州県の官吏候補者が就任する前に日本に赴いて法政教育実業などの庶政

115

第二編　清末中国における日本監獄視察の潮流

を視察しなければならないという命令を下した。翌年七月二十日、「通行京外給咨出洋遊歴簡章文」の公布によって、日本視察は制度化され、全国に推し進められた。

清末中国官民の日本監獄視察は大きく分ければ、啓蒙視察型と専門視察型という２種類になる。上述のような張之洞と袁世凱をはじめとする地方政府が派遣したのは、主に地方官吏の候補者と郷紳であり、監獄を含める各方面の日本法政制度を見学するため啓蒙視察型に属すると言える。

清末監獄改革の進展により、監獄改革を視察目的に特定する専門視察型が生まれた。1902年に山西巡撫趙爾巽が罪犯習芸所の設置を建議した。1905年３月、刑部は日本を見本とし、監獄改良を行うと決めた。同年９月、政務所が各地監獄改築という提案を出した。

1906年９月、光緒帝は立憲予備のため、まず官制改革の必要であることを諭し[41]、同年11月これに基づいて西洋的な内閣官制を採用した。刑部を改めて法部とし、司法行政を管理せしめ、大理寺を改め大理院とし、裁判事務を総轄させることとした。ここに司法制度改正の基本が確立され、行政・司法の二権の分離が初めて明確にされた。同年12月、修訂法律大臣の沈家本は、大理院審判編制法草案を奏呈し、まず北京に各級裁判所を設け、漸次全国一般に統一的裁判制度を設けるという構想を示した。

1907年２月、大理院は上奏し、「東西各国はいずれも已決、未決の両監を明確に区分し、罪名の確定した罪囚は已決監に収容し刑の執行を便にし、罪名未定の人犯は未決監に収容して質訊に資すという方法をとっている。両者は当然にその取扱いを異にすべきものであるから、罪名未定の人犯を収容するために、新たに看守一区を特設すべきである。また看守所丁若干を召募して、必要な法律知識を習得せしめ、その管理に当たるべきである」[42]と述べ、それが許可されたとある。こうして裁判進行中の容疑者を拘置する場として、大理院の管轄下に「看守所」が新設され、収所習芸の刑を科された者を収容する場としての「罪犯習芸所」と、明確に区別されるにいたった。やがて、罪犯習芸所は本来の保安処分を行うための場として、内政部の管理下に移され、新刑律にいう徒刑すなわち懲役刑を科された者を収容する場として、法部の管理下に「模範

116

監獄」が設けられるようになり、実行改良監獄の軌道が敷かれることとなった。

　司法と立法の整備にしたがって、監獄改良も脚光を浴びることになる。監獄と立法と司法は互いに補完し合うもので、一方を失えば他方も存在しなくなる。整備した法典と公平な法官を備えても、刑罰執行機関としての監獄を改良しなければ、すべての努力は無駄になってしまう。無論、治外法権の撤廃も空中楼閣になる。監獄改良の重要性を見通した沈家本は、日本へ裁判監獄の視察団を派遣するように上奏した。

　このような清末の監獄改革を時代背景に、中国人の日本監獄の専門視察が活発となった。1906年はその最盛期といえよう。その年に、中央政府は董康をはじめとする日本監獄の視察団を派遣すると同時に、袁世凱は範炳勲をはじめとする5名の日本監獄調査員を遣わした。

　『清史稿』刑法志によれば次のようにあり、

　　自光緒三十二年審判劃帰大理院。院設看守所，以羈犯罪之待訊者。各級審検庁亦然。於是法部猩犴空虚。別設已決監於外城。以容徒流之工作。并令各省設置新監。其制大都採自日本。監房有定式。工場有定程。法律館特派員赴東調査。又開監獄学堂。以備京外新監之用。然斯時新法初行。措置未備。外省又限於財力。未能遍設也[43]。

と、この間の事情を要領よくまとめられている。

四　20世紀初期の清末中国官民の日本監獄視察

　清末の中国官民の日本監獄への視察について整理すれば、啓蒙視察型と専門視察型の2つに分けられることは先に指摘したが、それらについて以下さらに詳しく述べてみたい。

(一)　啓蒙視察型

啓蒙視察型については、四段階に分けることができる。

117

第二編　清末中国における日本監獄視察の潮流

第一段階（1900 ～ 1902 年）　当時の日本視察は実業、教育、軍事を中心としていた。監獄に関する記録は極めて少なくて簡単であった。

例えば、羅振玉が『扶桑両月記』で監獄に言及したところは 2 カ所しかない。光緒二十七年（1901）十二月二十四日条に、日本監獄作業制度は懲罰と同時に利益を上げることで、模倣すべしと書かれている。翌日『教育史』を読むとき、罪人学校に触れた。日本監獄を視察したかどうか、日記に記載が残されていないので、よく分からない [44]。

もう 1 人の中国の著名な教育家である呉汝綸は日本教育視察中、光緒二十八年（1902）八月八日に巣鴨監獄を見学したと簡略に記した [45]。

第一段階は、以上のような簡単な記録しか残されていない。

第二段階（1903 年前後）　中国官民は日本の監獄に興味を抱き始めた。そして、視察範囲は巣鴨監獄のほかに、東京監獄などにも及んだ。

管見の限り、最も早くしかも詳しく日本監獄制度を記載したのは項文瑞である。光緒二十八年（1902）六月、上海のある新しい学校の教員となった項文瑞は教育視察に日本に赴いた。彼は視察日記『遊日本学校筆記』に、監獄の見学状況、例えば、建物構造、衛生医療、教誨、工場など、さらに便所の管理方法や台所にいたるまで、一々と記載した。その詳しさは、後期の日本視察においても珍しい例になる。

項文瑞の視察目的は教育にあったのに、なぜ監獄に目を向けたかと不思議に思われるだろう。それは、巣鴨監獄典獄の神野忠武の熱心さに心を打たれたからであった。神野忠武は部下に案内させるだけでなく、日本監獄の概況を自ら紹介し、質疑応答もした。また、「警察に関して、わが国の 3 人はすでに顧問として貴国に招かれたが、監獄はまだ 1 人もいない。非常に残念に思う。国の文明と野蛮を測るには、監獄が判定基準になる。ぜひ力を尽くしていただきたい」[46] と忠告した。項文瑞は彼の話を聞いて、監獄法則を購入したくなった。神野は本屋へ電話で注文し、項文瑞の宿所に届けさせている [47]。

この段階で、監獄視察は教育・警察・銀行・工芸などと並んで、独立的な視察内容になるという傾向を見せ始めた。方燕年は山東巡撫の命令によって、

第一章　清末中国官民の日本監獄視察の概論

1902年末、1903年春と2回も教育調査のために訪日し、『瀛洲観学記』を残した。その報告書の中に、教育のほかに、警察・監獄・銀行・工芸という項目別に紹介の文章を付録に掲載した[48]。

当時、罪犯習芸所の建設は中国で盛んになった。同時期の日本視察にも窺うことができる。たとえば、直隷学校司普通教育処編訳課総弁の王景禧は、光緒二十九年（1903）十月十日に東京監獄を見学した時、国内の罪犯習芸所の建設のために、日本監獄法則などの資料を請求した。帰国後、その資料を訳すつもりであった[49]。

第三段階（1905～1907年）　1905年、張之洞と袁世凱は、地方官吏の候補者が就任前に日本視察に行かなければならないという方針を打ち出した。

同年8月、清政府は各地の地方官が就任前に、まず日本を視察しなければならないと命じた。帰国後、視察報告書を出さなければならなかった。これが、いわゆる様々な「東遊日記」の出現である。視察内容は、「政法に関すること、例えば、学校、警察、監獄、道路、水利、財政、武備製造及び農工商漁などの実業」[50]などが定められた。1906年に公布された『通行京外給咨出洋遊歴簡章文』による、日本視察という規定は制度化された。巣鴨監獄をはじめとする監獄は、中国官民の欠かせない視察対象になったのである。

この三段階の特色は5つある。1、規模が大きく人数が多い。2、巣鴨監獄だけでなく、市谷監獄、東京監獄、八王子監獄などの東京の4カ所の監獄を視察する人が現れた。さらに、横浜や神戸など地方の監獄に足を伸ばした人も少なくなかった。3、日本監獄の官吏は親切に接待し、中国の監獄改革に高い関心を示した。4、見学記録にとどまらず、監獄改革に関する評論も出現した。5、理解を深めるために、現地踏査と聴講を結びつける新しい視察方法が現れた。

監獄視察の記録を調べると、見学見聞プラス評論というようなものが基調となった。見学見聞は衛生医療、獄舎構造、衣食、作業制度、教誨制度などを紹介し、もっと詳しい場合には日本監獄改良史及び現状まで説明した。評論は比較的に簡単であった。

監獄視察に熱心な人もいた。たとえば、直隷巨鹿県知県の塗福田が3日間続

119

けて巣鴨監獄に通った。塗福田は『東瀛見知録』の中に、次のように記した。
1日目は監獄全体を案内された。2日目は監獄長官による朝会に参加し、監獄
制度に関する講義をうけた。監獄で昼食をとった後、また講義をうけた。3日
目も講義をうけた。

　地方官である塗福田は、監獄の専門家でもないのにかかわらず、なぜ熱心に
巣鴨監獄に3回も足を運んだのかと不思議に思われる。それは当時、中国国内
に監獄改良論が高まっていたからだといえるが、日本人の熱心な忠告も無視で
きないと考えられる。1日目、巣鴨監獄典獄の山上義雄は次のように言った。「あ
なたたちが本気で調べたいなら、監獄制度が複雑なので、特別講義を開設して
あげてもよろしい。また、昼食は無料で提供する」[51] と。山上は約束したと
おりに、各課課長に案内させ、自らも監獄学を指導し、最後の日に、「人民が
罪を犯したのは国家に責任がある。だから、監獄で教育責任を行うべきだ。な
お、監獄と裁判は密接な関係がある。監獄を改善したいなら、まず裁判からは
じめなければならない。また、北京と天津で実験してから、全国に普及したほ
うが無難だ」[52] という提言を贈った。

　第四段階（1907年以降）　1906年、清政府は立憲詔勅を発表し、1908年に
憲法を発布するにしたがい、地方官紳は憲政と地方自治に目を向けるように
なった。監獄は、ふたたび忘れられてしまった。

　定朴の『東遊日記』によれば、「わが国の監獄は（日本に比べれば）天国と地
獄の違いのようだ。わが国の監獄に改善される日が訪れないと疑う人がいるが、
きっと実現できると思う。しかし、10年待たなければならない。なぜかとい
うと、憲法ができるまで、監獄を含める何事でも有効とは望めないからだ」[53]
と言う。これが、当時の地方官紳の代表的な考え方と言える。巣鴨監獄は相変
わらず日本視察の対象として保留されたが、前段階のような熱情は消えつつ
あった。

　元民政部の劉樟は、光緒三十三年（1907）十月に自費で日本視察を行った。
日本滞在中、地方自治の視察に夢中になっていた。自費で、法政大学法学博
士の梅謙次郎が中国直隷政府に頼まれて設立した地方自治講習班を傍聴した。

十二月十三日に巣鴨監獄を見学した。その見聞したことを『蛤洲遊記』において記録し、さらに評論を加えた。まず、「巣鴨監獄は監獄ではなく、大きな工場である」[54] と述べた。次に、中国と日本の監獄の大きな相違の原因を探究し、表は懲悪と勧善の宗旨の違いのように見えるが、裏には法律制度の違い、さらに教育の普及程度にまで深い原因があると結論した。最後に「「手で歩くのではないが、手を縛ると速く歩けなくなる」ということわざがある。乙を変えようとすれば甲を変えなければならない。甲を変えようとすれば、丙を変えなければならない。このように物事は連動して、頼りあっている。これは監獄改革にも適用すると考える」[55] と嘆いた。

(二) 専門視察型

専門視察型について、熊達雲と汪婉とが日本の外交史料館の資料によって作成した「清末民初中国官紳日本視察一覧表」[56] と「清末中国対日視察者一覧表」[57] に基づいて、「清末における中国官民の日本監獄視察の一覧表」（本書巻末付録二）を作成してみた。派遣先と派遣時期に関し、下の表に人数統計を試みた。

清末新政時期における対日監獄視察の一覧表

派遣地	1903 年	1904 年	1905 年	1906 年	1907 年	1908 年	1910 年	合計
中央派遣				6	4	2		12
地方合計	9	4	27	29	6		1	76
北洋大臣	2	4	4	5				15
南洋大臣				1				1
湖広総督			10					10
四川総督	7							7
両江総督					2			2
貴州巡撫			13	1				14
安徽巡撫				9				9
河南巡撫				1				1
浙江巡撫				2	1			3
山東巡撫				5				5
湖南巡撫					2			2
江蘇巡撫				2				2
広東巡撫				1				1
陝西巡撫				4				4
不　明					2		2	4
合　計	9	4	27	35	12	2	3	92

121

第二編　清末中国における日本監獄視察の潮流

清末新政時期における日本監獄視察の年度別総人数の統計図

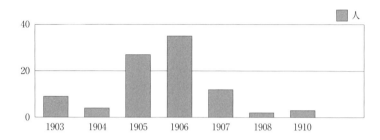

清末新政時期における中央及び地方派遣の対日監獄視察の年度別総人数の対照図

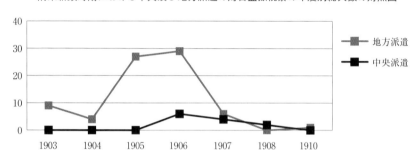

清末新政時期における中央及び地方派遣の対日監獄視察人数の統計図

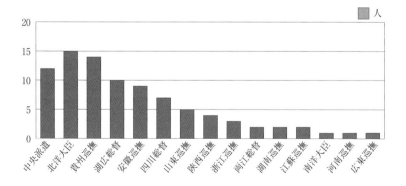

第一章　清末中国官民の日本監獄視察の概論

　表に見られるように、清末日本監獄視察の総人数は 92 人に達している。年度から言えば、1 位は 1906 年の 35 人、2 位は 1905 年の 27 人、3 位は 1907 年の 12 人、4 位は 1903 年の 9 人で、その他はきわめて少なく、5 人にもならない。

　派遣地から言えば、派遣地不明の 4 人を除いて、地方政府の派遣人数は 76 人にのぼり、中央政府の 12 人より 6 倍も上回っている。中央政府の派遣は主に 1906 ～ 1908 年に集中し、特に 1906 年の 6 人が最高点と見られる。地方政府の場合は、1903 ～ 1907 年に集中し、1906 年の 29 人が頂点である。地方政府の視察は、中央政府に比べ、発足が早く、持続期間が長く、規模が大きいという特色を持っていた。

　地方の監獄改革成果というと、天津罪犯習芸所が全国の見本とみなされ、各地からの見学者が押し寄せた。1902 年に、山西巡撫趙爾巽が各地に罪犯習芸所を設置するように上奏した。直隷総督袁世凱は 1903 年、1904 年に凌福彭を 2 回も派遣し、日本監獄を視察させた。天津罪犯習芸所はすなわち、この 2 回の視察成果で、巣鴨監獄を見本として作られたものである。清政府は天津罪犯習芸所を見本として、各地にも設置するように命じた。したがって、各地の罪犯習芸所の建設に伴って、第 1 回の日本監獄視察ブームが形成された。1905 年 9 月、政務所が各地監獄改築という提案を出した。袁世凱は、またいち早く 1906 年に範炳勲をはじめとする 5 名の日本監獄調査員を派遣した。それで、模範監獄の建設をめぐって、第 2 回の日本監獄視察ブームが盛り上がった。

　地方に相対して、中央政府は早くも 1905 年に日本を模倣して監獄改革を進めるという方針を定めたが、1906 年 6 月になって、初めて董康をはじめとする日本監獄視察団を日本に送った。なぜ中央が地方に遅れたかというと、その原因に次の 3 点が挙げられよう。

　1、改革が中央から始まると危ない。安全のために、直隷などの地方から試行し、その成果を各地に普及させるという形を取った。

　2、監獄・刑法・裁判は一体であるため、片方の改革だけでは効果を収めない。それゆえ監獄改革は刑法の整備を待たなければならなかった。

　3、法部は新政府の割当資金に頼るしかないため、財政困難の問題は監獄改

123

革の大きな壁となった。

清末における法律改革の総設計士である沈家本は財税赤字に苦しめられ、模範監獄の建設について、新築、改築、補修という上中下の三策を提出した。沈家本は「急がば回れということわざのように、改革は慎重にすべし。試行錯誤を重ねると、損になる。監獄改革も仕方なく時間をかけて時機を待つべし」[58]と苦悩を吐露した。

上述の政府派遣以外に、監獄視察のために自費で日本に行く人もいた。『東遊志略』の作者である鄒国柱は、監獄と警察が重要な任務であるため、四川の任地への赴任前に、自費で日本視察を決行した。それで、光緒三十二年（1906）十二月から翌年の四月まで日本に滞在した。鄒国柱は現地調査、聴講、名著独学などの方法で、監獄学を学んだ。彼の日記から、監獄関係の日程について次のように知ることができる[59]。

光緒三十三年（1907）	監獄関係の記述
一月六日	警察監獄学校に行って、岡実氏による監獄学を聞く。
一月八日	巣鴨監獄を見学。
一月十三日	雨で、でかけなかった。小河滋次郎の『監獄学』40篇を読む。
一月十四日	小河滋次郎の『監獄学』20編を読む。
一月十五日	東京監獄を見学。
一月二十日	市谷監獄を見学。
一月二十四日	司法省監獄局を見学。
二月三日	八王子監獄を見学。

自費で、しかも東京の四大監獄をつぶさに視察したことは容易なことではなかったであろう。その視察成果は、直隷日本監獄調査員の高藴傑を羨ましがらせたであろう。なぜなら、高藴傑は女監の八王子監をみていないことを遺憾に思ったからである[60]。

五　小　結

上述のように、近代中国の監獄制度改革への開眼について、日本の見落とせぬ媒介作用を指摘した。それでは中国官民は日本監獄視察を通して、どのよう

第一章　清末中国官民の日本監獄視察の概論

に近代監獄制度を抵抗感なく受け入れるようになったのであろうか。つまり、日本はどのように近代中国の監獄制度の導入に媒介作用を果たしたのか、近代中国官民の日本視察日記などの資料に基づいて、ここで検討してみたい。

　清末において、「西洋民主＝古代中国仁政」という考えは共通認識されていた。監獄についても同様であった。特に、日本の巣鴨監獄などを見学し、儒教関連の格言がよく見かけることは「仁政」との同一性を裏付けたと思われる。近代監獄の根本精神は、一口に言えば、監獄は囚人を苦しめ恥をかかせるところではなく、囚人を感化させ、新しい人生を始めさせる場所だと考えられた。そのため、まず衛生や食事などの環境改善に力を入れ、さらに技術を身につけるために働かせ、神父が監獄へ来て懺悔するように説教する。

　これに照らして、監獄に表される中国の仁政観念として、日本監獄を見学した中国官民の頭に浮かんできたのは論語から出た有名な一句である。『論語』の「為政」に、「子曰く、政を以ってこれを導き、刑を以ってこれを整えれば、民は免れて恥を知らず。徳を以ってこれを導き、礼を以ってこれを整えれば、恥ありてかつただし」[61]とあるように、中国の伝統的な仁政観をよくまとめている。換言すれば、監獄に入れて刑罰を与えるより、礼を以って恥を知らせ感化させるほうが有効だと考えられた。

　中国の視察官民はこの句をよく引用し、近代的な日本監獄を総合的に称えた。近代日本監獄の衛生状態、給与品、作業、教誨などの四大要素はもちろん心を引かれたが、しかしもっと中国人の心をひきつけたのは、日本の監獄制度は西洋一辺倒ではなく、日本的な、あるいは東洋的な、儒教的工夫も施されていたところである。それは、監獄のいたるところに格言が貼り付けられていたことである。

　例えば1910年1月17日の『申報』に掲載された論説には、

　　是故改良監獄尤以改良管理為第一要義。今改良之法既以日本為前軌，請即言日本管理監獄之人大都循循善良之士。而尤設教務所有教誨師，犯人作工休息後輪流入教務所聴講教師導以善事，啓其知識，又時出示其父母之像片手函以生其感悟。工場四壁皆書格言，往往單詞片語，足以發人深省。犯人名號書於牌上，則終日掩覆之，以保其廉恥。凡此皆所以導其為善之心，去

125

第二編　清末中国における日本監獄視察の潮流

　其舊惡之染也 [62]。

とあるように、日本監獄の管理法を賞賛し、工場の四面の壁に格言を書写していることをその善法の１つとして特筆した。

　また、同じく『申報』の 1906 年 7 月 31 日付に掲載された「日本監獄見学記」にも、

　　總之，監獄宗旨以懲戒感化二者為主義。科以苦工使受痛苦，是懲戒囚人之
　　目的。勸其改過俾發天良，是感化囚人之目的。日本從感化主義，故監内獎
　　勸之法甚多。每室中必懸黑板，上書懲時思義四字，每日擇勸戒之語懸示之，
　　使觸於目而暢於心。凡此皆道人以自新之路也 [63]。

と、日本監獄において感化主義に基づいて実施した奨励法の１つとして、各部屋の黒板に格言を選択して掲示することは推奨された。

　格言の内容は、『論語』、『礼記』、『大学』、『唐書・太宗伝』などから選ばれたものが多かった。たとえば、法律館協修法部員外郎の熙楨が書いた『調査東瀛監獄記』によると、「吾日三省吾身」即ち「吾れ日に三たび吾が身を省みる」と、「君子求諸己、小人求諸人」即ち「君子は己に求み、小人は人に求む」などの格言は巣鴨監獄に掲げてあったことを記している [64]。中国の視察者は、これらを見てまず親近感を持った。そして、囚人は監獄で管理に従えば「君子」となれるので、これはまさに中国が昔から求めてきた「仁政」の現れではないかと納得できたのである。

　近代中国官民は、日本監獄の視察を通して、儒教精神に基づいた日本独特な監獄制度に心を引き付けられ、それによって、懲悪でなく勧善を目的とする近代日本の監獄制度が中国古代の仁政と結びつけられて、容易に中国に受け入れられるようになった。

　以上のように、近代中国の監獄制度への開眼につき、日本の監獄制度の果たした役割は看過できない媒介作用を果たしたことを指摘できるであろう。当時、清国は法律、裁判、監獄の不備を口実に、西洋列強から治外法権を押し付けられていた。清政府は治外法権を取り除こうとしても、西洋列強に野蛮国とからかわれ拒否された。もともと文明大国と誇ってきた中国にとって、西洋列強の大きな圧力によって、やむをえず近代監獄制度を導入しなければならないと同

126

第一章　清末中国官民の日本監獄視察の概論

時に、強い抵抗感を持ったといえよう。日本の監獄視察を通して、多数の中国官民は、近代的な監獄制度に開眼した。帰国した後、日本視察の経験を生かし、直接にしても間接にしても近代中国の監獄改革に貢献したものと言えるであろう。

〔注〕

1)　王宝平主編『晩清東遊日記彙編 日本政法考察記』上海古籍出版社、2002 年。

2)　修訂法律大臣沈家本「奏請実行改良監獄折」光緒三十三年四月十一日、東方雑誌第四年（1907）第七号。

3)　熊達雲『近代中国官民の日本視察』日本成文堂、1998 年。

4)　汪婉『清末中国対日教育視察の研究』汲古書院、1998 年。

5)　楊鴻烈『中国法律對東亞諸國之影響』中国政法大学出版社、1999 年、第 4 頁。

6)　楊鴻烈『中国法律對東亞諸國之影響』、第 4 頁。

7)　黄遵憲『日本雑事詩』鐘叔河主編『走向世界叢書』岳麓書社、1985 年、第633 頁。

8)　長崎県知事日下義雄を指す。

9)　傅雲龍『遊歴日本図経余記』鐘叔河主編『走向世界叢書』岳麓書社、1985 年、第 205 ～ 207 頁。

10)　傅雲龍『遊歴日本図経』上海古籍出版社、2003 年、第 275 頁。

11)　『清季中外使領年表』（故宮博物館明清檔案部・福建師範大學歴史系合編、中華書局、1985 年、第 28 頁）には、「光緒十六年（庚寅 1890）：黎庶昌 十二，廿，1.29 卸任。李經方 七、廿五，9.9 諭命。原江蘇候補道、賞二品頂戴，任。十二、廿，1.29 到任。光緒十七年（辛卯 1891）：李經方 八、二，9.4 ～十二、五，1.4 丁憂。光緒十八年（壬辰 1892 年）：李經方 八、廿一，10.11 卸任。汪鳳藻 六、十六，7.9 諭命。八、廿一，10.11 接任。」と記している。李經方は前任公使の黎庶昌に次いで、1891 年 1 月 29 日から 1892 年 10 月 11 日まで駐日公使に仕えていたことが分かる。

12)　鄭永邦は『官話指南』の著者である。本書は呉啓大との共著で光緒 26 年（1889）に福州美華書局によって刊行された。鄭永邦は幕末の長崎唐通事で明治政府の外交官となった鄭永寧の息子である。

13)　〈通信〉「清国丁提督及ひ李公使東京集治監来観（印南於莵吉）」『大日本監獄協会雑誌』Vol.4 No.7（39）、大日本監獄協会、明治 24 年 7 月（1891/07/30）、第 35 頁。

14)　黄慶澄『東遊日記』鐘叔河主編『走向世界叢書』岳麓書社、1985 年、第 340 頁。

15)　〈彙報〉「外國人の監獄視察（明治 29 年 6 月 6 日）」『大日本監獄協会雑誌』Vol.9　No.7（98）、明治 29 年 7 月、1896/07/25、第 68 頁。

127

第二編　清末中国における日本監獄視察の潮流

16）〈海外通信〉「岡田氏よりの通信」『大日本監獄協会雑誌』Vol.10No.5（108）、明治 30 年 5 月、1897/05/20、第 55 頁。

17）朱寿朋編『光緒朝東華録』光緒二十七年八月癸丑、中華書局、1984 年、第 4771 頁。

18）柳治徴『中國文化史』上海古籍出版社、2001 年、第 869 頁。

19）朱壽朋編『光緒朝東華録』光緒二十八年八月辛卯、中華書局、1984 年、第 4919 頁。

20）『清史稿・刑法志一』中華書局、15 冊、第 4217 頁。

21）江標『沈湘通芸録』第四巻、長沙書院、1897 年、第 20 頁。

22）『清朝続文献通考』巻二百四十五、刑四、考九八九三。

23）「擬上直隷各憲改良監獄條陳」『大公報』1907 年 8 月 11 日。

24）「署督部堂袁批香山県察条対監獄積弊与改良問題由」『広東憲政籌備処報告書』第四期、1910 年 6 月。

25）「修訂法律大臣奏請變通現行律例内重法数端摺」。原文は「日本明治維新，亦以改律為基礎，新律未頒，即将磔罪・梟首・籍没・墨刑先後廃止，卒至民風丕変，国勢駸駸日盛，今且為東亜之盛国矣。中日両国，政教同，文字同，風俗習尚同，借鑑而観，正可無庸疑慮也」とある。

26）「法部奏議覆実行改良監獄摺」『東方雑誌』第四年（1907）第十二期内務、「東西各国以圄圉之良窳覘政治之隆汚。日本能撤去領事裁判権，首以改良監獄為張本」、第 559 頁。

27）『申報』光緒三十一年三月二十九日。

28）紳士とは、中国、明清代には郷紳と士人とを合わせた呼び名。郷紳とは、近世中国における社会階層の一。郷里に居住する退職官僚や進士合格者。身分的には一般庶民や下級紳士と明白に区別され、郷里で大きな政治的・社会的発言権を有し、各種の特権を賦与された。士人とは、官僚を目指す学生。

29）『光緒朝東華録』光緒三十一年六月壬戌、第 5369 頁。

30）『光緒朝東華録』光緒三十一年六月壬戌、第 5369 頁。

31）『光緒朝東華録』光緒三十一年六月壬戌、第 5370 頁。

32）『光緒朝東華録』光緒三十一年六月壬戌、第 5370 頁。

33）『光緒朝東華録』光緒三十一年六月壬戌、第 5370 頁。

34）『光緒朝東華録』光緒三十一年六月壬戌、第 5370 頁。

35）『光緒朝東華録』光緒三十一年六月壬戌、第 5370 頁。

36）『光緒朝東華録』光緒三十一年六月壬戌、第 5370 頁。

37）『光緒朝東華録』光緒三十一年六月壬戌、第 5370 頁。

38）陳学恂・田正平編『中国近代教育史資料彙編・留学教育』上海教育出版社、1991 年、第 30 頁。

第一章　清末中国官民の日本監獄視察の概論

39)　張之洞『勧学篇』湖北人民出版社、2002年、第138頁。

40)　陳学恂・田正平編『中国近代教育史資料彙編・留学教育』上海教育出版社、
　　1991年、第53頁。

41)　『大清実録・光緒実録』巻五六二。

42)　『光緒朝東華録』光緒三十三年一月癸卯、第5631頁。

43)　『清史稿』中華書局、十五冊巻一百四十四志一百十九刑法三、第4217頁。

44)　王宝平主編『晩清中国人日本考察記集成　教育考察記』杭州大学出版社、
　　1999年、第227頁。

45)　王宝平主編『晩清中国人日本考察記集成　教育考察記』、第278頁。

46)　王宝平主編『晩清中国人日本考察記集成　教育考察記』、第430頁。

47)　王宝平主編『晩清中国人日本考察記集成　教育考察記』、第430頁。

48)　王宝平主編『晩清中国人日本考察記集成　教育考察記』、第473頁。

49)　王宝平主編『晩清中国人日本考察記集成　教育考察記』、第650頁。

50)　『申報』光緒三十一年三月二十九日。

51)　王宝平主編『晩清東遊日記彙編　日本政法考察記』、第135頁。

52)　王宝平主編『晩清東遊日記彙編　日本政法考察記』、第138頁。

53)　王宝平主編『晩清中国人日本考察記集成　教育考察記』、第968頁。

54)　王宝平主編『晩清東遊日記彙編　日本政法考察記』、第364頁。

55)　王宝平主編『晩清東遊日記彙編　日本政法考察記』、第365頁。

56)　熊達雲『近代中国官民の日本視察』日本成文堂、1998年。

57)　汪婉『清末中国対日教育視察の研究』汲古書院、1998年。

58)　沈家本「与戴尚書論監獄書」『寄簃文存』巻五 箋、中国書店影印本、1982年。

59)　鄒国柱『東遊志略』、1907年。

60)　蘭亥『東遊随筆』、1907年、第16頁。

61)　『論語』為政「子曰：道之以政，斉之以刑，民免而無恥；道之以徳，斉之以礼，
　　有恥且格」。

62)　「論改良監獄之要點」『申報』第13276號、1910年1月17日（宣統
　　01.12.07)、第104冊第290頁第3面。

63)　「小菅監獄参観記」『申報』第11956号、1906年7月31日（光緒32.06.11)、
　　第84冊第297頁第2面。

64)　王宝平主編『晩清東遊日記彙編 日本政法考察記』上海古籍出版社、2002年、
　　第201頁。

第二章　清末直隷官紳の日本監獄視察

一　緒　言

　20 世紀初期の中国において、力強く説かれた概念の１つに「中等社会」という言葉がある。この時期、中国社会において考えられた「中等社会」とは、既得利益の統治集団を代表する「上等社会」と、農業や工業を主体とする労働者階級からなる膨大な社会力を代表する「下等社会」の間に介し、「上等社会の破壊」と「下等社会との提携」という二重の責任を背負っていた。しかし20 世紀初めに現れた「中等社会」は、必ずしも資産階級の代名詞とは言えず、もっと複雑な社会内容を含んでいた。当時の人は「中等社会」を「豪農」、「巨商」、「大工業家」等に照らしながら、「士類に自居する者」、「商と士の間に出入する者」、「方術技術と士類の間に出入する者」という３種類に分け、経済的余裕を持つ中産階級の地位を際だたせた[1]。これは湖南省における社会変動を例にとって述べられたものであるが、「中等社会」に対する論説には、当時の中国社会に当てはめることはそれほど困難ではなかったであろう。とりわけ「士類に自居する者」とは、科挙時代の旧式官紳、いわゆる地方官と郷紳であり、もう一方は新式教育によって育成された近代的な知識階層という２種類に分けることができるであろう。

　これまでの清末における清国学生の日本留学に関する研究の蓄積は豊富であるが、清国官紳による日本視察に関する研究は極めて少ない。前章に触れた汪婉の『清末中国対日教育視察の研究』（汲古書院、1998 年）と熊達雲の『近代中国官民の日本視察』（成文堂、1998 年）という２人の研究成果があるのみで、これらの成果が教育と法政の視察を中心に検討されているが、監獄視察について詳細な論述はなされていない。

　そこで本章において、清国官紳による日本視察の問題、特に清末新政におい

131

第二編　清末中国における日本監獄視察の潮流

て火急の問題であった監獄問題の視察について探求したい。取り上げた直隷官
紳は、先に触れた旧式官紳に属する人々であった。最近の学界では、中国近代
化における日本視察者の功績について注目されるようになった。これらの視察
者は、留学生のように系統的な近代的知識の体系は育成されていなかったが、
年功を積んで官職に就任し、清政府から大いに信頼を受け、しかも清末新政に
おける急進的で急激な改革を即時に必要とする具体的な問題に関する視点が明
確であった。旧式官紳は、中国の近代社会の新陳代謝を押し進めた決定的な力
量はなかったが、制度移植と民智啓蒙という方面に否定できない影響を及ぼし
たのである。

　前章に引きつづき、本章は、清末地方政府の日本視察派遣の一例として、直
隷官紳を取り上げ、日本監獄視察の時代背景、視察類型、視察成果に分け、中
国近代化における日本視察の影響を検討するものである。

二　清末中国における法政人材の需要

　阿片戦争によって西洋の軍事技術が優れていることを認めた清朝は、1860
年頃から西洋の軍事技術などの導入による富国強兵運動、即ち洋務運動を進め
た。洋務運動の推進者たちは、中国は軍事技術などの面では劣っているが、政
治や社会体制の面では中国の方が優れていると考えた。したがって、西洋文化
の摂取は単なる技術の導入に偏り、法政体制の変革には至らず、真の富国強兵
を達成することが出来なかった。不徹底に終わった洋務運動の欠陥が日清戦争
の敗戦によって明らかになると、法政体制の変革をめざす変法運動が起こって
くる。数千年も続いてきた君権による専制統治が揺さぶられ、法律に準拠して
行われる政治という「法治」理念が提唱されるようになった。

　1906 年、梁啓超は中国古代法家 [2] の法治主義について、以下のようにまと
めた。「救世一語，可謂當時法治家惟一之精神」とし、世を救うのが当時の法
律家の唯一な精神であると断言した。また、法治主義の動機につき、「即所謂
富國強兵者是也」と指摘した。さらに、「而欲舉富國強兵之實，惟法治為能致

132

第二章　清末直隷官紳の日本監獄視察

之。……由是觀之，則法治主義者，實應於當時之時代的要求，雖欲不發生焉而不可得者也」³⁾と述べ、国を富ませ兵力を強めるという富強を実現させるには、法治が唯一の道で、これが時代の要求でもあることを鋭く見抜いた。法家を推奨する梁啓超から見れば、「法治主義，為今日救時惟一之主義」というように、法治主義が、当時の中国を救う唯一の主義であるとした。梁の見方は、清末中国の思想界ないし朝廷の普遍的な考えで、「法治」が「立憲」、「国会」などの新式法政と同様に、「救時濟世」の器具として受け入れられ流行していたといえる。

修律大臣である伍廷芳と沈家本も、「奏請專設法律學堂折」⁴⁾という上奏文に、法律人材の育成の意義について、詳しく論述した。

第一に、「當此各國交通，情勢萬變。外人足跡遍于行省。民教齟齬，方其起釁之始，多因地方官不諳外國法律，以致辦理失宜，醞釀成要案」とし、外国法律を知る官吏が少ないため、教案⁵⁾の続発を誘致したのである。

第二に、「將來鐵軌四達，雖腹地奧區，無異通商口岸。一切新政，如路礦，商標，稅務等事，辦法稍歧，詰難立至，無一不賴有法律以維持之」とし、鉄路・鉱産・商標・税務などの新政においても、法政人材が必要となる。

第三に、「查照通商條約，議收治外法權，尤現在修律本意，亟應廣儲裁判人材，以備應用」と述べ、修訂法律を実施し、治外法権を取り戻すため、裁判人材を育成しなければならない。

第四に、「在平日已有乏才之患，將來新律頒行，需才更亟，非多得曉律意者不能行之無弊」と述べ、新刑律などの基本法律が公布された後、大量な法律人材を必要とする。

２人の修律大臣は「深慮新律既定，各省未豫儲用律之才，則徒法不能自行，終屬無補」というように、新律ができても各省の法律人材の欠乏で結局実行できないという深い憂慮を吐露した。これこそ彼らが法律学堂を創設しようとする原因である。そのうち、日本の経験にも触れた。

日本變法之初，設速成司法學校，令官紳毎日入校數時，專習歐美司法行政之學。昔年在校學員，現居顯秩者，頗不乏人。宜略仿其意，在京師設一法律學堂，考取各部屬員，在堂肄習畢業後，派往各省為佐理新政分治地方之用。

133

第二編　清末中国における日本監獄視察の潮流

と述べ、日本は明治維新の初年、速成司法学校を設立し、毎日官紳に司法学校で数時間、欧米の司法行政の学問を習得させた。その結果、当時の学生で現今の要職につくものが少なくなかった。その経験を模倣し、北京に法律学堂を設け、各部の官吏を学生として選抜させ、卒業後各省に派遣し地方の新政実施に貢献させるという。最後に、「法律在今日爲内政外交之樞紐，將欲強國利民，推行無阻，非專設學堂，多出人材不可」と総括し、法律は今日の内政外交の要であるため、法律学堂を儲け人材を育てなければならないと結論した。

1908 年 5 月 20 日、日本駐在清国公使館参賛官の張煌全は公使楊樞を代理し、日本の法政大学速成科第五班の卒業式に出席した。その祝辞[6]に法政の重要性を説いた。まず、

> 方今朝廷疊下明詔豫備立憲，凡我國民應如何互相砥礪研究法政之學以體聖
> 上勵精圖治之懷，以達國民日進文明之望。夫世界立憲之邦首推英國，以其
> 立憲最早而政體較備也。英人有恆言曰：以法律治國，法律之中一切人民皆
> 爲平等，而人民之身命財産悉賴法律以保護之。無枉不平無曲不直，以視夫
> 任情出入魚肉善良者，誠有天壤之隔也。雖然法律豈有耳目以聞見歟，抑有
> 手足以行動歟，曰非也。其所以施行之維持之而解釋之者，惟法政家。是賴
> 苟無法政家之力，雖有憲法亦廢紙而已，法政家之責任不綦重歟。

と述べ、清政府が予備立憲の詔を下したことを鑑み、立憲制度の創建国の英国を例にして、人民の平等と財産を守る法律の実施が法政家の力に頼ることを強調した。次に、

> 是故立憲之國法政家之數亦較他專門學者爲多，蓋非如是不足以應所需也。
> 鄙人嘗觀光於美洲合衆國，其歷任總統類皆法政名家，各部大臣亦多爲法政
> 家，此外法堂人員辯護士等無一非法政家。大概十人之中，法政家居其六。
> 由彼例此我中國四萬々之衆當有法政家若干人方敷其用乎。

と語り、自分自身の米国遊歴の体験談をし、米国では大統領をはじめとする政治家が皆法政家であると指摘した。

最後に、

> 現在豫備立憲需才孔亟，以短促之時期而造多數法政之士，則法政速成科尚
> 矣。諸君既畢業法政速成科而適當我國需用法政之士，此鄙人之所以有厚望

第二章　清末直隷官紳の日本監獄視察

　　于諸君子者也。

と締めくくり、予備立憲の時期における法政速成科の意義を高評し、速成科の
卒業生に厚い期待をかけた。

　地方有力者においても、法政人材の必要性を認識した人も少なくなかった。
例えば、立憲派の端方は「法政為立憲基礎，尤近今切要之圖」[7]と語り、法政
が立憲の基礎であることを明言した。1906 年、彼は、

　　國民者，政治之本原也。立國者法，而行法者人，守法者亦人。……無行法
　　之人，則名存而實亡，飾貌效顰，而神乃不似，無守法之人，則少數人倡舉
　　之，而多數人破壞之，如是者雖百廢俱興，亦百興而百廢[8]。

と述べ、国民が政治の元であり、国が法律によって成立されるため、法律を実
施する人と法律を守る人がいなければ、すべては無駄の話になると説いた。し
たがって、「蓋政治者，造成治法之所也，而教育者，即造成其行法之人，與守
法人之所也」[9]と、法律教育の重要性を唱え、法政人材の育成のため海外派遣
を推奨すべしと主張した。

　浙江巡撫增韞は、「國家所恃以保持全國之安寧秩序者，法制與人才而已，無
法制不足以范人才，無人才不足以行法制，相需相成，未容偏重」[10]と述べ、
国家の秩序を保つのが法制と人材であり、法制がなければ人材が規範できない
のに対し、人材が不足すれば法制が実施できないと説いた。

　1910 年、広東督撫の袁樹勛も「今計憲政中所應籌備者，若司法，若財政，
若巡警，若地方自治諸要政，任舉一項，皆非具有完全法政知識者，不能洞澈本
原，見諸事實」[11]と言い、憲政の諸政、例えば司法・財政・巡警・地方自治など、
皆法制知識を備えなければならないと見解を表明した。

　四川総督の趙爾巽も「法政之學,為立國之基,無中外古今皆當率由罔外者也」、
「人材之息耗與國家之隆替相關」、「人人皆克具政治之常識，通法制之精神。其
諸治法治人之效或速睹與」[12]と論じ、法政は国の東西、世の古今を問わず立
国の礎であると力説した。

　1909 年の地方自治運動においても、法政人材の意味は強調された。例えば、
代表的なのは直隷諮議局の「拡充法政学堂」という予備議案である。その中で、
法政人材の育成は国家と省の前途に関わると意義付けたのであった。

135

第二編　清末中国における日本監獄視察の潮流

　　法政人才為吾國今日之要需，此盡人之所能知矣。在官者乏法政之才無在而
　　非維新之阻力，在下者乏法政人才不能成一鞏固之團體，其影響于一國之前
　　途甚大，其影響於一省之前途亦甚大。……故預備法政人才，為國家根本救
　　治之法，亦一省根本圖治之方也[13]。

と述べられ、官吏は法政知識がなければ維新の妨げになるが、人民は法政知識
がなければ基礎を固めることができないと力説した。したがって、対策として、
「欲得法政人才，必先興法政教育」とし、法政教育を起こすことを提唱した。
つまり、天津法政学堂、すなわち直隷法政学堂の拡充を提案したわけであった。
　法政人材の重要性は、清末中国の朝野において共通認識となった。そのうち、
特に法政知識を備える官紳を育てることが目のつけどころになった。例えば、
浙江巡撫の馮汝騤は、

　　査各國司法外交之官，固皆法政專門出身；即各局所之長官，有管理多數人
　　民之責，非略通法政者不可。如日本國立印刷局，一實業性質之地，然其局
　　長名得能通昌者，亦曾習法政。各國實業專門畢業之人有志於大工廠之管理
　　員者，必補習應用之法政一，二年[14]。

と言い、各国の司法外交官は無論すべて法政専門の出身で、各局所の長官も法
政に通じなければならない。例えば、日本の国立印刷局のような実業性の高い
所でも、その局長は法政を修めたことがあると感心した。
　東三省総督の徐世昌は、奉天法政学堂の創設を上奏するとき、「預備立憲，
百務更新，……所有行政官員自應竭力養成，多方勤勉，使之研究法治之原理，
以為推行新政之預備」[15]とし、新政遂行の予備のため、法治の原理を理解で
きる行政官を育てる必要性を説いた。
　湘撫の岑春蓂は法政学堂の開設を上奏するときに、「法政為立憲自治之機關，
候補職官固應悉心研究，地方紳士亦當實習講求」[16]と明言し、法政が立憲自
治の要で、候補官吏は無論まじめに研究すべし、地方紳士も真剣に修めるべし
と主張した。
　上記の上奏文から分かるように、清末における「法政人材」は、今日の概念
とは異なり、若干の相違が見られる。つまり、われわれの言う「法律家」、裁判官、
弁護士などの「法律職業者」を指すのでなく、特に清政府の官吏、すなわち「吏

136

材」や政治に従事する「従政人材」、ないし「憲政人材」を指していた。

修訂法律大臣の伍廷芳と沈家本も法政知識を備える地方官の育成の重要性につき、明確に陳述した。「各省冗員繁多，而辦理交渉事宜及舉行各項新政，時有乏才之患，督撫身歷其境，知之最真」と言い、各省における新政の人材の欠乏という深刻な問題に対し、地方の有力者は身をもってよく知ると指摘した。したがって、「造就已仕人才，俾辦地方庶政。當務之急，莫過於此」とし、官職に就いた官吏を育成することが一番の急務であると主張した。育成の方法として、2点が挙げられた。

1点は「以故先後資遣官紳赴日本，就學法政速成科，冀其學成回國、可資任使、用意甚善」とし、官紳を日本に遣わし、法政速成科に入らせることである。

もう1点は、各省課吏館に法政知識を教授する仕学速成科を設け、「地方官果能於各國政治源流，法律條理了然於心，則與外人交渉，先事可籌弭患之法，臨事亦有辨難之方。民教爭端，工商要務，均可洞見癥結，措置鹹宜」[17]と述べ、地方官は各国の政治源流や法律原理を習得すれば、外国人との交渉問題や貿易業務などを解決できると確信した。

また、地方官が真っ先に法政知識を習得しなければならないという世論も盛り上がった。例えば、1906年6月30日付の『大公報』に「論宜推廣法律學堂」という論説が掲載された。その中に以下の一節がある。

蓋國民不達法律國家終無由治安也。且銓選候選之輩類者，皆抱利祿思想，為升途計，為獎勵計，非真欲治法律學也。由是以言，則希望法律效力之發展尤宜注重于好學深思之士，否則有形式而無精神，徒存法律之廓不抉法律之真。設如未設，學如未學，欲冀法律思想灌輸國民腦筋其可得乎。

至各直省之組織法律學堂也，或增設紳班，或招考牧令之需次者。其用意何嘗不是，然急於聽鼓之輩而不急於受印之人，此不可解者三也。夫州縣為親民之官。此語爛熟于人人耳中矣。日與人民相親，而先不知所為法律，將何以教民勸民乎。是宜以候補官員由速成科畢業者試署實缺，而調實缺之官員入法律學堂肄業。畢業後再回本任，或另調他缺。則凡有地方之責者，皆法律中人，本身作則實行，法律扞格隔閡之弊庶可免乎[18]。

国民が法律に通じないと、国家が成り立たない。法律の習得は形式だけでは

第二編　清末中国における日本監獄視察の潮流

だめで、その精神を研究しなければならない。最も期待をかけるべき人材は、
地方官吏である。「州縣為親民之官」というように、地方政治の責任を担う地
方官は人民と最も親しく接するため、法律学堂に入学し、法律を修めなければ
ならないというものである。

　同じく法政人材でも、以下の光緒二十九年十一月二十六日（1904 年 1 月 13 日）
の「請奬勵職官遊歴遊學片」という張之洞の上奏文から、留学生より遊歴官紳
あるいは遊学官紳のほうが清政府に歓迎され重要視されていたことが分かる。

　　　再，査近年自備資斧出洋遊學學生，多年少未學不明事理之人，於時局實在
　　情形，辦事艱難之故，毫無閲歴，故囂然不靖，流弊甚多。若已入仕途之人，
　　類多讀書明理，循分守法，如内而京堂，翰林，科道，部屬，外而候補道府
　　以下等官，無論滿漢，擇其素行端謹，志趣遠大者，使之出洋遊歴，分門考
　　察，遇事諮詢，師人之長，補己之短，用以開廣見聞，增長學識，則實屬有
　　益無弊，其能親入外國學堂留學者尤善。職官出洋遊歴遊學者衆，不獨將來
　　回國後任使之才日多，而在洋時與本國遊學生漸相稔習，灼知其品誼才識，
　　何人為學行兼修之士，何人為乖張不逞之徒，異時以類相求。黑白確有明證，
　　且力持正論之人日多，則邪説詖詞勢自孤而不敵，學生囂張之氣，亦必可默
　　為轉移。若高爵顯秩亦令出洋遊歴，則其憑藉既崇，展布愈廣，為效尤為宏
　　巨。惟出洋遊歴遊學，與奉命出使不同。雖一品大員，亦只可酌帶翻譯一二
　　員，隨從二三人。此外遊歴職官，只可酌帶翻譯一人，隨從尤須簡少。遊學
　　者無庸隨帶翻譯。査外國太子，親王遊歴來華者，從未見其多帶從人，蓋遊
　　歴所以資歴練，非以壯觀瞻，省事節費尤其餘事。日前臣之洞面奉皇太后慈
　　旨：“已為職官者，皆讀書明理，深知法度之人，令其出洋遊歴最為有益無弊，
　　翰林尤宜多派出洋，滿漢皆應選派等因，欽此。[19]”

自費留学生は、若くて是非をわきまえないため、弊害が多い。それに対して、
官職に就く人材は、読書で物事の道理をよくわきまえ本分を尽くし法律を守る
ため、満族漢族を問わず官吏の海外遊歴と留学を推奨すべきとした。それは無
論、官吏人材の育成に大いに役立つのである。その上に、海外にいる期間に、
留学生を識別し、将来任用できる人を選べる。また、海外にいる官吏が多くな
ると、革命思想に染められた留学生の不遜な気勢を正すことができ、戒めて転

138

第二章　清末直隷官紳の日本監獄視察

向させることもできるという。

　上述のように、清末中国において、法政知識を備える官吏の育成は急務であり重要視されていた。具体策として、海外へ派遣することと国内の法政学堂に入学させることという2つの方法があった。そのうち、海外派遣につき、清政府は若い人を欧米や日本に留学させ、熟年の官紳に日本視察をさせるという方針を打ち出した。地方官紳は上下の情報を通達し、民智を開くという地方官紳本来の特別な地位に鑑み、文明開化を求めるなら、地方官紳から始めなくてはならない。その上、革命思想に走りやすい若者より清政府をささえた熟年官紳を大いに信頼していた。留学は時間もかかり費用も高くて普及しにくく、それに、官紳はみな職務に追われるために視察のほうが簡便で押し広めやすいと考えられた。

　直隷総督の袁世凱は、上記の方針の首唱者の一人と言える。光緒三十一年（1905）、袁世凱は早くも北洋法政学堂の創設と日本視察の官紳派遣に乗り出した。彼は「蓋佐理新政，莫急於得人，澄清仕途，莫先于興學」「法政學堂，為他日創制之本原、自強之基礎。非有專門學問者,恐不免有輕重失當之虞」[20]とし、新政の補佐に人材が急用となるため、法政学堂を創立すべしと考えた。それで、日本の中央大学で法学士となっていた黎淵と早稲田大学政学士の稽鏡を呼び戻し、北洋法政学堂の創設に従事させた。一方、同年六月、「遣派官紳出洋遊歴辦法片」を上奏した。

　　再，今之識時務者，輒憂民智之不開。顧治民事者官也，而官之泄遝如故。作民望者紳也，而紳之蒙昧如故。欲求民智之開，非由官紳入手不可。開智之道，年少英俊者使之遊學，年長更事者使之遊歴，二者分途並進，多歴年所，收效必宏。

　　直隷遊學官紳士人，經臣先後派遣官費，自費各學生計一百數十人，絡續東渡，但費重時長，暫難普及。因議訂官紳遊歴之法，期於祛錮蔽而廣見聞。親民之官莫如牧令，凡學堂員警農工諸大政，皆關緊要，宜有師資，現通飭實缺州縣人員，除到任已久，末便令離職守外，其餘新選新補各員，未到任以前，酌給津貼，先赴日本遊歴三月，參現行政，司法各署及學校實業大概情形，期滿回國，然後飭赴新任，並責令呈驗日記以徵心得，數年以後，出

139

第二編　清末中国における日本監獄視察の潮流

洋之地方官日見增多，庶新政不致隔膜。此派官遊歷之辦法也。又，以各州
縣學堂工藝諸端，官不能獨任其勞，皆須紳董相助為理，特以風氣未開，或
漫不經心，或暗相掣肘，現通飭各屬公舉品端學粹之紳，咨送日本遊歷四月，
應需經費有取諸學款者，有另行籌備者，每州縣至少須送一人，選派護送員，
譯員隨同東渡，此遣紳遊歷之辦法也。方今時局更新，惟有上下一心，博采
鄰邦之良法，此項官紳遊歷為目前行政改良之漸，即將來地方自治之基。所
有分飭官紳遊歷緣由，理合附片具陳。伏乞聖鑒。謹奏。光緒三十一年六月
二十三日奉朱批：知道了。欽此 [21]。

　袁世凱は、上奏文で民事を治めるべき官吏は昔同様乱雑で、民衆の信望を集
めるべき紳士 [22] は昔同様蒙昧であると指摘し、民智開化を求めるならば、官
紳から着手しなければならないと明言した。その「開智の道」には2つの方法
があった。それは有為の青年を遊学させるという留学法と、熟年の官紳を遊歴
させるという視察法であり、留学と視察を同時に実施すれば、効果は倍になる
と確信した。

　留学について、袁世凱はすでに直隷官紳の中から百数十人を派遣したが、時
間が長くかかり、費用も高く、普及しにくい。それで、留学より視察を推奨し、
官吏と紳士にわけて策定した。官吏候補者の場合、就任する前に手当てを支給
し、日本を3カ月間視察させ、行政司法各官庁及び学校実業などを見学させ、
帰国後に視察日記を提出してから任官する。

　郷紳の場合は、学識も人品もすぐれた人を選抜し、日本へ4カ月視察させる。
その費用は教育費用から支出し、別途も可とする。州県ごとに少なくとも1人
を選び出し、随員通訳も同行させるという規則を作った。袁世凱は「方今時局
更新，惟有上下一心，博采鄰邦之良法」と述べ、日本模倣論を唱え、また、「此
項官紳遊歷為目前行政改良之漸，即將來地方自治之基」と述べ、これが官紳視
察による行政改良の始まりであり、将来地方自治の礎であると考えた。したがっ
て、官紳の日本視察が創始されたわけであった。

　同年8月、清政府の行政議政機関である政務処は、各省督撫に、州県の官吏
候補者が就任する前に日本に赴いて法政教育実業などの庶政を視察しなければ
ならないという命令を下した。翌年の光緒三十二年七月二十日、「通行京外給

140

第二章　清末直隷官紳の日本監獄視察

咨出洋遊歴簡章文」の公布によって、日本視察は制度化され、全国に推し進められた。

　1905 年 7 月 15 日付の『申報』第 11581 號に、「論直督飭實缺州縣須先赴日本遊歴事」と題する論説が掲載された。候補官吏を日本に視察させるという袁世凱の英明な良策に賞賛の言葉を送った。

　まず、専制の政体でありながら皇帝の命令が州県で無視される問題を指摘した。解決の道は、専制政体を変えるという根本な方法の以外に、州県の人材、つまり地方官を訓練しなければならない。養成法は、学校で教育を受けさせることと海外視察に派遣し見聞を広めることである。袁世凱がその視察法を採用したことは、肯定すべしと論じた。

　　夫以専制政體之結果而反致命令不行於州縣者，何哉？專制之大患在雍蔽。
　　惟其雍蔽也，故督撫效皇帝之專制而皇帝不知也。州縣效督撫之專制而督撫
　　亦不知也。上行下效，各逞其專制之威，而其極至一事不能行，一法不能守。
　　故今日救中國之道，從其大本。大閎言之，則非變革政體不為功，此事之由
　　本及末者也。就其次而論之，則非養成州縣之人材不為功，此事之自末及本
　　者也。養成州縣之人才為久遠計，莫如取材于學堂為急。則治標之計莫如使
　　之出洋遊歴以廣其見聞。初七日本報曾紀直總督論飭實缺州縣須先赴日本遊
　　歴三月劄文（按此事鄂督先曾行之，已見本報）雖為時甚暫不免近於苟且之圖，
　　然於圖通風氣鼓舞精神之道，當亦不無少補矣 [23]。

　次に、各省督撫のマネージメントについて、意見を述べた。多数の督撫は部下に対し、教育法のかわりに懲罰法をとった。それは無論、無用のことである。わずか一部の督撫は教育法を採用しても、ただ課吏館仕學館を設け、空洞な文を教えるにすぎない。これより、実地視察のほうがはるかに効果が高い。

　　今各省督撫之號稱留心吏治者，不過以嚴劾為能耳。然不教之而但誅之，故
　　前仆後繼不勝其劾也。又或知教之矣，不過以課吏仕學等館為畢乃事耳。不
　　知空言不如實驗之親切者，為一切學問之公例。故人情于耳目所及之事每易
　　起其觀感則效之心。如課吏館之類不過試以空文，與科舉之試策論無所區別。
　　今若令其遊歴外洋，……親歴其境而耳目所觸接者，靡不足以長其經驗而助
　　其學問之養 [24]。

141

第二編　清末中国における日本監獄視察の潮流

　さらに、日本の6カ月の師範速成法を例に取り上げた。最初は有識者に嘲笑されたが、卒業者は帰国して教育界に身を投じ業績を挙げた。したがって、この官紳の3カ月の日本視察法も各省督撫に実行してもらいたい。ただ3カ月ということで軽視してはならない。また、視察にとどまらず、法政速成科に留学させることを忠告した。

> 又有一事爲證。爲昔日本之創立速成以待中國學生也，爲期不過六月。有識者無不笑之，以爲六月之速成其所得有幾何哉。迨後各班陸續卒業而歸國者無不委身學界，極力謀所以擴充改良之道。數年來吾學校稍多學科漸備，一切規則其形式稍爲近似者，大有受此速成師範之影響者多。吾故望各省督撫之鹹能推行是法，勿以三月遊歷爲無足重輕而忽視之也。吾尤望各省督撫之進而上之，必使州縣留學於法政速成等學校而勿僅僅以遊歷爲止也[25]。

　このように袁世凱は地方官の教育法として、州県監獄改良を含む清末新政を実施し普及するため、地方官を日本に送り出し、日本監獄を含む日本の近代法政制度を視察させたのである。

三　直隸官紳の日本監獄視察の類型

　清末直隸官紳の日本監獄視察について大きく分類すれば、第二編第一章で述べたように啓蒙視察型と専門視察型という2種類に分けられるであろう。一部重複するところがあるが、あらためてそれらについて述べてみたい。

(一)　啓蒙視察型

　前述したように、1905年に袁世凱は、地方官吏の候補者が就任する前に日本視察に行かなければならないという方針を打ち出した。帰国後、視察報告書を出さなければならない。これが、いわゆる「東遊日記」である。視察内容は「政法に関すること、例えば、学校、警察、監獄、道路、水利、財政、武備製造及び農工商漁などの実業」[26]に定められた。巣鴨をはじめとする監獄は、直隸官紳の欠かせない視察対象になったのである。

142

第二章　清末直隷官紳の日本監獄視察

　直隷官紳の監獄視察の記録を調べると、見学見聞と評論というものが基調となっている。見学見聞は衛生医療、獄舎構造、衣食、作業制度、教誨制度などを紹介し、もっと詳しい場合には日本監獄改良史及び現状まで説明した。評論は、比較的簡単であった。

　例えば、塩山知県の段献増が日本へ渡航した際の記録である『三島雪鴻』に、「日本の監獄の善は誠に真似るべきであるが、民情を体察しなく急に模倣すれば、無職窮民がわざと微罰を犯し入獄し、監獄があふれてしまうこともあり得る。今日の計画として、徐々に改良すべきであろう」[27]　と、巣鴨監獄を見学した感想を述べた。

　監獄視察に熱心な人もいた。直隷巨鹿県知県の塗福田は、３日間続けて巣鴨監獄に通った。塗福田は『東瀛見知録』の中に次のように記している。１日目の光緒三十二年閏四月三日は看守長の木村通久によって監獄全体を案内された。２日目は監獄長官が課長・教務長・医師を召集する朝会に参加し、その後、文書書簡・金銭出納・職員履歴・獄犯出入等を掌る第一課を見学した。監獄で昼食をとった後、また囚人戒護を掌る第二課を見学した。３日目は用度作業営造物品出入等を掌る第三課、教務所、医務所を見学した。同行者はほかに新選趙州直隷州知州の恩恵、寧津縣知縣の禄坤、准補満城縣知縣の呉烈、井陘縣知縣の郭鐘秀ら４人もいた。そのうち、郭鐘秀も『東遊日記』で３回の巣鴨監獄見学を詳しく書き記した[28]。巣鴨典獄官の山上義雄は、東京の監獄規制は同じで、詳細に見学した巣鴨が最も大きいから、東京のほかの監獄はみなくてもいいと勧告したので、塗福田らは各地方の監獄を１カ所見学することにした。塗福田は埼玉県の浦和監獄へ、郭鐘秀は神戸監獄へ赴いた。塗福田は視察成果として、直隷が模倣すべき事項10カ条をまとめた。そのうちの１つは、次の直隷各縣監獄改良という提議である。

　　各縣宜一律改良監獄，令罪犯習芸也。査日本府縣均有監獄，有分監，自禁錮數月至十年以上者悉令習芸，死罪則送東京小菅監獄，辦法至為完善。我津保既設習芸監獄，令各縣送犯習芸，罪名不合者不收押解，既苦労費，同罪亦多向隅。似不如令州縣一律改良監獄。既行新律，此事終須辦到。將津保二処倣東京小菅辦法，只收罪名最重者，則所全較多矣[29]。

143

第二編　清末中国における日本監獄視察の潮流

　すなわち、日本では府県にも監獄、分監を設置し、東京の小菅監獄へ送る死刑囚を除き、禁錮数カ月から 10 年以上の囚人をすべて習芸（収容）させていた。直隷は天津罪犯習芸所、保定罪犯習芸所以外に、州県にも作業制度を取り入れて監獄を改良すべきであるとし、そうすると、囚人を天津・保定へ送る手間と費用も節約でき、新しい刑法の実施にも合致するとした、という。

　光緒三十三年（1907）九月に、日本視察した直隷新城縣知縣の鄭崧生は、「日露戦争以後の日本は国民の気勢が盛んになり、清国の視察に対し、空言をもって敷衍する。しかし、忠告してくれる日本人もいる。1 人は植木武彦で、もう 1 人は藤沢正啓である」[30] と、東京典獄の藤沢正啓を異国の親友と見なした。おもしろいことに、日本監獄官吏の中国監獄改良への関心は中国側の日本監獄調査員によるところもあろう。たとえば、上述の東京典獄の藤沢正啓は光緒三十一年（1905）七月十一日に見学にきた直隷州官の劉瑞璘に、「往年直隷から監獄章程を抄録しにきたので、数本贈ったが、現在すでに監獄を改良したか」[31] と質問した。また、市谷監獄の豊野胤征典獄は、自ら四川漢州知州の楼黎然を案内し、熱心に説明し、1906 年の直隷派遣の五名の監獄調査員の写真及び往来書簡を見せ、その返信の執筆を願った[32]。

　日本視察を通して直隷官紳が視野を広げた利点はいうまでもないが、その反面、大ざっぱに物事の表面だけを見る欠点も明らかである。1905 年から起こった中国官紳の日本視察ブームにより、日本視察の人数が年々増え、日本側に接待の負担をかけ、本人もただ型どおりに見学し、有名無実の日本視察になりかねない。日本視察の実効を保証するために、直隷は率先して改革を行った。1907 年、日本の法政大学に委託して、地方自治講習班を設けて、聴講と実地見学を結びつけた。日本到着日を 2 月、3 月、9 月、10 月という 4 カ月以内に定めて、30 人を超えれば、法政大学に頼んで講習班を開く。聴講で予備知識を備えてから、実地見学を行う。この方法は後で清国学部にも採用されて、全国に推し進めた。そのことは光緒三十四年（1908）七月十一日の「学部通咨京外各衙門嗣後如派員赴東遊歴限定到東之期以便入法政大学特設部聴講文」から聴講の施行法及びその経緯が分かる。

　　准使日大臣函開。各省所派遊歴官屬於考察政治者居多。凡官署・学校・員

第二章　清末直隷官紳の日本監獄視察

警・銀行・鉄道・会社以及工場・農場・水道・陸軍，幾於無項不往参観。而本無専門之學，於方言複多，隔閡求其実，有所得者殊不多覯。積年以來，在彼邦既憚招待之煩，在本人亦幾奉行，故事有名無実。査日本法政大學專攻科附有特設部一班，講解期間可以三四月為限，最便遊歴官之聴講。擬倣直隷省遣派自治員聴講之法，請貴部通咨各省。此後如派員遊歴，毎年須分二三九十四個月，為到東之期。本署総核人數，如在三十人以上，即請該校開班講解，講畢再往参観，似較有裨実際等。因准此査。近來給咨赴日遊歴官紳，日見其多，參差東渡，殊缺整斉。茲准使日大臣擬請，倣照直隷遣派自治員聴講辦法。毎年分二三九十四個月，為到東之期。由使日大臣総核人數，如在三十人以上，即請法政大學特設部開班講解，講畢再往参観。各節意在使遊歴各員，先明學理，再從事於考察，庶幾各員於遊歴時較得実際，自應一體照辦。除咨覆使日本大臣外，相應咨行，請煩査照施行 33)。

1907 年 11 月 30 日付の『申報』第 12516 號に，「日本法政大学地方自治講習科開講辞」という梅謙次郎総理の開講辞が掲載された。

今日為地方自治諸紳開講之始。本大學承貴國公使之紹介從貴政府派遣之諸君來敝國調査地方自治之便，入本大學以研究一切關於地方行政諸要務，亦本大學之榮幸也。顧本大學於三年以前經貴國公使之囑託而開法政速成科，先後卒業者將千餘人，其於貴國維新之前途不無影響。日本學校為中國人講法律以本校為肇始，但前之來學者為研究一班法律故時間甚長而可以詳細講述。今諸君為研究地方自治不過法律之一部分耳，三月之間可以得其綱要，已延請博通之儒分擔講演，必當竭力以副諸君遠來之望 34)。

梅謙次郎のこの開講辞から、この直隷地方自治講習班が清政府の立ち入りで日本駐在の清国公使を通し法政大学学長の梅謙次郎と協議して開設したことが分かる。修業期間が３カ月で、内容が地方自治で、梅の招聘した各名家によって教授されたのである。

法政大学の直隷地方自治講習班のことは、直隷永平府盧龍県の科挙試験の郷試に合格した王三譲挙人の『遊東日記』によって裏付けられる。王三譲は、直隷第三期地方自治視察団員として日本に渡った。彼の緒言に「聴講暇、択要参観藉実地考験、以吸其精神」35) とある通り、光緒三十四年（1908）三月二日に

145

第二編　清末中国における日本監獄視察の潮流

法政大学での聴講を開始した。授業内容は選挙法、市町村制、戸籍法、憲法、教育行政、警察行政、府県郡制である。２カ月の授業を経て、五月一日に試験を受けた。その後、茨城県へ赴いた。五月七日に茨城県監獄を見学した。「其監獄長雲監獄系司法機関、受法部之指揮。知事系行政機関、雖有紹介、亦難従命。該国各司其職、権限甚清、立憲之効果也」[36] と記し、ごく簡単な記録にすぎないが、司法機関に属する監獄は、行政機関の県知事に従わなく、「法部」即ち法務省の指揮の下に置かれていたことに注視していたことに注目したい。

（二）　専門視察型

　清末監獄改良の第一歩は、近代監獄の作業制度を導入する罪犯習芸所の修築である。光緒二十八年（1902）十一月十五日、山西巡撫の趙爾巽が各省において罪犯習芸所を設置するように上奏した。翌年の四月、修律大臣の沈家本、伍廷芳はこの意見を取り入れて、具体的章程を制定し、習芸所という近代的な刑務所制度を中国に導入しようと、各省に罪犯習芸所の修築を命令した。直隷総督の袁世凱は率先して直隷罪犯習芸所を設けようと、1903年と1904年の２回にわたって、凌福彭一行を日本へ派遣し、監獄を視察させた。1904年に成立した天津罪犯習芸所は、すなわちこの２回の視察の成果で、巣鴨監獄を見本として作られたものである。天津罪犯習芸所は全国の模範となり、各省からの見学者が押し寄せた。中央政府法部の官吏も訪ねてきたので、天津罪犯習芸所の影響が窺える。光緒三十一年（1905）三月、刑部は日本を見本に、監獄改良を行うと決めた。同年九月政務所が各地監獄改築という命令を出した。袁世凱は、またいち早く1906年に範炳勲をはじめとする５名の日本監獄調査員を派遣した。

　天津罪犯習芸所の創立者である凌福彭は、1849年生まれの広東番禺縣出身の進士である。戸部主事という身分で試験に合格して軍機章京に採用され、員外郎中、天津府知府、保定府知府、天津道長濾塩運使、順天府尹、直隷布政使等の官職を歴任していた。1900年に天津府知府に選ばれ、翌年就任した。1902年、凌福彭は八国連合軍から天津を取り戻し、義和団事件の善後処理にあたり、その才能が袁世凱に認められた[37]。1903年９月、袁世凱は凌福彭を

146

第二章　清末直隷官紳の日本監獄視察

日本に派遣し、日本監獄を視察させた。凌福彭にとって、同年４月の博覧会参加に次いで２回目の日本視察である。随行した洋務委員の富士英は日本の早稲田大学の卒業生で、政治、法律及び財政学方面の専門教育を受けていた。

　1904 年の凌福彭の日本視察について、次の「天津府凌守福彭調査日本監獄習芸詳細情形呈直隷総督袁稟」から大要が分かる。

　　前奉憲剳，以日本大阪監獄習芸法良意美，飭令前往査考，一切詳細記載，以資仿效等。因蒙此，卑府隨即搭長門丸前往日本，由馬関登岸，馳抵東京。始至之日，往見外務部長官，備述奉檄東來之意，情誼極為款洽，於監獄等事尤能推誠布公，並派令藤井恒久同往東京監獄，市穀監獄，巣鴨監獄，崛川監獄，大阪監獄五處逐一査看。其司獄各官知卑府此行出於憲台盛意，欲將獄制改良，亦不復如従前之秘密，一一引示，詳細相告。毎處皆將現行章程及建造図式相贈，積書成帙，燦然大観。凡所設施，皆已親験而目覩，約其要領有四：曰沿革，曰法度，曰建築，曰經費。……以上四條，均經卑府逐細考求，或於目撃，或於問答，或于章程図籍，旁收博采，窮一月之力，似略有所得。其餘監獄官之職任，囚徒之遵守，工廠之賞罰，教師之感化，年表之比較，各有細章，分條眉列，複經卑府招致法科學生數人，連日翻訳成書。唯中東政俗，各有不同。現擬再選熟於中律発審委員數人，分門比対，參酌損益，以期事之可行，行之可久 [38]。

　凌一行は、長門丸に乗って下関で上陸した。東京に着いた初日は外務省へ表敬訪問し、厚くもてなされた。日本側は中国側の監獄改良をはかる熱意を了解し、誠意をもって接待した。藤井恒久の案内の下で、東京監獄、市谷監獄、巣鴨監獄、崛川監獄、大阪監獄という５カ所の監獄を逐一見学した。各監獄の事務を司る典獄も、隠し事をせずに詳細に教えた。視察団一行に贈られた現行章程と建造図式は山ほどある。獄政のポイントは沿革、法律、建築、経費という４点である。この４点について、凌は１カ月かけて、見学と質疑と読書により要領を体得した。監獄官吏の職務、囚人の管理、工場の賞罰、教師の感化、年表の比較などの詳細項目については、法科学生を数人雇って連日翻訳させた。ただ、中日の国情が異なるため、実行の可能性と持久性を考慮し、中国法律の専門家を数人招き検討させている。

147

第二編　清末中国における日本監獄視察の潮流

　光緒三十二年（1906）六月、直隷総督の袁世凱は、日本監獄調査員として範炳勲、高蘊傑、蔡振洛、呂文憙等一行5名を日本へ遣わした。派遣理由は、蔡振洛の視察報告書に、

　　方今朝廷振興内政，知監獄為當務之急。去秋上諭各省改良監獄，又於京師建設拘置監及習芸所，目下已粗具規模。近數月來，部臣亦屢議頒行改良一律章程，獄政前途大有可慶。我北洋於此，既以天津，保定習芸所開風気之先，則此際應立一完全模範者，亦不容後。況各處取法而來者日踵於門，是全國監獄將次第一如北洋，関係重大[39]。

と説明されている。この前年の秋、清政府による監獄改良の命令と、全国監獄改良事業における直隷の模範作用という2点によって、範炳勲ら一行は強い使命感を抱き日本へ赴いた。

　一行の視察様子は、高蘊傑の以下の視察報告から分かる。

　　卑職在東數月，凡遊歴所及，観彼邦之辦法，輒懸想我直省情形，互相比較，默審異同，欲深求立法之基，以為逐漸改良之地，略記數端，謹再縷晰陳之。卑職初到日本，先就東京巣鴨両處監獄參観，見其規模闊大，表裏完全，轉念直省州縣衆多，若完全行倣照挙辦，財力恐不敷，成效亦難驟見。迨至市穀小菅横浜浦和各處監獄參観，始見各監房有新舊參半者，有純用舊式者，而細察治事規則，仍系一律整斉。吏役各司闕職，罔有怠惰。屋宇則莫不清潔，無少汚穢。囚人或読書或執工芸，各就所長，授於一事亦均安然，亜有秩序。卑職參観及此，益詳詢改制始末。據獄吏相告，皆謂改革之初，本欲各監同時改築西式，嗣以経費不敷，礙難一律改作，乃従権辦理，先改獄制之内容，然後漸更其外観。……約言之，必先精神而後形式，且當相地之便宜與時勢之緩急，以定改革之先後[40]。

視察団一行は、日本に数カ月滞在し、東京・巣鴨・市谷・小菅・横浜・浦和監獄の6カ所を見学した。最初見学した東京監獄と巣鴨監獄は規模が大きく、建築から管理に至るまで完備されていることに感心したが、直隷省は州県が多く、財政問題で模倣しかねると心配した。しかし、ほかの監獄を見て、問題解決の糸口を見つけた。監獄建築において、新旧相半ばするのもあれば、旧式のままのものもあるが、衛生・習芸などの管理制度が行き届いていた。そのため、

148

第二章　清末直隷官紳の日本監獄視察

日本監獄の改良の顛末について詳しく聞いた。日本側の回答によると、改革の当初、一斉に西洋式に改築するつもりであったが、経費不足で、内容の改革から着手し、次第に外観を建てかえることに決めたとのことであった。したがって、直隷の監獄改良において、精神を先にし、形式を後にするという改革方針を提議した。

　視察報告は一般的な内容で現実とかけ離れるほうに走りやすいところがあるので、沈家本のように「内容より外観に目をつけると、感化は期待できぬ」[41]と危惧するのも無理からぬことである。しかし高蘊傑の報告書は、上述のように直隷監獄改良に価値のある提案を示唆した。

四　日本監獄視察と直隷監獄改良

㈠　専門視察と天津罪犯習芸所

　監獄視察の専門視察は、明確な目的の下で、日本側の積極的な協力を得ながら、念入りに調べることができたため収穫は極めて大きかった。

　天津府守凌福彭は、帰国後、直隷総督の袁世凱に「調査日本監獄習芸詳細情形呈直隷総督袁稟」を上呈し、天津南段巡警局総辦の趙秉鈞等と検討し、監獄を既決・未決・拘置に分け、監獄管理の人材を育て、監獄設備を改め、習芸所・工場・教誨室・更生監を広く設けて感化教育を強めるという４つの改革意見を提案した。袁世凱は凌福彭等の「採択日本獄制分別緩急辦法稟」を受けて、直ちに以下の指示を出した。

　　批據稟日本監獄之制，有未決・已決・民事・懲治・軍獄・民獄区分六等，惟已決・民事・懲治三監宜急倣辦。擬將軍流徒三項人犯専帰已決監，学習工芸；餘如追償欠債・詞訟命盗・牽連人證・應候押追押訊暨竊賊土棍従厳懲辦，各犯撥入民事監；其南北巡警局営務處天河二府属罰充苦力人犯概入懲治監。以上三監，房屋即在西門外拓地建置。現在開辦伊始，先建監房一區，可容囚犯五百人，將来再行拡充。所議均屬妥協，仰即遵照辦理。至監獄名目應否沿襲其名，抑或另易他號，候行阜司核議具覆，餘照此繳[42]。

149

第二編　清末中国における日本監獄視察の潮流

　日本の監獄制度には既決・未決・民事・懲治・軍獄・民獄という 6 種類があるが、そのうち既決・民事・懲治を先に真似て作ることを決めた。三監の建築場所と収容人数を規定し、直隷監獄改良に乗り出した。

　1904 年 6 月に、日本の巣鴨監獄をモデルにした天津罪犯習芸所が竣工した。全国の模範となり、各省からの見学者が押し寄せた。天津罪犯習芸所と日本の深い関係は、修律大臣の沈家本の上奏文と天津習芸所のあとに設立した現存する保定習芸所の関連文献から証明できる。沈家本の「実行改良監獄折」に、

　　　近今構造之法，益形完備，有採分房制者，有採雑居制者，有採階級制者，
　　　形式以扇面形・十字形為最宜，如法蘭西之佛勒斯日監獄，比利時之珍極爾
　　　監獄，壯麗幾埒宮闕。日本則以巣鴨村称為模範監獄，我国天津及京師各習
　　　芸所倶倣其制。

と、さまざまな監獄構造のうち、扇面形・十字形が最善とされる。たとえば、フランスとベルギーの模範的な監獄は、宮廷のように壯麗である。日本では巣鴨が模範的な監獄と称されるが、中国では天津と京師をはじめとする習芸所はすべて巣鴨を模倣するものであるということ。保定習芸所弁法第 2 条に「本所弁法大致取法津所、而津所実借鏡於東瀛」とあるように、保定習芸所は天津習芸所から学び取り、天津習芸所は日本を模倣したものである。そして、事務規則第 20 条に「管理監獄等事多取資日本監獄法一書」とある [43]。保定習芸所弁法と明治 22 年の日本監獄法の関連は、熊達雲の研究によって明らかになった [44]。もともと直隷で 5 カ所の近代監獄を建てようとしたが、経済的理由で一挙に建設できないため、天津と県庁所在地の保定に作ることになった。そのうち、天津は一歩先に創建し、保定は天津を模倣するものとなった。

　凌福彭と趙秉鈞が連名で上呈した「南段巡警局天津道府擬呈習芸所辦法暨経費清摺會稟」には、「此次修改監獄習芸制度皆采擇日本成法」と、今回の作業制度を中心とする監獄改良はすべて日本の既定の法律によるものであることが明記されている。また、凌福彭の日本視察報告書である「天津府凌守福彭調査日本監獄習芸詳細情形呈直隷総督袁稟」[45] によると、日本で集めた現行章程や建造図式などの監獄資料を留学生に翻訳させ、自分の日本監獄視察経験と合わせて参照し、中国法律の専門家と監獄改良の実行案を検討するというものであ

る。

「天津罪犯習芸所章程」[46] の構成を「日本監獄則」と比べると、両者の関連が明らかになる。その相違を次に表示した。

「天津罪犯習芸所章程」と「日本監獄則」の対照表

天津罪犯習芸所章程	日本監獄法規
第1條 監獄分拘禁監、懲儆監二種	「日本監獄則」第1條：監獄分集治監、假留監、地方監獄、拘置監、留置場、懲治監六種
第5條 工業之課程	「日本監獄則施行細則」第二章 作業
第6條 作業之工錢	同上第三章 工錢
第7條 給与囚犯之衣食	同上第四章 給与
第8條 通信及接見	同上第六章 書信及接見
第9條 囚犯疾病及死亡之矜恤	同上第五章 衛生及死亡
第10條 賞罰之法	同上第九章 賞譽 同上第十章 懲罰
第11條 教誨囚犯使之改過遷善	同上第八章 教誨及教育

袁世凱は光緒三十一年（1905）二月十八日の「創設罪犯習芸所辦理情形折」[47] という上奏文で、日本監獄を模倣した天津罪犯習芸所の業績と創設者の凌福彭の功績を、

　　至一應制度，如建造房屋應合衛生之道而尤便於防範管束為要，教導之法貴在寬厳得當・勸懲並施，凡此皆改良獄制之急務。前経飭派天津知府凌福彭赴日本考査獄制，條陳東瀛成法極為詳備，経天津道等參酌東西法制，擬定章程條規，並令省所傚照辦理。……現在津所開辦数月，極形整斉，成效可観。

と評価した。したがって、凌福彭の才能は袁世凱に買われて、昇進した。凌福彭に対する袁世凱の評語は、

　　才明心細，器識宏通，如果重以事權，必能力膺艱巨。應如何量子擢用之處，出自宸衷。該員現因卓異，請否引見[48]。

とある。

天津罪犯習芸所は、創立後注目を集め、中国各地からの見学者はあとをたたなかった。甚だしきに至っては、1906年に修律大臣の沈家本が派遣した中央政府の日本監獄視察団の一員である法律館協修法部員外郎の熙楨が、帰国した直後、天津罪犯習芸所の名を慕って視察に来た。熙楨は、日本視察報告書で天

151

第二編　清末中国における日本監獄視察の潮流

津訪問のことにも触れた。天津章程を完備し、日本視察を中国の法制と照らし合わせるために、黄筱宋と一緒に天津典獄官の朱元炯に会いに行った。来訪の目的を告げて、親切に案内してもらった。見学のほかに、監獄規則も見せてくれた。事務条例、作業工匠服務及び各種図表は整然としていて、日本と比べても見劣りしない。将来、研究を深めて推し進めれば、日本を追い越す可能性も十分にある。日本の監獄では巣鴨が最良で、わが国では天津が最良である。法律を志す人は、日本に行けないなら、天津に学ぶことを勧めると記している[49]。

　光緒三十二年（1906）六月に派遣した直隷日本監獄視察団は、翌年二月に帰国した。その後、範炳勲は天津習芸所典獄に、高蘊傑、蔡振洛は天津習芸所看守学堂の教員に就任した。あとの２人は不明である。范、高、蔡３人はそれぞれ、「上直督袁改良直隷監獄条陳」という長文の報告書を直隷総督袁世凱に提出した。３人とも、「監獄学堂を設けて獄官を育てる」を第一の要務として取り上げた。典獄範炳勲の別記した「天津習芸所稟添招看守設學教練文稟」に対して、袁世凱は「所擬章程尚為妥洽、仰即実力講求、以征進歩」[50]と同意し、期待をかけた。この結果、天津習芸所に看守所学堂が誕生した。以下は学堂章程の重要な項目の摘録である。

　一、宗旨　　本学堂は看守の資格教育を行う。上級官吏の育成を目指す。

　三、場所　　本学堂は課外に実務研修を兼ねるために、習芸所の中に設置する。

　四、職員　　候補知縣高蘊傑、候補州判蔡振洛は専任教員とし、科学、監獄法と看守服務章程などを講義する（典獄範炳勲も暇な時に授業する）。

　五、定額　　旧看守を含め 40 名を募集して、クラスを分けて講義する。

　六、程度　　小学校卒業生あるいは小学校同等程度を合格条件とする。

　七、学期　　半年で卒業する。

　八、食費　　学期内は月に食費を銀六元、卒業後は月に銀五両九銭、支給する。

　九、課程　　監獄学看守服務章程、日本刑法監獄法、大清刑律、修身学、

算数、兵式体操及び礼式。

十、講義録　　教員は編集に、庶務は印刷にあたる。毎日クラスごとに人ごとに配布する。

十二、授業時間　新旧看守は甲乙丙という3班に分け、毎月各班の授業時間は4時間。宿題は随時表に列する。

十四、試験　　　入学して3カ月以後、試験を設けて、進歩程度を測る。半年後、卒業試験を行う。50点を合格とし、卒業証明書を授け、実務研修にあてさせる。あと半年を経て、成績で昇進を定める。不合格者は補習させ、卒業証書の発給を停止する。

　この規則に見られるように、看守の資格教育を目的とする看守所学堂は実務研修のために天津習芸所に開設され、日本の監獄を視察した経験のある高蘊傑と蔡振洛を専任教員とし、2人が日本で学んできた日本監獄法などを授業の内容として講義していたことが知られる。

(二)　啓蒙視察と直隷州県法政の刷新

『申報』第11581號、1905年7月15日付の記事に、

　　中國之政治號為專制政體，庶政之權一人獨攬於上，處於其下者疑無不悚息聽命矣。然就其實際觀察之，則煌煌之諭旨而督撫蔑視之者不可勝數也。督撫肯遵行矣，下之於道府，終及於州縣，視為具文而延不舉辦者亦不可勝數也[51]。

と、当時の世論が指摘したように、清末中国の政体が、専制でありながら、国家の法政革新は、地方官の実行がなければ何にも出来なかった。新政は地方官によって実施されるため、地方官が動き出さないと最善の新政でも1枚の公文書にすぎなかったのである。

　新政のうち、特に刑獄の整理と地方官の法政意識の関係に関して論じた人もいた。

　　恤刑之詔，申諭再三，而各州縣之濫押妄罰草菅人命者，無日無之。其他一切庶政，在朝廷縱日有督責申儆之旨，而國中之腐敗頹廢者自若。斯亦可證州縣之一階級為梗于新政者蓋不小也[52]。

第二編　清末中国における日本監獄視察の潮流

とし、刑獄の整備という詔が何度も降され、各州県の監獄に毎日人の命を奪う
悲劇が繰り広げられていたと訴えた。言い換えれば、州県という地方官の階級
は新政の大きな妨げになりかねないため、地方官に近代的な法政教育を受けさ
せるのがきわめて重要であることは、清末中国の朝野において次第に認識され
るようになった。したがって、直隷官紳の日本視察が清末新政において大きな
意味を持っていたことは間違いないであろう。

　このことから明らかなように、地方官の迅速な法政教育として日本視察が考
えられたのである。日本視察に行った直隷官紳は、視察日記の提出が義務付け
られた。このため、視察日記の一部が今日まで伝わっている。しかし、帰国後
においてどのような施策を行ったかの記録はほとんど残っていないため、その
効果は想像するしかない。とはいえ、日本で中国の地獄のような監獄とまった
く違う近代的な監獄をはじめとする一連の法政機構を見学して受けた衝撃は、
想像しうることであろう。1905 年 7 月の新聞に、

　　　今若令其遊歴外洋，參觀其行政之若何整齊嚴肅，司法之若何公正不阿，學
　　　校之若何完美，實業之若何振興，親歴其境而耳目所觸接者，靡不足以長其
　　　經驗而助其學問之養。雖其内容之詳一時未及細究,然即就外部之形式論之,
　　　未有不震而驚之者。既驚其進步之速，未有不慕其者。既有慕之心，未有不
　　　思效法者。即此效法之一念能發榮滋長於各州縣之心中，其實效較之空言頌
　　　習者，固未可以道裏計也 53)。

と論じられたように、外国の行政の整備・司法の公正・学校の完璧・実業の繁
栄をこの身で見聞し、体験することは効果的であったと言えよう。内容が分か
らなくても、外部の形式だけで十分な衝撃を受けたと考えられる。視察官には
感心し、自然に真似をしたくなったであろう。そうすれば、地方の政治も改革
される希望も出てきたのである。

　1905 年から起こる地方官紳の日本視察ブームは、同年の 8 月に出された政
務処の命令によって制度化された。つまり、地方官吏は、日本視察をしてはじ
めて就任を許されるという規定である。したがって、州縣の監獄改良が進展し
たことと日本視察の関連性については大いに関係があったことが推測できよ
う。

154

第二章　清末直隷官紳の日本監獄視察

　以下は、直隷塩山知縣の段献増の関連文献と袁世凱が打ち出した視察官紳に対する奨励政策を取り上げ、日本視察と州県監獄改良を含める直隷州県法政の刷新の関係を論じてみたい。

　視察官紳の帰国後の事跡に関する記録はほとんど残っていないが、幸いに、直隷塩山知縣の段献増は、視察日記の『三島雪鴻』に自分の文集をまとめた『文牘一斑』を添えたため、帰国後2、3年内の様子が多少窺える[54]。

　段献増は、1907年の1月28日に、日本帝国憲法及び法政叢編と粋編などの本を研究し、6カ月後に試験を行うという通達を上司から受け取った。2月23日に学司で法政叢編と法政粋編という参考書を受け取った[55]。段献増が言及した参考書目の法政叢編と粋編は、2セットの法政叢書である。それぞれに『監獄学』が含まれていた。この『監獄学』の詳細は、第三編で述べるため、ここで省略する。

　段献増らの受験書目の法政叢書は、同書末に付せられた「法政叢書再版稟告」から直隷総督の袁世凱が、直接に電報で編輯社に1,000部注文したことが分かる。すなわち、直隷地方官は帰国後、法政試験を受けなければならなかった。学司が配布する参考書目の法政叢編粋編に、それぞれ『監獄学』が含まれていた。日本監獄視察のほかに、基層官吏に系統的な監獄学を勉強させるためであった。その結果、清末監獄改良の遂行者にならなくても、清末新政の妨げにならなかったことが推定できよう。

　段献増の例から見れば、日本視察は本人に多少なりとも、知らず知らずのうちに影響を与えたことは想像に難くない。上官に嫌われ塩山を離任してからの消息は不明であるが、在任しておれば官吏として昇進し、離任していたならば帰郷して紳士となったことは確かである。段献増本人が、

　　夫士苟有心於利物済人，不必其在高位也。即居郷里之中，无不可以行利済之事[56]。

と表明したように、士大夫は、利他の心があれば、高位につかなくてもよく。郷里に居ながらも、利他の事はできるとされるように考えるならば、段献増は何処へ行っても、その部下の官吏や治下の人々に対し、意識的であったか無意識であったかは別としても日本視察の経験を活用し、力の及ぶ限り努めていた

155

第二編　清末中国における日本監獄視察の潮流

ものと考えられる。

　光緒三十年（1904）九月、袁世凱は50名の直隷官紳を日本に派遣し、法政大学法政速成科に入学させた。このことについて、明治37年9月20日付の『朝日新聞』にも報道された。

　　袁世凱は補知州及び知県中より五十名を選抜して法政速成科留学生として我国に派遣の筈[57]。

とある。2年後、50名の直隷官紳は卒業し前後して帰国した。光緒三十三年二月二十八日、袁世凱はこれらの日本留学した直隷官紳を優先的に抜擢し重用するように、以下の「遊学日本法政速成科畢業各官不論班次儘先請補片」という上奏文を提出した。

　　近年新政繁興，儲才為亟。州縣為親民要職，尤當具法律，政治之知識，庶能剔積弊而合時宜。臣於光緒三十年九月，選派直隷官紳五十人赴日本法政大學肄業速成科，三十二年均經畢業先後回國。該官紳等中學素有根柢，且於内地民情吏治，閲歷較深，雖系速成所得，與完全科無異。其未經到省各員及本省紳士，分別酌委要差，藉覘學識。其業經到省之候補直隷州知州徐增禮，陸維嶠，試用通判方大然，李祖熙，候補知縣陳曾翰，姚和羹，徐永縈，李駿，試用知縣韓樹，梅心田，周忠績，張祖厚，試用知州王仁鐸等十三員，當經派入讞法研究所，使之練習律例。數月以來，孳孳不倦，于新舊政法，均能融會貫通，若使見諸施行，于治理不無裨益，惟以限於成例，補缺綦難，實非鼓舞人才之道。伏查從前直隷知縣譚蠱振，趙維慶等，經臣奏明，不論煩簡何項班次，缺出准其請補，奉旨俞允在案。今徐增禮等十三員，出洋畢業，學識俱優，際茲預備立憲之時，此項曾習法政人員，正資倚畀，亟應變通敍補，以資觀感。合無仰懇天恩，俯準將徐增禮等十三員，援照前案，嗣後遇有缺出，無論煩簡何項班次，一律由臣奏明請補。臣為地方治理起見，是否有當，謹附片具陳。伏乞聖鑒，訓示。謹奏。光緒三十三年三月初二日奉朱批：著照所請。吏部知道。欽此[58]。

　上述のように、日本へ派遣された直隷官紳は、視察を通して見聞を広めた。さらに帰国して法政叢編、粋編という2セットの法政叢書を研究し法政試験を受けた。そして彼等は速成ではあるが、法政関係の知識を吸収したことは歴然

156

第二章　清末直隷官紳の日本監獄視察

である。

　さらに、日本視察の経験によって抜擢された官吏も少なくなかった。したがっ
て、彼らは州県監獄改良を含め、直隷省における州県法政の刷新に大いに寄与
したことは明らかである。

五　小　　結

　上述したように、清末における直隷官紳の日本監獄視察は、直隷新政の一環
として位置づけることができよう。近年、清末新政の功績について見直され、
研究ブームが起こった。とりわけ清末新政と日本との関連は注目され、論文は
もちろん、著作も上梓された[59]。

　直隷総督であった袁世凱による直隷新政は、直隷省の近代化を推進しただけ
でなく、清末新政において、他省や各地さらに中央政府の改良見本となり、重
要な模範作用を果たしたのである。このことは次の当時の記録から明証される。

　　「朝有大政，毎由軍機問諸北洋」[60]，

　　「一時名督撫如吾曾祖息慎公（周馥）之於山東及南洋，如張文襄公之於両湖，

　　如袁項城之於北洋，皆以興学，勧工，練兵諸新政為首要，而北洋之治績尤

　　著」[61]，

　　「新政的権輿地……有如旭日之東昇，為全国所瞻式」[62]，

　　「各處取法而来者，日踵於門」[63]，

　　「四方之観新政者，冠蓋鹹集於津」[64]。

　直隷が、教育・実業・軍事・警察などの新政の発祥地と見なされていた。換
言すれば、袁世凱が推進した新政は中国各地さらに中央政府からも大いに注目
を浴びたのである。

　さらに、御史であった胡思敬が北京での十余年の政治生活に基づいて清末政
界の掌故と逸聞（エピソードや逸話）を記述した『国聞備乗』によると、「学堂，
員警，新軍皆萌芽天津，各省督撫承望風旨，派員北上考察，皆採用其章程，如
山東・河南・閩浙諸省，見之奏報可考而知也」[65] というように、近代の学堂・

157

第二編　清末中国における日本監獄視察の潮流

警察・新軍がすべて天津から芽生えたので、各地の督撫たちは、視察員を天津
へ赴かせ、その章程を模倣すると指摘したのである。

　凌福彭らが日本監獄視察の成果を生かして創立した天津罪犯習芸所も、国内
において注目を集め、中国各地からの見学者はあとをたたなかった。たとえば、
以下の通達に書かれるように、1909 年 7 月、山東省の楊督憲は模範監獄の建
設のため、試用道の魏業説と試用知縣の王仕良を天津罪犯習芸所調査に派遣し
た。

　　為劄飭事宜統元年四月二十五日准山東巡撫部院袁咨開竊照本部院籌設本省
　　模範監獄亟應選派妥員分別調査以資考鏡。茲宣有試用道魏道業説試用知縣
　　王令仕良堪以委派。偹往天津保定會查新建模範監獄並罪犯習藝所將一切規
　　則章程調査後，魏道再由津赴奉天，王令由津赴武昌分別調査儘，五月底囘
　　省，將所査各情形詳細核覆以憑核辦。所需川資銀兩應由善後局各支銀三百
　　兩以資膏秣。除分別咨行外相應咨明為此咨貴部堂煩請查照施行等因到本
　　督部堂准此除分行外合行劄飭劄到即便轉行宜照此劄 66)。

天津罪犯習芸所の模範作用は各地方政府に限らず、中央政府にも注目された。
甚だしきに至っては、1906 年に修律大臣沈家本が派遣した中央政府の日本監
獄視察団の一員である法律館協修法部員外郎の熙楨が、帰国した直後、天津罪
犯習芸所の名を慕って視察に来た。熙楨は日本監獄では巣鴨が最良で、わが国
では天津が最良であると言い切った 67)。したがって、同年 6 月に、「況各處取
法而来者日踵於門，是全国監獄将次第一如北洋，関係重大」68) という強い使命
感を抱き、日本へ赴いた日本監獄調査員の範炳勲らの心情が理解されよう。

　また、監獄改良を含む直隷新政について、袁世凱をぬきにして語れない。従
来、戊戌変法の裏切り者、共和制を壊して自ら帝位についた「窃国大盗」、日
本と不平等条約を結んだ「売国賊」というのが定論であった 69)。80 年代からは、
一辺倒だった評論は変わりつつある。西法に対する袁世凱の理解は康有為に劣
らないと主張する学者もいる 70)。

　袁世凱の変法思想が康有為と相反する所は、要約すれば 2 点ある。1 つは中
央ではなく、地方から改革を行うべきこと。中央政府によって全国に広める前
に、まず、2、3 人の忠誠で有能な地方督撫を選んで、一定の時間内に改革実

第二章　清末直隷官紳の日本監獄視察

験をさせる。つまり、袁世凱が熱心に監獄改良を含む直隷新政を遂行する要因がここにある。もう１つは、変法活動において旧式官紳のエネルギーを十分に発揮させること。この点において、変法に反対する頑固な旧臣を殺そうとし、猛反対され失敗してしまった康有為とまったく相違する。袁世凱は若い人を欧米や日本に留学させ、熟年の官紳に日本視察をさせるという両全の策をとった。直隷新政の妨げにならないように、袁世凱はいち早く1905年に、新しく選ばれた各州県の地方官が就任する前に３カ月間、日本視察しなければならないという規定を作成したのである。そして、凌福彭のように、日本視察を終えて帰国したいわゆる新旧法政を融合貫通した旧式官吏を育て、彼らを頼りに新政を広めた。

　袁世凱の一生（1859 ～ 1916）は、近代中日関係史の縮図ともいえよう。朝鮮駐在時代において、日本を見下し、「戦争を持って戦争を止める」という対日強硬政策を施行した[71]。日清戦争以降は積極的に明治日本を先師とし、直隷新政を推し進めた。

　上述のように、日本監獄視察という窓口を通して、中国近代化において、媒介としての明治日本の役割と、導入者としての袁世凱及び直隷官紳の功績の重要性を指摘しておきたい。

〔注〕
1)　楊篤生『新湖南』第二篇『湖南歴史資料』、1959 年。
2)　中国戦国時代の諸子百家の一。天下を治める要は仁・義・礼などでなく法律であると説く。
3)　梁啓超「中國法理學發達史論」呉松等點校『飲冰室文集點校』第１集、雲南教育出版社、2001 年。
4)　「奏請專設法律學堂折」（1905 年夏）丁賢俊・喩作風編『伍廷芳集』上冊、中華書局、1993 年、第 271 ～ 273 頁。
5)　清末中国に起こったキリスト教排斥事件。
6)　「明治四十一年五月二十日法政速成科第五班卒業証書授与式清国公使代理祝辞」『法学志林』十巻五号。
7)　「法政學堂辦法折」（宣統元年閏 2 月）『端忠敏公奏稿』巻十三第四冊、文海出版社、1967 年、第 1615 頁。
8)　「出使各國考察政治大臣戴鴻慈等奏考察各國學務擇要上陳折」（光緒三十二

159

第二編　清末中国における日本監獄視察の潮流

年八月二十六日）故宮博物院明清檔案部編、『清末籌備立憲檔案史料』下冊、
中華書局、1979 年、第 965 ～ 966 頁。

9）「出使各國考察政治大臣戴鴻慈等奏考察各國學務擇要上陳折」（光緒三十二
年八月二十六日）故宮博物院明清檔案部編、『清末籌備立憲檔案史料』下冊、
中華書局、1979 年、第 973 頁。

10）「浙江巡撫增韞條陳審判事宜折」故宮博物院明清檔案部編『清末籌備立憲
檔案史料』下冊、中華書局、1979 年、第 883 頁。

11）「署督部堂袁奏造就憲政人才請設廣東大學折」『廣東憲政籌備處報告書』教
育類、宣統 2 年 5 月第 3 期。

12）趙爾巽撰「敍言」『四川法政校外講義』第 1 冊、1910 年官印刷局承印。

13）「順直諮議局預備議案・擴充法政學堂」『大公報』1909 年 11 月 10 日。

14）「政界：推廣候補人員學習法政辦法」『申報』1908 年 6 月 5 日。

15）「要折：東督徐奏設奉天法政學堂並考驗辦法折」『申報』1908 年 6 月 14 日。

16）「要件：湘撫岑奏改辦法政學堂折」『申報』1908 年 5 月 18 日。

17）「奏請各省專設仕學速成科片」（1905 年夏）丁賢俊・喩作鳳編『伍廷芳集』
中華書局、1993 年、第 273 ～ 274 頁。

18）「論宜推廣法律學堂」『大公報』1906 年 6 月 30 日（光緒 32.5.9）。

19）「請獎勵職官遊歷遊學片」陳景盤・陳學恂主編『清代後期教育論著選（上冊）』
北京人民教育出版社、1997 年、第 404 頁。

20）「擬訂法政學堂章程條規折」天津圖書館・天津社會科學院歷史研究所編『袁
世凱奏議』天津古籍出版社、1987 年、第 1355 頁。

21）「遣派官紳出洋遊歷辦法片」（光緒三十一年六月十八日）『袁世凱奏議』天
津古籍出版社、1987 年、第 1161 頁。

22）紳士とは、中国明清代には郷紳と士人とを合わせた呼び名。郷紳とは、近
世中国における社会階層のひとつ。郷里に居住する退職官僚や進士合格者。
身分的には一般庶民や下級紳士と明白に区別され、郷里で大きな政治的・社
会的発言権を有し、各種の特権を賦与された。士人とは、官僚を目指す学生。

23）「論直督飭實缺州縣須先赴日本遊歷事」『申報』第 11581 號、1905 年 7 月
15 日（光緒 31.6.13）。

24）「論直督飭實缺州縣須先赴日本遊歷事」『申報』第 11581 號、1905 年 7 月
15 日（光緒 31.6.13）。

25）「論直督飭實缺州縣須先赴日本遊歷事」『申報』第 11581 號、1905 年 7 月
15 日（光緒 31.6.13）。

26）「鄂督張飭湖北実缺州県出洋遊歴博覧周諮札」『申報』光緒三十一年三月
二十九日。

27）王宝平主編『晩清東遊日記彙編　日本政法考察記』上海古籍出版社、2002 年、

第二章　清末直隷官紳の日本監獄視察

　　　第 87 頁。

28）　王宝平主編『晩清中国人日本考察記集成　教育考察記』（下）杭州大学出
　　　版社、1999 年、第 751 頁。

29）　王宝平主編『晩清東遊日記彙編　日本政法考察記』、第 125 頁。

30）　王宝平主編『晩清中国人日本考察記集成　教育考察記』（下）、第 926 頁。

31）　王宝平主編『晩清東遊日記彙編　日本政法考察記』、第 114 頁。

32）　王宝平主編『晩清中国人日本考察記集成　教育考察記』（下）、第 839 頁。

33）　『大清法規大全・教育部巻二八・遊歴官紳』政学社印行、台湾考正出版社、
　　　1972 年。

34）　「日本法政大學地方自治講習科開講辭」『申報』第 12516 號、1907 年 11 月
　　　30 日（光緒 34.10.25）、第 91 冊第 377 頁第 1 ～ 2 面。

35）　王宝平主編『晩清東遊日記彙編　日本政法考察記』、第 383 頁。

36）　王宝平主編『晩清東遊日記彙編　日本政法考察記』、第 394 頁。

37）　「保定府知府淩福彭卓異引見臚陳政績片」『袁世凱奏議』（下）天津古籍出
　　　版社、1987 年、第 1458 ～ 1459 頁。

38）　『東方雑誌』第三年第二期内務、第 64 頁。

39）　「候補直州判蔡振洛上直督袁改良直隷監獄条陳並批」『北洋公牘類纂』巻五
　　　吏治三　監獄習芸。

40）　「調査日本監獄員高令蘊傑上列憲改良直隷監獄上陳」『北洋公牘類纂続編』
　　　巻四　吏治二。

41）　「監獄訪問録序」、「但襲外観，不求内蘊，遂謂感化無期也」、『寄簃文存』
　　　巻六 序、中国書店、1982 年。

42）　「直督袁批天津道等會議采擇日本獄制分別緩急辦法稟」『東方雑誌』1904 年
　　　第 1 期、内務、第 4 頁。

43）　「保定習藝所章程表冊類纂」［日］高見澤磨「中國近代法制史與都市景觀的
　　　變革」（馬玉珍譯）、『城市史研究』第 21 輯、天津社會科學出版社、2002 年。

44）　熊達雲『近代中国官民の日本視察』成文堂、1998 年、第 311 頁。

45）　『東方雑誌』1906 年第二期内務、第 64 頁。

46）　『東方雑誌』1904 年第十期實業、第 175 頁。

47）　『故宮文献特刊第一集　袁世凱奏摺專輯』台北故宮博物院、1970 年、第
　　　1792 頁。

48）　「保定府知府淩福彭卓異引見臚陳政績片」『袁世凱奏議』（下）天津古籍出
　　　版社、1987 年、第 1458 ～ 1459 頁。

49）　熙楨『調査東瀛監獄記』、第 21 頁。

50）　『北洋公牘類纂』巻五 吏治三　監獄習藝。

51）　「論直督訪實缺州縣須先赴日本遊歴事」『申報』第 11581 號、1905 年 7 月

161

第二編　清末中国における日本監獄視察の潮流

　　　15 日（光緒 31.6.13）。

52）　「論直督飭實缺州縣須先赴日本遊歴事」『申報』第 11581 號、1905 年 7 月
　　　15 日（光緒 31.6.13）。

53）　「論直督飭實缺州縣須先赴日本遊歴事」『申報』第 11581 號、1905 年 7 月
　　　15 日（光緒 31.6.13）。

54）　段献増『三島雪鴻』京華印書局、1908 年。

55）　段献増『文牘一斑』京華印書局、1908 年、第 7 頁。

56）　段献増『文牘一斑』京華印書局、1908 年、第 1 頁。

57）　「新留學生派遣　十九日北京特派員発」『朝日新聞』明治三十七年九月二十
　　　日。

58）　「遊學日本法政速成科畢業各官不論班次儘先請補片」光緒三十三年二月
　　　二十八日（一九〇七年四月十日）、天津圖書館・天津社科院歴史研究所編『袁
　　　世凱奏議（下冊）』天津古籍出版社、1987 年。

59）　任達『新政革命と日本（1898 ～ 1912）』江蘇人民出版社、1998 年。

60）　張一麟『心太平室集』巻八、沈雲龍主編『近代中国史料叢刊』第 1 輯、第 36 頁。

61）　周叔貞『周止庵先生別伝』沈雲龍主編『近代中国史料叢刊』第 1 輯、第 1 頁。

62）　周叔貞『周止庵先生別伝』、第 11 頁。

63）　『北洋公牘類纂』巻五、第 25 頁。

64）　『北洋公牘類纂』序、第 4 頁。

65）　章伯鋒・莊建平編『晩清民初政壇百態』四川人民出版社、1999 年、第 16 頁。

66）　「督憲楊準東撫咨派員赴天津保定調査監獄並習藝所規章分別劄飭遵照文」
　　　『大公報』、1909 年 7 月 2 日。

67）　熙楨『調査東瀛監獄記』王宝平主編『晩清東遊日記彙編　日本政法考察記』
　　　上海古籍出版社、2002 年、第 21 頁。

68）　「候補直州判蔡振洛上直督袁改良直隷監獄条陳並批」『北洋公牘類纂』巻五
　　　吏治三 監獄習芸。

69）　白蕉編著『袁世凱與中華民国』上海人文月刊社、1936 年。陳伯達『窃国大
　　　盗袁世凱』新華書局、1949 年。

70）　孔祥吉『康有為変法奏議研究』遼寧教育出版社、1988 年、第 395 頁。

71）　林明徳『袁世凱與朝鮮』中央研究院近代史所、1970 年。原文は「日人之
　　　兵正弱于陸戦，我今日所部各軍，可盡日人所知多少盡殺之，特有所未必耳，
　　　各洋可畏者惟俄，他不足慮也。貴邦陸通中邦，只守一面水陸，易事耳」とある。
　　　袁世凱『朝鮮大局論』『歴史檔案』、1992 年第三号。原文は「日本疆域與朝鮮等，
　　　從以改用西法，侈言功利，外強中乾，黨禍迭起，自謀不暇，何暇助人？且素
　　　性狡點，唯利是視，此可為連和，而不可為依恃也」とある。

162

第三章　清末中央政府派遣の日本監獄視察団

一　緒　言

　近代中国において、阿片戦争の敗北により 1842 年の南京条約をはじめとする一連の不平等条約を結ばざるを得ず、華夷秩序で構築されてきた中華文明の世界が崩壊しつつあった。つまり、古代中国人が考えてもみなかった「夷を以て夏を変ずる」という未曾有の時代を余儀なく迎え、近代化の道を歩み始めたのである。

　そのうち、法制度も西洋の巨大な衝撃のもとで、伝統的な中華法系から、西洋型の法制度へと変容させていかざるをえなかった。フランスの思想家モンテスキューは、「中国は専制の国で、その原則は恐怖である」と批評した[1]。中国法の中で、最も非難されたのは監獄である。「監獄の実況を見て、その国の文明と野蛮を測ることが可なり」[2] とされるように、中国監獄の重刑と暗黒は西洋宣教師・駐在使節及び新聞記者によって世界に晒された。西洋列強はこれをもって、治外法権と領事裁判権の正当性を強調した。したがって、従来中国官僚知識層に看過されてきた監獄は注目を集め、一時監獄改良論が世に風靡した。

　明治日本は監獄を含む法整備によって、治外法権の撤廃に成功した。そこで、1906 年、晩清政府は日本に監獄視察団を送り出した。これは、近代において中日法曹界の初めての接触である。本章は、時代背景、視察経緯、視察成果という 3 つの部分に分け、日本監獄視察団を検討するものである。

第二編　清末中国における日本監獄視察の潮流

二　清末中央政府派遣の日本監獄視察団の時代背景

　20 世紀に入り、ひた隠しに隠された中国の監獄が清末新政の議事日程にリストアップされたことは大いに考えさせられることであろう。

　前編で述べたように、古代中国の監獄の集大成である清国監獄の暗黒至極は国内外の人々に熟知されるようになった。数千年の発展を経てきたため、清代の獄制は拘禁制度と職官制度など相当な体系性をなしたが、監獄の管理思想がまだ囚人を苦しめ辱める方針に止まっていた。「束其身體, 節其飲食, 隘其居處, 無非多方折磨, 啓其悔過遷善之心」[3] というように、監獄の機能は囚人への懲罰と報復に位置づけられていた。古代中国では、「德主刑輔」「明刑弼教」「明德慎罰」という刑罰を教化の補助として慎重に採用する軽刑主義が採られていたが、宋代以降、理学家朱熹は「明刑弼教」を新しく解釈し、刑の地位を上げ、礼と刑が国を治めるのに同じく重要であることを強調した。明代の開国皇帝朱元璋はさらに重刑主義を貫いた。したがって、明清以来、重刑を以て囚人を罰する理念が根付いてきた。悪を以て悪を制する監獄は、礼儀の国と称する中国では日の当たらない暗黒地で、怖がられ排斥され軽蔑されてきた。士大夫は監獄のことに目も配らないでいた。監獄の事務を取り扱う獄吏は、地位が非常に低く卑しめられた。

　清末に至っては、脱獄事件が頻出し、しかも脱獄の成功率も高かった。中国監獄改良の父といわれる沈家本は「逾越逃亡, 甚則劫獄反獄, 防之不勝其防」[4] と言い、脱獄と監獄破り事件の頻出でどうにも防ぎようがないと指摘した。脱獄の続出事件は監獄の腐敗の現われだけでなく、積年の監獄の弊害による危機でもあった。社会の安全弁の働きをするはずの監獄は、逆に犯罪を繁殖させる場所になってしまっていたのである。

　清末監獄の状態について、『申報』は、1910 年 1 月 17 日、宣統元年十二月初七日付の記事で次のように評した。

　監獄罪犯, 則羣聚如蛆蠅, 獄吏則兇悍如野, 又其見解全屬誤會, 而彼罪人

164

第三章　清末中央政府派遣の日本監獄視察団

　者，日處刀鋸之下，其瞋目切齒者，祇有毒恨法律之一念，所謂羞惡廉恥之
　心，至是盪然無餘矣。夫其人既無羞惡廉恥之心，則又何事不可為[5]。
と描かれた。つまり、監獄の中の囚人は蛆虫のように集まり、獄吏は夜叉のよ
うに囚人を扱った。その結果、囚人は酷刑に脅かされ反抗できないが、羞恥心
がなくなり、何の悪事でも恐れないという。監獄は囚人たちが苦しみうめきな
がら、それぞれの犯罪歴を披露し、供述のコツや犯罪の手口を交流する場所に
なってしまった[6]。「監獄之拘禁罪人，非冀其有向善之心，實教之以作惡之地也」[7]
というように、囚人は聞きなれたり見慣れたりして、知らず知らずのうちにそ
の影響をうけ、監獄は犯罪人を育成する学校になってしまったのである。

　一方、ヨーロッパでは18世紀以降、人道・感化・教育を特徴とする監獄改
革運動が起こった。100年経った19世紀中葉にも、運動は勢いよく盛り上がっ
ていた。「春江水暖かにして鴨先ず知る」という詩句がある。前編第二章で述
べたように、最初に海外へ赴いた近代中国官民はまさに春の川の水がぬるむの
をいちはやく知る鴨のようであった。彼らは、視察日記に西洋の近代獄制を記
録し、国内に紹介した。初期に出国した中国官民は法律専門家でないため、西
洋獄制への観察は感性の程度に限っていたが、啓蒙の意味では大きな役割を果
たしたといえる。近代的な西洋監獄を参照したことで、中国監獄の野蛮さが浮
き彫りにされた。もともと世界文化の中心地と誇る中国は、野蛮国と見なされ
る窮地に陥った。中国士大夫はこの未曾有の民族文化の危機に直面し、やむを
えず西洋を学ぶことにした。第一編第三章で論じたように、国内には監獄改良
論が盛り上がっていったのである。

　20世紀以降、監獄視察には理性的な思索が現れてきた。1905年に清政府に
派遣され、欧米9カ国を歴訪し視察したいわゆる「考察政治五大臣」の1人で
ある法部尚書の戴鴻慈は、日記に何度も監獄視察について記録した。同年12
月24日、米国のネブラスカ・リンカーン（Nebraska　Lincoln）監獄を見学した。
翌年1月15日には、米国のエルマイラ（Elmira）改良所を視察した。2月19日に、
ドイツ・ベルリンの重罪監獄を見に行った。彼は「監牢非以苦痛犯人也，束縛
其自由而仍使之作工，故西人有改過所之稱」[8]と書き、監獄は囚人を苦しめる
ところではなく、自由を束縛し働かせるため、西洋人は過ちを改めるという意

165

第二編　清末中国における日本監獄視察の潮流

味の「改過所」と名づけたわけであるとの感想を述べている。沈家本はさらに「監獄者、感化人而非苦人辱人也」[9]と、ずばりと西洋監獄と中国監獄の根本な相違点を指摘した。「苦人辱人」という固有の監獄観念から「感化」への思想転換は大変意味深いことである。

　先にも触れたように、20世紀初期の清末監獄改良の展開は領事裁判権と大きくかかわっていた。実は最初に領事裁判権が確立したのは、清政府が外国人を夷と見下し、外国人に関連する裁判権を自ら放棄したことによる[10]。歴史家の蔣廷黻も、「道光年間の中国人は国際公法と国際形勢が全く分からないため、争うべきでないものを争い、放棄すべきではないものを放棄した」[11]と論じた。国家の主権意識の覚醒と中外文化の交流にしたがって、領事裁判権の危害は次第に認識されるようになった。王韜・鄭観応・薛福成などは早くから領事裁判権を批判し、撤廃の提案を出した。20世紀初期、領事裁判権は租界、教案、中外訴訟案などに影響が現れ、清政府の統治を脅かしていった。そのことで、清政府も世論も領事裁判権の撤廃に関する共通認識を持つようになっていったのである[12]。

　光緒二十八年（1902）、英国と清政府は上海で16カ条の通商行船条約を調印した。その内の第12条に、

　　　中国深欲整頓本国律例，以期與各西国律例改同一律，英国允願尽力協助以成此挙，一俟査悉中国律例情形及其審断弁法，及一切相関事宜皆臻妥善，英国即允棄其治外法権[13]。

とある。つまり、イギリスは中国が西洋各国に学んで立法裁判など一切の法律制度を整えれば、治外法権の放棄を承諾した。一方、隣国日本が1899年に領事裁判権を撤廃した原因の1つは監獄改良にあると、清末中国では見なされていた[14]。西洋列強の承諾と日本の成功事例によって、監獄改良は重要視されるようになった。監獄改良が清末新政の「第一要圖」[15]、「最要之巨」[16]、すなわち一番の要務と受け止められた。清国法務省は「法部議覆実行改良監獄折」という上奏文に、監獄改良の方法と目的が「一切規模宜考酌東西洋辦法、以示文明于諸國、為日後撤去領事裁判權及抵制租界監獄地歩」[17]とし、東洋・西洋の法律を学び、文明を諸国に証し、領事裁判権の撤廃と租界監獄の排斥を実現

第三章　清末中央政府派遣の日本監獄視察団

するという方針を明らかに示した。

　監獄改良が、19世紀の思潮から20世紀の全国規模の改良運動と発展したの
は、上記の領事裁判権の撤廃への悲願が要因であるとともに清末新政の要請で
もあった。光緒二十八年（1902）から始まった修律活動は、刑法が真っ先に改
革され、従来の生命刑・身体刑・遷徙刑を主体とした刑罰体系が、自由の剥奪
を特徴とする近代的自由刑に取って代わった。次第に、刑罰の執行場所である
監獄も改革しなければならなくなった。清代の刑罰体系は、明代のものを引き
継ぎ、笞・杖・徒・流・死という五刑であった。笞は、細枝を使っての鞭打ち、
杖は木の棒で叩くこと、徒は労役刑で、今で言う懲役に当たる。流は流刑、島
流し。つまり、ここに終身刑が含まれていた。そして、最後は死刑である。『清
史稿・刑法志』には、「既定罪，則笞杖折責釋放，徒流軍譴即日發配，久禁者
斬絞監候而已」、「監羈罪犯，並無已決未決之分」、「大都未決犯為多」[18]と記
し、笞杖の受刑者は刑罰を受けてから釈放され、また徒流の受刑者は即日流さ
れ、監獄に長期拘禁された囚人は死刑囚だけであり、さらに囚人は未決既決を
分別せず、原告・被告・容疑者・証人を一括収監し、未決囚が多いということ
が分かった。既決囚を収容する近代監獄とまったく異なっていた。したがって、
刑法の改革を成し遂げるため、刑罰の執行機関である監獄を改革しなければな
らない。「庶政改良自刑法始，而監獄為執行刑罰之機關，改良刑法監獄豈容緩
哉」[19]、「監獄制度不改良，則新法仍無所施其能，猶車馬之無兩輪，人之無四肢也。
有好刑法，無良監獄，刑法亦不能徒行」[20]とし、監獄と刑法の関係を馬車と車輪、
人と足に喩え、整備した刑法と近代的な監獄を組み合わせなければ何にもなら
ないと指摘した。光緒三十二年（1906）から、清政府は司法改革を実施し、司
法独立という原則に基づき各級審判庁を設けた。司法の改革にも、また監獄の
改革が絡んできた。「法律所纂訂，裁判官所判斷，必至監獄以執行」[21]、「監獄
與司法，立法鼎峙而三，縱有完備之法典與明允之法官，無適當之監獄以執行刑罰，
則遷善感化，猶托空言」[22]というように、立法・司法・監獄の三者依存関係
が強調された。すなわち、監獄改良は清末の法制改革の不可欠の一部であった。

　このような清末新政の監獄改革を時代背景に、中国人の日本監獄の専門考察
が活発に行なわれるようになった。1906年、清政府は董康をはじめとする日

167

第二編　清末中国における日本監獄視察の潮流

本監獄視察団を派遣することになった。

三　清末中央政府派遣の日本監獄視察団の経緯

　清政府が日本監獄視察団を派遣した理由は、監獄改良を法律文書にとどまら
ず、実行して全国へ推し進めることにあるといえよう。日本視察は、治外法権
の撤廃のために近代法の整備を目指す修訂法律館の既定方針であった。修訂大
臣の沈家本と伍廷芳は、日本視察の目的を、日本人顧問を招聘することと日本
の法制改革の歴史及び実行を調査することに設定したのである[23]。1906 年の
日本裁判監獄視察団は、この方針の産物であった。

　光緒三十一年（1905）九月、沈家本と伍廷芳は、この視察団を派遣するために、
以下の上奏文を提出した。

　　丁亥，伍廷芳等奏，臣等奉命修訂法律，固以明定法權推行無阻為指帰，尤
　　以參酌東西擇善而從為目的。是以自上年四月開館以來，自德・法・日・俄
　　各國刑律均經陸續譯齊，並以英美兩國向無刑法專書，大半散見他藉。亦經
　　依次搜討，編譯成書。惟立邦之法制，雖知其大凡，而刑政之執行，尤資於
　　試驗。考查日本改律之始，屢遣人分赴法，英，德諸邦，採取西歐法界精理，
　　輸入東瀛，然後薈萃衆長，編成全典。舉凡訴訟之法，裁判之方，與夫監獄
　　之規則刑制，莫不燦然大備。用能使外國旅居之人，鹹願受其約束，而法權
　　得以獨伸。至推原致此之由，實得力於遣員調查居多。我國與日本相距甚近，
　　同洲同文，取資尤易為力。亟應遴派專員前往調查，藉得與彼都人士接洽研
　　討。至訴訟裁判之法，必親赴其法衙獄舍，細心參考，方能窮其底蘊。將來
　　新律告成，辦理乃有把握。刑部候補郎中董康・刑部候補主事王守恂・麥秩嚴，
　　通敏質實，平日嫻習中律，兼及外國政法之書，均能確有心得。擬請派令該
　　員等前赴日本調查法制刑政，並分赴各裁判所研究鞫審事宜，按月報告，以
　　備采擇。凡該國修訂之沿革，頒佈之次第，以及民事刑事之所以分判，並他
　　項規則之關於刑政為譯書內所未賅載者，俱可得其要領。日本監獄向分為六，
　　其中建築精審，勸懲得宜，久為泰西所稱頌。非循曆周訪，繪圖貼說，不能

168

第三章　清末中央政府派遣の日本監獄視察団

一目瞭然，尤應詳細稽考。借助他山，事半功倍。庶内外交資，于刑政不無
裨益。得旨。如所議行[24]。

　この上奏文には、まず視察の必要性を解説し、次に日本視察を建議し、続い
て視察団の成員を推薦し、最後に視察内容を明確に定めている。法律修訂は東
西を参考にして長所を取り入れることを旨とするもので、前年4月に開館して
以来、すでにドイツ・フランス・日本・ロシアをはじめとする各国の刑法を翻
訳した。ただイギリスとアメリカ両国は刑法に関するまとまった書籍がなく、
ほかの本に散見されるが、時間をかけて資料を集めて訳書にまとめることがで
きた。したがって、法制度はほぼ了解したが、刑法の執行は今後の課題となっ
た。日本の場合、法律改正の始めは幾度もフランス・イギリス・ドイツ諸国へ
視察しに出かけ、西欧法界の精髄を採取し、日本に導入し、法典を作り上げた
のである。訴訟法も裁判法も監獄法も、みな整っていた。実施に至って、外国
人も従い、法権を守ることができた。その成功原因を遡及すれば、海外視察の
功績が実に大きい。中国と日本は地理的位置が近く、「同文同種」なので、便
利で最もふさわしい視察対象国であった。刑部候補郎中の董康・刑部候補主事
の王守恂・麦秩厳は、中国と外国の法律に通達し、人となりが実直であるため、
日本視察の理想的な人選であった。日本の法律家と交流し、修訂沿革や公布次
第や民事刑事の分立理由など訳書に掲載されないものを学び取り、さらに法廷
と監獄を実地踏査し、月ごとに報告する。日本の監獄には6種類あり、そのう
ち建築が優れ、制度が整備され、前から西洋各国に称えられたため、遍歴して
図を写し説明を加えるように、詳細に調べるべきであるとされた。日本を学ぶ
ことは、半分の労力で倍の成果を上げることができると考えられた。日本視察
は、将来の新法実施に役立つであろうと見なされたのである。

　光緒三十二年四月、一行は日本に渡った。同年十二月、前後して帰国した。
翌年四月、沈家本は、清廷に「調査日本裁判監獄情形折」を提出して、一行の
日本視察のことを報告した。調査実況に関する内容は以下のとおりである。

竊臣於光緒三十一年九月，奏派刑部候補郎中董康，主事王守恂，麥秩嚴赴
日本調查裁判監獄事宜，以為將來試行新律之參考。旋王守恂經巡警部奏調，
復於三十二年三月奏請改派刑部郎中饒昌麟，並添派日本法科大學學生熊垓

169

第二編　清末中国における日本監獄視察の潮流

幇同調査。均蒙諭允在案。該員等於是年四月間，偕同自備資斧随往遊歴之
刑部候補員外郎煕槙，四川綦江縣知縣區天相由京啓程。行抵天津，饒昌麟
因病折回。董康等四員相率束渡，於閏四月間始至東京。審知司法一項，端
緒棼如。適學部奏派刑部員外郎王儀通調査學務，復咨派該員襄理編輯。該
國政府因吾國司法初與交渉，由司法省特派參事官齋藤十一郎，監獄局事務
官小河滋次郎，導引該員等分歴各處裁判所及監獄，詳細參觀，並於司法省
及監獄協會開會講演。其間制度有原於吾國者，有沿自習慣者，有采自泰西者，
無不秩序井然。維時立憲明詔，渙布中外，該國自司法大臣以迄法學界之博
士學士等，僉冀我之法權獨立，以奠自強始基，各抒讜論，用備諏訪。該員
等將所見所聞，輯編成書，分期報告。嗣臣忝擢大理，締構伊始，佐理需人，
電促該員等回國。隨將未完事件移交熊垓代辦，於十二月間先後回京 25)。

　これによると、視察団の成員には変更があったことがわかる。光緒三十一年
九月に推薦した3人のうち、刑部主事の王守恂は巡警部に人事異動したため、
三十二年三月に再び上奏し、刑部郎中の饒昌麟をかわりに派遣し、また日本法
科大学生の熊垓を調査助手として指定した。同年四月、一行3人は自費で随行
する刑部候補員外郎の煕槙、四川綦江縣知縣の区天相と共に北京から出発した。
しかし、天津に着いた時、饒昌麟は病気になり北京に戻った。そのため、董康
等一行4人は日本へ渡航した。閏四月に東京に到着した。司法調査には時間を
要するため、学部に学務調査を依頼されてちょうど日本にいる刑部員外郎の王
儀通に手伝わせた。

　これが清国と日本両国の司法機関による始めての接触であったことから、日
本政府は非常に重視し、司法省によって参事官の斎藤十一郎と監獄局事務官の
小河滋次郎を特派し、各裁判所及び監獄を案内し、つぶさに見学させ、さらに
司法省と監獄協会で講演した。日本の司法制度には中国からきたものもあり、
自国の習慣からのものもあり、西洋からのものもあったがすべて整然としてい
た。1906年9月、清国政府が、国内外に立憲の詔を公表した。日本の司法大
臣から法学界の博士・学士まで、中国の法権独立を期待し、これをもって自立
富強の基礎を築くように、それぞれ示唆に富んだ意見を発表してくれた。視察
団員は見聞したものを本に編集し、期間ごとに報告した。沈家本は新しく設立

170

第三章　清末中央政府派遣の日本監獄視察団

された大理院、すなわち中国における最上位の裁判所に異動したため、人手不足で、董康一行の帰国を催促した。董康らは未完了の事項を熊垓に頼んで、同年十二月に前後して帰国した。

　視察団のことは上述の沈家本の上奏文の外に、董康の『調査日本裁判監獄報告書』、熙楨の『調査東瀛監獄記』、区天相の訳書『監獄学』の緒言から、当時の視察状況を窺うことができる。しかし、残念ながら、明らかなのは視察の概要だけである。董康の作品は、報告書というより、小河滋次郎の講義録と言うほうが適切である。そして、熙楨の視察記は、逐日に書き記した日記ではなく、22頁の短い回想録といえる。

　沈家本は、董康の訪日成果の1つである『裁判訪問録』に序言を書いた。この序言を上述の沈家本が呈上した上奏文「調査日本裁判監獄情形折」と比べると、内容がほぼ同じであるが、光緒三十一年（1905）九月に日本視察の件を申請し、実際の訪日が翌年の四月に延期された原因について、序言には「館事殷繁於次年四月、始克東渡」と記しているように、修訂法律館の仕事量の膨大さにあったことがわかる[26]。

　王儀通は、『調査日本裁判監獄報告書』の緒言を書いた。その中には、董康の博識と勤勉を絶賛した。

　　近十年效法日本之説盈於耳，遊歷日本之人接於途。若教育，若法政，若軍事，若實業，譯述都富，疲於楬櫫，而假手留學生掇拾陳言數十紙，歸以報告者亦屢覯焉。去年在日本與其國學者語，艷稱吾國桐城呉摯甫先生及董授經刑部為遊歷家之巨擘。桐城負當世學望者，數十年述作風行海内外。東土有著弟子籍者，其獲盛名也。固宜若授經之陸沈人海，枯寂類處士，平日不輕以撰著示人，無交遊，無介紹。一旦出其所學，與彼都法律家相質問，顧為所傾倒。如此公論伸於異域，是可傷也。

　　余寓東京本郷區西須賀町，距授經所寓之小石川區餌差町約一裏許。間日過從，見其出則就齋藤・小河・岡田諸學者研究法理，入則伏案編輯，心力專注，殆無片刻暇。自顧玩憩，深愧弗如！昔桐城之東遊觀學也遭重謗，不可思議。授經性不諧俗，受謗不自赴日本始，而歸自日本，積毀益甚，人或為之扼腕，授經亦不免有所憂畏。獨沈侍郎謂其遇厄而學昌，是大可憙。所以

171

第二編　清末中国における日本監獄視察の潮流

　期授經者至遠，授經之自待當何如耶？[27]

　ここ十年来、日本を手本とする説は通説とされていた。日本視察の人は途切れない。教育や法政や軍事や実業などに関する著訳は多いが、留学生に頼んで数十ページの中身のない古い説を以って報告する人も少なくない。去年日本の国学者から聞いたが、呉汝綸と董康は遊歴者の大家だと賞賛した。呉汝綸は学名高く、著作が海外にも紹介され、日本にも弟子を持つ。董康は全く違うタイプで、著書を人に見せず、交際もない、紹介もない。しかし、日本の法律家は交流を通し、彼の学識に傾倒した。異国でのみ認められるのは、悲しいことである。王儀通は、東京本郷区西須賀町に宿泊していた。董康の宿舎の小石川区餌差町まで遠くない。時々尋ねたから、董康の勤勉な仕事ぶりを目のあたりにした。出かければ、齋藤、小河、岡田諸学者と法理を研究する。帰れば、机に向い編集する。仕事に専念し、一刻の暇もない。王儀通は自分自身を振り返り、恥ずかしく思う。呉汝綸の日本視察が誹謗されたように、董康も同じ遭遇にあった。ただ、董康は人付き合いがよくないため、誇りは日本視察の前からすでにあり、帰国後はよりひどくなった。同情する人もいたが、本人も多少危惧していた。しかし、沈家本は不遇にもかかわらず学問に励む董康に大きな期待をかけていた[28]。

　自費で視察団と同行した熙楨は、『調査東瀛監獄記』に渡航の理由と小河滋次郎の講義内容の要略と感想を記し、さらに文末に２部の条例、「刑事被告人遵守条例」と「因犯與懲治人遵守条例」を付録した。

　　楨濫廁秋曹六年矣，知識淺陋無報稱。今聖上勵精圖治鹹與維新為將來立憲之預備。當此群強環伺，盜賊肆行，內憂外患，岌岌不可終日，非修內政無以定外交。而內政之修，首在刑律。監獄一日不改，即刑律一日不修，而領事裁判權亦一日不復。楨有鑒於此，不敢師心自用急思擇善而從。故於丙午春稟准堂憲，偕董君綬金麥君敬興區君寄南，航海赴東，會同法科大學熊君暢九，調查監獄以資仿效。並晤日人小河滋次郎，虛心討論。小河者日本法學之專家也。……楨詳覽巢鴨等監，皆意美法良，秩然有序，使人耳目一新。惜楨因母病催歸，使遊子之心方寸已亂，未及遍覽各監[29]。

これによると、刑部で６年奉仕した熙楨は、救国の念を抱いて日本に赴いた

172

第三章　清末中央政府派遣の日本監獄視察団

ことがうかがえる。当時中国の内憂外患の危局を危惧し、救国策を捻出しよう
とした。内政を修めなければ、外交は定まらない。そして、内政のポイントは
刑律にある。監獄が改まらなければ、刑律が修まらない。その結果、領事裁判
権も取り除かれない。つまり、監獄改良は一番の急務だと熙楨は考えた。した
がって、自費で監獄視察に日本へ渡った。日本滞在中、小河滋次郎の講義を聞
くと同時に、巣鴨監獄や東京監獄などを見学した。残念なことに、母親の病気
で帰国を繰り上げたことから各監獄を遍歴できなかった。

　視察団一行のうち、区天相の事跡は最も世に埋もれている。幸いに、上海図
書館で区天相が編集した『監獄学』を発見できた。それによって初めて、区天
相が骨身を惜しまずに監獄改良事業に全力を尽くしたにも関わらず、異国で命
を失ったことが判明した。『監獄学』下巻には、清遠朱汝珍が光緒丁未年（1907）
六月に書いた序言がある。その中に、区天相の日本視察状況、『監獄学』の形
成過程及び逝去の原因が記されている。

　　大令居恒慷慨有大志。丙午夏，由部銓選出知四川綦江縣事。未首途，承法
　　律大臣命，赴日本考察刑法。至則與小河博士交相善，朝夕過從，討論監獄
　　學者垂半年。博士復偕往參觀東京及北海道各監獄，為之解釋證明。大令於
　　此蓋已略有心得矣。爰命其猶子區君漢槎組織一明志學舍，復約同志譯述此
　　書。……大令常以語人：竊欲盡其提倡之力。乃或譏之曰：君之志願誠大，
　　其如中國程度，不足以語此何。大令往復辯論，唇敝舌焦。又常輾轉構思，
　　致廢寢食，遂罹心疾。蓋其心血之熱度過高，已超過於沸騰點也。同人勸暫
　　回國養屙，乃大令憤懣之餘，竟因是齎志以沒。其志誠壯，而其死亦可哀矣。
　　是書上卷，當大令在東時業已出版。其中卷下卷，則是藏之遺篋。今大令之
　　喆嗣尺君部郎來東遊學，始校讐而付印也[30]。

　区天相は、器量あり大志を抱いた人物であった。四川綦江縣知縣に任命され
たが、法律大臣の命令によって、日本視察の途についた。日本滞在の半年中、
毎日小河博士にしたがって監獄学を勉強しているうちに、2人は親しくなった。
小河は、東京だけではなく、北海道の監獄にも連れて行って、詳細に解説して
くれた。そして、区天相は監獄学に開眼した。おいの区漢槎に明志学舎を組織
させ、小河の『監獄学』を訳そうとした。命をかけて監獄改良を呼びかけると

173

第二編　清末中国における日本監獄視察の潮流

いう志を口にし、「志が大きいが、中国の程度なら監獄改良を語るのにまだま
だ不十分だ」とからかわれた。区天相は、口が渇くまで論争した。また、寝食
を忘れるほどいろいろと思い巡らし、ついに病気にかかった。監獄事業への熱
情が沸騰していたからであろう。帰国し静養するように勧告されたが、憤懣の
あまり、思い残して亡くなった。生きているとき、上巻はすでに日本で出版し
たが、遺稿の中巻と下巻は子息が日本留学に来てから、出版に付したのである。

四　清末中央政府派遣の日本監獄視察団の成果

　1906 年に清末中央政府に派遣された董康ら一行の視察団は、近代の中日法
曹界において初めての最高レベルの接触で、明治日本政府の積極的な協力が得
られた。また、明確な視察目的を持っていたので、実り多い成果をあげたので
ある。彼らの報告書は、直接に修訂法律大臣の沈家本に提出され、さらに清政
府に奉呈されたことから、のち全国に展開された清末監獄改良に及ぼした影響
は多大であるといえよう。

　それ以降、修訂法律館は、引き続き日本へ法制視察団を送っている。たとえ
ば宣統元年（1909）九月二十七日、修訂法律館科協の朱與汾が日本へ派遣され、
駐日公使の胡惟徳を通して日本の司法省に照会し協力を求めた。しかし、後世
に及ぼす影響から言えば、1906 年の董康一行の視察とは比較にならない。客
観的に見れば、董康らの 1906 年の日本法制考察は清末における司法制度及び
監獄制度の改革に重要な参考を提供し、深い意味を持つものであった。

　次に清末監獄改良運動の本格化、近代獄制思想の伝播および日本監獄学家の
招聘という三方面から論じてみたい。

(一)　清末監獄改良運動の設計

　董康一行の帰国後、沈家本は日本の監獄学を吸収し、日本監獄沿革と改良次
第を勉強し、中国の国情に合うものを取り入れ、清末監獄改良策を制定し、董
康の日本監獄調査報告書とともに上奏した。

第三章　清末中央政府派遣の日本監獄視察団

『調査日本裁判監獄報告書』は、沈家本の上奏文である「調査日本裁判監獄情形摺」と「実行改良監獄摺」、2つの報告書「調査裁判清単」と「調査監獄清単」、さらに松岡義正の『日本裁判所沿革大要』と岡田朝太郎の『死刑宜止一種論』という「付録」2種からなる。「調査監獄清単」は、小河滋次郎の講義録で、22項目にわけ詳細に記録している[31]。これらの集大成が、視察の成果に基づいて翌年生み出された沈家本の「実行改良監獄摺」と「調査日本裁判監獄情形摺」である。

さすがに沈家本は、董康らの日本監獄学のあらゆるものを網羅しているミクロコスミックな視察報告書から吸収消化し、マクロの視点で、監獄が立法・司法と鼎足の関係をしていると指摘した。内政外交においてもっとも肝心な要務である監獄の重要性を強調し、4つの注意事項を説いた。新型監獄の建築、監獄官吏の育成、監獄法律の公布、監獄統計の編集である[32]。

沈家本は、日本視察を通して、監獄改良の趣旨と方向を把握した。日本と西洋の監獄は勧善に、中国の監獄は懲悪に旨を置くのである。したがって、日本の監獄は従来の拘禁を主とする中国の監獄と違って、囚人の年齢・罪質などによって分房制を採用する。囚人は衛生条件が完備している監獄におかれ、基本的生活ができ、一定の人権も保てる。それに、監獄が、行政系統の管轄の下に置かれるのか、それとも司法系統の管轄の下におかれるのか、これが伝統監獄と近代監獄を見分ける分かれ目であることに気づき、沈家本は「調査日本裁判監獄情形摺」に紙面を惜しまずに司法独立を呼びかけた。中国では、監獄を含む司法のことは行政官が兼任していた。ところが、地方官吏は司法の専門知識に欠けるし、煩雑な日常事務に追われて自ら訴訟を裁いて監獄を監督することができなかった。さらに、幕僚獄卒に任せて様々な問題を引き起こしたわけである。沈家本は、その弊害を一々と列挙しするどく批評した[33]。

上述のように、日本視察によって、司法独立や未決監・既決監などの近代監獄の概念が晩清中国に導入された。翌年の光緒三十三年（1907）一月に、沈家本は未決囚を収容するために看守所を新設し、必要な法律知識を習得した人をその管理人に当てるようにと上奏した。この上奏は清政府に採用され、大理院の管轄下に看守所が設立された。また、遊民習芸所、罪犯習芸所、模範監獄、

175

第二編　清末中国における日本監獄視察の潮流

看守所の概念を明確に区分した。大理院が所轄する未決囚を収容する看守所に対し、遊民習芸所は治安処分の対象者のためのものであったため、内政部に帰属し、罪犯習芸所と模範監獄は既決監で、法部に帰属することになった。

　沈家本の「実行改良監獄摺」の柱となる4か条の提案、新型監獄の建築、監獄官吏の育成、監獄法律の公布、監獄統計の編集という内容は董康の『調査監獄清単』に書かれた「構造」「官吏」「監獄統計」などの章節とあわせてみれば、両者の淵源関係が一目瞭然となるであろう。すなわち董康による日本視察の成果が、沈家本によって上奏文の中に吸収され、模範監獄の建造、各省法政学堂に監獄一科を増設し獄務人才の育成、日本専門家の招聘、監獄律の制定などの一連の政策が打ち出されたのである。

　清末における獄政改革が本格的に遂行され、各省が宣統三年（1911）までに模範監獄の完成を要請された。京師模範監獄は、光緒三十四年（1908）に地形調査が行われ、経費をあつめて、翌年正式に工事を始めた。

　監獄官吏の育成について、沈家本は「歐洲各國，監獄為專門之學，設立萬國協會窮年研究，精益求精，方進為已」と指摘し、欧米諸国において監獄を専門学と見なして、万国監獄協会まで設立し研究を重ねてきたことを強調し、同時に「憾中國從未有人講求此學」[34]と言うように、中国では監獄学に励む人が1人もいないという遺憾を表した。そのため、沈家本は次の解決策を考え出した。つまり、各省の法律学堂あるいは既成の新監獄に監獄学堂を設け、特別任用法を取り入れ監獄人材を育てるという考えである[35]。光緒三十四年（1908）五月に、沈家本が総括役を務める京師法律学堂には、京内外各監獄機構に管理人材を派出するため、監獄専修科が開設された。修業時間は2年と定められ、宣統二年（1910）五月に一期生が卒業した。120名の学員のうち、不合格者を除いて、最優等5名、優等14名、中等24名、下等26名、計69名が卒業した。すなわち、合格率が57.5%にとどまったことからもわかるように審査の厳しさがうかがわれる。卒業者は北京の監獄機構に採用され、監獄改良事業及び管理執行に取り組む者もいれば、地方の監獄機構に就職する人もいた[36]。

　ここで特筆しておきたいのは、この監獄専修科の教学上の質的向上をはかるために、日本の監獄学専門家の小河滋次郎と岐阜の典獄であった中村襄を教員

176

として招聘したことである。

監獄法の立法について、古代中国では従来より独立した監獄法典がなかった。沈家本が修訂法律大臣に就任して以降、古代中国の「諸法合体」の成文法律編纂の伝統を打ち破った。沈家本の考えでは、監獄法は刑事諸法においても重要な地位を占めている。宣統二年（1910）、『大清監獄律草案』が著名な日本の監獄学者小河滋次郎によって制定された。内容と目次からみれば、西洋各国の進んだ行刑思想と制度を最大限に取り入れたもので、当時の先進国に劣らない近代法律といえよう。残念ながら実施に至らなかったが、1913年の『中華民国監獄規則』にも、1946年の『監獄新刑法』にも、大いに参考されたことはいうまでもない。

㈡　近代獄制思想の伝播

帰国後、董康は『調査日本裁判監獄報告書』『監獄訪問録』『獄事談』という３種類の重要な監獄学書籍をまとめ、明治日本の監獄制度について詳しく紹介した。これらの書物は、清末監獄改良に無論大きな影響を与えた。

前述した『調査日本裁判監獄報告書』は、ここでは省略する。そのうちの「調査監獄清単」は皇帝に上奏するために、次に述べる董康の『監獄訪問録』の内容をまとめたものと考えられる。

上海図書館で見出したのは、「宣統紀元仲春仿聚珍版」の『裁判訪問録』だけであった。『裁判訪問録』は、日本の司法省参事官の齋藤十一郎が著した『日本裁判所構成法』の翻訳であるため「齋藤十一郎著」と明記されている。『監獄訪問録』は、中国国家図書館に所蔵されている。これは、小河が1906年に董康をはじめとする清国中央政府の日本監獄視察団のために行った講義の記録である。内容は前編の総論７章と、後編の各論15章からなる。小河の講義は詳しく、理論もあれば、図解と実例説明もある。中国の様子と比べながら説明するため、分かりやすい。沈家本は「監獄訪問録序」に同書の主旨について、「監獄者，感化人而非苦人，辱人者也」[37]と総括した。『監獄訪問録』は、小河滋次郎の代表作『監獄学』の略本といえよう。小河の『監獄学』も総論と各論という２編からなり、小河が董康らに講演するために、自作の『監獄学』を要約

第二編　清末中国における日本監獄視察の潮流

してできた講義録ではないかと考えられる。

『獄事譚』も小河滋次郎の著作で、董康が訳したものである。董康が訳した原書は見当たらないが、小河の原著を見ると、日本監獄史と西洋監獄史に対する考証のほかに、近代監獄管理に関する本人の経験論をまとめたものである。この本の収蔵者によると、該書は出版せず修訂法律館のガリ版刷り線装稿本で、光緒三十三年（1907）と記されている[38]。

視察団成員の熙楨は、母親の病気で早期帰国したが、日本での見聞に基づいて以下の6か条の意見を提出した。

一、監獄の敷地選択は建築家と法律家が共に検討すべきこと。

二、未決囚にも作業を課するべきこと。

三、未決囚を収容する監獄は、裁判の便利を図るため、裁判所までの距離に注意すること。

四、教誨師の言葉は囚人が聞いて分からないことがあるから、方言に注意すること。

五、囚人に貧者が多いため、将来の社会復帰を考慮して工場に電燈を取り付けないこと。

六、専門知識を持つ監獄官吏を育てて、任用すること。

総合してみれば、その内容は近代監獄の建築・教誨・作業・管理人員の育成・既決未決の区分などの要素に触れ、日本視察の効果が十分に窺える[39]。

視察団のもう1人の成員である麦秩厳に関しては、視察日記が見つからないが、宣統元年六月甲辰（1909年8月12日）の期日により「奏改良監獄亟宜整飭折」という上奏文を提出し、また宣統二年四月から建設する京師模範監獄の監督を勤めたことが確かである。監察官にあたる御史という官職で提出されたこの上奏文に、次の4つの監獄改良案が書かれている。

一、罪質・年齢・身分・犯罪次数によって監房を分けること。

二、囚人に作業を従事させて産品の販路を広めること。

三、未決囚のために看守所を設けること。

四、各省監獄官に監獄卒業生を充てること。

また、各省の模範監獄及び罪犯習芸所において起きた様々な問題は、典獄の

第三章　清末中央政府派遣の日本監獄視察団

訓練不足と古い章程の援用によるものであったため、典獄官の徹底訓練と章程
の改定が最も重要だと結論付けた[40]。法部は麦秩厳の識見を高く評価し、1907
年の沈家本の「実行改良監獄折」と同列に論じた[41]。

㈢　日本監獄学家小河滋次郎の招聘

　董康らの日本視察のもう1つの無視できない成果がある。前にも言及したが、
それは日本顧問の招聘である。董康は、「中国修訂法律之経過」に当時の日本
視察を振り返った。「康銜命東航数度、計先後聘得法学博士岡田朝太郎・松岡
義正・小河滋次郎・志田鉀太郎、充館中顧問暨学堂教習」とある[42]。これに
よると、岡田朝太郎らを修訂法律館顧問兼京師法律学堂教習として招聘するこ
とは、董康の数回の渡日による成果である。そのうち、小河滋次郎は、1906
年の日本視察の成果の1つに数えられることができる。

　1906年の日本監獄視察団を接待する任に当たったのが、監獄局事務官の小
河滋次郎である。小河は懇切に監獄改良の方策を一行に説き、厚い信望を集め
たため、1908年5月から1910年5月にかけて、まる2年間北京に招かれ、清
国の獄務顧問に任じられた。

　小河は、東京専門学校卒業後、明治19年（1886）、内務属として警保局に勤務、
のち各地の典獄を歴任して、司法省監獄事務官となり、やがて監獄局獄務課長
となった。日本における監獄学の草分けの1人であり、また死刑廃止論者とし
て著聞する。明治31年（1898）からは、東京帝国大学法科大学の監獄学講義
を嘱託され、明治40年（1907）には、監獄法の起案にも加わり、また1895年
パリで開かれた第5回万国監獄会議に委員として出席し、その後5年ごとに開
催される同会議に、第8回まで連続して出席した。

　実は、小河は中国政府の監獄視察団を接待する前に、すでに中国民間では監
獄学の権威としてよく知られていた。小河は、明治31年（1898）から東京帝
国大学法科大学の監獄学講義を嘱託されていた。多くの中国留学生も、小河の
講義を受講していた。のち、授業のメモをもとに本にまとめて出版した留学生
もいた。そして、小河の名著である『監獄学』も中国語に訳された。周作人は
1907年に日本の町を歩いていると、本屋に監獄の本が満ち溢れて、みな日本

179

第二編　清末中国における日本監獄視察の潮流

留学生が訳したものであると発見した。大半は、小河の講義と著作の訳本ではないかと思われる[43]。小河の作品は本だけではなく、中国の雑誌にも載せられた。たとえば、「第7回万国監獄会議と獄制改良の前途」という文章は1906年5月に中国の『東方雑誌』に掲載された。

　小河の監獄学の成果は、視察団一行の渡日の前にすでに留学生によって中国に紹介されていたが、沈家本に注目され清国獄務顧問として招聘されるのは視察団一行と直接な関係があると考えられる。沈家本は、董康が帰国後に編集した『監獄訪問録』に序言を書いた。その中に、「小河滋次郎為日本監獄家之巨擘，本其生平所學為我國忠告」とある。すなわち、小河の学問はもちろん、薀蓄を傾けて一行に忠告する熱心な態度は董康一行に極めていい印象を残した。董康は沈家本に信頼され、片腕であったことから、董康が推薦した人物を採用せずにはおかない。そして、清政府は小河に二等第二宝星を授け、獄務顧問として招聘することに決めたのである。

　清国赴任中の小河は、監獄学専門人材の育成、京師模範監獄の設計、大清監獄則草案の起草などの功績によって、清国政府にふたたび二等第二宝星を授けられた。

　ここでは小河滋次郎の招聘が、董康の訪日によったものであることを考証したい。

㈠　董康と沈家本の信頼関係

　董康の訪日は、沈家本が中国法律の近代化を図るために、片腕として派遣されたと考えられる。訪日の翌年1907年10月、董康は沈家本に修訂法律館の提調に抜擢され、清末修訂法律の具体責任者の役を演じた。董康本人は昇進のことについて、日記に何回もふれている。たとえば、「前清團匪事變，國家鋭意修訂法律，愚承歸安沈寄簃預知遇，令提調其事」[44]とあり、また「本館復興，沈大臣擢康為提調」[45]とある。

　また光緒三十二年（1906）五月に開かれた京師法律学堂にも、管理大臣の沈家本に次ぐ「教務提調」[46]とある教務を取り締まる重要な役を司っている。

　さらに保守派との闘いで、董康は投獄される危険にさらされても、上司の沈

180

第三章　清末中央政府派遣の日本監獄視察団

家本を支持していた。これについて、董康は「民国十三年司法之回顧」で当時
のことを振り返っている。

> 余痛斯積弊，抱除舊佈新主義，……陽為徵引載籍，其實隱寓破壞宗旨。當
> 時引起新，舊兩黨之爭，被人攻擊，亦以余與歸安沈公為最烈，且屢列彈
> 章[47]。

　外部の新旧闘争だけでなく、修訂法律館の内部闘争でも、董康は恩人の沈家
本を支えていた。清末新政において、日本を手本として進んだが、もう1人の
修訂法律大臣である伍廷芳は、英米の法を参照にし、法律を修訂すべきだと主
張していた。最も典型的な例は、光緒三十二年にできた「大清刑事民事訴訟法
草案」である。この草案は法律館が起草した新しい法典で、伍廷芳が最も心血
を注いだ作品だと言われている。陪審制を取り入れるべきかどうかという問題
をめぐって、2人の修律大臣の間に激しい論争が行われた。伍廷芳は、沈家本
の部下の董康に強く反対された。沈家本は、この紛争のために北洋大臣袁世凱
にも問い合わせた。これに関して、袁の高級幕僚張一麐は「修訂法律館大臣為
伍廷芳，沈家本，伍擬刑事訴訟法草案用陪審制，沈不謂然，乃問諸北洋。……
董君康自京之日本，過余，力言陪審制不宜於吾國」と記している[48]。

　一方、沈家本は董康のことを、仕事上の片腕だけでなく、友達とも見なして
いる。2人は、古代中国の法律文献について同じ趣味を持っている仲間同士で
あった。たとえば、沈家本は、董康が日本から持ち帰った『日本享保本明律』
に後書きを書いた。その中に、「吾友董綬金奉使東渡，曾觀其國庫所藏書，『明律』
有六十餘種之多，可為巨觀」[49]とあり、董康のことを「吾が友」と称していた。
董康は日本の司法視察に派遣されるたびに、古代中国の法律文献を探し、その
収穫を沈家本と共有していたことが分かる。また、『刑統賦解』は、董康が最
初に見つけ書き写し沈家本に贈った。

> 宋傅霖刑統賦解二卷鈔本。……董授金推丞得之，抄寫一通，持以相贈。
> ……宣統辛亥秋初，沈家本跋[50]。

　このように董康は、沈家本にとって仕事上においては欠くことのできない片
腕で、趣味においては法律文献の書誌学の同志でもあったように大いに信頼さ
れていた。董康が1906年の訪日によって親交を深めた小河滋次郎を清国獄務

181

第二編　清末中国における日本監獄視察の潮流

顧問として薦めたことに対し、沈家本は「監獄訪問録序」に、小河滋次郎を「日本監獄家之巨擘」と称し、董康の推薦を素直に聞き入れたことは歴然であろう。

㈡　岡田朝太郎の招聘に関する記録

　小河滋次郎と同じく、清末法制改革の顧問として招かれた岡田と志田の招聘に董康が直接に関与した記録が存在する。したがって、小河も同様であったと推定できよう。

　岡田「清国ノ刑法草案ニ付す」の記載によると、岡田の招聘契約書は、1906年董康の日本訪問中に調印されたようである。「光緒三十二年ノ春、法制調査ノ為メ、我国ニ渡来シヌル熈楨、麦秩厳、董康ノ三氏ヲ介シテ、予ヲ雇入ルルノ契約ヲ取結ハミメキ」[51] とあることから明らかである。

　また、1908年3月31日付の『東京朝日新聞』によれば、岡田の招聘に董康が関与したことが明らかになった。董康が渡日し、梅謙次郎と会見し法典編纂について依頼した。2人の会見後、梅謙次郎は清韓旅行に出かけた。董康も帰国した。梅謙次郎は在韓中、董康からの書簡を受け取ったが、当時は伊藤博文に法律顧問として招聘され、朝鮮の立法事業に携わっていたため、清国政府の招請に応じることができなかった。結局、梅謙次郎の推薦で、岡田朝太郎、松岡義正を招聘することになった。新聞記事の原文は、以下のとおりである。

　　新民法編纂事務監督の爲め三ヶ年の契約にて梅博士が清國政府へ傭聘せらるとの上海電報は博士の直話によれば目下の處敢て事実に非ざるが如し抑も清國の法典編纂に関しては一昨年我國の勅任官相當にして司法局長とも云ふべき官職ある董康氏が来朝の節梅博士と会見し一個の考へを以て法典編纂に就ては博士を労せざる可らずと云ひし事あり博士は該事業たる極めて重大なる問題なるを以て借すに十年の歳月を以てせざる可らずと語りたりき間もなく博士は清韓旅行の途に上り董康亦帰国したるが其後博士が在韓中董康より愈法典編纂日本人傭聘の必要を政府へ建議したりとの書簡に接したり後博士は清國政府の依頼に應じ刑法案起草を主とし傍ら教鞭を執らしむる事として岡田博士を推薦したりしが氏は目下刑法起草よりは學校の方が主となり居るが如く而して総則丈けは既に脱稿し各編の部も脱稿遠

からずといふ又民法調査の爲めには法学士松岡義正氏を推薦し同氏は目下民法の起草中なり商法起草に就ても人選を依頼されたるも適當の人なきが故に其儘となり居れる由又博士は清國にては民法と商法とを合併せん意見なるが如し [52)]。

㈢　志田鉀太郎の招聘に関する記録

1907 年 11 月、翰林院侍読学士の朱福詵は、梅謙次郎を民商法起草員として清政府に推薦した。清政府は、朱の上奏文を修訂法律館に発送して検討させた。法律館は志田の招聘を決定し、朱の意見を否決した。沈家本の光緒三十四年十月四日に提出した「議覆朱福詵奏請慎重私法編訂由」によると、

> 今年（1908 年）三月，館事粗定後，派今臣館提調，大理院推事董康，前赴日本詳細訪察，該員在日本將及半載，深悉梅謙次郎為該國政府隨時顧問必不可少之人，斷非能輕易聘用。訪有日本法學博士志田鉀太郎，為商法專家，名譽甚著，稟經臣等公同商酌，聘充臣館調查員。電請出使日本國大臣胡惟德，妥定合同，約其來京 [53)]。

とある。つまり董康の半年にわたる訪日調査によって、梅謙次郎が日本政府にとって顧問として欠くことのできない人であり、容易に招聘できないことがわかったため、代わりに日本商法の専門家である法学博士の志田鉀太郎を招くことに決めた。

董康と志田の 2 人の友情は、董康の推薦で志田が清国に招聘された時から始まり、民国二十二年（1933）までも続いていた。董康の日記によると、民国二十二年十一月十三日に、

> 志田由一宮來，饋優美食品，彼此慰勞。志田語錫堂曰，余與董君勝於親類。則我二人交誼之摯可知矣 [54)]。

とある。1933 年 11 月から翌年 1 月まで、松本蒸治などが組織した中国法制研究会の招きに応じ、日本で「中国法制史」の連続講演を行う。その間、2 人は旧交をあたためた。その日、志田氏は見舞いにおいしい食品をもってきて、董康とは親類みたいな関係だと明言した。

第二編　清末中国における日本監獄視察の潮流

㈣　小河滋次郎の招聘に関する記録

　上記の岡田朝太郎と志田鉀太郎の２人の招聘の件から、日本の法学家の招聘が当時董康の訪日目的の１つで、小河滋次郎も1906年の董康らの訪日によって招聘されたと推測できよう。小河の招聘について直接関連した記録は、董康本人が記した「中国修訂法律の経緯」という文章に見出すことができる。「康銜命東航數度，計先後聘得法學博士岡田朝太郎・松岡義正・小河滋次郎・志田鉀太郎，充館中顧問暨學堂教習」[55]とある。数回にわたる董康の公務による訪日によって、先後して合計４人の法学博士、岡田朝太郎・松岡義正・小河滋次郎・志田鉀太郎を法律館顧問として同時に法律学堂教習として招聘したという意味である。つまり、岡田と志田のほかに、小河と松岡の招聘にも董康が関与したことは明らかであろう。

五　小　　結

　1906年の日本における裁判監獄視察は、近代において国家レベルの中日法律界の最初の接触であり、清末の法制改革に大きな影響を及ぼしたことは言うまでもない。清政府が明治日本を視察対象国に選んだのは偶然ではないと考える。

　日清戦争以降、晩清中国では、明治日本を学ぼうという論説が思潮となり、世に風靡した。代表作は、張之洞の『勧学篇』である。その中には、日本から西学を学ぶ利点が述べられている。地理的に近く、視察しやすい。西学は複雑だが、日本人はすでに西学の不用な部分を取り除き、精髄を取り入れた。また日本語は漢字を用いるから、分かりやすい。中日の風習も類似していて、模倣しやすい。とにかく、半分の労力で倍の成果をあげられることは日本をおいてほかにはないと明言した。

　この論は、当時の晩清法律界にもぴったり当てはまる。両江総督の劉坤一と湖広総督の張之洞と直隷総督兼北洋大臣の袁世凱は、沈家本・伍廷芳を修訂法律大臣として推薦するという上奏文には、「近来日本法律学分門別類，考察亦精，

184

第三章　清末中央政府派遣の日本監獄視察団

而民法一門，最為西人所嘆服。該国係同文之邦，其法律博士，多有能読我会典律例者，且風土人情，與我相近，取資較易」と言明した[56]。また、沈家本も「新訳法規大全序」に明治日本が法整備によって一挙に強国に変身したことを絶賛し、財力を惜しまずに訳した洋書はすでに西学の不用な部分を取り除き、精髄を取り入れたと指摘した[57]。当時、修訂法律館は西洋法律書籍が多く、しかも翻訳人材が足りないという深刻な問題を抱えていたが、沈家本は解決の策として、日本の法律著作と訳書を大量に翻訳させたのである。

　また、財政問題も要因の１つであろう。法部は清政府の割当資金に頼るしかないので、資金は監獄改良を含む法整備の大きな壁となった。光緒三十三年（1907）、法律館は法部から独立した。沈家本は清政府に年間７万両の資金を請求したが、財政困難の清政府はなかなか返答しなかった。沈家本はやむをえず自ら３万両に減らすと申請し、やっと運営資金を入手した。このわずかな資金は日本顧問の招聘、日本留学生の給料、海外視察の費用、国内民情風俗商事習慣調査の経費など、いろいろな用途があった。このような厳しい経済状況のもとで、日本を視察対象国としたことは賢明な選択であったといえよう。

　監獄改良を含む清末の法制改革は、沈家本と補佐役の董康を抜きにしては語れない。董康の回想録によると、沈家本の知遇を受け提調に抜擢され、法律修訂の責任者をつとめたという[58]。２人は新旧論争において、攻撃の的とされ、猛烈な非難を浴びた。免官どころか投獄の危険に陥ることもあった[59]。前述した董康が誹謗をうけたことも、彼の貫く信念、いわゆる「古いものを取り除き、新しいものを打ち立てる」[60]という主義と関わるのではないかと思う。清末の中国人は、「伝統―近代」「東洋―西洋」という２つの大きな時代の課題に直面しなければならない。沈家本と董康の解答は日本を模範とし、西洋の近代法律制度を取り入れることである。２人は使命感に燃えて、「強国理想」を実現しようと必死に全力をつくした。保守派の反対を最低限にとどめるため、３つの武器が考え出されたわけである。

　一番目は、「西学中源説」という西洋の学術の起源が古代中国にあると言うものである。近代監獄を例にすれば、沈家本は「監獄之地，施教誨之方，亦即明刑弼教之本義也」、すなわち作業制度も周礼の圜土聚教罷民からきたもので

185

第二編　清末中国における日本監獄視察の潮流

あるという見方を示した[61]。

　二番目は、「領事裁判権の撤廃」である[62]。法制改革が反対されるたびに、領事裁判権の撤廃をもって論敵を征服しようとしている。例えば、「領事裁判權限，不過以彼之法繩彼之民。然英之於上海，德之於膠，澳華民訟案亦越俎代謀。近日本更大開法院於遼左，臥榻之旁豈容他人鼾睡？矧別其為陪都重地耶？法權所在，即主權隨之，以審判不同之故，予以口實，貽蔓草難圖之禍」[63]とし、司法独立を主張するとき、領事裁判権の問題を持ち出した。

　三番目は最高の武器で、前二者を統合した「明治日本」である。沈家本の論説を引用すれば、「日本舊時制度，唐法為多。明治以後，採用歐法，不數十年，遂為強國，是豈徒慕歐法之形式而能若是哉？其君臣上下，同心同德，發憤為雄，不惜財力，以編譯西人之書，以研究西人之學，棄其糟粕，而擷其英華，舉全國之精神，胥貫注於法律之内，故國勢日張，非偶然也」となる[64]。すなわち、古くは中華法律の系統に属していた日本が、近代になって、西洋の法律を取り入れ、さらに実行に移し、結局領事裁判権の撤廃に成功した。明治日本は、清末の中国人を悩ませた「伝統―近代」、「東洋―西洋」、「理論―実践」という３つの関係をうまく取り扱い、危機を脱出して強国に列した。明治日本は保守派を黙らせ、法制の近代化を推し進める最高の武器であろう。これこそ、明治日本を模範として視察対象国にした最大の要因と考える。

〔注〕
1)　孟德斯鳩『論法的精神』上冊、商務印書館、1961 年、第 129 頁。
2)　「修訂法律大臣沈家本奏實行改良監獄注意四事折」故宮博物院明清檔案部編『清末籌備立憲檔案史料』北京中華書局、1979 年、第 831 頁。
3)　劉錦藻『清朝續文獻通考』（刑考六．刑制）上海商務印書館、1936 年、第 9929 頁。
4)　沈家本『沈寄簃先生遺書』（甲編冊五卷六）北京中國書店、1990 年。
5)　「論改良監獄之要點」『申報』1910 年 1 月 17 日、宣統元年十二月初七日。
6)　朱紫垣『中國新舊監獄比較録』出版地不詳、1916 年。
7)　「論改良監獄之要點」『申報』第 13276 號、1910 年 1 月 17 日（宣統 01.12.07）、第 104 冊第 290 頁第 3 面。
8)　戴鴻慈『出使九國日記』鐘叔河主編『走向世界叢書』（第一輯）長沙岳麓社、1985 年、第 344 頁。

186

第三章　清末中央政府派遣の日本監獄視察団

9)　沈家本『沈寄簃先生遺書』（甲編冊五卷六）北京中國書店、1990 年。
10)　茅海建『天朝的崩潰』北京三聯書店、1995 年、第 482 ～ 518 頁。
11)　蔣廷黻『中國近代史』上海古籍出版社、1999 年、第 19 頁。
12)　李貴連「領事裁判權與清季修律」『中外法學』1997 年第 4 期。
13)　朱壽朋編『光緒朝東華録』中華書局、1984 年、第 4912 頁。
14)　「東西各國以圖圉之良窳覘政治之隆汚。日本能撤去領事裁判權、首以改良監獄為張本」「法部奏議覆実行改良監獄摺」『東方雜誌』第四年（1907）第十二期内務、第 559 頁。
15)　「模範監獄限期成立」『大公報』宣統元年十一月十七日。
16)　「修訂法律大臣沈家本奏實行改良監獄宜注意四事折」故宮博物院明清檔案部編『清末籌備立憲檔案史料』北京中華書局、1979 年、第 831 頁。
17)　「法部議覆實行改良監獄折」『東方雜誌』第四年第十二期、第 559 頁。
18)　趙爾巽『清史稿・刑法志三』北京中華書局、1976 年、第 4217 頁。
19)　「擬上直隸各憲改良監獄條陳」『大公報』光緒三十四年七月初一日。
20)　「論中國新刑法實行之能不能（接續昨稿）」『大公報』光緒三十三年十二月十九日。
21)　「留日學生來稿：小菅監獄參觀記」『申報』第 11956 号、1906 年 7 月 31 日（光緒 32.06.11）、第 84 冊第 297 頁第 2 面。
22)　「修訂法律大臣沈家本奏實行改良監獄宜注意四事折」、第 831 頁。
23)　何勤華・魏瓊編『董康法学文集』中国政法大学出版社、2005 年、第 462 頁。
24)　朱壽朋編『光緒朝東華録』光緒三十一年九月、第 5412 ～ 5413 頁。
25)　董康『調査日本裁判監獄報告書』中國農工商部印刷科、1907 年。
26)　沈家本「裁判訪問録序」『歴代刑法考 附寄簃文存』中華書局、1985 年、第 2234 頁。
27)　王宝平主編『晩清東遊日記彙編 日本政法考察記』上海古籍出版社、2002 年、第 151 頁。
28)　董康はのち民国時代の著名な法学家になった。大理院長、司法総長、修訂法律間総裁、財務総長などに任命された。
29)　熙楨『調査東瀛監獄記』王宝平主編『晩清東遊日記彙編 日本政法考察記』上海古籍出版社、2002 年、第 21 頁。
30)　小河滋次郎著『漢譯監獄學』明志學舍譯兼發行、校正者區樞、1906 年。
31)　目録は沿革、構造、刑罰、監獄定義、官吏、監督權、拘禁制度、犯罪者の分類、入監、検束、待遇、懲罰、賞与、通信、作業、工錢、衛生、出監、監獄統計、拘置監、未成年監、懲治場。
32)　「修訂法律大臣沈家本奏實行改良監獄宜注意四事折」故宮博物院明清檔案部編『清末籌備立憲檔案史料』北京中華書局、1979 年、第 831 頁。

33) 何勤華・魏瓊編『董康法学文集』中国政法大学出版社、2005 年、第 153 頁。

34) 沈家本「與戴尚書論監獄書」『寄簃文存』臺灣商務印書館、1976 年、卷五、第 23 頁。

35) 「修訂法律大臣沈家本奏實行改良監獄宜注意四事折」、第 831 頁。

36) 「法部奏酌擬監獄專修科畢業生分別委用辦法摺」『政治官報・摺奏類』宣統三年九月二十二日、第 1074 號、第 5 頁。

37) 沈家本「監獄訪問録序」『寄簃文存』卷六、中華書局、1985 年、第 32 頁。

38) 田濤『第二法門 學術與隨筆』法律出版社、2004 年、第 213 頁。

39) 熙楨『調査東瀛監獄記』王宝平主編『日本政法考察記』上海古籍出版社、2002 年、第 203 ～ 204 頁。

40) 「法部奏核議禦史麥秩嚴奏改良監獄亟宜整飭折」『政治官報』宣統元年、第 687 期。

41) 『大清法規大全』卷九法律部、考正出版社、1962 年。

42) 何勤華・魏瓊編『董康法学文集』、第 462 頁。

43) 周作人『知堂書話（上）』海南出版社、1997 年、第 1269 頁。

44) 何勤華・魏瓊編『董康法学文集』、第 360 頁。

45) 何勤華・魏瓊編『董康法学文集』、第 462 頁。

46) 東京大学東洋文化研究所仁井田文庫所蔵の「法律学堂同学録」によると、当時の教職員は管理大臣沈家本の下に、提調 5 名即ち董康（教務提調）、曹汝霖（元教務提調）、王儀通（文案提調）、許受衡（元文案提調）と周紹昌（庶務提調）、監学 3 名即ち呉尚廉、熙幀と張元節、図書樓管理員 1 名は章震福、教員は岡田朝太郎、松岡義正、吉同鈞、姚大栄、汪有齢、錢承志、江庸和と張孝移の 8 名で総計 18 名であった。

47) 何勤華・魏瓊編『董康法学文集』、第 713 ～ 714 頁。

48) 張一麐「刑事訴訟法之確定」『古紅梅閣筆記』上海書店出版社、1998 年、第 44 頁。

49) 沈家本「日本享保本明律跋」『歴代刑法考 附寄簃文存』中華書局、1985 年、第 2264 頁。

50) 徐俊纂輯『敦煌詩集殘卷輯考』中華書局、2000 年、第 664 頁。

51) 李貴連『近代中國法制與法學』北京大学出版社、2002 年、第 109 頁。

52) 「梅博士と清国法典」、『東京朝日新聞』1908 年 3 月 31 日、朝刊第四頁。

53) 沈家本「修訂法律大醫沈家本等奏議復　朱福詵慎重私法編別選聘起草客員折」『政治官報』光緒三十四年十月十五日第 373 號。

54) 何勤華・魏瓊編『董康法学文集』、第 214 頁。

55) 何勤華・魏瓊編『董康法学文集』、第 462 頁。

56) 『清末籌備立憲檔案史料』中華書局、1979 年、第 265 頁

第三章　清末中央政府派遣の日本監獄視察団

57)　『寄簃文存卷六・新譯法規大全序』中華書局、1985 年、第 2242 頁。

58)　何勤華・魏瓊編『董康法学文集』、第 360 頁。

59)　何勤華・魏瓊編『董康法学文集』、第 714 頁。原文は「當時引起新、舊兩黨之爭、被人攻撃、亦以余與歸安沈公為最烈、且屢列彈章」とある。

60)　何勤華・魏瓊編『董康法学文集』、第 713 頁。原文は「餘痛斯積弊、抱除舊佈新主義、所擬草案、如『法院編制法』『民律』『商律』『強制執行法』『刑律』『訴訟律』、倶釆各國最新之制」とある。

61)　王宝平主編『日本政法考察記』、第 187 頁。

62)　沈家本の奏摺には頻繁に「領事裁判権」が立論の根拠として援用される。たとえば、「刪除律例内重法摺」、上海会審公堂を批判する「申明新章摺」、「進呈訴訟法先行試弁摺」、「刑律草案告成分期繕単呈覧並陳修訂大旨摺」、「奏進『修正刑律草案』奏摺」など。

63)　王宝平主編『日本政法考察記』、第 154 頁。

64)　『寄簃文存卷六・新譯法規大全序』中華書局、1985 年、第 2242 頁。

189

第四章　1906年中国地方政府連合派遣「調査日本監獄員」
——浙江省を中心に

一　緒　　言

　本章は「電商派員学習巡警監獄諸法」と題する『申報』の記事（光緒三十二年五月二十七日）を手がかりとし、浙江省を中心に1906年十省の中国地方政府が連合派遣した「調査日本監獄員」の経緯を具体的に考察するものである。この新聞記事によれば、浙江省を含む十省の地方政府は監獄改良を図るために、官吏50名を日本へ監獄視察に派遣し、約6カ月滞在したとのことである。

　この史料は、すでに中国研究者に注目されている。例えば、王長芬の「"聲噪一時" 與 "改而不良"：清末監獄改良再考察」（2006年華東師範大学修士論文）を例にすれば、主に『申報』、『時報』、『大公報』、『東方雑誌』などの中国国内の新聞雑誌を参考し、都の北京及び江蘇、浙江を主要対象とし、清末の監獄改良の経緯と実施効果を分析した。そのうち、この重要な記事にも簡単にふれたが、史料発掘に制限され、これらの50名の「調査日本監獄員」の対日視察の実際の状況や帰国後の活動などについて、深く探究していない。

　そこで本章において、浙江省の人員派遣名簿を調査し、中日両方の資料に依拠し、対日監獄視察の状況を究明し、さらにそのうちの3人の足跡を追跡し、帰国後浙江省の監獄改良に果たした貢献を論じてみたい。

二　1906年浙江省官派「調査日本監獄員」

　浙江省をはじめとする十省連合派遣の「調査日本監獄員」に関する最初の報道は、光緒三十二年（1906）四月十三日付『申報』に見られる「電商派員赴日

191

第二編　清末中国における日本監獄視察の潮流

考察監獄」と題する記事である。提議したのは直隷で、各省に呼びかけて、「東洋へ監獄制度視察に人員を派遣し、6カ月を期限に、直寧蘇皖江浙斉豫秦晋十省、すなわち直隷、江寧、江蘇、安徽、江西、浙江、山東、河南、陝西、山西の十省が連合派遣し、一班に合併する」という内容の電報を打った。両江総督は受信して、「警察学堂から蘇（江蘇省）皖（安徽省）贛（江西省）という三省の在籍者を各2人派遣し、さらに江寧から4人選び、合わせて10人派遣する予定で」、「東語のできる者を優先的に選び」、「学習修了後、各省に帰還し役職に当たるべし」と回答した[1]。

　1カ月半後の五月二十七日、『申報』は引き続き報道した。「電商派員学習巡警監獄諸法」と題する記事において、派遣縁起と方法を詳細に紹介した。直隷総督の袁世凱は、この大規模な日本監獄制度視察の派遣計画の提議者であった。事実上、直隷は中国全国の監獄改良の先端をリードしていた。1903年、袁世凱は率先して刑部の飭令にしたがい、罪犯習芸所を創設して近代獄制の作業制度を導入し、監獄改良の幕開けとなった。天津府知府の凌福彭を2回も日本へ派遣し、日本監獄を視察させた。巣鴨監獄を手本に、1904年6月に創建した天津罪犯習芸所は各省から見学の人々が殺到し、中央政府の法部官吏も視察に訪れるほど、全国の模範となった[2]。直隷は行政区画に五道あるため、5カ所の罪犯習芸所を設立する必要があったが、財政困難のため一斉に建立できなかった。そこで、天津と県庁所在地の保定にだけ建てることにした。二カ所のうち、天津所を先に設立し、保定省所はそれをまねて1905年に完成した。1905年4月28日、刑部は日本を手本にして監獄改良を開始すべしと各省に号令した。袁世凱は「今まで管理の人材がいないため、海外へ派遣し監獄制度を実地調査した上で管理法を学ばなければならない。新政を古い方法で進めても効果がないため、外人に軽視された」、「管理員の育成が第一要義である」という見方を示し、日本視察の派遣計画を決定したのである。他の地方政府と連合派遣する理由は、「東洋留学の場合、50人が一班になるという日本の学校制度に合わせることにある。夏休みの後に、入学できる。学習人数が足りないと不便である」とある[3]。

　同記事に「弊所学生擬定六月内到滬」と見られ、すなわち直隷が派遣する范

第四章　1906 年中国地方政府連合派遣「調査日本監獄員」

炳勲、高蘊傑、蔡振洛、呂文憓等5名の調査日本監獄員が、同年6月に上海に
向かい、他の省のメンバーと合流し渡日する予定であった。半年後の1907年
2月に帰国し、范炳勲は天津習芸所典獄に、高蘊傑、蔡振洛は天津習芸所看守
学堂の専任教員に着任した。

　日本渡航の期日に関して、六月十一日付『申報』の「調査監獄員赴東有期」
と題する記事に、「直隷江蘇河南山西山東等省共派正佐官員五十名往日本調査
監獄已紀前報。刻聞各員擬於六月十五日啓程前往上海会同東渡」[4]と記載され、
六月十五日に上海へ移動し合流して日本に渡る予定になっていた。

　浙江省は同じく直隷から電報を受け取り、積極的に対応していた。詳細は、『申
報』の3回にわたる報道から知ることができる。五月二十四日の「示期伝考報
習警獄各官」と題する記事に、浙省で行われた渡日人員の選考過程が紹介され
ている。

　　浙省前接直藩電開請速派員同赴日本学習巡警監獄各法。業早諭知擬派佐雑
　　五員。連日報名者已有三十余人，遂於十八日截止，示期二十日在臬署考選。
　　聞東暦九月以前須一律到日。所需川資学費則概由籌餉局支撥業已籌有款
　　矣[5]。

　浙江省は5名の定員枠で公募してみたところ、30余人が応募したので、18
日に締め切り、翌々日の20日に選抜試験を行った。日本の入学制度に従って、
9月までに日本到着するように手配した。また、旅費や学費は調達済みであっ
た。

　2週間後の六月七日付『申報』に以下の「杳送警獄学員赴日」と題する記事
が掲載され、渡日人員の採用名簿が公表された。

　　浙省前曾派生赴日学習員警。現復與北洋商定派員同往留学巡警監獄各法，
　　報名投考者頗不乏人。茲已選取候補知縣彭彝府経歴陳金度巡検羅希倫典史
　　張讜従九品施行澤共五員，取具履歴照片志願書，由浙撫発給諮文，於月之
　　初四日赴滬守候各省学員同時東渡[6]。

　この試験により、候補知縣の彭彝、府経歴の陳金度、巡検の羅希倫、典史の
張讜、従九品の施行澤など、計5名を選んだ。彼らは履歴、写真、志願書を提
出し、浙江省巡撫より許可書をもらい、七月四日に上海へ向かい各省からの選

193

第二編　清末中国における日本監獄視察の潮流

抜者と待ち合わせて渡航することになった。

　ほぼ 1 カ月過ぎた七月五日付『申報』に「巡警監獄学員領咨東渡」と題する記事が掲載され、浙省の渡日派遣人員の最終確定名簿が公布された。前回と多少の変更が見られ、さらに 2 名の自費生を付け加えている。

　　浙省前據直藩電咨須派官生赴日本学習巡警監獄諸法，當奉張筱帥飭司考取候補知縣彭犇佐雑施行澤陳金度蔡鐘俊欧陽班，旋又増取自費生朱士斌呂邦駿，共七員，於月朔給憑並撥川資，即日赴滬，以便俟各省所派同班学員約斉東渡[7]。

　前述の 3 回分の『申報』の報道をまとめてみれば、浙江省は光緒三十二年四月に、直隷省からの電報を受け取り、同年の九月までに日本の学校に入学できるように、直ちに公募選抜事業にとりかかった。公費派遣の定員枠は 5 名であったが、応募者数が多く、締め切りの五月十八日までに、30 余人が応募した。翌々日の五月二十日に選抜が行われ、候補知縣彭犇、府経歴陳金度、巡検羅希倫、典史張讜、従九品施行澤の 5 名を採用した。しかし、七月の新聞記事に派遣人員の変更が見られ、羅希倫と張讜の 2 人は佐雑の蔡鐘俊と欧陽班に変わり、さらに、朱士斌と呂邦駿という 2 名の自費生を増補している。合計 7 人で、七月一日に公文書と旅費などを受け取り、上海へ赴き、ほかの省の派遣員と合流し日本へ渡航することになった。

　これに関して、1906 年 8 月 20 日付『東京朝日新聞』に、「日本獄制調査」と題する記事が掲載されている。

　　十九日北京特派員発　各省総督巡撫は政府の命令に據り各自数名の委員を日本に派遣し六箇月間監獄制度を取調べさせ其帰京を待つて監獄改良に着手する筈[8]。

　この記事から明らかなように、清国各省総督巡撫は清政府の監獄改良の命令により「調査日本監獄員」を日本に派遣し 6 カ月間監獄制度を取り調べさせて、帰国後監獄改良に着手するのである。

第四章　1906 年中国地方政府連合派遣「調査日本監獄員」

三　浙江省「調査日本監獄員」の在日活動

　前述したように、直隷が各省と連合して 50 名の「調査日本監獄員」を派遣し、6・7 月ごろに上海で合流して渡日するように提議したのは、50 名が一班となり、夏休み後の 9 月に開講するという日本側の入学制度に合わせたためである。

　『浙江府縣誌』の「宣統以前各校畢業生」という一覧に、「朱士斌 日本東京警監学校卒業」と見られる[9]。これによれば、50 名の「調査日本監獄員」が入学したのは 1906 年 1 月に創立した東京警監学校であることがわかる。

　1906 年 1 月に創設された東京警監学校は、直隷総督の袁世凱の要請により、清国公使が日本の警視庁と協議した結果、東京で誕生した。中国人留学生のため、官許を得て警察並びに監獄の学理と実務を勉強する専門学校であった。これまであまり知られていない創立の経緯は、明治 39 年（1906）2 月『日本監獄協会雑誌』（Vol.19 No.2）から読み取ることができる。

　　清国の警察官及監獄吏の養成は袁世凱よりの依頼に依り警視庁に於て自から適当の教授を為し来りたるが今回清国公使との協議の上下谷区谷中真島町一番地に東京警監学校を設立し警視庁に在りし同養成所を全部茲に移し関清英氏其総理となり数十名の博士学士を聘し授業を開始せりと云ふ[10]。

　この記事から明らかなように、東京警監学校は清国の警察官及び監獄吏の養成のため、袁世凱が日本の警視庁に依頼し、東京下谷区谷中真島町一番地に設立されたのである。

　1906 年 1 月 17 日付『東京朝日新聞』に、下記の「清国学生警監教育」と題する記事が掲載されている。

　　清国内政の改革すべきもの挙て数ふべからざるも其最も急なるは実直なる警官及び監獄官吏の養成に如くもの無し我朝野の有志は下谷谷中に東京警監学校を設け総理に関清英、教頭に古賀廉造、舎監に片岡寛喜、学術顧問に高橋作衛の諸氏を推し専ら我邦に留学する清国学生中真面目にして他日

195

第二編　清末中国における日本監獄視察の潮流

　　清国警察監獄改良の任に当らんとあるものの為め献身的に業を授くること
　　となり来十八日開校二月一日より授業を始むといふ [11]。

　東京の下谷区谷中真島町一番地に設けられた東京警監学校は 1906 年 1 月 18
日に開校し、2 月 1 日に授業を開始した [12]。上述の 1 月 17 日付『東京朝日新
聞』に、記事のほかに、学校の日本語広告も載せている。さらに 18 日、19 日、
20 日と 4 日間連続して広告を掲載した。また、2 月 8 日、9 日と 2 日間連続
して学校の中国語広告も掲載した。その中に、学校の建学趣旨について、「本
校は中国留学生の為め官許を得て警察並に監獄の学理と実務を練習せしむる専
門学校なり」と言明した。とりわけ学校の教育レベルを強調し、「本校の講師
職員は名誉ある博士学士並に多年実地の経験を有する当局者を以て組織す」と
アピールした [13]。宣伝どおりに、学校総理の関清英は元警視総監で、教頭の
古賀廉造は在任警保局長、学術顧問の高橋作衛は東京帝国大学法学博士であっ
た。

　監獄学の講師は近代日本監獄学の創立者で、1908 〜 1910 年大清獄務顧問と
して招聘された法学博士の小河滋次郎である。これは、小河が東京警監学校の
卒業生である王元増の著作『日本監獄実務』のために書いた序言から裏付けら
れる。「清国留学生，與余有師弟之誼者，前後至数百人之多。而能深造斯業，
駸駸乎臻出藍之境者，亦頗不乏之人，如王君元増者即其一也。……一日有叩門
自称東京警監学校卒業生者，延而見之，即曩之在講台前熱誦面貌而有所属望於
其首途之篤学者。至此始識其人為王元増君。[14]」小河の育てた数百人の中国人
留学生の中で、王元増が最も小河の期待に応えた優秀な 1 人であった。小河に
よれば、ある日、王は東京警監学校卒業生と自称し、小河を訪ねた。授業中、
熱心に勉強するため面貌をよく覚えていて、名前はそのときの面会でやっと分
かったという。

　浙江省の「調査日本監獄員」の在日活動に関する史料は未だに見つからない
が、同窓生の直隷調査員の帰国後の報告書から多少推察することができる。

　直隷調査員の蔡振洛は、「上直督袁改良直隷監獄條陳」に渡日時間と在日視
察活動について言及している。「職於去年六月由法政学員蒙宮保派赴日本考察
監獄，本年二月事竣回国銷差。除会同文倬真等将所有調査日本各監獄辦法及與

第四章　1906 年中国地方政府連合派遣「調査日本監獄員」

其獄官及専家随時咨談，分類記載，繕本恭呈鈞覽」[15]。これによると、「調査
日本監獄員」は光緒三十二年（1906）六月に上海へ出立し、翌年二月に帰国し、
滞日期間は半年であった。彼等は東京警監学校の修学の以外に、日本監獄を実
地踏査し、日本獄官と専門家とも交流を交わしたことがわかる。

　見学した日本監獄について、もう 1 人の直隷監獄員の高藴傑が手がかりを提
供している。「卑職初到日本，先就東京巣鴨両処監獄参観，見其規模闊大，表
裏完全，轉念直省州縣衆多，若完全行仿照挙辦，財力恐不敷，成效亦難驟見。
迨至市谷小菅横浜浦和各処監獄参観，始見各監房有新舊参半者，有純用舊式者」
とある。調査員は滞日中、東京、巣鴨、市谷、小菅、横浜、浦和などの 6 カ所
の監獄を見学した。また、日本獄官との交流も記録している。「見学中、日本
獄吏は日本監獄改良の始末を教えてくれた。改良の最初は各監を同時に西式
建築に改築したかったが、経費不足で一斉に完成できないので、融通応変をき
かせて、まず獄制の内容を変え、次第に外観を変えていくことにしたという」。
これを聞いて、「必ず精神を先にして形式を後にすべし。その上、地理の便宜
と時勢の緩急を見計らい、改革の先後順番を決めるべし」という監獄改良方針
にたどり着いた。ほかに、市谷監獄の典獄官は『囚人及び懲治人遵守條例』と
いう 1 冊の本を寄贈してくれた。高藴傑は、小河滋次郎と監獄周辺の戒護を強
化して囚人脱獄を防止する問題を検討した[16]。

　当時司法省監獄局長で、同校の講師でもある小河は、招請に応じて東京警監
学校で 1907 年 2 月 10 日に行われた第 1 回卒業式に列席し、下記の祝辞を述べ
た。幸いに、小河が翌日の日記に書き入れた当日の祝辞が現存している。

　　昨日は清国留学生の爲めに設けられたる東京警監学校に於て第一回の卒業
　　式を挙げらるゝに就き招待を受けて臨席した所が不幸にして僕は来賓とし
　　て何か一言を述べねばならぬと云ふ立場になつて止むを得ず十分計りお喋
　　舌を爲たが其要旨はざつとこふである、「諸子は卒業をして国に帰へる、
　　所謂錦を衣て故郷に入る譯であつて諸子の得意想ふべしである、……諸子
　　にして帰国の上自ら看守巡査となる決心がない以上は決して清国に於ける
　　警察監獄の根本的改良は望み得られぬことゝ思ふ、諸君の前途、必らず一
　　国の運命を支配すべき高き枢要の局に当らるゝ時機あるべきは明白のこと

197

第二編　清末中国における日本監獄視察の潮流

であるが一躍此に至ることは困難である、縦令ひ容易であつても是れは反て諸子の為めに又大清国の為めに決して望ましきことでは無いと思ふ、我国今日に於ける基礎ある警察監獄の改良を見るを得るに至つた所以のものも一世の英雄豪傑とも言はるべき有力の人が身を斯業下級の官職に捧げて経営尽力した所があつた為めである、我が今日の台閣に列して居る大官の内にも曾て警察監獄の下級官吏たりし所の人もある、後の清国の大官たるべき興望と資格とを有せらるゝの諸子は宜しく先づ卑くきにあつて警察監獄の根本的改良の任務に従事するの覚悟を持つてかゝらねばならぬと思ふ」。[17]

　上記の祝辞に、小河は「調査日本監獄員」を含めた一期生に熱い思いをこめて諭した。東京警監学校から卒業して、故郷に錦を飾るというつもりでいることは十分予想できるが、一躍に一国の運命を支配すべき高い枢要の職位に至ることは困難である。さらに、日本の監獄改良を例にし、その成功原因は一世の英雄豪傑とも言うべき有力者が身を斯業下級の官職に捧げて「経営尽力」したためである。当時の日本の台閣（政府）に列している大官の中にも、かつて警察監獄の下級官吏をしたことがある人がいる。したがって、自ら看守巡査のような下級官吏となる決心がない以上は、決して清国における警察監獄の根本的改良は望めない、と繰り返して強調した。

四　浙江省「調査日本監獄員」の帰国事跡

　浙江省の７名の「調査日本監獄員」のうち、陳金度、施行澤、朱士斌の３人は清末民初の浙江省監獄改良に関与していた。

　杭州の西湖孤山にある浙江図書館古籍部蔵書の他に、『中国法律図書総目』（中国政法大学図書館編、北京：中国政法大学出版社、1991）、『中国公安図書総目』（戴文殿主編、北京：中国人民公安大学出版社、2007）及び『中国監獄学史綱』（郭明、北京：中国方正出版社、2005）に基づいて、浙江省の「調査日本監獄員」の著述を次の表にまとめた。

第四章　1906年中国地方政府連合派遣「調査日本監獄員」

浙江省「調査日本監獄員」著述一覧表

書名	作者	出版	その他
1. 監獄管理法	陳金度　講述	浙江高等警監学校教材	分泛論9章、本論5章
2. 監獄学	施行澤　編	浙江高等警監学校教材	178頁23開、10章。監獄の定義、沿革、犯罪、刑罰などを講述した。「監獄作業論」を付した。
3. 浙江監獄雑誌	浙江監獄協会	1914年	月刊、全年二元、半年六冊壹元壹角、小売り毎冊二角。
4. 監獄学	朱士斌　編	浙江省警官学校講義第一期、中華民国十九年（1930）六月初版。	10章。内容は緒言、監獄の定義、種類、沿革、万国監獄会議、犯罪、刑罰論、執行自由刑の方法、犯罪の予防、監獄構造法及び付録がある。

　特筆したいのは、三番目の浙江監獄協会の機関誌『浙江監獄雑誌』である。この雑誌は1914年8月に陳金度、施行澤などによって創刊された。浙江監獄協会は一足先に発足し、2年前の1912年に成立した。会長は施行澤、厲家楨である。厲家楨は、陳金度が典獄を担当する杭県監獄第一科長である。各県の監獄管理人員が協会に寄付し、そのうち、施行澤と陳金度は率先して十元を納めた[18]。1914年6月、監獄協会の会議で機関誌を編集することに合意した。第一号は10月に発行した。刊行費用の捻出法が2つあると考えられ、1つは各県の管獄員の月給から30分の1を抽出し、もう1つは各県に公費購読を求めることである[19]。出版に先立って、施行澤は協会会長の身分で高等検察庁庁長に報告した。それは、各県知事及び管獄員に監獄雑誌を購読するように通達を発布してほしい、また、警察雑誌の先例を真似て、各県の司法経費から購読費の支出を許可してほしいという趣旨である[20]。第二号に、司法部監獄司の創刊祝辞の書翰が掲載された[21]。

　『浙江監獄雑誌』は月刊であるが、現存のものは浙江省図書館古籍部所蔵の第一、二号だけである。経費問題で、やむをえず休刊したと推測できよう。この2冊からみれば、3名の浙省「調査日本監獄員」のうち、陳金度が最も大きな貢献を果たした。彼の帰国後の履歴を整理すると、以下のとおりである。

　　民国元年（1912）　　　　浙江省監獄署に就職し、監視長から署長に昇進。
　　　　　　　　　　　　　施行澤等と浙江監獄協会を創設。

199

第二編　清末中国における日本監獄視察の潮流

民国二年（1913）七月	贛寧事変が起り、蘇杭も継いで異変が起こった。杭県監獄本監及び分監の数百人の囚人が時機を狙って反乱しそうになる非常期において、各職員看守とともに昼夜問わずに巡回し、やっと危機から脱出できた。その間、監獄経費は二か月も振り替えなかったため、借金して立て替えた金額は四千元近くもあった。
民国三年（1914）五月	獄制改編があるが、高等検察庁検察長の推薦で留任。
民国三年六月	『浙江監獄雑誌』を創刊。第一号は同年十月に出版。
民国三年十二月十八日	浙江杭県監獄典獄長に着任[22]。
民国四年（1915）三月	病気休暇をとって実家に帰る。
民国四年四月二十五日	病死[23]。

　1914年末、陳金度は杭県監獄典獄長に昇進してまもなく、詳しい杭県監獄の歴年管理報告書を提出した。杭県監獄の「建築は宣統三年八月に落成し、直ちに使用し始めたが、時代は清王朝から民国政府に変わった」[24]のである。11月に再開したが、組織は簡単で、典獄の下に総務と獄務という二科に分かれているだけで、収容の囚人も多くなかった。民国元年、裁判院が成立したため、収容囚人人数は日増しに増加していた。全監の男女監房は合計80、収容人数がわずか400名であるが、実際の収監人数が600名に達し、非常に混雑していた。囚人の習芸は竹細工、裁縫、紡績という3種類で、出来上がる製品も少なくなく、販路も開かれていた。最大の困難は資金問題で、「先月の経費は往々にして来月末領取することになる。準備金も使用できなければ、別の収入もない」という状態であった。それにもかかわらず、陳金度は監獄改良に全力を尽くしていた。例えば、幼年犯を分別して拘禁すること、毎日教誨室で囚人に修身・習字・国文・珠算・筆算等を授けること、職員宿舎内に看守教練所を設け毎週監獄管理法や体操などを教授することなどを実践したのである。

　上述の報告書に対する司法部の評価は、「杭県監獄の変遷状況及び計画準備を述べる各節は、筋道がよく通っている。引き続き切実に監獄を管理すること

第四章　1906年中国地方政府連合派遣「調査日本監獄員」

を期待する。典獄陳金度が提出する報告は詳細且つ明晰で、表彰すべし」[25] と
ある。同時に、浙江高等検察庁も「当監獄の獄政実施状況を調べた結果、開催
初期に比べて確かに進歩した。その間、改編を経て、効果が顕著である。その
成果に責任者の勤勉が大いに見られ、表彰すべし」[26] と高く評価した。1915年、
陳金度は長年の辛労で病気になり、若くして亡くなった。これに対し、司法部
は彼の功績を十分に表彰し、公用で殉職したと認定して、遺族へ慰労保証金を
支払うことに決定する公文書を発布している[27]。

五　小　　結

　1906年、十省の中国地方政府が連合派遣した対日監獄視察の構成部分となっ
た浙江省の「調査日本監獄員」は代表的な事例と言えよう。この例から明らか
なように、清末において、明治日本を近道として西洋の近代監獄制度を取り入
れようとする過程を具体的に解明することができる。
　陳金度、施行澤、朱士斌等は帰国後、協会を創設し、機関誌を創刊し、著述
と講義をした。とりわけ、彼等が創刊した『浙江監獄雑誌』は、その足跡を辿
る意味でも貴重な資料を提供していると言える。彼等は浙江監獄管理の最前線
で骨身を惜しまずに努力実行し、彼等の師匠である小河滋次郎が東京警監学校
の卒業式で提唱した「身を斯業下級の官職に捧げて経営尽力し、……先づ卑く
きにあつて、警察監獄の根本的改良の任務に従事するの覚悟を持つてからね
ばならぬ」という理念を身をもって実践し、中国の監獄近代化に大いに貢献し
たのである。

〔注〕
　1)　「電商派員赴日考察監獄」、『申報』1906年5月6日、第3版。
　2)　「候補直州判蔡振洛上直督袁改良直隷監獄條陳並批」、『北洋公牘類纂』、文
　　　海出版社1967年版、第425頁。
　3)　「電商派員学習巡警監獄諸法」、『申報』1906年7月18日、第3版。
　4)　「調査監獄員赴東有期」、『申報』1906年7月31日、第3版。

201

第二編　清末中国における日本監獄視察の潮流

5)　「示期伝考報習警獄各官」、『申報』1906 年 7 月 15 日、第 9 版。

6)　「咨送警獄学員赴日」、『申報』1906 年 7 月 27 日、第 9 版。

7)　「巡警監獄学員領咨東渡」、『申報』1906 年 8 月 24 日、第 9 版。

8)　「日本獄制調査」、『東京朝日新聞』1906 年 8 月 20 日、朝刊第 4 頁。

9)　「続修浙江通志採訪稿・芸文　学校」、『中国地方誌集成 浙江府県誌輯 48 光緒仙居志・光緒金華県誌』、上海書店、江蘇古籍出版社、巴蜀書社 1993 年版、第 966 頁。

10)　〈雑録〉「東京警監学校」、『監獄協会雑誌』Vol.19 No.2（207）、明治 39 年 2 月（1906/02/20）、第 58 頁。

11)　「清国学生警監教育」、『東京朝日新聞』1906 年 1 月 17 日、朝刊第 3 頁。

12)　「清国留学生招募」、『東京朝日新聞』1906 年 2 月 8 日、朝刊第 1 頁。

13)　「中国留学生募集」、『東京朝日新聞』1906 年 1 月 17 日、朝刊第 1 頁。

14)　小河滋次郎：「燕京閑話」、『上田郷友会月報』第 270 号、1909 年 4 月、第 7 頁。

15)　「候補直州判蔡振洛上直督袁改良直隷監獄條陳並批」、『北洋公牘類纂』、文海出版社 1967 年版、第 425 頁。

16)　「調査日本監獄員高令蘊傑上列憲改良直隷監獄條陳」、『北洋公牘類纂続編』、巻四吏治二、第 298 ～ 305 頁。

17)　小河滋次郎：「東京警監学校第一回卒業式の演説」、『丁未課筆』春の巻二月十一日、第 107 頁。

18)　「捐款録」、『浙江監獄雑誌』第一期、浙江監獄協会 1914 年 10 月。

19)　「紀事」、『浙江監獄雑誌』第一期、浙江監獄協会 1914 年 10 月。

20)　「紀事」、『浙江監獄雑誌』第一期、浙江監獄協会 1914 年 10 月。

21)　「公文」、『浙江監獄雑誌』第二期、浙江監獄協会 1914 年 11 月。

22)　「第一号法令 職官任免令」、『東方雑誌』1915 年第 12 巻第 1 期、第 12 頁。

23)　「司法部呈浙江杭県監獄典獄陳金度因公受病出缺擬請優給遺族一次恤金文並批令」、『政府公報』1915 年 7 月 6 日第 1135 号、第 16 頁。

24)　「浙江杭県監獄典獄陳金度報告歴年辦理情形書」、『浙江監獄雑誌』第一期、浙江監獄協会 1914 年 10 月。

25)　「浙江高等検察庁飭杭県監獄報告成績奉部嘉奨文」、『浙江監獄雑誌』第二期、浙江監獄協会 1914 年 11 月

26)　「公文」、『浙江監獄雑誌』第一期、浙江監獄協会 1914 年 10 月。

27)　「司法部呈浙江杭県監獄典獄長陳金度因公受病出缺擬請優給遺族一次恤金文並批令」、『政府公報』、1915 年 7 月 6 日第 1135 号、第 16 頁。

第三編　清末中国語訳された日本監獄学書籍の動向

第一章　清末中国語訳された日本監獄学書籍の書目

一　緒　言

　19世紀後半の中国と日本の両国は、「同文同種」の東洋国家とされ、西洋の「堅船利砲」の脅威のもとでやむを得ず開国し、西洋化の道を歩み始めた。しかし、その後の歴史は西洋列強との間で結ばれた不平等条約を解消するという困難で険しい道が待ち受けていた。両国とも、西洋諸国と対等な国際関係を築こうとする確固たる姿勢があった。

　明治日本は率先して、西洋の法制度を参照しながら法律改革を進めた。その典型的なものに監獄制度がある。明治4年（1871）、日本政府は当時イギリスの植民地であった香港・シンガポールへ獄制視察団を送り出した。その後、試行錯誤を繰り返し、近代西洋監獄制度を導入し確立したのである。その成果は、明治27年（1894）の西洋との間の治外法権撤廃の一要因となったと言えよう。このように見るならば、西洋との間の不平等条約撤廃まで20余年を要したことになる。

　これに対して清政府は、様々な試行を経て、1906年に監獄視察団を日本に派遣し、日本を見本に本格的に監獄改良を実行していくのである。日本監獄制度の受容法として、視察のほかに、書籍の翻訳も見落とせない役割を果たしたのである。その一端は日本に遊学した魯迅の弟である周作人が、1907年に日本の書店で偶然見つけた書籍に関して次のように記していることから知られる。

　　漫歩日本街頭，"顧吾適市，乃見有書累累，標誌獄務，皆留學生之所為者"，
　　寫下《見店頭監獄書所感》[1] 一文。

とある。周作人が本屋で見つけた書籍は、監獄に関する中国語の翻訳書であった。そして、その翻訳書のほとんどが日本に留学していた清国の留学生の作品

205

第三編　清末中国語訳された日本監獄学書籍の動向

であったことに彼は驚かされたのであった。当時、日本では監獄関係の中国語
による翻訳が多数出版されていた。

　そこで、本章では清末中国において中国語に翻訳された日本監獄関係の書籍
をリストアップし、どのような日本の監獄関係書籍があったかを明らかにする
ものである。

二　清末における日本監獄関係書籍の中国語訳一覧

　20世紀初めの日本の明治末期には、多くの清国留学生と遊歴官紳によって
日本の監獄関係の書籍が翻訳されたのである。それを整理したものが、次の「清
末における日本監獄関係書籍の中国語訳一覧」（表1）である。

　清末においてどれほどの監獄に関する書籍が中国語訳されたかについて、『中
国法律図書総目』[2)]、『中国訳日本書綜合目録』[3)]及び沈家本が4回にわたって
修訂法律館翻訳の情況を調査、統計させている[4)]。それらに基づいて作成した
のが、「清末における日本監獄関係書籍の中国語訳一覧」である。この表にお
いて、35種類の監獄関係の翻訳書を取り上げた。このうち、『比利時監獄則』
とアメリカのニューヨーク監獄協会の『紐約監獄協會報告書』があるが、この
2冊を除けば全て日本人の著作の翻訳書で33種にのぼる。これだけを見ても、
いかに清末における監獄改良に日本が密接に関係していたかが明らかであろ
う。

206

第一章　清末中国語訳された日本監獄学書籍の書目

表1　清末における日本監獄関係書籍の中国語訳一覧

書名	著者	訳者	出版地と出版年	その他
1. 待遇囚徒之法	（日）斎藤（講述）			ガリ版
2. 日本監獄法	（日）佐藤信安	中国国民叢書社（譯述）	上海：商務印書館　光緒29年（1903）3月首版	一冊、政学叢書第二集第三編、中浣張宗弼序、定價洋4角半
3. 漢譯日本監獄法	（日）佐藤信安	王家駒　江蘇丹徒人　留學日本法政大學	上海：普及書局　光緒三十二年七月二十五日印刷、光緒三十二年七月三十日發行。校者：余姚阮性存　發行者：上海普及書局（日本東京淺草區黒船町二十八番地）印刷者：榎本邦信（日本東京淺草區黒船町二十八番地）印刷所：東京並木活版所	232頁　定價：大洋6角5分　總發行所：上海三馬路書錦裏上海普及書局。分發行所：南京啓新書局（南京城内薫家巷口）・天津同記普及書局（天津北門西）・淮安普及書局（淮安府城内）
4. 日本監獄法	（日）			中外法制調査局　信箋書寫　45簡条、8枚
5. 新訳日本監獄法詳解			上海：商務印書館1905年	定価大洋四角五分
6. 監獄要書	（日）京江廷啓		東京：蚕光社　光緒31年（1905）	201頁
7. 監獄學	（日）谷野格	瞿世玖、劉懋昕	漢口：昌明公司　1906年6月	184頁、23開
8. 近世各國監獄制度（第一卷）	（日）印南於莵吉		東京：監獄研究社編印　光緒三十四年（1908）	194頁　監獄官練習要書
9. 監獄學		廖維勛編譯	政法學社　光緒三十一年	參考書は印南於莵吉所編の『歐米近世監獄制度』と日本現行監獄法規となる。
10. 訓授筆記	（日）藤澤正啓	不詳	不詳	
11. 監獄學	（日）小河滋次郎（講述）	劉蕃	東京、湖北法政編輯社，1905年7月	531頁、法政叢編第8種
12. 監獄學	（日）小河滋次郎、中村襄	賀國昌、蕭仲祁編譯	東京池田九段印刷所，1905年10月	160頁、法政粹編第15種
13. 漢譯監獄學	（日）小河滋次郎	明志學舍譯兼發行　校正者：區樞	印刷者：小西幸吉、日本印刷株式會社，1906年	上中下3卷
14. 監獄學	（日）小河滋次郎（講述）		安徽法學社	312+118頁、大32開、法律叢書第18冊
15. 監獄學	（日）小河滋次郎	瞿世久、劉懋昕編譯	清留學生會館　光緒三十二年	
16. 監獄學	（日）小河滋次郎（講述）	監獄研究社編譯	光緒三十四年	

207

第三編　清末中国語訳された日本監獄学書籍の動向

17. 監獄學	（日）小河滋次郎（講述）	周慶恩編譯	光緒三十四年	
18. 漢譯獄務攬要	（日）小河滋次郎（著）	楚南攸縣文夢輝、善化曾遇賢（東京警監學校留學）編譯	1906 年 11 月 26 日印、11 月 29 日發行、印刷者：藤澤外吉印刷所：東京秀志社	158 頁、23 開、定價：大洋 1 元 1 角（洋裝）9 角 4 分（和裝）楊樞題辞の表紙
19. 日本監獄訪問録	（日）小河滋次郎（講述）	董康編譯	修訂法律館排印本、光緒 33 年（1907）	2 冊
20. 獄事譚	（日）小河滋次郎	董康	法律館稿本、光緒 33 年（1907）	
21. 獨逸監獄法	（獨逸）フォン・ゼーバッハ（Curtt von Seebach）5）（日）小河滋次郎口譯、印南於菟吉筆述	長沙柳大譖（編譯）	天津丙午社　光緒三十三年七月二十三日發行（明治 40 年 8 月 31 日）印刷者：長谷川辰二郎（日本東京市神田區錦町三丁目一番地）發行所：丙午社（中國天津河北公園）印刷所：小川印刷所（日本東京市神田區錦町三丁目一番地）發賣所：中國各省各書肆・日本東京各書肆	法政講義第 1 集第 10 冊
			1913 年1934 年	331 頁、法政講義第 8 種第 1 集
22. 獨逸監獄法	（獨逸）フォン・ゼーバッハ（Curtt von Seebach）、（日）小河滋次郎口譯、印南於菟吉筆述	長沙柳大譖（編譯）	上海群益書局宣統三年（1911）	331 頁
23. 監獄作業論	（日）小河滋次郎	徐金熊	東京：警監學校光緒 33 年（1907）（1925 年 2 月再版）	93+9 頁、大 32 開
24. 監獄學（附監獄律）	（日）小河滋次郎（講述）	宿松熊元翰編輯	宣統三年五月呈報、宣統三年六月初二日註冊、民國元年九月初三日再版、民國二年三月二十四日三版、民國三年十二月十五日四版。印刷所：華盛印書局（北京琉璃廠西頭商務印書館對門電話南局一二一號）經理處：安徽法學社分售處：京外各書坊	京師法律學堂筆記全書 22 冊定價 10 元

第一章　清末中国語訳された日本監獄学書籍の書目

25.日本監獄制度一斑	（日）小河滋次郎	許企謙	赤城法制研究會 1944年	
26.獄事談摘	（日）小河滋次郎			
27.日本監獄法	（日）		1905年	
28.監獄學	（日）	修訂法律館	1907年	
29.比利時監獄則			1907年	
30.新譯日本法規大全 第45冊第16類監獄	（日）	譯校：福建閩縣劉崇傑	光緒33年（1907）上海商務印書館 南洋公學譯書院初譯、商務印書館編譯所補譯校訂。	50頁。内容は普通監獄、陸軍監獄、海軍監獄という三章からなる。一セット80冊、解説1冊、一部洋銀25元
31.日本監獄實務		王元增	江蘇嘉定教育會石印 光緒三十四年 京華書局	
32.紐約監獄協會報告書	（米）紐約監獄協會		1910年	ガリ版、1冊
33.法政速成科講義録第22號	（日）日本監獄事務官小河滋次郎（講授）	留學法政大學福建鄭篪6) 筆譯	大日本東京 法政大學發行、明治39年4月24日印刷、明治39年4月27日發行	表紙題辞「楊樞署 檢」、定價金30錢
34.警視廳員警全編之監獄學	（日）理事廳警視、法學士 島田文之助（講授）	留學日本警視廳安徽鳳陽壽州 陳世英編輯	光緒三十三年十一月二十四日發行、明治四十年十二月二十八日發行。監修者兼校正者：留學日本劉畏三、劉鴻綱。總經理者：山東高密劉鴻綱。印刷者：日本東京牛込區神樂町壹丁目貳番地榎本邦信。印刷所：翔鸞社井上印刷工廠。發行所：警視廳員警編輯社。發售處：中國及日本各大書坊。	警視廳警察全編之第十三冊、22冊、定價大洋捌圓
35.開國五十年史監獄誌	（日）法學博士小河滋次郎、留岡幸助		明治四十二年九月十六日印刷、明治四十二年九月十九日發行、編修兼發行者副島八十六（日本東京市牛込區喜久井町二十一番地）、發行所：開國五十年史發行所（日本東京市牛込區喜久井町二十一番地）、印刷者星野錫（日本東京市日本橋兜町二番地）、印刷所東京印刷株式會社（日本東京市日本橋兜町二番地）	叢書主編大隈重信

第三編　清末中国語訳された日本監獄学書籍の動向

三　日本監獄学専門書類の訳書

　33種類の訳書は、内容から大別すると、監獄専門書類と百科全書類に分けることができる。後者の代表は、表1第30『新譯日本法規大全　第45冊第16類　監獄』と第35『開國五十年史　監獄誌』で、監獄学が叢書の1つとして訳されたわけである。ほかには、第33『法政速成科講義録第22號』、第34『警視廳員警全編之監獄學』がある。法政大学法政速成科は、法政大学の梅謙次郎総理が清国人留学生范源廉の懇願を容れ、楊枢清国公使の賛同を得て明治37年（1904）5月7日に開始されたといわれている。速成科は学期を一年半とし、各講義は通訳を通して行うことが最大の特色である。さらに講義の効果を計るために、すべての講義を中国語に訳された。これが、『法政速成科講義録』の誕生のいきさつである。そのうちの第22號に、小河滋次郎の『監獄学』の講義内容が収録されている。

　それ以外は、すべて監獄学の単著本である。第7『監獄學』（谷野格著）と第2、第3『日本監獄法』は日本では同じく博文館の「警察監獄全書」（下記の表[7]をご参照）に収録され、それぞれその第一編と第五編として出版されたが、中国では出版社が相違したことから単著本として出版されたことが明らかであろう。

210

第一章 清末中国語訳された日本監獄学書籍の書目

次に監獄専門書類の訳本について検討してみたい。

表1のデータを統計すると、33種類の日本監獄訳書のうち、18種に小河滋次郎がかかわっており全体の55%を占め第1位である。2位の佐藤信安は2種類だけで、しかも同書『日本監獄法』の2種類の訳本なので、小河は圧倒的な優勢を見せている。小河の著作の訳本のうち、8点の講義録と、2点のゼーバッハの訳本を除いて、ほかはすべて小河の著作である。小河滋次郎の著作の中国語訳本について、具体的な考証は第四編第二章で述べる。

㈠ 印南於菟吉著作の訳本
──第9の政法學社の廖維勛編譯の『監獄學』(1905)

訳者の廖維勛は、序言で監獄改良について、独特な「有形無形説」「直接間接説」「本末説」を力説した。

大學云物有本末事有終始知所先後則近道矣。善哉是言今我國議改良監獄贊成者約得其半，此後講建築習工藝興教誨，行將舉黑闇地獄化作普渡慈航，謂非吾民之幸福乎哉。雖然人第知改良有形之監獄而不知改良無形之監獄為尤急。人第知直接改良監獄而不知間接改良監獄為尤。且有形之監獄者何，即監獄之監獄是。無形之監獄者何，即非監獄之監獄是。有形之監獄有限，無形之監獄無窮。國中無往非監獄即無往不當改良，使第見有形而忘無形其失也。拘直接之改良者何，即投身獄界去其已甚補其不足者是。間接之改良者何，即振興農工商務使國無曠土野無遊民是，即普及教育大開民智，使民勇於公戰怯於私鬭是。使第見直接而忘間接其失也。隘然自改良監獄之次序言之，則有形與直接者為居其始，而無形與間接者居其終。自改良監獄之實際言之，則無形與間接者為其本，而有形與直接者為其末。況夫目中之監獄易見，心中只監獄雖知苟使隱微之地不可問，雖有良法美意不幾等於虛設乎。夫一事一物研究有方，若非審其終始本末之所在，而後其所先生其所後形式則具備矣，精神其安在哉。

とある。つまり、目に見える監獄建築や習芸制度より、農工商を振興して遊民をなくして、さらに教育を通して民智を開くのがもっとも要務である。感化主義の真義が分からなければ、監獄建築がどんなに立派でも、監獄法則がどん

211

第三編　清末中国語訳された日本監獄学書籍の動向

なに整備でも、飾り物に過ぎない。

　つづいて、本書の由来と構成を説明した。

　　近者留東法政同學諸君編纂政法述義，囑維勳擔任監獄學一科，竊不揣固陋
　　蒐討羣書編輯成帙。分為上下二編。上編主理論，僅為我國監獄改良一方面
　　設想。下編主事實，擇譯東西各國監獄法制以比例體出之，取材於印南於菟
　　吉所編之歐米近世監獄制度及日本現行監獄法規，籍資考證而不加以論斷，
　　俾求治者因時因地各知取法焉可也。但述者擇焉不精語焉不詳，滋愧良多，
　　海內君子訂其舛誤匡其不逮，是則維勳之所竊禱也夫。

とある。つまり、留学生が『政法述義』という法政全書を出版するため、廖維
勳に監獄学の担当を頼んだ。本書は二部構成である。上編は理論中心で、中国
監獄改良の視点から編纂したのである。下編は、事実中心で、主に印南於菟吉
の『欧米近世監獄制度』と日本現行監獄法規を参考にしたのである。

(二)　佐藤信安著作の訳本
——第２の政學叢書第二集第三編の中國國民叢書社譯述の『日本監
獄法』（1903 年）、
第３の普及書局の王家駒譯の『漢譯日本監獄法』（1906 年）

　この２種類は、いずれも佐藤信安の著作『日本監獄法』の訳本である。

　第２種の中国国民叢書社訳本は訳者不明で、張宗弼が光緒二十九年三月に書
いた序言が残された。

　　刑法之作非有讐於衆人也。所以濟教化之不及而導之使自新也耳。昔者周官
　　有圜土之設，罷民則收教之，害人者置之圜土之中，施以職事，恥以明刑，
　　冀者省愆思善之意，至良且深。自秦以後，迭經暴主酷吏之改變，重以悍役
　　蠹胥之朦射，監獄之地慘無人理。沿習既久，人人視為固然。海通以後，外
　　國租界自設監獄，仁暴相形奚啻堯桀。於是言政法者，稍稍倡監獄改良之説
　　矣。顧規條節目，未有成著。當事者即欲改良，亦無所據以為模範。日本維
　　新，事仿西制，監獄其一也。日本佐藤信安氏所著監獄法，最為詳備，亟譯
　　印之，以為當事者告焉。

とある。

第一章　清末中国語訳された日本監獄学書籍の書目

　第３の王家駒訳本の例言[8] によると、原作の説明と翻訳趣旨が分かる。『日本監獄法』は、監獄警察全書の１つである。

　当時中国において、刑法改訂が完成し、警察にも注意するようになるが、刑法執行の鍵で、警察の補助機関である監獄は留意すべしとする。本書は日本監獄法であるが、中国監獄改良の参考に資するので、軽視してはならない。明治維新の当初も監獄制度が不備で、現時点の中国の状況に相当するから、書中の日本監獄制度の沿革をみれば、中国の監獄改良法が自然に会得できる。また、法律名詞は中国典籍に見られないため、そのまま引用し注をつけている。

　下表は、この２種類の訳本の目次の対照表である。

『日本監獄法』目次	『漢譯日本監獄法』目次
（佐藤信安著、中國國民叢書社譯、商務印書館、1903 年）	（佐藤信安著、王家駒譯、普及書局、1906 年）
第一編　緒言	第一編　緒論
第一章　監獄制度之概念 第二章　日本監獄制度之沿革	第一章　監獄制度之概念 第二章　日本監獄制度之治革
第二編　日本監獄法	第二編　日本監獄法
第一章　總論	第一章　總論
第二章　監獄則 第一節　監獄之種類、名稱 第二節　監獄權 第三節　監督權 第四節　巡閲及巡視 第五節　府縣會議員之監獄巡視 第六節　入監者領受之要件	第二章　監獄則 監獄之種類並名稱（第一條） 監獄最高監督權之所在（第二條） 監獄直接監督權之所在（第三條） 監獄之巡閲及巡視（第四條） 府縣會議員職監獄巡視（第五條） 入監者領取之要件（第六條） 女監幼子之乳養（第七條） 入監者攜有物之領置（第八條） 變災之場合（第九條）
第七節　囚人之釋放 第八節　囚人監房之別異	囚人之釋放（第十條） 囚人監房之別異（第十一條） 懲治人監房之別異（第十二條） 刑事被告人監房之別異（第十三條） 別種監獄之區劃（第十四條） 男監女監之嚴隔（第十五條） 押送之方法（第十六條）
第九節　作業	作業（第十七條） 囚人服役之免除（第十八條） 無定役囚之作業（第十九條） 懲治人之作業（第二十條） 役場之區劃（第二十一條） 囚人之工錢（第二十二條） 工錢之領置（第二十三條）

213

第三編　清末中国語訳された日本監獄学書籍の動向

遺留貨物之處分（第二十四條）
領置貨物之使用（第二十五條）
囚人之衣類臥具（第二十六條）
懲治人刑事被告人衣類臥具之自辨（第二十七條）
食料（第二十八條）
須發（第二十九條）
教誨（第三十條）
教育（第三十一條）
書類之看讀（第三十二條）
囚人之書信（第三十三條）
信書之檢閱（第三十四條）
接見（第三十五條）
醫療（第三十六條）
死亡（第三十七條）
對於懲治人及刑事被告人物品之贈與（第三十八條）
對於囚人物品之贈與（第三十九條）
囚人之賞與（第四十條）
對於賞表囚人之特遇（第四十一條）
囚人違犯獄則之懲罰（第四十二條）
對於幼年囚之懲罰（第四十三條）
醫師之證明（第四十四條）
施鈇之場合（第四十五條）
解鈇之場合（第四十六條）
賞表之撤奪（第四十七條）
懲罰之免除（第四十八條）
免幽閉（第四十九條）
對於司獄官吏之苦情（第五十條）
施行細則之制定（第五十一條）
本則適用之範圍（第五十二條）

第三章　監獄則施行細則	第三章　監獄則施行細則
第一節　通則	第一節　通則
第二節　作業	第二節　作業
第三節　工錢	第三節　工錢
第四節　給與衣服制式	第四節　給與
第五節　衛生及死亡	第五節　衛生及死亡
第六節　書信及接見	第六節　書信及接見
第七節　送入品	第七節　差人之飲食品
第八節　教誨及教育	第八節　教誨及教育
第九節　賞譽	第九節　賞譽
第十節　懲罰	第十節　懲罰
第四章　勘查行狀及賞譽之規定	第四章　在監人行狀勘查及賞與規定
第五章　假出場規則	第五章　被懲治者假出場規則
第六章　停止假出獄之規則	第六章　假出獄停止手續
第七章　典獄之職務	第七章　典獄之職務
第八章　監獄書記之職務	第八章　監獄書記之職務
第九章　看守長之職務	第九章　看守長之職務
第十章　看守者、教誨師、醫師、看守女監者、押丁、	第十章　看守及監獄備人分掌例

第一章　清末中国語訳された日本監獄学書籍の書目

授業手分掌之職務	
第十一章　司獄官吏任用法	第十一章　司獄官吏採用法
第十二章　看守教習法	第十二章　看守教習法
第十三章　司獄官吏服制及禮式	第十三章　司獄官吏之服制及禮式
第十四章　懲戒	第十四章　懲戒
第十五章　精勤證書及休假	第十五章　精勤證書及休暇
第十六章　俸給及人員之規定	第十六章　俸給並人員
第十七章　看守之給助	第十七章　司獄官吏之給助
第十八章　司獄官吏給與品借與品手當金宿料之規定	第十八章　司獄官吏之給與品貸與品手當金支給及宿料給與

　両者は、ほとんど大同小異であるが、第二章の構成だけはかなり相違する。一体、原作はどうなっているのであろうか。あえて第二章に絞って、三者の対照表を以下のように作成した。この表によると、王家駒訳本は、原作に忠実であるのに対して、中国国民叢書社訳本はずいぶん省略していることが判明した。

原作	中國國民叢書社譯	王家駒譯
（1）監獄の種類并に名稱（第一條）	第一節　監獄之種類、名稱	監獄之種類並名稱（第一條）
（2）監獄の最高監督權の所在（第二條）	第二節　監獄權	監獄最高監督權之所在（第二條）
（3）監獄の直接監督權の所在（第三條）	第三節　監督權	監獄直接監督權之所在（第三條）
（4）監獄の巡閲及ひ巡視（第四條）	第四節　巡閲及巡視	監獄之巡閲及巡視（第四條）
（5）府縣會議員の監獄巡見（第五條）	第五節　府縣會議員之監獄巡視	府縣會議員職監獄巡視（第五條）
（6）入監者の領収の要件（第六條）	第六節　入監者領受之要件	入監者領取之要件（第六條）
（7）女監の子の乳養（第七條）		女監幼子之乳養（第七條）
（8）入監者の携有物の領置（第八條）		入監者攜有物之領置（第八條）
（9）變災の場合（第九條）		變災之場合（第九條）
（10）囚人の釋放（第十條）	第七節　囚人之釋放	囚人之釋放（第十條）
（11）囚人の監房の別異（第十一條）	第八節　囚人監房之別異	囚人監房之別異（第十一條）
（12）懲治人の監房の別異（第十二條）		懲治人監房之別異（第十二條）
（13）刑事被告人の監房の別異（第十三條）		刑事被告人監房之別異（第十三條）
（14）別種監獄の區劃（第十四條）		別種監獄之區劃（第十四條）
（15）男監女監の嚴隔（第十五條）		男監女監之嚴隔（第十五條）
（16）押送の方法（第十六條）		押送之方法（第十六條）
（17）作業（第十七條）	第九節　作業	作業（第十七條）
（18）囚人服役の免除（第十八條）		囚人服役之免除（第十八條）
（19）無定役囚の作業（第十九條）		無定役囚之作業（第十九條）
（20）懲治人の作藝（第二十條）		懲治人之作業（第二十條）
（21）役場の區劃（第二十一條）		役場之區劃（第二十一條）
（22）囚人の工錢（第二十二條）		囚人之工錢（第二十二條）
（23）工錢の領置（第二十三條）		工錢之領置（第二十三條）
（24）遺留貨物の處分（第二十四條）		遺留貨物之處分（第二十四條）
（25）領置貨物の使用（第二十五條）		領置貨物之使用（第二十五條）
（26）囚人の衣類臥具（第二十六條）		囚人之衣類臥具（第二十六條）

（27）懲治人刑事被告人の衣類臥具の自辨（第二十七條）	懲治人刑事被告人衣類臥具之自辨（第二十七條）
（28）食料（第二十八條）	食料（第二十八條）
（29）鬚髪（第二十九條）	須髪（第二十九條）
（30）教誨（第三十條）	教誨（第三十條）
（31）教育（第三十一條）	教育（第三十一條）
（32）書籍の看讀（第三十二條）	書類之看讀（第三十二條）
（33）囚人の書信（第三十三條）	囚人之書信（第三十三條）
（34）書信の檢閲（第三十四條）	信書之檢閲（第三十四條）
（35）接見（第三十五條）	接見（第三十五條）
（36）醫療（第三十六條）	醫療（第三十六條）
（37）死亡（第三十七條）	死亡（第三十七條）
（38）懲治人及ひ刑事被告人に對する物品の贈與（第三十八條）	對於懲治人及刑事被告人物品之贈與（第三十八條）
（39）囚人に對する物品の贈與（第三十九條）	對於囚人物品之贈與（第三十九條）
（40）囚人の賞譽（第四十條）	囚人之賞與（第四十條）
（41）賞表を有する囚人の待遇（第四十一條）	對於賞表囚人之特遇（第四十一條）
（42）獄則違犯の囚人の懲罰（第四十二條）	囚人違犯獄則之懲罰（第四十二條）
（43）幼年囚に對する懲罰（第四十三條）	對於幼年囚之懲罰（第四十三條）
（44）醫師の證明（第四十四條）	醫師之證明（第四十四條）
（45）鈦を施す場合（第四十五條）	施鈦之場合（第四十五條）
（46）鈦を解く場合（第四十六條）	解鈦之場合（第四十六條）
（47）賞表の褫奪（第四十七條）	賞表之褫奪（第四十七條）
（48）懲罰の免除（第四十八條）	懲罰之免除（第四十八條）
（49）免幽閉（第四十九條）	免幽閉（第四十九條）
（50）司獄官吏に對する苦情（第五十條）	對於司獄官吏之苦情（第五十條）
（51）施行細則の制定（第五十一條）	施行細則之制定（第五十一條）
（52）本則適用の範圍（第五十二條）	本則適用之範圍（第五十二條）

　監獄法に関する本格的著書として、小原重哉の『監獄則注釈』（明治15年）、小河滋次郎の『日本監獄法講義』（明治23年）、小原重哉の『本邦監獄法講義』（明治24年）、小河滋次郎の『監獄学』（明治27年）があるが、これに続くものとして、佐藤信安の『日本監獄法』は貴重である。しかし、この著書は日本ではあまり知られていない[9]。

　それに対して、本書は清末中国において2種類の訳本が出されたのは興味深いことである。その原因は、おそらく警察監獄全書の第五編として出版されたため、清国留学生の目にとまったと言えよう。同書の第一編の法学士谷野格著の『監獄学』（表1第7）も清国留日学生の注意を引き、中国語に訳されて中国国内に紹介された。

四　百科全書類の日本監獄学訳書

　以上述べたのは監獄専門書で、読者層が限られることは想定内のことであろう。しかし、同じく監獄学書籍は法律叢書あるいは百科全書の一冊として出版されると、一般の知識人階層まで広く読まれたことはいうまでもない。

　例えば、胡適は 1915 年（民国 4）5 月 20 日の日記に、大隈重信所纂『日本開國五十年史』を読んで感銘したと記している。また、梁啓超も「讀日本大隈伯爵開國五十年史書後」という感想文を書き残した。

　表 1 の 33 種のうち、以下の 4 種は百科全書類に属するといえよう。

1、第 30 の南洋公學譯書院初譯・商務印書館編譯所補譯校訂『新譯日本法規大全 第 45 冊第 16 類　監獄』（1907 年）
2、第 35 の小河滋次郎・留岡幸助著『開國五十年史　監獄誌』（1909 年）
3、第 33 の小河滋次郎講述・鄭篪譯『法政速成科講義録第 22 號　監獄学』（1906 年）
4、第 34 の島田文之助講授・陳世英編輯『警視廳警察全編之第十三冊　監獄學』（1907 年）

　次は、表 1 第 30 の『新譯日本法規大全 第 45 冊第 16 類　監獄』と第 35 の『開國五十年史　監獄誌』について述べてみたい。

㈠　第 30 の南洋公學譯書院初譯・商務印書館編譯所補譯校訂 『新譯日本法規大全 第 45 冊第 16 類　監獄』（1907 年）

　『新譯日本法規大全』は、1907 年に上海商務印書館によって出版された。出国考察政治五大臣の 1 人である端方の序言[10]によると、内川義章の『法規大全』を翻訳したものである。同書は合計 80 冊、400 万字。下表のように、25 類に大別されている。監獄は第 16 類に列する。

第三編　清末中国語訳された日本監獄学書籍の動向

第1類	帝国憲法（告文、発布憲法敕語、日本帝国憲法）、皇家典範（皇家婚嫁令、皇家誕生令）、帝国議會（議院法、貴族院、衆議院）、法例公文式、官報	第14類	土地、水利、水道、下水道、河川、防砂、道路橋渡津
第2類	裁判、行政訴訟及訴願	第15類	員警、新聞、出版、著作權
第3類	民法（競賣法、非訟事件手續、不動産、船舶、商業、法人夫婦財契約）	第16類	監獄
第4類	商法（破産、商事非訟事件、銀行）	第17類	衛生
第5類	民事訴訟法	第18類	社寺、宗教
第6類	刑法（普通、陸軍、海軍、違警罪處分、陸海軍治罪法交渉處分、雜則、司法員警、陸軍治罪、海軍治罰）	第19類	財政
第7類	刑事訴訟法（司法裁判、裁判所構成法、辯護士、執達吏）	第20類	軍事
第8類	官制（内閣、樞密院、宮内省）	第21類	教育、氣象
第9類	官規	第22類	勸業、度量衡
第10類	統計報告、文書官印	第23類	礦業、森林
第11類	外交	第24類	特許、意匠、商標
第12類	旌表、地階、華族、賑恤	第25類	運輸、通信
第13類	地方制度		

　序言を書いた12人は、中国側の高官と日本側の学界の著名人ばかりである。中国側は御前大臣鎮国公載澤（1876～1928）、法部尚書戴鴻慈（1853～1910）、外務部尚書呂海寰（1842～1927）、修訂法律大臣沈家本（1840～1913）、直隷総督兼北洋大臣袁世凱（1859～1916）、両江総督端方（1861～1911）、四川総督岑春煊（1861～1933）、郵船部右侍郎工部左侍郎盛宣懐（1844～1916）、南洋公学譯書院院董張元済（1867～1959）という9名。日本側は、早稲田大学総長大隈重信（1838～1922）、京都帝国大學法科大学教授織田万（1868～1945）、日本早稲田大学学監高田早苗（1860～1937）という3名であった。

　24人の翻訳校正者のうち、留日学生は19人で総人数の79％を占めている。その内訳は法政大学卒業生3人、早稲田大学卒業生9人、帝国大学卒業生2人、中央大学卒業生3人、明治大学1人、東京高等工業学校1人である。

　発起人の盛宣懐の序言と主催者の張元済の序言によると、本書の成書過程が判明する。本書の中国語訳の提議は早くも1901年に検討されたが、当時中国国内の学校にほとんど日本語学科が設置されていないため適当な訳者が見つか

第一章　清末中国語訳された日本監獄学書籍の書目

らなかった。それゆえ、日本駐在中国大使館使節兼留学生監督である夏地山に頼んで、日本留学生を組織し240万字の初稿を翻訳した。しかし、これは直訳で法律専門用語に注釈を付けずにそのまま使用し、数人の共同作業で、文体が統一されていないため出版できなかった。1903年、南洋公学が経費不足で訳書院を撤去したため、張元済は正式に商務印書館に移籍した。翌年、彼はこの翻訳事業を再開しようと、総経理の夏瑞芳の同意を得た上で、高夢旦の協力のもとで、高夢旦の同郷である日本留学生の劉崇傑、陳与年、劉崇佑、劉驤業、劉崇倫、梁継棟、陳海超、林蔚章、鄭樹楨等に依頼し、本書の明治37年（1904）第五版に基づいて補訳校正し、明治38年（1905）に公布された法令も一部取り入れた。したがって、訳者について、本書の表紙に「初訳者：南洋公学訳書院、補訳校訂者：商務印書館編訳所」と標記した。光緒三十二年七月（1906年9月）、清国政府は「予備立憲」の詔を下したとき、『日本法規大全』も同時に完成された。

　同書の訳例から、次のことが分かる。内容の10分の6は、南洋公学譯書院が明治34年（1901）第三版をもとにして翻訳したものである。商務印書館は、さらに明治37年（1904）第五版に基づいて補訳校正したのである。原書の巻末に収められた明治36年1月1日から37年6月30日までの法律は、すべて各分類に編入した。また、明治38年に発布された法令も一部採用した。同書の最大の特色は、法律専門語を解釈する『法規解字』という別編があることである。

　第16類の「監獄」の翻訳校正者は、劉崇傑である。彼は本書の翻訳の総括人で、本書の出版に多大な貢献を捧げた。張元済の序言の中に、劉崇傑の功労について、特筆大書されている。

　　劉君肄業日本早稻田大學校者六年，以法律學聞于時。……於是劉君攜稿東渡，抵東京丐昔年同學分任校訂，冀克期蕆事。歸安錢念劬觀察，仁和董恂士孝廉方有事日本，道出上海，元濟請為劉君助，皆欣然許諾。未久考察政治大臣設編譯局于東京，以念劬充局長，京外大吏亦先後檄調劉君歸國，佐理新政。元濟謂二君去，是書必又中輟矣。劉君毅然辭謝，謂必始終其事。念劬亦力踐前約，時時兼顧。迨去年七月預備立憲詔下而全書亦同時告成。

219

第三編　清末中国語訳された日本監獄学書籍の動向

とある。劉崇傑は、当時早稲田大学を卒業して6年目で、法律学で世に知られていた。彼は初稿を携帯し日本に渡った。東京の同窓生に依頼して共同作業を行った。国内に新政を起こすため、人材を求める地方政府は争って劉崇傑に帰国の要請を送った。しかし、彼は翻訳事業を完成しようと固辞したのである。

　劉崇傑の留学先の早稲田大学学監である法学博士高田早苗も序言で彼の功績を称え、誇りに思った。

　　劉君崇傑，嘗在我早稻田大學肄業，人咸服其才俊。餘與君結交殊深，君既畢業，上海商務印書館聘君譯校《日本法規大全》，頃迻譯告竣，攜其稿來索余序，余受而閱之，意義精當，文理明皙，毫不失原文之意。如法律上之術語，皆用原文而別編《法規解字》釋之，務使譯文不淆本意，法莫善焉。余既多劉君之勞，知其裨益清國甚大，而尤喜我大學畢業生能成此有益之業矣[11]。

と記している。

　大隈重信も序言で劉崇傑に対して、賞賛の言葉を贈った。

　　近者清國覺改正法規之必要，降立憲之詔，布變法之令，可謂當務之急矣。而上海商務印書館，不惜巨貲，廣聘通儒，翻譯《日本法規大全》，劉君崇傑為之主宰，其裨益于清國法制，決非鮮少。余與劉君素相識，迨譯成督序于余，乃為書一言。

とある。

　同書の『第45冊第16類　監獄』は、普通監獄、陸軍監獄、海軍監獄という三章からなる。また、第一章は、「普通監獄」が「監獄則」、「巡閲」、「看守監獄傭人」、「監獄費」、「囚徒押送」という5項目から構成されている。

　そのほか、上述の本書の最大特色とされる別編の『法規解字』の中にも、監獄関係用語の解釈が見られる。本書を注視すると、以下の用語が取り上げられている。

　　監視（皿部P100）、監倉（皿部P100）、集治監（隹部P148）、假出獄（人部P12）、勾留（勹部P28）、屏禁（屍部P53）、已決監（已部P55）、未決監（木部P76）、衛戍監獄（彳部P60）、押丁（手部P67）、押留（手部P67）、拘留（手部P68）、拘束（手部P68）、授業手（手部P69）、留置人（田部P97）、禁錮（示

220

部 P104)、聯合假留置（耳部 P115)、身分帳（身部 P133)。

　清末において、出版された大型外国法律叢書は２部ある。１部は、46 冊の同文館 1880 年聚珍版『仏国律例』。もう１部は、この 80 冊の『新譯日本法規大全』である。この２部の大作はある意味では、近代中国における西洋法律移植の２つの典型例を物語っていると言える。

　前者は、第二次阿片戦争以後において名高い西洋強国のフランスに学んだ結果であり、後者は、日清戦争以降における新進強国の日本に学んだ結果である。前者は、政府が関与し、対象がフランスの『六法全書』である。これに対して後者は民間中心で、対象が日本における現行法律総編である。前者は、フランス人ビレクイン（畢利幹、A. A. Billequin、1826 ～ 1894）が講述し、宛平の時雨化の筆述である。しかし後者は、日本法科留学生が翻訳の役割を果たしたものである。両者の時代、背景、対象、主体と翻訳水準はそれぞれ相違するが、阿片戦争の敗北により、1842 年の南京条約をはじめとする一連の不平等条約を結ばざるを得ない時代背景のもとで、西洋法律を取り入れて近代化の道を歩もうとしていた近代中国の姿勢が如実に示されていると言えるであろう。

㈡　第 35 の小河滋次郎・留岡幸助著
『開國五十年史　監獄誌』（1909 年）

　『開國五十年史　監獄誌』は 33 種類のうち、唯一の日本人が組織して翻訳された書籍で、特別な意義を持っている。

　『開國五十年史』は二巻六十二編で、2,200 余頁、130 余万字。著者は 50 余人。大隈重信が著者でありながら、編集の総括の役をつとめている。提議から完成まで５年かかっている。北京の商務印書館は、1929 年に「万有文庫漢譯世界名著叢書」の一種として、再版した。もともと扉にあった清朝王公督撫が書いた序言を取り除き、あたかも商務印書館によって翻訳されたような形式となっている。実はこの本の完成当初、すでに日本人の手によって、中国語と英語に訳された。すなわち、日・中・英の３カ国語で発行されたのである。

　明治 40 年（1907）12 月の例言によると、本書の目的、特色、文体、構造、記述年代などが分かる。例言第１条に「本史の目的は我國現代に於ける進歩發

第三編　清末中国語訳された日本監獄学書籍の動向

達の源委、曲折及び其經過、變遷の跡を詳述し、以て殊文異域の海外に普く此特質ある曠古の事歴を知悉せしめんとするに在り。故に當初英文及び漢文を以て之を撰修したりしかど、其内容は凡そ孰れも新日本の建設、發展に關與せる諸名家が、各自ら經營盡瘁せる特殊の方面に就いて記述せるものなるを以て、亦汎く本邦に行はれしめんことを欲し、茲に邦文に成れるものを刊行せり」とある。目的は近代日本の進歩発達の経緯、変遷の道を詳しく論述し、世界に発信することにあった。そのため日本語版と同時に、英語版と中国語版も作成したわけである。『開國五十年史』を題名としたが、必ずしも黒船事件以降からの記述ではなく、古代まで遡って記述されていることが多い。各編は日露戦争時期に完成したため、記述年代を明治38年（1905）までとする場合が多い。それゆえ、日露戦争以来のことは大隈重信が末編の結論で特筆している。本書に英語文中国語文の訳本があるが、逆に英文から日本語に訳す場合もあった。おそらく、第60のイギリス人が書いた『日本人の体格』を指すのであろう。各編の著者が異なるため、それぞれ特色があり、文体が統一されていない。間接直接に助力したのは200余名にのぼる。実に大規模な編纂事業であったろう。

　　以下は『開國五十年史』の目次で、『監獄誌』が第14編に列される。

作品名	著者	作品名	著者
（上巻）		32. 儒教	文學博士井上哲次郎
1. 開國五十年史論	伯爵大隈重信	33. 佛教	文學博士高楠順次郎
2. 德川慶喜公回顧録	伯爵大隈重信	34. 基督教	本多庸一・山路彌吉合著
3. 帝國憲法制定之由來	公爵伊藤博文	35. 哲學思想	文學博士三宅雄二郎
4. 開國事歴	島田三郎	36. 泰西思想之影響	法學博士新渡戶稻造
5. 明治之外交	伯爵副島種臣	37. 新日本智識上之革新	法學博士横井時雄
6. 帝國財政	侯爵松方正義	38. 明治文學	文學博士芳賀矢一
7. 陸軍史	公爵山縣有朋	39. 美術小史	正木直彦
8. 海軍史	伯爵山本權兵衛	40. 音樂小史	東儀季治
9. 政黨史	法學博士浮田和民著. 伯爵板垣退助・伯爵大隈重信審定	41. 國劇小史	文學博士坪内雄藏
10. 法制史略	法學博士富井政章	42. 政論界之新聞紙	福地源一郎
11. 法制一斑	法學博士鳩山和夫・阪本三郎合著	43. 新聞雜誌及出版事業	烏谷部銑太郎
12. 自治制度	法學博士清水澄	44. 農政及林政	農學博士酒匂常明
13. 警察制度	男爵大浦兼武	45. 水産業	村田保
14. 監獄誌	法學博士小河滋次郎・留岡幸助合著。		

222

第一章　清末中国語訳された日本監獄学書籍の書目

15. 交通及通信	男爵前島密	46. 礦業誌	古河潤吉
16. 遞信事業	男爵田健次郎	47. 工業誌	鈴木純一郎
17. 鐵道誌	子爵井上勝	48. 織物誌	川島甚兵衛
18. 海運業	近藤廉平	49. 染織業	高橋義雄
19. 本邦教育史要	伯爵大隈重信	50. 銀行誌	男爵澁澤榮一
20. 明治教育史要	侯爵西園寺公望	51. 會社誌	男爵澁澤榮一
21. 教育瑣談	子爵田中不二磨	52. 外國貿易	益田孝
22. 高等教育	男爵文學法學博士加藤弘之	53. 北海道誌	農學博士佐藤昌介
23. 民間教育	法學博士浮田和民	54. 臺灣誌	男爵後藤新平
24. 商業教育	法學博士天野爲之・法學博士鹽澤昌貞合著	55. 慈善事業	三好退藏
25. 女子教育	成瀬仁藏	56. 赤十字事業	男爵石黑忠悳
26. 歐洲學術傳來史	大槻如電	57. 都府之發達	尾崎行雄
27. 數物學	理學博士櫻井錠二	58. 風俗之變遷	文學士藤岡作太郎
28. 博物學	理學博士箕作佳吉	59. 社會主義小史	安部磯雄
29. 醫術之發達	醫學博士青山胤通・富士川遊合著。	60. 日本人之體格	（英）埃爾溫伯
30. 醫學及衛生（下巻）	醫學博士三宅秀	61. 國語略史	藤岡勝二
31. 神道與君道	久米邦武	62. 開國五十年史結論	伯爵大隈重信

　中国語版は内容構成が日本語版とまったく同じである。ただ、日本語版の「挿畫及び解説」がない。かわりに７人の清国王公督撫、すなわち慶親王、粛親王[12]、載振、鹿傳霖、袁世凱、榮慶、徐世昌[13]等の題辞と、大隈重信が中国語版のために書いた序言が本書の扉に付記されている。

　日本語版の『開國五十年史』の奥付は、以下のように見られる。

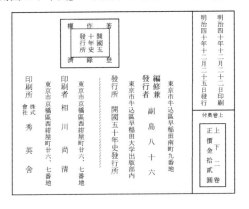

223

第三編　清末中国語訳された日本監獄学書籍の動向

中国語版の『開國五十年史』の奥付は、次の通りである。

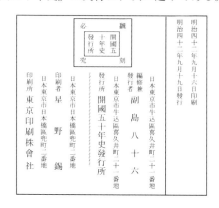

出版について、以上の2枚の奥付から分かるように、中国語の訳本も日本語の原作と同じく東京で出版され、出版年が明治42年（1909）で、原作より2年遅れて出版されたのである。

「監獄誌」は、小河滋次郎と留岡幸助の共著である。小河と留岡は仲の良い友達でありながら、学問上のライバルでもあった。2人の学説の相違は、各自の主催雑誌に投影されている。当時の日本監獄界の雑誌として、佐野尚を中心とした大日本監獄協会の雑誌『大日本監獄協会雑誌』、通称「赤雑誌」と小河滋次郎を中心にした『監獄雑誌』、通称「青雑誌」と原胤昭・留岡幸助を中心にした『獄事叢書』の3種類があった。前者の2種類は「官」の色彩が濃厚で、後に合併し、フランスやドイツの行刑理論を紹介するに大きな役割を持っていた。これに対して、留岡幸助らは、独自の民間からの論陣を張って、米国監獄の理論や実情を紹介した。小河と留岡は、当時の日本監獄学界の主な学説を代表する2人の学者であり、本書は2人の共著の形によって、監獄学の権威ある作品を世に送る主旨である。

しかし、本書の執筆の事情はいかなるものであったかについて、小河本人の残された記述から知られる。

　　大隈伯の開國五十年史に監獄誌と云ふ一篇があつて是れは留岡幸助君と余
　　の合作の名義になつて居るが實は一と通り其の原稿を拜見しただけのこと

224

第一章　清末中国語訳された日本監獄学書籍の書目

で多少自分の筆と意見とを加へようと思つて居る内に印刷を急ぐと云ふこ
とで其儘返璧すると共に斯ふ云ふ次第であるから余の名前は除いて貰ひた
いと申込んだけれども許されずに終に成本を見るに至つた仕義である。大
體に於て別に異存のある譯でも無いが我が國に於ける德川氏時代の獄制を
敍して徒らに闇黒面に精しく歐米の獄制改良前に夢想し能はざりし時の施
設即ち光明の側面を看過し尚ほ明治以後に於ける改良の道行を述べて事の
監獄協會、協會の創設と共に斯業の發達に終始、多大の關係を有せられし
所の石澤謹吾及び免囚保護事業の成效者原胤昭君の名に及ばざかりしこと
は甚だ遺憾に堪へざる所である[14]。

すなわち、小河はただ原稿を一通り見ただけで、自分の意見を入れようと思っ
ても、印刷を急ぐためできなかったという。それで、小河は名を削除しようと
思ったが、許されなかったという。また、本書に対する遺憾なところを列挙し
た。たとえば、德川時代の獄制の光明の側面、明治時代の監獄改良に対する貢
献した監獄協会・監獄界の元老級人物石澤謹吾及び免囚保護事業の成效者原胤
昭は看過され論及されなかったと指摘した。

日本語版の原作は 493 頁から 519 頁まで、合計 27 頁、62 項目からなっている。
中国語版の訳書は 351 頁から 373 頁まで、合計 23 頁、55 項目からなっている。
下表は、両者の目次の対比図である。

原作目次	訳書目次	原作目次	訳書目次
1. 古代の刑罰	古代之刑罰	32. 入浴	沐浴
2. 貴族の處刑	貴族之處刑	33. 獄制の実相	獄制之實情
3. 盟神探湯の法	盟神探湯	34. 監獄改良論	監獄改良論
4. 古代の行刑法	古代之行刑法	35. 明治初年の假刑律	假刑律
5. 聖德太子の憲法	聖德太子之憲法	36. 新律綱領	新律綱領
6. 近江令	近江令	37. 海外視察	視察獄制
7. 大寶律令	大寶律令	38. 改定律令	改定律令
8. 古代の刑部	古代之刑部	39. 囚人給與規則	
9. 刑罰の種類	刑罰種類	40. 官制改革	
10. 古代の處刑法		41. 保釋條例	
11. 唐制囚獄法	唐制	42. 集治監	集治監
12. 檢非違使廳	檢非違使廳	43. 監獄費	監獄費
13. 鎌倉幕府の設立	鎌倉幕府	44. 新刑法	新刑法
14. 貞永式目	貞永式目	45. 未決囚	未決囚

225

第三編　清末中国語訳された日本監獄学書籍の動向

15. 鎌倉時代の法衙	鎌倉時代之法衙	46. 懲治人	懲治人
16. 当時の刑名	刑名	47. 傳告者	傳告者
17. 建武式目	建武式目	48. 誘工者	誘工者
18. 公家法度武家法度	公家法度武家法度	49. 服役	服勞役
19. 評定所	評定處	50. 教誨教育及び賞罰	教誨教育及賞罰
20. 律令公布法	律令之公佈	51. 監獄則改正	改正監獄則
21. 德川時代の刑制	德川時代之刑制	52. 監獄の主管	
22. 地方司獄官	地方司獄官	53. 監獄費の國庫支辦	監獄費由國庫支辦
23. 江戸獄舎の創設	江戸獄舍	54. 感化法案	感化法
24. 病監	病監	55. 免囚保護事業	
25. 人足寄場	收氓處	56. 現今の監獄官制	
26. 德川時代の刑名	刑名	57. 幼年監獄	幼囚監獄
27. 拷問	拷問	58. 幼年感化監獄	
28. 獄制	獄制	59. 監獄改良の遲延	監獄改良
29. 牢内囚徒の制裁	牢囚之制裁	60. 基督教徒の獄制改良	基督教徒之盡力
30. 給與	給與	61. 警察監獄教育	警察監獄教育
31. 被服	被服	62. 行刑法の発達	行刑法之發暢

　以上の対比図から分かることは、中国語版には 7 項目が抜けていることである。さらに原文を点検すると、そのうちの 1 項目は削除されているだけで、ほかの 6 項目は全部保留し、ただ細目と思われて上項目に編入されたことが明らかである。たとえば、第 10 項の「古代の処刑法」は第 9 項の「刑罰の種類」に、第 39 項の「囚人給与規則」、第 40 項の「官制改革」、第 41 項の「保釈条例」はすべて第 38 項の「改定律令」に、第 56 項の「現今の監獄官制」を第 54 項の「感化法案」に、第 58 項の「幼年感化監獄」を第 57 項の「幼年監獄」に編入したわけである。省略した 1 項目は、第 55 項の「免囚保護事業」で、原文は「感化事業と併行して犯罪の豫防に必要なるは免囚保護事業なり、我邦に於ては斯業猶ほ未だ幼稚なるを免れずと雖、現今保護会社として存在せるもの全国に三十七個あり、而も官設のもの一もあるなく、悉く私人の経営に属するものなり」とある。翻訳の不注意で起こったミスかもしれない。それとも、当時において最新理論である「免囚保護事業」に関心を持たなかったか、その原因は不明である。

　上表から見れば、専門用語を含め、ほぼ原文をそのまま直訳するが、唯一の例外がある。それは第 25 項の「人足寄場」である。人足寄場について、原文

第一章　清末中国語訳された日本監獄学書籍の書目

には「寛政二年（1790）家治将軍の時天下の名相松平定信の経営に由り、市井
に徘徊する無頼の徒を収容せんが為、沼池を埋めて人足寄場なるものを設けた
り、明治二十八年（1895）まで存在せし石川島監獄の位置是れなり、而して現
今の巣鴨監獄は、實に此人足寄場より移轉したるものに係る」と説明を加えて
いる。中国語訳本の場合、字面からあまりにもわかりにくくて読み取れないか
ら、あえて「收氓處」と訳したと推測できよう。

五　小　　結

「清末における日本監獄関係書籍の中国語訳一覧」表1に示したように、清
末中国における35種の監獄学の訳書のうち、33種が日本の監獄書籍から翻訳
されたものであった。これは監獄学に限られた話ではなく、明治日本という近
道を通って監獄を含める西洋の法政制度を取り入れた近代中国の歴史的選択で
あった。

その原因は、100年前の張之洞がすでに5点の理由を挙げて「遊学之国，西
洋不如東洋」という見方を力説した。

一，路近省費，可多遣。一，去華近，易考察。一，東文近于中文，易通曉。
一，西書甚繁，凡西學不切要者，東人已刪節而酌改之。一，中東情勢，風
俗相近，易仿行，事半功倍，無過於此[15]。

1896年、梁啓超は『変法通議』で日本という近道を通して西洋法律を学ぶ
という思想を提起した。すなわち「日本法規之書，至詳至悉，皆因西人之成法
而損益焉」[16]と指摘している。1901年、南洋公学譯書院を主催する張元濟も、「我
國變法不能無所師求，師莫若日本。法律之學，探本窮原，非一朝夕之事，欲亟
得師，莫若多譯東文書，先條件而後理論」[17]と、同様な考え方を表明した。

1906年、袁世凱は『日本法規大全』序言に、

余惟曾文正，李文忠，歷派学生出洋，而西土学術乃聞于世，顧其影響於政
教者甚微。固由風氣未開，抑亦中西語言文字有格不相入者乎。遊學日本之
舉，未及十年，而譯本已將充棟，且皆切用於世，豈不以同文之國，政教出

227

第三編　清末中国語訳された日本監獄学書籍の動向

　　於一源，故其收効特殊哉 18)。

と記している。西洋留学と日本留学の効果の相違について感嘆した。曾国藩、
李鴻章は学生を西洋に送り出した。したがって、西洋学術が次第に中国に知ら
れるようになったが、その影響はわずかであった。これに対して、日本留学が
10年もたたないうちに、訳本が多量にでき大きな貢献をなした。原因は「同
文同種」の国からであるとされた。

　修訂法律大臣も、日本の法律書籍の翻訳の計り知れぬ利点を見抜いた。

　　將欲明西法之宗旨，必研究西人之學，尤必編譯西人之書。説者謂：西文法
　　字於中文有理，禮，法，制之異，譯不專指刑法一端，則欲取歐美之法典，
　　而盡譯之。無論譯者之難，其人且其書，汗牛充棟，亦譯不勝譯。日本則我
　　國同洲，同種，同文之國也。譯和文又非若西文之難也。然鴻編巨帙，正非
　　一手足之力所能竟厥功。日本旧時制度，唐法為多。明治以後，採用歐法不
　　數十年，遂為強國。是豈徒慕歐法之形式而能若是哉。其君臣上下，同心同
　　德，發憤為雄，不惜財力，以編譯西人之書，以研究西人之學，棄其糟粕而
　　擷其英華，舉全國之精神，胥貫注於法律之内。故国勢日張，非偶然也 19)。

　要するに、清末中国における日本の監獄学書籍の翻訳ブームは偶然のことで
はない。これは、近代中国が明治日本を近道として西洋の法政学術を移植する
一例といえよう。その事実が、本章で詳論した日本監獄関係書籍の翻訳の過程
において如実に読み取ることができよう。

　〔注〕
　　1)　周作人『知堂書話』（上）海南出版社、1997年、1269頁。
　　2)　中國政法大學圖書館編『中國法律圖書總目』中國政法大學出版社、1991年。
　　3)　實藤惠秀監修・譚汝謙主編・小川博編輯『中國譯日本書綜合目録』香港中
　　　　文大學出版社、1980年。
　　4)　沈家本が先後して光緒三十一年三月、三十三年五月、宣統元年正月、元年
　　　　十一月に四回にわたって、修訂法律館の翻訳について統計を行った。翻訳書
　　　　籍は合計103種、そのうち、監獄関係書籍が5種。『ベルギー監獄則』以外、
　　　　あとの4種『日本監獄法』『監獄學』『日本監獄訪問録』『獄事譚』がすべて日
　　　　本監獄学書籍である。この数字は清末監獄改良に対する日本監獄学の影響を
　　　　物語っている。

228

第一章　清末中国語訳された日本監獄学書籍の書目

5)　ゼーバッハ（Curtt von Seebach）とは、クローネを師とするドイツの新進監獄学者・モアビート監獄上級獄官。明治 22 年 12 月内務省監獄顧問として渡日、日本最初の国立監獄官練習所主任教授として独逸監獄学を伝え、近代的行刑思想・監獄建築・監獄衛生・監獄事務の改善に大きな影響を与えた。勲五等瑞宝章が贈られる。

6)　訳者鄭箎は生平不詳であるが、彼の訳書はほかにも 2 種類見つけた。1、織田万『清国行政法』、陳興年・梁継棟・鄭箎訳、上海広智書局、1907 年。2、小野塚喜平次『政治学』上海商務印書館、丁未年三月（1907 年 4，5 月間）初版、民國元年十二月六版。表紙に「日本法學博士小野塚喜平次講述、侯官鄭箎編輯」と書かれている。

7)　これは『日本監獄法』（佐藤信安著、明治 34 年出版、東京博文館蔵版）の文末に付された『警察監獄全書』の出版広告である。

8)　一，是書原系日本法學士佐藤信安著，為監獄員警全書中之一。法理精詳，解釋透闢。我國監獄制度者，素未研究。謀政治之進歩，社會之發達者，當從此著手，苦無憑藉用，特譯出以供參考。
　一，我國刑法既已改訂，員警亦知注意而監獄為實行刑法之樞紐，輔助員警之機關，亟宜參閱是書以收成效。
　一，是書雖為日本監獄法，而可施行于吾國監獄者，正複不少，不可以外國監獄法忽之。
　一，日本維新之初監獄制度不完備，與吾國今日之状況相等，觀於此編所列監獄制度之沿革，參合吾國情形自可以知著手改良之處。
　一，是書法律名詞多我國典籍所未見，然關係法理，具有精義。率然易之，反失真相。故於滯晦難通之處加注釋以便省覽。
　一，法律之書以法理為主體，以文詞為副體，故是書多直譯原文以存真相。艱深屈佶者稍易之。

9)　〈図書・出版〉佐藤信安著『日本監獄法』、『月刊刑政』Vol.87 No.4（1003）、矯正協会、昭和 51 年 4 月、1976/04/01。

10)　「日本自維新以後，用法施政，百度修明。明治三十二年，内川義章有《法規大全》之輯，分別條貫，類區以別，且附索隠編年表，以便推檢。嗣復賡續及於明治三十七八年。創制立法，粲然大備。」（『新譯日本法規大全』端方序、南陽公學譯書院初譯、商務印書館編譯所補譯校訂、北京商務印書館、2007 年）

11)　『新譯法規大全』張元濟序、南陽公學譯書院初譯、商務印書館編譯所補譯校訂、北京商務印書館、2007 年。

12)　肅親王善耆（1866 ～ 1922）、近代中国警察制度の創始者である。川島芳子の実父である。

13)　徐世昌（1855 ～ 1939）、当時の職務は欽差大臣東三省總督監管三省將軍で

229

第三編　清末中国語訳された日本監獄学書籍の動向

ある。

14)　〈雑録〉戊申課筆（一月二十二日　二十七　開國五十年史）、岳洋生、『監
獄協会雑誌』Vol.21 No.2（231）、明治 41 年 2 月、1908/02/20、第 57 頁。

15)　陳學恂主編『中國近代教育文選』人民教育出版社、1983 年、第 243 頁。

16)　「譯書」『變法通義』三之七『時務報』第廿七冊、1897 年 5 月 22 日。

17)　海鹽張元濟序『日本法規大全』、光緒三十三年丁未（1907）二月。

18)　項城袁世凱序『日本法規大全』、光緒丙午（1906）十二月。

19)　歸安沈家本序『日本法規大全』、光緒三十二年（1906）冬仲。

230

第二章　清末中国語訳された日本監獄学書籍の著者と訳者

一　緒　　言

　清末中国における日本書籍の翻訳に関する議論は、光緒二十四年（1898）六月に康有為が上奏した「請廣譯日本書派遊學折」[1]に遡ることができよう。その中で、日本留学とともに、日本書籍の翻訳を提議した。

　康有為は、その文中に日本の富強の秘訣が遊学と翻訳にあると指摘し、

　　日本昔亦閉關也，而早變法，早派遊學，以學諸歐之政治工藝文學知識，早譯其書，而善其治，是以有今日之強而勝我也。吾今自救之圖，豈有異術哉？亦亟變法，亟派遊學，以學歐，美之政治工藝文學知識，大譯其書以善其治，則以吾國之大，人民之多，其易致治強可倍速過於日本也。

と述べ、中国を振興させるには日本に学ぶしかなく、遊学と翻訳を推し進めることを主張した。

　続いて、曾国藩をはじめとする地方有力者が上海・天津・福建・広州で西洋学の翻訳を開始して40年になったが成果が極めて少ないことに言及し、

　　昔者大學士曾國藩嘗開製造局於上海以譯書，於今四十年矣，其天津、福建、廣州亦時有所譯，然皆譯歐、美之書，其途至難，成書至少，既無通學以主持之，皆譯農工兵至舊非要之書，不足以發人士之通識也，徒費歲月、糜鉅款而已。

と語り、その失敗原因が欧米の書籍を翻訳したこと、しかも農工学兵学などの人々の思想啓蒙に関係のない書籍ばかりであったことにあると分析した。

　さらに、日本書籍の翻訳の利点を大いにアピールした。

　　臣愚顓顓思之，以為日本與我同文也，其變法至今三十年，凡歐、美政治文學武備新識之佳書，鹹譯矣，但工藝少闕，不如歐，美耳。譯日本之書，為我文字者十之八，其成事至少，其費日無多也，請在京師設譯書局，妙選通

第三編　清末中国語訳された日本監獄学書籍の動向

　　人主之，聽其延辟通學，專選日本政治書之佳者，先分科程並譯之，不歲月
　　後，日本佳書，可大略皆譯也。
　しかし、翻訳の人材不足を考慮し、以下のように科挙制度を利用して翻訳の
奨励政策を作るように提案した。

　　雖然日本新書無數，專恃官局為人有幾，又佳書日出，終不能盡譯也，即令
　　各省皆立譯局，亦有限矣。竊計中國人多，最重科第，退以榮於鄉，進仕於朝，
　　其額至窄，其得至難也。諸生有視科第得失為性命者，僅以策論取之，亦奚
　　益哉？臣愚請下令，士人能譯日本書者，皆大賚之。若童生譯日本書一種五
　　萬字以上者，若試其學論通者，給附生。附生增生譯日本書三萬字以上考試
　　論通，皆給稟生，稟生則給貢生。凡諸生譯日本書過十萬字以上者，試其學
　　論通者給舉人。舉人給進士，進士給翰林，庶官皆晉一秩。

　すなわち、日本書籍の翻訳の字数と質によって、上級の科挙功名を授け昇進
させる。換言すれば、康有為本人が、

　　以吾國百萬之童生，二十萬之諸生，一萬之舉人，數幹之散僚，必皆竭力從
　　事於譯日本書矣。若此則不費國努，而日本群書可二三年而畢譯於中國，吾
　　人士各因其性之所近而研究之，以成通才，何可量數。故臣之請譯日本書便也。

と記述したように、当時の中国人の科挙を重んじる心理を利用し、翻訳事業の
人手と資金の不足問題及び西洋学問の人材育成問題を一挙に解決することを企
てるのであった。

　康有為は、上述のように日本書籍の翻訳の主唱者であるのみならず、日本監
獄書籍の翻訳にいち早く論及した先駆者でもある。彼は、1896 年から編纂し
始めた『日本書目志』の「政治門」の監獄類に以下の３種を書き入れた。

監獄全書	『法律叢書』第三十五巻	四分
監獄則注釈	小原重哉著	一圓七角五分
ドイツ監獄管理法	小河滋次郎著	六角 [2]

　康有為などの有識者の呼びかけによって、10 年後の 1906 年に至って、「近
日譯行監獄書籍不下數十種」[3] とあるように、中国語訳された日本監獄学の書
籍は数十種類に上った。また、日本留学生による盛んな監獄書籍の翻訳事業ぶ
りは、当時日本に遊学していた周作人のエッセイ「見店頭監獄書所感」からそ

第二章　清末中国語訳された日本監獄学書籍の著者と訳者

の一端を伺うことができる。

　　顧吾適市、乃見有書累累，標誌獄務，皆留學生之所為者[4]。

と、周作人は日本の本屋に中国人の日本留学生が訳した監獄書籍がたくさん並
べてあった様子を記した。

　前章ではこれらの日本監獄学の中国語訳本を中心に述べたが、本章ではさら
に日本監獄学関係の書籍を著した作者と訳者に焦点をあてて述べたい。監獄学
関係の著作において最も多く中国語に翻訳紹介された小河滋次郎については第
四編において論述するため、ここでは省略する。

二　清末中国語訳された日本監獄学書籍の著者

㈠　印南於菟吉

「清末における日本監獄関係書籍の中国語訳一覧」の33種類のうち、1907
年天津丙午社によって出版された第21の『獨逸監獄法』は特別なもので、訳
者を含めて1人のドイツ人、2人の日本人と1人の中国人、合計4人の国際協
力の結晶と言える。元の講師は、ドイツから明治日本政府に獄務顧問として招
聘されたフォン・ゼーバッハ（Curtt von Seebach）である。この本は、ゼーバッ
ハが監獄官練習所で行った講義をまとめたものである。小河滋次郎は通訳とし
て訳し、さらに印南於菟吉が筆述した。また、中国人の柳大譿によって翻訳さ
れ中国に伝わったのである。

　そのいきさつについて、印南が1925年に書いた小河の追悼文に見られる。
印南は小河を恩師と仰いでいる。

　　師弟の關係の結ばれたのは僕が未成年者の時代父親の病歿に遭ひ卿里の中
　　學校を去り所謂笈を負ふて東都に游學と謂へば體裁のよい言であるが其實
　　苦學生と爲つて勉強したいとの志望の下に、多少遠緣の石澤老典獄（當時
　　小菅在勤）を訪問したのです。時恰も、明治二十一年頃で山縣公が内務大
　　臣、清浦子が警保局長の時代で、獨逸伯林のモアビート刑務所の理事ゼー
　　バッハ氏を聘用して刑務官吏を教養するの企畫があつて、不日監獄官練習

233

第三編　清末中国語訳された日本監獄学書籍の動向

所を小菅監獄内に開設するから斯方面を研究して見たら如何がとの話、否寧ろ命令を受けたのである。早速月俸八圓の雇と爲つて石澤翁の代理（石澤翁は練習所長を兼務せり）と稱して其講義を聽て筆記すべき任務を負はせられた。其通譯が小河先生で二三回經過すると生徒の希望に依て、豫め原稿を生徒の方へ配付することに爲つたのです。其時又も小河先生は毎日僕を一小室に招て先生の口授譯文を筆記せしめられた。其口授は獨逸文を讀んでは而かもゼーバッハ氏の書いた獨逸文ときては金釘流で、途中で半分文字を省略したりして讀み難いものでした。之を譯して口授するのに言句中々に行文の妙を極め、決して再び之を讀み返して訂正の勞を執らなかった。之には少なからず、僕も驚かされて成程斯人は能文家だと最初に合點しました[5]。

とその時の経緯を記している。

　また、印南が書いた『獨逸監獄法』の「筆者識」からも、当時の３人の共同事業の様子が窺われる。

　本書ハ本所[6]（監獄官練習所）第二期召集員ニ於ケル外國敎官講莚ノ筆記ニ係ル固ヨリ沸々ノ言遲々ノ筆、其間誤謬脱漏ナキヲ期スヘカヲス故ニ譯官ノ校閲ヲ請ヒ以テ上梓スルコトナセリ。

　譯官ハ公私ノ事務繁忙ナルニモ拘ハヲス能ク之ニ從事セヲレタルノ勞ハ蓋シ余ノ鈍筆菲才ヲ補フニ充分餘アリト信ス讀者夫レ或ハ信ヲ措クニ足ルヘキ歟。

　若シ萬一ニモ遺漏誤脱ノ誹アヲン乎其責固ヨリ筆者之ヲ負フヘク一部ノ死書監獄改良上幾多ノ光彩ヲ放タシムルト否トハ讀者ノ責ニ在ラン而已。

　明治二十四年六月　　　　　　　　　　　　　筆　者　　　印南於菟吉識

とある。

(二)　藤沢正啓

　「清末における日本監獄関係書籍の中国語訳一覧」の第10の『訓授筆記』の作者藤沢正啓の略歴は、以下のとおりである。

1872年　明治５年　５月　　　　　　　東京表第二大区小十九区の区屯所詰選卒

第二章　清末中国語訳された日本監獄学書籍の著者と訳者

1873 年	明治 6 年	7 月	選卒小頭
1874 年	明治 7 年	1 月	二等巡査、江藤新平の乱により佐賀県出張を命ぜられる。
		8 月 17 日	一等巡査
1875 年	明治 8 年	1 月	警部補に昇進
1877 年	明治 10 年	2 月 11 日	西南の役鎮圧のため鹿児島県に出張を命ぜられ横浜港から長崎に赴く
			軍曹・別働隊第三旅団第四大隊第二中隊三番小隊
			第四大隊本部付下副官
	明治（不詳）		警視庁巡査副長
1883 年	明治 16 年	5 月	佐賀県警部
	明治（不詳）		佐賀県警察署長
1885 年	明治 18 年	5 月	佐賀県監獄署長・副典獄、のち典獄に昇任
1894 年	明治 27 年	9 月	香川県監獄署長
1897 年	明治 30 年	5 月	熊本県監獄署長
1899 年	明治 32 年	1 月	警視庁鍛冶橋監獄署長兼警視庁第四部長
1903 年	明治 36 年	3 月	東京監獄と改称
1909 年	明治 42 年	7 月	巣鴨監獄典獄
1913 年	大正 2 年	4 月	退官 [7]

　藤沢正啓は、佐賀県監獄署長、香川県監獄署長、警視庁鍛冶橋監獄署長などを歴任し、巣鴨監獄典獄で退官している。香川では日本で最多の分房主義を建築において実現し、慈愛に満ち、囚人に慕われた名典獄として知られる。香川県の老朽化した庁舎、監房の建て替え工事が藤沢の監獄事業の功績として称えられた。香川県監獄署長になった藤沢は洋式近代庁舎の設計はもとより、何より力を入れ藤沢の考えを反映させたのは分房制（独居制）を基本とした監獄設計であった。このため巡閲官小河滋次郎より、立派な庁舎と共に当時西日本で最も分房の多い監獄との賞讃の辞を受けている [8]。

　藤沢についての回想文も多い。三淵忠彦も最高裁判所長官時代に「藤沢典獄

235

第三編　清末中国語訳された日本監獄学書籍の動向

の思い出」[9] という回想記事を書いており、

　　藤沢さんは親切であった。誰に対しても親身になって心配してくれた。今
　　の言葉で云うと、愛の心、他人を愛する心が、あの五尺の身体に充ち満ち
　　ていたように思われる。囚人に対しても、恐らく親切であったのであろう。
　　出獄人だという人が、よく来ていた事を思い出す。

　　藤沢さんは卓越した人間であった。そして偉大な司獄官であった。

と藤沢の人となりをほめている。また、藤沢と小河の関係について、

　　この実地、実際に即した知識と監獄の多年の経験とで、卓抜した識見を持っ
　　ておられた。当時小河滋次郎氏が内務省の監獄局にいて、日本一の監獄学
　　者であった。藤沢さんは、小河氏とは特に懇親であった。

と記している。

　２人の親交関係は、小河の日記からも窺われる。たとえば、1907 年 1 月 15
日の小河日記に「藤沢典獄から「在監の女子への話」と題する一冊子を寄送せ
られたに依り早速一読してみたが何時もながら周到の注意只管服に堪へぬ次第
である。」[10] と書かれている。また、藤沢の著書『看守訓授筆記』のために、ブッ
クレビューを書いて、『刑政』158 号（1902 年 1 月）に載せている。

　　本書は先輩藤澤典獄が親しく看守教習所に臨んで一般戒護官吏の心得とな
　　るべき事柄をば其の多年の實驗に基きて極めて親切叮嚀の講演せられたる
　　所の筆記にして言文一致の文體を用ひたるものなるが故に平易簡明、讀者
　　をして恰かも面り典獄に接して其の霏々として絶へざる有益の談話を聽く
　　の想ひあらしむ誠に斯界必讀の良教科書なりと謂ふべし。

　　ロー子翁の所謂監獄は躬行實踐の聖域たり空理空論をして一歩も此の聖域
　　を犯さしむること勿れと謂ふの意に同じ是を以て著者は其の身典獄として
　　又警視廳第四部長として殊に又市谷拘置監の新築工事に於ける責任者とし
　　て極めて煩雑忙劇の職務に在るにも拘はらず看守教習の一大要件を以て之
　　を其の部下に放任することを爲さず「時々教習所に臨み寧ろ愚直なるも徒
　　に才學を衒ふに勝れる所以の理を説示す」此くの如くにして始めて能く一
　　般の吏員をして所謂躬行實踐の眞旨義を會得せしめ一面、彼の看守教習を
　　勵行するの結果、動もすれば人をして徒らに高尚浮華の空論に馳せ反つて

第二章　清末中国語訳された日本監獄学書籍の著者と訳者

斯業の要素たる忠誠賛實の美徳を失ふに至らしむるが如きことなきを得べ
し著者が至誠以て斯道の爲めに盡さんと欲するの篤き後進余が輩の深く感
謝に堪へざる所なりとす。

僅々七十九頁に過ぎざる一小冊子なりと雖もありと信ず余常に僚友に語つ
て曰く藤澤典獄と交談すること一時間なれば其間に於て必ず一日の讀書に
勝さるの利益を得る所ありと以て氏が如何に實驗に富み注意に深く且つ談
話に長するかを知るべきなり思ふに著者が此の一小冊子に筆記せしめられ
たることの如きは僅かに其の蘊蓄の万分一だに過ぎざるべく之を端緒とし
て續編の相踵で刊行せらるゝに至らんこと余輩の切望に堪へざる所なり古
人曰く見動止默之細、皆足爲讀書窮理之助と一言以て徒らに看守訓授筆記
の名に拘泥し且つ著者が所謂初學の徒の一助に供す云々の謙辭を妄信して
是れ乃公の一顧に値するものに非ずと高矜するが如き者なからんことを警
告す[11]。

『看守訓授筆記』に付した藤沢本人の「筆者識」から、この本は一般の監獄
理論書と違い、藤沢の長年の実務経験に基づいて、できるだけわかりやすい言
葉で綴って、「職務の爲めには忠實なれ否な寧ろ愚直なれ」という筆者の座右
の銘を唱えている。

市ケ谷の役を督し入つては則ち常務を監するの煩なきを得す然れとも看守
教養の怠るへからざるを以て時々教習所に臨み寧ろ愚直なるも徒に才學を
衒ふに勝れる所爲の理を説示し又間々速記者を聘し其要を筆録し以て他日
の參稽に供す抑も講話の目的たる勉めて平易にして聽講者をして其意を了
得するに難からさることを期せり而して講話其數を重ぬるに隨ひ筆記も亦
漸く加はるを以て遂に之を鉛槧に附し以て授業に頒ち聊か後進者の爲に貢
献するの微忠にして初學の徒之を一讀せは蓋し其目的を達するの一助たら
んと卑近淺短の説話を省さる所以なり幸に同好の士其卑近を陋とせす誨ゆ
る處あらは謹んて其高説に從はんのみ[12]。

と記している。

237

第三編 清末中国語訳された日本監獄学書籍の動向

㈢ 谷野格

「清末における日本監獄関係書籍の中国語訳一覧」に見える第7の谷野格の著作『監獄学』の中国語訳本は中国社会科学院法学研究所に所蔵されている。ここでは原作の目次を掲げその大要を知ることができよう。

監獄学史〈p1〉第一章 緒論〈p1〉第二章 刑罰法ノ沿革〈p2〉第三章 監獄史〈p14〉第四章 監獄学史〈p32〉監獄学〈p77〉第一部 監獄学ノ本領〈p77〉第二部 監獄〈p82〉第一編 監獄ノ主体〈p83〉第一章 総論〈p83〉第二章 監督機関〈p84〉第三章 執行期間〈p99〉第二編 監獄ノ客体〈p102〉第一章 囚人〈p102〉第二章 監獄〈p138〉第三部 監獄事務〈p147〉第一編 総論〈p147〉第二編 主タル監獄事務〈p151〉第一章 司獄吏ニ関スル事務〈p151〉第二章 囚人ニ関スル事務〈p160〉第三章 監獄ニ関スル事務〈p258〉第三編 従タル監獄事務〈p265〉第一章 会計事務〈p265〉第二章 記録事務〈p274〉第四編 結論〈p295〉

谷野格（1874～1923）の履歴と著作について、以下のように整理してみた。

1、略歴

1899 年 　　　明治 32 年 11 月　　司法官試補に採用。

1902 年〜 1903 年　明治 35 年 11 月〜明治 36 年 9 月　　法学士の谷野格が法政大学の前身である和仏法律学校で「刑法総論」を講義。

1903 年 　　　明治 36 年 10 月　　検事谷野格が司法省参事官兼検事に任命。

1903 年〜 1905 年　明治 36 年 10 月〜明治 38 年 8 月　　法政大学で「刑法総論」と「刑法各論」を講義。

1906 年 　　　明治 39 年　　　　中央大学 39 年度法律科学生に第 2 学年講義とし「刑法各論」を講述。

1907 年 　　　明治 40 年　　　　中央大学 40 年度法律科学生に第 2 学年講義として「刑法各論」を講述。

1907 年 　　　明治 40 年 12 月　　司法省参事官谷野格が官等陞叙。

1908 年 　　　明治 41 年 3 月　　司法省参事官谷野格が陸軍刑法改正案調査委員に嘱託。

238

第二章　清末中国語訳された日本監獄学書籍の著者と訳者

1910 年	明治 43 年	明治大学 43 年度法学科学生に第 1 学年講義として「刑法総論」を講述。
1910 年	明治 43 年 10 月	司法省参事官谷野格が官等陞叙。
1912 年	明治 45 年	中央大学 45 年度法律科学生に第 2 学年講義録として「刑事訴訟法」を講述。 明治大学 45 年度法学科学生に第 1 学年講義として「刑法総論」を講述。
1915 年	大正 4 年 7 月	法律取調委員並同委員会幹事に命免。
1917 年	大正 6 年 8 月	判事法学博士谷野格が官等陞叙。
1917 年	大正 6 年 10 月	台湾総督府法院判官法学博士谷野格が朝鮮総督府高等土地調査委員会委員に命免。
1917 年	大正 6 年 10 月	台湾総督府法院判官法学博士谷野格が臨時台湾旧慣調査会委員に任命。
1919 年	大正 8 年 12 月	台湾総督府法院判官法学博士谷野格が叙位。
1923 年	大正 12 年 6 月 10 日	台湾総督府法院判官谷野格が病気で死亡。
1923 年	大正 12 年 6 月	故台湾総督府法院判官谷野格が位階追陞。

2、著書

1) 甲比丹屈克，谷野格著、佐藤磐水画, 博文館, 明 34. 12. -（世界歴史譚 第 31 編）
2) 刑事訴訟法、谷野格述，中央大学, 明 45.-（中央大学 45 年度法律科第 2 学年講義録）
3) 刑法各論，谷野格述，中央大学, 明 39. 明 40. -（中央大学 39 度、40 年度法律科第 2 学年講義録）
4) 刑法総論，谷野格述，明治大学出版部，明 43. -（明治大学 43 年度、45 年度法学科第 1 学年講義録）
5) 和仏法律学校講義録・刑法總論，谷野格、明 35、明 36. 1902/11-1903/9
6) 刑法汎論，谷野格著、早稲田大学出版部
7) 監獄学，谷野格著、博文館、明 43.1900/12/20

3、論文と訳文

239

第三編　清末中国語訳された日本監獄学書籍の動向

1)〈論説〉ボルスタル設備ニ就テ（谷野格／司法省参事官）、監獄協会雑誌、Vol.22 No.10（251）、監獄協会、明治 42 年 10 月、1909/10/20、p1

2)〈翻訳〉英国内務省内監獄委員会 1909 年度の報告（1）（谷野格・訳）、監獄協会雑誌、Vol.23 No.2（255）、明治 43 年 2 月、1910/02/20、p63

3)〈翻訳〉英国内務省内監獄委員会 1909 年度の報告（前号の続）（谷野格・訳）、監獄協会雑誌、Vol.23 No.3（256）、明治 43 年 3 月、1910/03/20、p61

4)〈論説〉紐育第 1 部少年裁判所（1）（谷野格）、監獄協会雑誌、Vol.23 No.9（262）、明治 43 年 9 月、1910/09/20、p1

5)〈論説〉紐育第 1 部少年裁判所（2）（谷野格）、監獄協会雑誌、Vol.23 No.10（263）、明治 43 年 10 月、1910/10/20、p1

6)〈資料〉Ferri（フェリー）教授ノ Cologne（コローン）第 7 回国際会議に対する批判（1）（谷野格重・訳）、監獄協会雑誌、Vol.25 No.9（286）、大正元年 9 月、1912/09/20、p38

7)〈資料〉Ferri 教授ノ Cologne 第 7 回国際会議に対する批判（2）（谷野格重・訳）、監獄協会雑誌、Vol.25 No.10（287）、大正元年 10 月、1912/10/20、p36

8)〈雑纂〉イタリヤ監獄に関する感想（ジノ・シー・スペランザ，谷野格・訳）、監獄協会雑誌、Vol.27 No.11（312）、大正 3 年 11 月、1914/11/20、p44

三　清末中国語訳された日本監獄学書籍の訳者

　日本の監獄学の書籍の翻訳に関して、日本語が上手で専門知識を備えている留学生が主流となった。しかし 33 種類の訳書の中、わずかながらも以下の 3 種類の訳本は 2 人の清国法政官僚が訳したことに注目すべきであろう。

　　表 1 第 19『日本監獄訪問録』——董康訳。

　　表 1 第 20『獄事譚』——董康訳。

　　表 1 第 13『漢譯監獄学』——区天相がおいの区樞に明志学舎を成立させ留学生を組織し翻訳させた。

第二章　清末中国語訳された日本監獄学書籍の著者と訳者

（一）　董康

　董康は、近代中国の法律家、蔵書家、弁護士、文化人であった。司法畑の人
でありながら、書誌学にも詳しかった。日本にたびたび渡航しては、中国では
散逸し日本にだけ伝わっていた中国の古書を集め、それを中国へ持って帰って
出版した。清末新政において、修訂法律大臣の沈家本の片腕として大活躍した。
民国に入って、司法総長・大理院長・修訂法律館総裁・財務総長までのぼりつ
めたが、彼の晩年の漢奸経歴のためか、中国の法律近代化における彼の貢献が
看過されてきた。

　董康の生涯成果について、彼自身の言葉を借りて言えば、法律と文学という
２つの分野にまとめることができる。

　1933 年（民国 22）12 月 28 日、日本外務省東方文化局は董康の「中国法律史」
シリーズ講演の円満終了を祝うため宴会を設けた。その場で、董康は次のよう
に謝辞を述べた。

> 論吾華日兩國自隋唐以來親善之跡，載在史書，在座皆法文兩界俊彦，博學
> 多聞，早已洞悉，無庸復述。茲就個人關係足為親善之實據者，為諸公陳之。
> 自來談及鄙人之行歴，莫不以法律文學兩端為奬飾。竊以為法律一端，鄙人
> 南中下士科第，濫叨習於案牘之塵勞，未聞名師之講貫。不過在新陳邅遞之秋，
> 服官三十餘載。因襄助修訂法律事宜，迫於必要，始從事探討。迨謝政歸田
> 為生活計，恭擁皋比。平心而論，則鄙人之研究，法律屬於強制性，不敢於
> 松本博士前以法家自詡也。惟于文學一端，確系出於自然性，非強制性 [13]。

　董康が得意としたのは、自ら語っているように、法律と文学の分野にまとめ
ることができる。科挙に合格したものの公文書に没頭するばかりで、名師の講
義を聞くこともなく、ただ新旧社会が交替する際に 30 余年官職について職歴
を積んできた。当時、修訂法律に従事するため、必要に追われて研究を開始し
たわけである。また、政治から離れ、生計を立てるため法律の仕事をしていた。
董康の法律研究は外圧的なもので、松本博士の前で法家を自認することはなか
なかできなかった。しかし、文学は間違いなく内生的、自然性的なもので強制
性的ではないと述べたように、董康にとって法学より文献学に好んで接してき
たことがわかる。

241

第三編　清末中国語訳された日本監獄学書籍の動向

　董康の人生機運は、日本と切っても切れない密接な関係をもっている。そこ
でまず、彼の日本訪問の次数を検討してみたい。

　董康の来日回数に関して、一般的には、7回と見なされている。後年の4回
は『書舶庸譚』の記載によって、明確に裏付けられる。早い時期の3回につい
て、蘇精教授は、「最初の一回は光緒二十八年法律館在任中で、二回目は辛亥
革命時期の避難で、三回目は民国十二年の海外視察である」[14] との見解を示し
た。しかし、董康本人の記録によると、1934年1月まで来日回数は20数回に
ものぼる。中華民国二十三年（1934）一月十七日の董康日記には、「余航渡廿
餘次, 獨於本港（長崎）未及流覽」[15] と書いている。1934年1月までは、董康は、
すでに20数回も渡日しているが、長崎だけはまだ観光したことがないという
意味である。この20数回のうち、前述の7回に2回を補充して、9回の訪日
の概要を知ることができる。

　1回目は、光緒三十二年（明治39、1906）に日本の司法制度と監獄制度を調
査するための訪問である。

　2回目は、光緒三十四年（明治41、1908）に商法の専門家を招聘するための
渡日である。根拠となるのは、光緒三十四年十月四日に沈家本が上奏した「朱
福詵慎重私法編別選聘起草客員折」である。日本の商法専門家を招聘するため、
光緒三十四年三月に修訂法律館提調、大理院推事であった董康を日本へ派遣し
た。彼の滞在期間が半年になることが明記されている [16]。

　董康の9回の渡日をまとめると、以下の通りである。

董康の渡日の一覧表

回数	時間	用件
第1回	1902年	法律館編修の在任中、日本司法刑律を視察し、京師法律学堂のために日本人教授を招聘する。
第2回	1906年4月 〜同年12月	日本の司法制度と監獄制度を視察する。東京小石川に泊まり、島田翰と共に京都、奈良へ古書を捜し求める。
第3回	1911年〜1913年	辛亥革命で日本京都へ避難する。生計を維持するために、蔵書の一部を日本巨商兼古籍収蔵家の大倉氏に売却する。
第4回	1908年3月 〜同年9月	法律館調査員として、日本の商法専門家を招聘する。
第5回	1923年	視察に欧米へ赴く途中、京都を寄る。

242

第二章　清末中国語訳された日本監獄学書籍の著者と訳者

第6回	1926年12月30日 ～1927年5月1日	北伐戦争で軍閥孫伝芳に指名手配され、日本へ避難する。 『書舶庸譚』1～4巻に記される。
第7回	1933年11月8日 ～1934年1月22日	松本蒸治などが組織した中国法制研究会の招きに応じ、日本東京学士院で「中国法制史」シリーズ講演を行う。『書舶庸譚』5～7巻に記される。
第8回	1935年4月23日 ～同年5月18日	日本斯文会の招きに応じ、東京湯島孔子聖堂落成式に出席する。『書舶庸譚』》8巻に記される。
第9回	1936年8月19日 ～同年9月15日	家族を率い、避暑に日本へ行く。『書舶庸譚』9巻に記される。

　9回のうち清末における日本監獄学の翻訳という視点から見れば、上表の第2回の日本訪問はもっとも重要な意味を持っている。

　光緒三十二年（1906）四月、董康をはじめ、刑部候補員外郎熙楨・四川綦江縣知縣区天相・日本法科大学生熊垓とともに、一行4人は日本へ渡航した。閏四月になって、東京に到着した。司法調査は詳細な事柄が多いので、学部に学務調査を依頼されてちょうど日本にいる刑部員外郎の王儀通に手伝わせた。両国の司法機関の始めての接触であるため、日本政府は非常に重視し、司法省によって参事官の斎藤十一郎と監獄局事務官の小河滋次郎を特派し、各裁判所及び監獄を案内し、つぶさに見学させ、さらに司法省と監獄協会で講演した。視察団員は見聞したものを本に編集し、期間をわけて報告した。沈家本は新しく設立された中国における最上位の裁判所である大理院に異動し、人手不足で、董康一行の帰国を催促した。董康らは未完了の事項を熊垓に頼んで、同年十二月に帰国した。王儀通は、『調査日本裁判監獄報告書』の緒言を書いた。その中で、董康の博識と勤勉を絶賛した[17]。

　表1第19の『日本監獄訪問録』と第20の『獄事譚』は、1906年の日本訪問の成果にほかならない。

（二）　区天相

　董康視察団一行のうち、区天相の事跡は最も世に埋もれている。彼は留学生を組織し、小河の代表作の『監獄学』を訳させた。その下巻には、清遠朱汝珍が光緒丁未（1907）六月に書いた序言がある。その序言を読んで初めて、区天相が骨身を惜しまずに監獄改良事業に全力を尽くしたすえ、帰国の船中で命を失ったことがわかった[18]。

243

第三編　清末中国語訳された日本監獄学書籍の動向

　同書の区天相の自序は貴重な研究史料で、173頁で紹介した朱汝珍の序文を
裏付けるところもあれば、補充するところもあるため全文を掲げる。

　　先大父子佳公操申韓術，入州縣幕十餘年，目睹監獄慘状。嘗謂監獄之痛苦，
　由司獄者之不得其人。中國司獄下級官也：獄卒至賤役也。故其遇囚如虎牧
　羊不盡不止。世有議改良監獄者能先事改良獄卒，則知本而有功矣。爰於廣
　州城北白雲山建五能谷道觀，集司獄吏卒數百人，導以持齋宗教激發其慈愛
　之心。一時有獄吏神仙之目而居，恒語天相等則猶以不得暢行其志為恨。天
　相既壯遊京師，渡錢塘所至必以監獄之事訪諸為刑名家言者。前年遍遊英荷
　法所屬南洋群島，觀覽各國所置之監獄，而微考其制度，則猶先大父之志也。
　今歲奉法律大臣派赴日本調査刑法，並請於其司法省為設講筵講授刑罰訴訟
　暨裁判構成之法。以監獄為執行刑法之機關，是之不知，則無以達行刑之目
　的。特倩司法省監獄課長法學博士小河滋次郎先生任監獄講義。先生出其所
　著《監獄學》一書講授，且偕參觀各監獄為之解釋證明。大抵日本監獄取法
　歐美而内量度於本國之政治習慣，用其宜者，去其不適者，斟酌改良三十餘
　載。先生久掌獄務，並以其間援據學説先例為書，以備當事者之采擇而涉及
　監獄學之知識。故於日本言監獄學者，必首先而言先生之著述，又以此書為
　最宏備。天相不敏，遊東半歲，於其語言文字未甚通貫，特約同郡留學生解
　日文者，共任譯述之事。並以摳衣講筵之所得暨先生他文可資參證者一一補
　入譯成。見者鹹以為中國改良監獄當讀之善本，贊使付梓。竊維吾中國今日
　之監獄弊亦甚矣，以言改良殆不可緩。然亦思前茲所為每下愈況者得無以猥
　下之役務而漫弗措意耶。今而知其為弊，則前日之怠必亟懲之。然猶有慮焉，
　以夫言之之過奢美使人生窮年莫究之念，則怯而不能勝，其怠猶前日也。夫
　物之情以相較而其品始著。彼所謂良，非我能猝及，斯亦無可諱者。而彼之
　所以致是，又豈一蹴之功。即以日本論，其幾經敗失，以有今日抑猶未能盡
　滿學者之望。然以較諸歐美，則已為用力少而成功多。何者？理論實務皆以
　研究而愈精，故後者而苟持之堅而進，以漸其成功，或較日本為愈多，未可
　知耳。國語曰：君以為易，其難者將至；君以為難，其易者將至。吾請持此
　書以諗我國有獄之官吏與司獄之官吏。吾且欲知其視之為難易奚若也 [19]。

　序言は、光緒三十二年（1906）十月に東京で書いたものである。最初の部分

244

第二章　清末中国語訳された日本監獄学書籍の著者と訳者

は生涯を振り返って、監獄学に力を入れる理由を教えてくれた。亡くなった祖父は十数年の地方政府の政治を治め、監獄の惨状を眼のあたりにして心を痛めた。監獄改良を図るために、広州城北の白雲山に五能谷道観[20]を建てて、司獄官吏を数百人集め、宗教をもってその慈愛の心を培おうとした。しかし、その志を遂げなかった。区天相は祖父の遺志を受け継ぎ、監獄制度を研究するようになった。日本に赴く前年、イギリス・フランス・オランダ所属の南洋諸島に行って、各国の監獄を視察し、その制度を詳しく調べた。区天相は序文の中で、小河滋次郎の功績を激賞した。小河は、日本の政治習慣に基づいて、欧米の監獄制度の適切なところを取り入れ、不適切なところを取り除く。30余年も監獄改良事業に投身し、日本監獄界の第一人者となった。小河の著作のうち、その集大成と言えるのが『監獄学』である。最後に中国において、監獄改良の必要性を強調した。

　区天相の監獄改良に志す熱意は、小河滋次郎の心に留まった。小河は区天相の死を聞いてショックをうけ、3回にわたって日記に遺憾と追悼の意を表した。1907年5月31日、董康一行のメンバーである熙楨より『調査東瀛監獄記』と題する印刷物の寄贈を受け、文中の巣鴨監獄見学のところを摘録してから、区天相の死に哀悼の意を表した。「因みに右一行中の區天相氏は取り別け監獄改良の熱心家であつて余と北海道地方へ同行をしてまで實務の研究を遂げた人であつたが、歸國の途次、不幸にも船中に病没せられたとは誠に惜むべきことである」とある。7月22日の日記に、区天相のことについて、字数を惜しまずに書いた。この長文は、以下のとおりである。

　　清國知縣區天相氏は昨年初夏の候、董康、麥秩嚴、王儀通、熙楨等の諸氏と共に裁判及監獄制度の調査に関する北京政府の命を銜みて本邦に渡來せられたる人であるが、氏は特に深厚の趣味を獄制に有し、余が一行の為に毎週數回、開きたる監獄學の講演と竝に府下の各監獄に就ての實務の指導とに滿足することが出来ず、余が監獄巡閲の為に遠く北海道地方に出張する機會までをも利用して、深く我が監獄行政の實際を視察研究せられたる程の熱心家である。氏の如き斯學の研究に忠實なる人は内外多數の從學者に稀れに見る所であつて、專攻殆んど半歳餘、造詣の淺からざるを推知す

245

第三編　清末中国語訳された日本監獄学書籍の動向

べく清國に於ける獄制改良の前途に対して余は至大の望みを氏に屬して氏
と相別れたのが昨年初冬の頃であつたと思ふ。爾來沓として氏の音信に接
せざるもの二ヶ月餘、豈圖らん、忽ちにして氏が歸國の途次船中に客死せ
られたるの飛報を聞く、恰も青天、霹雷に打れたるの感に堪へず。空し
く大志を抱いて早世せられたる氏の衷情を察して偏へに悲痛哀悼の念を深
からしめた次第である。頃日、故人の甥氏樞學生の來訪せらる、ありて、
故人の遺業、拙著監獄學の譯本を公刊せんが為に余に序文を述作せんこと
を依囑す。此譯本には故人が余の講莚に就て聽かれし所の新説をも參酌增
補せられてあると云ふことである。序文の依頼は余の甚だ迷惑に感ずる所、
殊に病中執筆の勇氣なきが故に一旦は辭退したいとも思つたのであるが、
同學の緣故と斯學に忠なりし故人の事蹟と且つ志を果たさずして異郷に客
死せられたる故人の心情とに想到するときは之を固辭するの友誼に非ざる
を悟り、奮勵一番、病を力めて漸く拙劣ながらも、今日、一文を見るに至
らば、故人の遺志の幾分を充たすものと謂ふべく、在天の靈も亦た之に由
て多少、慰めらる、所があるであらう。呉々も區天相氏を失ふたことは余
に取りて誠に遺憾の極めである[21]。

　小河は、区天相を監獄改良に情熱を傾ける熱心な人物と評価していた。毎週
数回の監獄学の講義と地元の監獄実務指導に満足できず、監獄巡閲の小河に付
いて遠く北海道地方に出張して調べるほどであった。小河は区天相に熱望をか
けていたから、死の報に接して「恰も青天、霹雷に打れたるの感」[22]と評した。
それで、おいの区枢が小河の著作『監獄学』の訳書の序文を依頼に来た時、病
気にもかかわらず、その依頼を引き受けた。九月八日の日記にその序文の中国
語訳文を抄録したのである。

　　四　小　　　結

　上述のように、清末に中国語訳された日本監獄学の書籍の３人の日本人作者
と２人の中国人訳者について述べた。

第二章　清末中国語訳された日本監獄学書籍の著者と訳者

　小河滋次郎は、明治日本の監獄学界の泰斗であり、その作品が一番多く中国語訳された。その外の３人の日本人作者、印南於菟吉・藤沢正啓・谷野格は小河ほど有名ではなかったため、関係資料が極めて少ない。しかしながら、明治時代に発刊された『監獄協会雑誌』と国立公文書館の史料を活用し彼らの事跡を可能な限り発掘して、これまでの研究ではほとんど知られなかった監獄学に関する日本の先学の事績を明らかにすることができたと言えるであろう。

　他方、日本の監獄学研究の先人の成果の中で中国語訳された33種類の日本監獄学書籍の訳者についても、本章で明らかにしたように、日本語が上手で専門知識を備えていた留学生が主流であるが、翻訳については留学生の主な功績として先行研究が多いため、本章では特に２人の清国法政官僚を取り上げて紹介してみた。そのうちの１人董康は、２冊の本を翻訳したが、その翻訳の過程について一言も述べていない。もう１人の区天相の関係資料から、翻訳の実状について次のような手がかりが得られた。

　区天相は自序に、

　　先生久掌獄務，並以其間援據學説先例為書，以備當事者之采擇而渉及監獄
　　學之知識。故於日本言監獄學者，必首先而言先生之著述，又以此書為最宏
　　備。天相不敏，遊東半歳，於其語言文字未甚通貫，特約同郡留學生解日文
　　者，共任譯述之事。並以摳衣講筵之所得暨先生他文可資參證者一一補入譯
　　成。見者鹹以為中國改良監獄當讀之善本，贊使付梓[23]。

と述べた。つまり、日本監獄学と言えば、まず小河の著述を置いて語ることができない。そして、『監獄学』が小河の代表作であるため、翻訳したいと思うようになったわけである。しかし、彼は来日期間が短く日本語が堪能でなかったため、小河の授業を受けていた留学生で同郷の者に翻訳を依頼した。

　同書に掲載された朱汝珍の序言に、

　　大令於此蓋已略有心得矣。爰命其猶子區君漢槎組織一明志學舍，復約同志
　　譯述此書[24]。

とあるように、区天相と留学生の関係に言及している。すなわち、区はおいの区樞に明志学舎という翻訳団体を組織させ、『監獄学』を翻訳させたという。

　同書の訳例に、

247

第三編　清末中国語訳された日本監獄学書籍の動向

> 譯者親撼衣于博士之講筵。筆記講義間過與此書有異同，或較詳晰者，輒補
> 入編内。其他博士有單行論文，足供參證者，亦擇尤補入以求完備 25)。

と記している。訳者が、小河の授業を受けていた留学生であることが明記され
ている。

　上記から、日本視察した清国官僚の訳本の場合、官僚が組織役を果たし、翻
訳書を選び、適任の留学生に翻訳を依頼したことが明かとなった。

　上述のように、数十種にのぼる日本監獄学の書籍が中国語に訳され中国に伝
わった。その出版権と著作権がどのようになっていたのか、最後に述べてみた
い。

　実は、1901 年に日本書籍の中国語訳本の出版権に気づいた日本人がいた。
同年、横浜新民社が編集した『外論匯譯・論中国』と題する『清議報全編』第
5 集に、『東洋経済新報』に掲載された日本人の論説「論布版權制度於支那」
の訳文が掲げられた。

　また、清末中国における日本語書籍という近道を経由し、西洋法学の著作を
大量に中国語訳したという大規模な現象から敏感に出版権を読み取った西洋学
者も現れた。英国人の斯克羅敦、普南と米国人の羅白孫が『版權考』という本
を著し、中国での出版権違反の状況を指摘して、清政府に出版権の保護を要請
した。同書の中国語版は、1903 年に商務印書館によって出版された。同書の
中に、

> 今者譯書之出版不下數千百種，然多譯自東籍，譯自西籍甚少，夫東學不如
> 西學，無智愚皆知，以東學無一不從西學來也 26)。

と記し、当時出版された訳書は数千種にのぼったが、その多数は日本の書籍か
ら訳され、直接に西洋の書籍から訳されたものが極めて少ない。しかし、日本
の学問はいずれも西洋の学問から来たものであるため、日本は西洋に如かずと
いうことは周知のことである、と指摘した。

　いち早く清政府に出版権の保護を要請した国家は、米国と日本であった。中
米の商約会議は 1902 年 6 月 27 日から始まり、1903 年 11 月 23 日まで続いた。
両国は数十回の会議をし、そのうち出版権に関する会議が 12 回にも達した。
中国側は最初、出版権の保護に反対したが、最後に協議がまとまった。出版権

248

第二章　清末中国語訳された日本監獄学書籍の著者と訳者

の保護範囲を「中国人のために出版した書籍、地図、印刷物、或いは中国語訳された書籍」とし、保護期間を 10 年と定め、それ以外の米国人の著作は中国人が自由に翻訳し発行し販売する権利が認められた。また、中国の治安を妨げるものは、中国の法律によって処罰すると規定した[27]。

　中米協議と同時期に、「中日通商行船続約」も北京で調印された。その中の第 5 条は、出版権に関する規定であった。表現は多少異なるが、基本的な内容は同様であった。中日両国はそれぞれの国の法律によって、出版権を保護する。ただし、中国の治安を害する場合はこの規定が通用しないと明記した[28]。

　1910 年、清政府は中国史上の初の出版権に関する法律、すなわち『大清著作権律』を公布した。同法は、通例、権利期限、呈報義務、権利限制、附則等の 5 章 55 条からなる。「著作権は作者に帰し、終身それを有する。作者が逝去した後、継承人に転属し、保護期限を 30 年とす」と定めた。

　小河の著作は最も多く中国語訳されたが、その著作権の問題に関して、明志学舎譯校正者区楓の『漢譯監獄学』（1906 年）のみが多少の手がかりを残してくれた。ほかの訳本は小河本人の許可を受けたか否か明かではないが、『漢譯監獄学』は小河の序言から確かに事前に小河の認可を得たことがわかる[29]。同書の訳例に、

　　一，譯者辱承博士之厚誼，毎譯一章即便索觀，許為無悮然後付梓。故譯稿
　　皆經著者之目，為自來譯界所稀，亦一特色也[30]。

と記され、翻訳の原稿が著者の小河に親閲されたことが最大の特色としてアピールされた。

　しかしながら、小河本人は彼の序言を含める同書の翻訳について、

　　譯文は廣東の鄭浩氏の手に成る、往々誤譯と思はるゝ節なきに非ずと雖も
　　幸に原文（而かも余の悪筆其儘にて）を併載しあるを以て彼此對照せば自ら
　　其意義の疏通を得ん、但序文は兎に角本書の全體を通じて誤譯の點の頗る
　　多からんことを恐る（本書は固より余の校閲を經たるものに非ず）[31]

と述べた。すなわち、序言は広東の鄭浩が訳した。誤訳がないとはいえないが、幸い小河親筆による日本語の原文を付記したため、参照すれば明らかであるとした。しかし、同書全体は小河の校閲を経なかったため、小河は誤訳の多いこ

249

第三編　清末中国語訳された日本監獄学書籍の動向

とを心配すると吐露した。

　要するに、清末中国における日本監獄学書籍の翻訳は、留学生のみならず、法政官僚も関与していたことが分かった。また、必ずしも全てが著作者の許可を得て、さらに校閲を経たものであったとはいえないのが実状であった。

〔注〕
1)　劉琅編『精讀康有為』廈門市鷺江出版社、2007 年、第 333 ～ 334 頁。
2)　康有為『日本書目志卷五』『康有為全集』第三冊、上海古籍出版社、1987 年、第 756 頁。
3)　文夢輝・曾遇賢譯『獄務攬要』例言、東京秀志社、1906 年。
4)　周作人『知堂書話』（上）海南出版社、1997 年、第 1269 頁。
5)　〈小河博士の追悼〉印南於菟吉「恩師小河博士の逝去を悼む」『刑政』Vol.38 No.6（439）、大正 14 年 6 月、矯正協会、1925/06/01。
6)　監獄官練習所（明治 23 年 1 月～明治 24 年 12 月）を指す。明治日本の悲願であった不平等条約の改正を前にして、監獄官の教養を高めるために、明治 23 年に、内務省によって開設されたものである。
7)　重松一義『名典獄評伝』日本行刑史研究会、1984 年、第 192 頁。
8)　重松一義『図鑑日本の監獄史』雄山閣、1985 年。
9)　三淵忠彦「藤沢典獄の思い出」『月刊刑政』Vol.61 No.1（688）、昭和 25 年 1 月、1950/01/30 、第 30 頁。
10)　小河滋次郎『丁未課筆』春之巻、第 33 頁。
11)　〈批評〉「看守訓授筆記（藤澤典獄著）」『監獄協会雑誌』Vol.15 No.1（158）、明治 35 年 1 月、1902/01/20、第 71 頁。
12)　藤沢正啓『看守訓授筆記』筆者識。
13)　董康『董康東遊日記』河北教育出版社、2000 年、第 28 頁。
14)　蘇精『近代藏書三十家』傳記文學出版社、1983 年、第 67 頁。
15)　董康『董康東遊日記』、第 276 頁。
16)　沈家本「修訂法律大醫沈家本等奏議復朱福詵慎重私法編別選聘起草客員折」『政治官報』光緒三十四年十月十五日第 373 號。
17)　王宝平主編『日本政法考察記』上海古籍出版社、2002 年、第 151 頁。
18)　小河滋次郎著『漢譯監獄學』明志學舍譯兼發行、校正者區楓、1906 年。
19)　小河滋次郎著『漢譯監獄學』明志學舍譯兼發行、校正者區楓、1906 年。
20)　道教は漢民族の土着的・伝統的な宗教である。出家した道士が集住し、道教の教義を実践し、なおかつ祭醮を執行する施設である。
21)　小河滋次郎『丁未課筆』秋の巻七月二十二日、四五一「故区天相氏」、第 34 頁。
22)　小河滋次郎『丁未課筆』秋の巻七月二十二日、四五一「故区天相氏」、第 34 頁。

第二章　清末中国語訳された日本監獄学書籍の著者と訳者

23)　小河滋次郎著『漢譯監獄學』區天相序、明志學舍譯兼發行、校正者區樞、1906 年。

24)　小河滋次郎著『漢譯監獄學』朱汝珍序、明志學舍譯兼發行、校正者區樞、1906 年。

25)　小河滋次郎著『漢譯監獄學』訳例、明志學舍譯兼發行、校正者區樞、1906 年。

26)　（英）斯克羅敦、普南、（米）羅白孫著、周儀君譯『版権考』商務印書館、1903 年、第 2 頁。

27)　『辛醜和約訂立以後的商約談判』中華書局、1994 年、第 147 ～ 208 頁。

28)　國家版權局辦公室編『中國著作權實用全書』遼寧人民出版社、1996 年、第 209 ～ 254 頁。

29)　小河滋次郎『丁未課筆』秋の巻九月八日、五三五「故区天相氏の遺業に序す」、第 87 頁。

30)　小河滋次郎著『漢譯監獄學』訳例、明志學舍譯兼發行、校正者區樞、1906 年。

31)　小河滋次郎『丁未課筆』秋の巻九月八日、五三五「故区天相氏の遺業に序す」、第 87 頁。

第三章　清末中国語訳された日本監獄学書籍の伝播

一　緒　　言

　古代中国人が誇る四大発明のうち、紙と印刷術は文化の伝播に大きな役割を果たした。近代に至って、西洋の活字発明は逆に中国に輸出し、日本にも伝わった。物作りの上手な日本人は、明治維新後まもなく活字印刷術を習得した。

　1876年フィラデルフィアにおけるアメリカ独立100年記念博覧会には、日本は早くも小型印刷機を出品した。その博覧会視察に行った中国の李圭は、それを見て「印書活字版甚精，皆日本人倣西法自製，青出於藍」[1] と述べ、日本人が西洋を真似て自ら作った活字版に対し、「青は藍より出でて藍より青し」という激賞の言葉を発した。

　その後、日本の印刷技術はさらに改良された。中国人の日本留学生の翻訳事業の発展により、多くの日本書籍の漢訳本が日本で出版されるようになった。1907年に中国人の印刷注文に応じて生まれた日清印刷株式会社の設立趣意書には、

　　清国の文明の啓蒙に随ひ、本国並びに我邦在留清人等の之れが依頼を為す

　　者も、年々著しく増加し来れり[2]。

とあり、当時の盛況を窺うことができる。

　また、日本監獄書籍の漢訳本にも、日本で出版された本が少なくなかった。前章でまとめた「清末における日本監獄関係書籍の中国語訳一覧」によると、33種の日本監獄書籍の漢訳本のうち、以下の11種が日本で出版されたものである。

第三編　清末中国語訳された日本監獄学書籍の動向

書名	著者	訳者	印刷所	出版年
1.漢譯日本監獄法	佐藤信安	王家駒	印刷者：榎本邦信（日本東京淺草區黑船町二十八番地）印刷所：東京並木活版所	1906年
2.監獄要書	京江廷啓		東京：蠶光社	1905年
3.近世各國監獄制度（第一巻）	印南於菟吉		東京：監獄研究社編印	1908年
4.監獄學	小河滋次郎、中村襄	賀國昌、蕭仲祁	東京池田九段印刷所	1905年
5.漢譯監獄學	小河滋次郎	明志學舍	印刷者：小西幸吉、日本印刷株式會社	1906年
6.漢譯獄務攬要	小河滋次郎	文夢輝、曾遇賢	印刷者：藤澤外吉印刷所：東京秀志社	1906年
7.監獄作業論	小河滋次郎	徐金熊	東京：警監學校	1907年
8.獨逸監獄法	フォン・ゼーバッハ講述、小河滋次郎口譯、印南於菟吉筆述	柳大謐	印刷者：長谷川辰二郎（日本東京市神田區錦町三丁目一番地）印刷所：小川印刷所（日本東京市神田區錦町三丁目一番地）	1907年
9.法政速成科講義録　第22號	小河滋次郎講述	鄭篯	大日本東京法政大學發行	1906年
10.警視廳員警全編之監獄學	島田文之助講授	陳世英	印刷者：日本東京牛込區神樂町壹丁目貳番地榎本邦信。印刷所：翔鷺社井上印刷工廠。	1907年
11.開國五十年史監獄誌	小河滋次郎、留岡幸助		印刷者：星野錫（日本東京市日本橋兜町二番地）、印刷所：東京印刷株式會社（日本東京市日本橋兜町二番地）	1909年

　このように、日本監獄学書籍の漢訳本の印刷を受けた日本の印刷所は、浅草の東京並木活版所・蚕光社・東京池田九段印刷所・日本印刷株式会社・東京秀志社・東京神田区錦町の小川印刷所・東京牛込区神楽町の翔鷺社・日本橋の東京印刷株式会社などいろいろである。

　それでは、上述した日本で出版された日本の監獄関係の漢訳本がどのように清朝中国に伝わり、そして使われていたのであろうか。書籍の販売方法、書籍広告及び日本視察を経験した直隷地方官の段献増の事例などから考えてみたい。

第三章　清末中国語訳された日本監獄学書籍の伝播

二　中国語訳された日本監獄学書籍の販売方法

　上述のように、中国語に翻訳された監獄関係の書籍の多くが日本で翻訳・販売されていた。それを、中国の人々はどのように入手したのであろうか。その1つの解答を与えるのが、以下の小河滋次郎の監獄学が載せられた法政大学の『法政速成科講義録』第22號（明治39年4月27日發行）の奥付である。

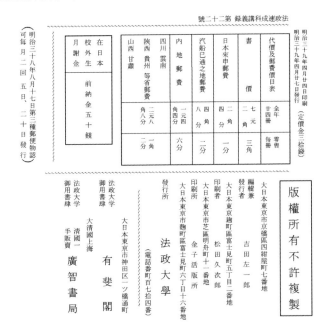

　上記の奥付から『法政速成科講義録』は、郵送あるいは指定した中国書店を通して、中国国内の人々の手元に届けられていたことがわかる。
　指定された中国書店は、広智書局である。創立者の梁啓超は、光緒二十七年（1901）にオーストラリアを遊歴したとき、当地の維新会のメンバーと国内において文化事業を立てるという計画を話した結果、多数者の賛同を得た。それ

255

第三編　清末中国語訳された日本監獄学書籍の動向

で、康有為と相談して、実行しはじめた。したがって、1901年に上海広智書局
が、1902年に横浜大同訳書局が誕生したわけである。広智書局はもとの名が
文明書局、光緒二十七年（1901）四、五月、開設の準備を経て、十一月に正式
営業した。また、知識を伝播する意図から、広智書局と改名した。最初は上海
のイギリス租界地内の南京路同樂裏を住所とし、以後棋盤街に、また江西路に
移した。すべての準備作業は亡命中の梁啓超が背後で支持し、名義上は華僑の
馮鏡如が発行人とされた。主要出資者黄慧之が総経理とし、横浜で財務を主管
する。梁蔭南が上海に駐在し経営を担当する。開設してまもなく、好評を博し
たので、北京と広州で支店を設けた。広智書局の経営方式は2つある。1つは
訳書で、西洋の学問を紹介する。もう1つは受験書類で、得た利益をもって訳
書事業を発展させた。つまり、広智書局の主旨は訳書を通して西洋学を広める
ことにあった。出版された書籍は200余種にのぼる。国別でいうと、日本の書
籍が一番多い。分野別に言うと、法政、経済、哲学、地理、歴史が大きな比率
を占め、次に文学と自然科学、次いで応用科学である。翻訳者は日本留学生を
中心とするが、その中には、麦孟華、麦仲華、麦鼎華、梁啓超、梁啓勳、章太
炎、馮自由、趙必振、羅伯雅などの名がある[3]。

　また、広智書局は発行所として、当時の人気新聞誌の『新民叢報』第三年第
十八号（1905年）に以下の『法政速成科講義録』の広告を載せた。これは、明
らかに梁啓超の関係である。つまり、『新民叢報』も梁啓超が1902年2月8日
に横浜に創刊したのである。主編が梁啓超、編集者兼発行人が馮紫珊。半月刊
で、毎号約40頁、1907年11月20日に96号を以って停刊した。同誌はコラ
ムが多く印刷も精美で、毎号、外国名人像や名勝古跡図が掲載され、西洋の新
思潮や新知識を伝え、発行部数が1万部に達し、大きな反響を呼んだ。広智書
局が発行する『法政速成科講義録』は、この著名な『新民叢報』に下記の図書
広告を載せることによって、知名度を上げたと思われる。この広告から、本代
と郵送料が法政大学発行とまったく同じことが分かる。

256

法政速成科講義録 第四五號出版

新民叢報第三年第十八號　明治三十八年四月五日發行
第三種郵便物認可
發行所　上海廣智書局

代價及郵費價目表

	定價（書價）	及（上海郵費）	郵費（汽輪已通之地郵費）	費（内地郵費）	表（四川雲南陝西貴州山西甘肅等省郵費）
全年廿四冊	二元七角	二角四分	四角八分	一元四角四分	二元八角八分
零售每冊	三角	一分	二分	六分	一角二分

　広智書局はどうして法政大学より指定書店に指定されたのか不明であるが、その創立と趣旨などから清末における日本書籍の翻訳及び輸入において、大いに活躍され、重要な架け橋であったことは明らかである。したがって、法政大学の当局に注目されたのではないかと考える。

　郵送の場合、まず日本から上海まで運び、それから汽船で各地に配達する。汽船が到達しない内地の送料が倍以上に高くなり、また、四川・雲南・貴州などの中国西部内陸地域はさらに倍以上に値があがった。この『法政速成科講義録』の奥付から、日本で出版された多数の中国語訳された監獄学書籍も、同様な販売方法によって中国の読者に届いたと推定できよう。

三　中国語訳された日本監獄学書籍の出版広告

　汽船という近代的な交通手段[4]によって、中国語訳された日本監獄関係書籍は清代中国の内地まで販売され、その近代獄制の思想の種が蒔かれたわけである。そのほか、新聞雑誌というマスコミメディアを利用して宣伝するという近代的方法も現れた。次に『日本法規大全』を例として、述べてみたい。

　1907年3月に出版される前に、早くも1906年12月10日（光緒三十二年十

第三編　清末中国語訳された日本監獄学書籍の動向

月二十五日）の上海の大新聞であった『申報』において「日本法規大全予約広
告」[5] を出した。その広告の冒頭に大きな見出しで「預備立憲時代最要之参考
書」、「足為我官紳士庶参考」と特筆大書された。当時、予備立憲の機運が高まっ
て、その時代的要求を鋭くとらえ大いにアピールした。また、同書のことを詳
しく説明した。

　　全書八十冊，約四百萬言。用中國上等連史紙印刷，裝梞木箱，或布函十
　　套。每部二十五元，預約十八元。日本大學校畢業生劉崇傑[6] 何燏時[7] 高
　　種[8] 梁志宸[9] 諸君校譯。附『法規解字』一卷，錢塘錢恂早稻田大學畢業生
　　董鴻褘共編。年内可以出版，預約者限十二月底先交六元，外埠由郵局定購。
　　先印樣本一冊敬贈購閱諸君，内列總目錄・日本憲法全文。欲閱者請向本館
　　及分館索取，遠地函索立即寄奉。

とある。つまり、本書は全部で 80 冊、約 400 万字であり、装丁については中
国での上質な連史紙で印刷し、高級な木箱あるいは布によって収納された。値
段は一部 25 元、予約により購入する場合は 18 元であった。翻訳は、日本留学
生等によって行われた。法律用語を注釈する『法規解字』一巻が付された。本
年内に出版される予定であり、予約者は 12 月末までに 6 元を支払うことになっ
ていた。中国国内の人は、郵便局を通して購読しても良い。購読者にまず、「総
目録」と「日本帝國憲法全文」を収録する見本 1 冊を寄贈した。閲覧希望者は、
本館あるいは分館に申し込むようにした。中国国内の場合は、書簡で注文すれ
ば直ちに郵送するとするものであった。

　しかし結局、年内出版という約束は守られなかった。翌年二月二十五日（1907
年 4 月 7 日）にやっと出版された。2 日もたたないうちに、再び『申報』に『日
本法規大全出版広告』[10] を掲載した。その内容は以下の通りである。

258

第三章　清末中国語訳された日本監獄学書籍の伝播

```
設分　告廣館書印務商　　　　　　中市　盤街　海棋　在上　行所　藏版　総發行所

布套亦如前例⊙　　　　　　　　　　　是書原定去年年杪出版詞因排印不及未能如期無任抱歉　⊙　　　　　　⊙新
⊙現在售價每部洋銀二十五元郵費照上文五條分用木箱　邇來晝夜趕辦業經告竣准於二月二十五日出書凡在何處　⊙⊙譯
精美結實布套以代木箱特此陳明　　　購預約券者請持券至原處并找洋銀十二元取書又在四川　⊙　日本法規大全出版
本館寄奉者郵費包裹磅數有限書箱無從寄遞分為十兩用　分館取書者每部加運費一元四角其餘各省分館加運費六　　四開式鉛印⊙
收資　再在本館總發行所及各分館取書者均有書箱其屬　角如欲本館将書寄奉請将預約券及找洋銀十二元寄至原　全部八十册⊙
郵費一元四角　（五）若買十部以上者運費較廉照實數　購之處收到後亦可将書寄呈郵費如下　　　　　　　　　附解説一册⊙
貴州四川五省每部加郵費二元四角　（四）日本國每部加　（一）輪船火車已通之處每部加郵費一元　（二）輪船火　潔白連史紙⊙
車不通之處每部加郵費一元四角　（三）陝西甘肅雲南
```

また、1週間後に『申報』に「讀新譯日本法規大全書後」という感想文が掲載された。作者は不明であるが、本書を「立憲の明鏡」と賞賛し、編纂経緯もたどって、最後に歓喜の情を禁じられずに「万歳」を連発した。

如是書者真政法之津梁而立憲之明鏡也。……海鹽張菊生部郎認為今日之最急者，在一般社會須先令其有法律思想，然後立憲始可實行。禦史取法規大全，倩留學彼都法科大學諸君，分任譯事，前後數年，費金巨萬，成書八十册，都四百萬言，為類二十有五。……末附法規解字一書，為檢査之用，……是書之譯作輳者已數載，至去秋始告成。適當是時而朝廷有宣佈立憲之詔，一若冥冥中有陰相者。……吾乃不禁為吾同胞三熏三沐三叩首，以一言頌曰：國民萬歲！中國立憲萬歲！！商務印書館萬歲！！！ 11)。

とある。

1カ月後に、『申報』に2回に分けて連続して同書の序言が載せられた。1回目は両江総督の端方（1861～1911）12) によるもので、2回目は直隷総督兼北

259

第三編　清末中国語訳された日本監獄学書籍の動向

洋大臣の袁世凱（1859～1916）と四川総督の岑春煊（1861～1933）[13] によるものであった。合わせて３人の序言を節録したのである。端方は、日本の原著を含めた同書の翻訳経過を紹介し、清朝の予備立憲のガイドブックと評し、読者に薦めたのである。

日本自維新以後，用法施政，百度脩明。明治三十二年，内川義章有《法規大全》之輯，分別條貫，類區以別，且附索隱編年表，以便推檢。嗣復賡續及於明治三十七八年。創制立法，粲然大備。

光緒辛丑，海鹽張君元濟，經始迻譯，越六年而卒業。法律名詞，別爲《解字》。如翻譯名義集之例。用祛未窹。文核體雅，炳焉可觀。方適以考察政治自歐美歸國，展卷屢眷，歎爲觀止，爰爲之序。……然則是譯之成示我，以周行而導之先路，其爲功又豈小也。吾喜是書之行，樂爲一言，以諗世之讀是書者。光緒三十三年丁未春日涊陽端方序 [14]。

『申報』だけでなく、『東方雑誌』にも「日本法規大全広告」が掲載された。

此書於日本官制，教育，財政，武備，巡警等事言之贔詳，且系同洲同文同種之國，尤足爲我官紳士庶參考之用。……兩江總督端制軍訂購二百部頒發甯・蘇兩屬，並飭皖・贛兩藩司備價各購二百部，一律頒發以爲政界參考之助 [15]。

その中に、両江総督の端方がすでに 200 部も購入して江寧・江蘇両地に配り、また安徽、江西の官吏のためにも、それぞれ 200 部購入するようにと命令したという情報を世間に公表した。

『日本法規大全』以外に、第２の佐藤信安の著作で中国国民叢書社に訳された『日本監獄法』は『東方雑誌』に出版広告が出されていた [16]。『東方雑誌』は、中国最大の新書店である商務印書館から 1904 年に洋装本として創刊された。創刊号は、本文 256 ページの大雑誌である。

四　地方官吏の法政受験参考書

1905 年から起こる地方官民の日本視察ブームは、翌年七月二十日（1906 年 9

第三章　清末中国語訳された日本監獄学書籍の伝播

月8日）に学部が頒布した「通行京外給咨出洋遊歴簡章文」によって制度化された。つまり、地方官吏は、日本視察をしてはじめて就任を許されるという規定である。残念なことに、現存する「視察日記」を通して日本視察の様子を復元することはできるが、帰国後の事跡に関する記録はほとんど残されていない。

　管見の限り知られる唯一の例が、直隷塩山知縣の段献増の記録である。段献増が著した日本視察日記『三島雪鴻』は、光緒三十四年（1908）に京華印書局によって出版された。その巻末に自分の文書を集めた『文牘一斑』を添付した。このため、帰国後2、3年内の様子が多少窺える[17]。

　段献増は、雲南安寧の出身で1898年戊戌科の進士であり、1903年に燕北塩山知県に就任した。光緒三十一年（1905）、袁世凱は直隷州県の官吏候補者に、日本庶政を視察するように命じた。段献増はちょうど公務で天津に来ていた。日本視察の件を聞いた段献増は上官の推薦を得て、直ちに渡日を申し込んでいる。そこで、1905年夏に直隷総督の袁世凱によって日本へ派遣された。日本を3カ月間視察し、帰国後の1906年に塩山知県に再任された。1907年に日本帝国憲法及び法政叢編粋編等の本を参考書目とする直隷法政試験をうけるため、辞表を書いたが、天津の友人の忠告で辞職を思い止まった。しかし、上官の機嫌を損ねて離任し、その後の行方は不詳である。

　民国5年（1916）に出版された『塩山新志』職官篇によると、段献増は前任者2人と共に「光緒以来之最傑出者」と讃えられ、

　　両任塩山知縣，実心実政，去後民思，惟獲罪上官，中更市儈以壊其成，論
　　者惜之。献増再去，在光緒三十三年[18]。

とあるように、塩山知県に2度就任し、その政務に対する姿勢は誠実実直で、離任後も塩山の人々のことを思っていたとされる。ただ上官に嫌われ、さらに小人に成果を壊され、論者は之を惜しんだとされる。献増が再び離任したのは光緒三十三年（1907）のことであったと、簡略に記載されている。

　光緒三十三年（1907）一月二十八日に、日本帝国憲法及び法政叢編粋編などの本を研究し、6カ月後に試験を行うという通達を受け取った。二月二十三日に学司で本をもらった。しかし、公務が忙しく、期限の半分が過ぎても本を読む暇がないため、塩山知県の職務をやめて参考書目の研究に専念し、試験を受

261

第三編　清末中国語訳された日本監獄学書籍の動向

けるという状態であった。このときに「請解塩山任読憲法暨法政等書応考通稟」
を書いたが、天津の友人の書状を受けて、辞職を思い止まった[19]。

　段献増が言及した参考書目の「法政叢編」と「粋編」については、上海図書
館に所蔵されている。2セットの法政叢書に、それぞれ1冊の『監獄学』が含
まれる。

　法政粋編第15は『監獄学』である。つまり、本書207頁の表1の第12にあたる。
江西萍郷の賀国昌、湖南湘郷の蕭仲祈によって編纂され、光緒三十一年（1905）
に東京で発行された。蕭仲祈の別名は礼衡、湖南湘郷の出身で、科挙の郷試に
合格し、進士の試験に応ずる資格を得た「清国挙人」であった。日本の法政大
学法政速成科を卒業し、奉天監獄官、湖南都督府司法司長、実業司長、民政司
長を歴任した[20]。法政大学の同窓生である彭公望が記した墓誌銘が、彼の日
本留学にふれている。

　　光緒癸卯同年（光緒二十九、明治36、1903），就學日京，負經世宰國之略。
　　余與君渡海同學，館舍同棲，連床共囊之樂，蓋近四年。專科同畢業，復參
　　觀審判，練習郷治，期歸國寶踐，共觀興復之效[21]。

とある。つまり、1903年に日本に渡って、法政大学で4年間留学したことが
確認できる。

　前にも論じたように、本書の特色は理論と実務を併設するところにある。小
河の法政大学での授業において説いた理論を総論とし、中村襄等の『監獄官教
科書』に記された実務知識を各論とし、理論と実務を取り合わせている。さら
に、重要な「日本監獄法規」、「日本監獄改良の沿革」および「日本監獄見学記」
も付け加えた。

　法政叢編第8は『監獄学』である。これは、表1の第11にあたる。小河滋
次郎の講義を基にし、湖北法政編輯社社員の安陸（湖北省安陸府、荊州府の北）
出身の劉蕃によって編集翻訳され、1905年7月に出版、1906年9月に再版さ
れた。書末の「法政叢編再版稟告」から、段献増らの受験書目の法政叢書は直
隷総督袁世凱が直接に電報で編輯社に1,000部を注文したことが分かる。

262

法政叢編　訂正増補

再版稟告

比年以來、吾國政界稍有動機、朝野上下
漸知欲強國家、首在改良法律、變革政
體、自考察政治五大臣帰朝、政治界上遂
起一大變動。此最近之盛況、而為中外稱
慶者也。惟是改良法律、變革政體、非多
読東西法政之書、取長舎短、不能行其改
革之実。鄙社同人留學法政大學。該大學
各講師皆法學泰斗、其學說豊富、足以風
靡一世。同人卒業後、深慨祖國前途、欲
一表貢獻之忱用、並参考本講師及諸名家之著述、悉心結
構、以成此編　視坊間訳本、當判霄壌。
自去秋付梓、陸続出版、今歳三月、全部
告成、未成之先預約購買者已達初刊之部
數（五千部）。故全部告成之日、即全書
售盡之日、本編価値可謂學界所共認。頃
購再版壹千部、此不徒法學昌明當増此
始、接奉直隷総督袁公保電論：訂
補悉心校正並加入政治學羅馬法二
種以求完備至裝釘精美印刷鮮明較初版
更勝一籌謹此稟告度有志之士無不各専
一編也

湖北　法政編輯社謹啓
寓日本東京麹町區飯田町九段中坂喜友
館
總經理　樊　樹　勳

再版に際して編集主旨、方針及び出版状況などについて説明した。国を強めるには、法律改良と政体変革を図らなければならない。したがって、東西の法政に関する書物を読まなければ改革が実行できないとした。同書の作者は、すべて日本の法政大学の留学生である。法政大学の講師は皆、法学の大家で、世を風靡する豊かな学説を持っている。法政叢編は講師の講義を基に、本人と諸名家の著作を参考にして編集されたものである。初刊の5,000部は、すでに予約注文され売り切れた。直隷総督の袁世凱は、再版においても1,000部注文している。

上記のように直隷地方官は、帰国後、法政試験を受けなければならなかった。学司が配る参考書目の法政叢編粋編に『監獄学』が含まれていた。言い換えれば、清末に中国語訳された日本監獄学書籍は、直隷地方官の法政試験の参考書目となった法政叢書の1冊として流布されたわけである。

五　清国皇帝及び高官への贈呈

『開国五十年史』は、日本の近代政治家大隈重信が各分野の専門家を集めてできた集大成の成果であり、さらに中国語に訳され日本で出版されたのである。その特殊性のために、伝播の方法は、ほかの書物の民間経路とは異なり、清国皇帝や高官への贈呈という上層路線をとっていた。

第三編　清末中国語訳された日本監獄学書籍の動向

贈呈について、中国側の記載史料が残されている。

　　日本大隈重信所著《日本開國五十年史》，曾於宣統己酉（1909）遣員齎送
　　至京師，由外務部代奏進呈。卷首有大隈上奏文，純用漢文奏疏形式，摺首
　　書“外臣伯爵大隈重信跪奏”字様，蓋出青柳篤恒之筆也。青柳乃早稻田大
　　學講師，為日本最著名之精通我國官話者 [22]。

と記される。1909年、つまり同書の中国語版の完成した年に、大隈重信は北
京まで人を遣わし、外務部を通して、同書を清国皇帝に贈呈した。本と同時に、
漢文の上奏文も提出した。それは日本の著名な漢学家、早稲田大学講師である
青柳篤恒によって起草されたのである。大隈重信は、1882年に早稲田大学の
前身である東京専門学校を創設し、のち1907年に早稲田大学総長に就任した。
同校の教員青柳篤恒に上奏文の代筆を頼むのも、想定内のことであろう。

　同書の贈呈によって1909年12月17日（宣統元年十一月十五日）、大隈重信
は清国政府より宝星を授けられた [23]。

　大隈重信がなぜ清政府より勲章を授与されたのか、おそらく『開國五十年史
自序』に表された大隈の中日「同文同種」の意識に大きくかかわると考えられ
る。この自序は、早くも1909年11月（宣統元年九月下旬）に『北洋法政学報』（第
117冊）に「漢譯日本開國五十年史自序」と題して公開された。この自序の中
に、大隈は中日が「同文同種」の国であることを繰り返して強調し、「善鄰之誼」
を持って清国に忠告を出した。つまり、日本に開国進歩の道を学ぶべしが、既
成の功績よりもその維新の沿革を考究すべし。それなら、本書を薦める。最後
に、清国の発達を祈願した。原文は、

　　方今五洲小康列國和親，誠如無可慮者。然利害得失本不相同，風雲伏於樽俎，
　　干戈藏於玉帛，禍患之來，正未有艾。況西白東黄人種之爭，孰能保其必無乎。
　　夫彼我之見人皆不免而彼白種者殊然。是以其所謂博愛有時乎限於同種，其
　　所謂人道有時乎不及於殊族。我則異此一視同仁無適無莫親之與疏，惟義所
　　在。然彼已自限其種，我亦不得不同種相恤。東亞大國與我同種者為清，唇
　　齒輔車休戚相關，固宜左右提挈，禦侮於千里之外。而其國不幸內外多故禍
　　將不測，我以善鄰之誼，雖竭力扶持，一髮千鈞，蓋亦岌岌矣。故吾為清國計，
　　莫如先務自立。自立之道如何，亦在仿我日本開國進取之道矣。……余觀之

264

第三章　清末中国語訳された日本監獄学書籍の伝播

清國之宜學者，神也，非形也，意也，非跡也。夫兩國人同其種，書同其文，
地相近，俗相類，本非歐美之比。然國勢民情未能盡一則取于此而施於彼者
亦安得不異哉。我嘗取西洋文化察焉精擇焉，嚴稽以時勢斷以國體變而通之
杼軸由已，此其所以渾然無跡也。……故已本末輕重之不可不慎也。如是且
國之興也，非興於興之日，必有所由業之成也。非成于成之日，亦必有所自
我之文華致今日者，豈朝夕之故哉。清人乃觀其既成之跡為可襲而取，亦已
過矣。苟欲取則于我，則莫如審我實勢，欲審我實勢，則莫如考其沿革，欲
考其沿革，則如此書者亦必在其所取也。……今譯以漢文者為友邦謀也。清
人誠能以此推彼，以異濟同，則改革之事，思過半矣。嗚呼，清大國也，其
動必大，一旦乘勢雲蒸龍，豈可測哉。余雖老矣，請刮目而待之 [24]。

とある。大隈重信は、さらに同書の序論で当時世界に風靡していた「黃禍之説」
を批評した。大隈の「同文同種」の意識は、清政府及び地方有力者や知識層の
間に共鳴を呼び、自然にみとめられるようになった。

　大隈が中国の地方有力者にも同書を贈呈したことは、袁世凱函牘によって裏
付けられる。宣統元年九月十七日（1909 年 10 月 30 日）、袁世凱は大隈重信に返
信を送った。原文は以下のとおりである。

　　敬復者：

　　　頃奉賜函，具聆壹是。並承惠贈大著漢文貴邦《開國五十年史》一冊。
　　展誦之余，曷任欽佩。貴邦變法維新，實為東亞先導。大著綱舉目張，紀
　　述詳備，尤足資友邦取法。甚盛，甚盛。
　　　副島提調，因送書之便，來游敝國。凱養病郷居，未能迓晤，至深歉仄。
　　顓複申謝，祗頌勳祺。

　　　　大隈伯爵閣下

　　　　　　　　　　　　　　　　　　　　袁世凱頓首九月十七日 [25]

この書簡から、大隈が副島提調（副島種臣の三男副島道正）を遣わして、袁
世凱に『開國五十年史』を寄贈したことがわかる。また、2 年前の光緒三十三
年十月に書いた袁世凱の同書の序言に次の文章があった。

　大隈伯者，維新諸傑之一也。將纂《開國五十年史》，書來問序於余。余觀
　其編纂諸公，非躬親其事之大臣，即有名於時之學者，而伯實總其成。是書

265

第三編　清末中国語訳された日本監獄学書籍の動向

一出，其助我東洋之進步者，豈淺少哉。

つまり、大隈の要請に応じて序言を書いたのであった。

中国知識人の間にも、この本に関する記載が見られている。たとえば、近代中国法学家・政治家である沈鈞儒は、日本留学中の 1907 年 2 月に、以下の「自新橋赴神戸汽車中讀日本開國五十年史」と題する詩を書いている。

攜得新書葉葉翻，海光出色伴朝昏。

人間風物疑蓬島，眼底英雄數阪垣。

舉世賓士如水下，乃翁悲默一髯掀。

平生獨有盟心處。伊隈勳名未許論 [26]。

また、アメリカ留学中の胡適も、1915 年 5 月 20 日の日記に、

近讀大隈重信所纂《日本開國五十年史》(Fifty Years of New-Japan--New York, Dutton 1909)，深有所感。吾國志士不可不讀此書 [27]。

と記している。胡適が読んだのは英語版の『開國五十年史』で、大いに触発され、中国有識者がこの本を読むべしと断定した。

そのほか、梁啓超も「讀日本大隈伯爵開國五十年史書後」という読書感想文を書き残している [28]。

六　小　結

上述のように、日本監獄学の漢訳本が頻出したことは、当時の日本留学生の翻訳事業の一環と見ても良いであろう。中国人留学生の日本での出版物が多くなるにしたがい、中国人による印刷所さえ東京に現れた。1907 年 11 月の『粤西』創刊号の広告によれば、

看看看！！！東京留学界之中国印刷出現！！！

と題する広告がある。その内容には、

東京留学界発達より以来，我が同胞は孜孜として新智識を輸入するを以て急務と為す。是に於て金銭を日本の活版所に擲つ者，比年以来，蓋し已に百万余円，益する所固より多きも，損する所亦た鉅なりと云ふ矣。吾が中

266

第三章　清末中国語訳された日本監獄学書籍の伝播

国は地大物博にして，文明を購換する為めに計れば，此の区区たる者は，原と必ずしも各まずと云ふと雖も……文語既に異り，情感通じ離く，因りて而して欺騙留難，免れざる所在り，費時渉訟層出窮らず。此の国危く時急なるに当り，吾が同胞徒らに其の有用の光陰を消耗するすら，已に惜む可きを覚ゆ。況んや復た高尚の人格を以て，日に津津として市儈と短長を較ぶるは失ふ所寧んだ涯有らんや。敵所此に鑒みる有り，特に重資を惜まず，機械を購致し，工廠を修築し，匠役を招集し，刻已に成を告ぐ。凡そ廠中の司事，悉く学界中，印刷の事務を諳んずる者を延きて之に任ず [29]。

とある。すなわち、日本人の印刷所を借りて出版された日本書籍の漢訳本は膨大な量に達した。

日本留学生がなぜ漢訳した日本書を日本の印刷所に依頼し印刷したかについては、中国人の日本留学が始まった頃の1900年に出版された日本語の学習書『東語正規』から、当時の中国人留学生の考えがうかがえる。その再版の序文に、

以東文之書，殊未便於中國發刊，不得不於東付刊之 [30]。

と記し、日本語学習の本を中国で印刷するには非常に不便であったため、日本で印刷に付することにしたと説明した。ここで「未だ便ならず」と言っているのは、仮名を組み入れることである。

日本語の教科書に仮名があるため、無論中国で印刷すれば不便であったことが考えられる。それ以外に漢訳本、例えば日本監獄書籍などの法政書物の場合、主に校正の便利を考慮したからであろう。人の往来と物の交通が不便であったため、中国に原稿を送って出版するより日本の印刷所に依頼したほうが資金上にも時間上にもはるかに経済的であった。その上、日本の印刷が中国よりもすぐれていた。中国では、西洋人の作った活字印刷を行いながら、一面印刷の袋綴ばかりであった。それに対して、日本では、明治の初めごろから印刷・製本ともに、洋式であった。日本の両面印刷の洋装本は、経費の節約という方面だけから見ても、中国の片面印刷の袋綴より紙を半分近く減らせるなど頗る利点が多かった。

本章で述べたように、日本で出版されたこれらの漢訳本は、汽船という近代的な交通手段によって、郵送あるいは指定した中国書店を通じて、中国国内の

267

第三編　清末中国語訳された日本監獄学書籍の動向

人々の手元に届けられていたことがわかる。郵送の場合、まず日本から上海まで運び、それから汽船で各地に輸送された。汽船が到達しない内地の送料が倍以上に高くなり、また、四川・雲南・貴州などの中国西部内陸地域がさらに倍以上に値があがったと思われる。

　また、新聞雑誌というマスメディアを利用して宣伝するという近代的方法も現れた。そのほか、袁世凱などの地方有力者は直接に出版社に『監獄学』を含む法政叢書を大量に注文し、地方官の法政試験の参考書として地方官に配布したのである。

　日本の近代政治家大隈重信が各分野の専門家を集めて集大成した『開國五十年史』は、その特殊性によって、伝播の方法がほかの書物の民間経路と異なり、清国皇帝や高官への贈呈という上層路線をとっていた。

　上述のように、郵送・新聞広告・地方官の法政試験の参考書・清国上層への贈呈などのルートによって、中国語訳された日本監獄関係書籍は清代中国の内地まで伝わり、その近代獄制の思想の種が蒔かれたのである。

〔注〕
　1)　李圭『環遊地球新録』湖南人民出版社、1980 年、第 11 頁。
　2)　『七十五年の歩み：大日本印刷株式会社史』東京大日本印刷、1952 年、第 176 頁。
　3)　張朋園「廣智書局（190l ～ 1915）――維新派文化事業機構之一」『近代史研究所集刊』1971 年第 2 期。
　4)　松浦章『近代日本中国台湾航路の研究』清文堂出版、2005 年 6 月、第 31 ～ 68 頁。
　5)　『申報』第 12086 號、1906 年 12 月 10 日（光緒 32.10.25）、第 85 冊第 621 頁第 5 版。
　6)　福建閩縣人、早稲田大學政學士。
　7)　浙江諸暨人、帝國大學工學士。
　8)　福建侯官人、中央大學畢業生。
　9)　直隷豐潤人、早稲田大學畢業生。
　10)　『申報』光緒三十三年二月廿七日（1907 年 4 月 9 日）。
　11)　「讀新譯日本法規大全書後」『申報』第 12208 號、1907 年 4 月 18 日（光緒 33.03.06)、第 87 冊第 547 頁第 2 版。
　12)　「端方漢譯日本法規大全序」『申報』第 12237 號、1907 年 5 月 17 日（光緒

第三章　清末中国語訳された日本監獄学書籍の伝播

33.04.06)、第 88 冊第 213 頁第 2 版。

13)　「袁世凱岑春煊序」『申報』第 12247 號、1907 年 5 月 27 日（光緒 33.04.16)、
　　　第 88 冊第 345 頁第 2 版。

14)　「端方漢譯日本法規大全序」『申報』第 12237 號、1907 年 5 月 17 日（光緒
　　　33.04.06)、第 88 冊第 213 頁第 2 版。

15)　「日本法規大全広告」『東方雑誌』1909 年第三期。

16)　実藤恵秀『中国人日本留学史』東京くろしお出版、1981 年、第 276 頁。

17)　段献増『三島雪鴻』京華印書局、1908 年。

18)　孫毓琇修・賈恩紱纂『鹽山新志』30 卷、1916 年刻本。

19)　段献増『文牘一斑』京華印書局 1908 年、第 7 頁。

20)　敷文社編『最近官紳履歴彙編』民國九年七月、臺灣文海出版社、1970 年、
　　　第 239 頁。

21)　『湖南文獻彙編第二輯』民國叢書第五編 89、湖南省文獻委員會、1949 年、
　　　第 345 〜 348 頁。

22)　「外臣進『日本開國五十年史』」徐珂編撰『清稗類鈔』第 1 冊、中華書局、
　　　1984 年、第 430 頁。

23)　郭廷以『近代中國史事日誌 1829 〜 1885』中華書局、1987 年、第 1343 頁。

24)　大隈重信「開國五十年序」開國五十年史發行所、明治四十二年九月。

25)　駱寶善『駱寶善評點袁世凱函牘』岳麓書社、2005 年、第 241 頁。

26)　沈譜・沈人驊『沈鈞儒年譜』中國文史出版社、1992 年、第 18 頁。

27)　胡適『胡適留學日記（下)』安徽教育出版社、2006 年、第 63 〜 64 頁。

28)　「讀日本大隈伯爵開國五十年史書後」『飲冰室文集點校』第四集、吳松等點校、
　　　雲南教育出版社、2001 年、第 2167 〜 2170 頁。

29)　実藤恵秀『中国人日本留学史』東京くろしお出版、1981 年、第 326 頁。

30)　實藤惠秀著、譚汝謙・林啓彦譯『中國人留學日本史』北京三聯書店、1983 年、
　　　第 255 頁。

第四編　小河滋次郎と清末中国の監獄改良

第一章　小河滋次郎と清国留学生

一　緒　　言

　清末の中国から明治末期の日本へ留学した王元増が著した『日本監獄実務』に序文を寄稿したのが、日本監獄学の木鐸であり、先覚者である小河滋次郎である。

　小河は序文において、次のように記している。

　　清国留学生，與余有師弟之誼者，前後至数百人之多 1)。

　清国からの数百人にのぼる留学生が、小河の講義を受講したことを記している。小河の講義を受講した多くの清国留学生は、小河の学問と実務経験を受け継ぎ、中国に伝え、広めたのであった。清国へ帰国した後も小河を敬慕し、文通していた中国人もいた。そのことは、小河自身が清国の留学生から年賀状をもらったことを日記の中に記していることからも知られる。彼の日記の 1907 年 12 月 25 日付と 12 月 31 日付の 2 カ所に、次のように言及されている。

　　　　・毎年のことではあるが、本年もまた新年賀状の到来せるものすでに二通あり、一通は清国留学生某氏より送られたるもので、しかも書留である 2)。

　　　　・年内に新年賀状の到達したるもの今午後二時までに総てで八通あり、芳名は姑く此に之を省くが、発信の地方は清国、千葉、広島、盛岡、長崎及び小樽の六ヶ所なり、主人をして芳名を記憶せしむるに、年内の方が反て便利なるやうにも覚ゆ 3)。

　また、彼の日記の 1907 年 9 月 20 日に、清国留学生が入院中の小河を見舞いに行ったことも記録されている。

　　　本日、来訪の支那留学生某を病室に延いて膝かぶれの筆談を試みた所が学生の曰く「此症支那常有従前学生亦曾染過此症，不用医者，支那習慣，倶

273

第四編　小河滋次郎と清末中国の監獄改良

用韭菜與薄新木，泡熱水洗之，自癒」と、少し早かつたら試めして見ても宜かつたと思ふ[4]。

　これらの記事からも、小河がいかに清国留学生から慕われていたかの一端を知ることができよう。

　小河（1863 ～ 1925）は明治 27 年（1894）に『監獄学』の出版と、ドイツの監獄学体系の紹介者としてデビューし、若くして日本の監獄学の権威となる。一方で明治 19 年（1886）に内務省に入省後、明治 24 年（1891）警保局監獄課長、明治 30 年（1897）内務省監獄事務官、そして明治 33 年（1900）に監獄行政が司法省に移管後は司法省監獄事務官として、明治 43 年（1910）まで勤務した。大正時代に入って、監獄行政の現場から離れ、大久保利武大阪府知事のもと大阪府救済事業指導嘱託として大阪の地で社会事業の組織化に取り組んだ。一生を通じて、弱き者の友となった人物である。

　この小河滋次郎が、20 世紀初めに相当する日本の明治末期の公立・私立の法律学校等において、清国留学生を対象にどのような教学活動を行っていたのかについては、これまでの研究ではほとんど注目されてこなかった。

　そこで、本章において、これまでの研究ではほとんど知られていない小河滋次郎と清国留学生の交誼について、中日両国の史料に依拠して明らかにするものである。

二　法政大学の法政速成科

㈠　速成科の設立趣旨

　日本の法政大学の梅謙次郎総理は明治 37 年（1904）3 月、清国留学生范源廉の希望を容れて日本駐在の清国公使楊枢と協議の上、法政速成科を設けた。

　1904 年 3 月、法政大学清国留学生の范源廉が、梅総理に面会を求め、中国において急務とされる法政人材を短期間で育てる法政速成科を設立することを懇請した。梅総理は、

　　此便法ナカルヘカラス、我邦カ始メテ欧米人ヲ聘シ、其知識ヲ伝受スルヤ、

274

第一章　小河滋次郎と清国留学生

　　亦通訳ヲ附シ、或ハ速成科ヲ設ケ以テ、人物ノ養成ヲ力メタリシカ、今日

　　枢要ノ地ニ居ル者ニシテ、此種ノ教育ヲ受ケタル者、亦実ニ少シトセス [5]。

とし、明治初年に設けた通訳を附する法政速成科が多数の人材を養成した功績

が大きいことに鑑み、范の懇請を快諾した。

　その上、梅総理と范源廉は、のち「有害、無益ナルコトヲ唱ヘ、甚シキニ至ッ

テハ営利学校ノ世評アル」[6]と非難の的とされた速成科の学期年限について、

いろいろ意見を交わした。

　梅総理は、小村寿太郎外相の賛成を得てから清国公使の楊枢に会い、清国各

省の総督巡撫を勧誘し、皇帝にも上奏して、留学生派遣の取計を願い賛同され

た。梅総理と留学生范の熱望は、中日両政府の賛同を得た上で実現することに

なった。

　法政大学に法政速成科が設置された経過は、明治 37 年 4 月 26 日文部省に申

請し、4 月 30 日認可、5 月 7 日には開校と迅速に運んでいる。夏期休業を廃し、

毎日教授した。修業年限は 1 年半であった。最初は 1 年のはずであったが、途

中から延長された。中国語の通訳により、法律・政治・経済の諸科を教授する

制度を立てたのである。のち授業の効果を図るため、名高い中国語版の「法政

大学法政速成科講義録」も作られた [7]。すなわち法政大学は清国留学生の提議

を受け入れ、中日両国政府の支持を得た上で、法政速成科を開設したのである。

速成科は、授業をすべて中国語に通訳するのが大きな特色であった。速成科の

翻訳者の 1 人である曹汝霖は、回想録で范源廉と 2 人が主として通訳を担当し

たと述べている [8]。

　担当した講師の大部分が、本務の合間に出講した。教授陣は、曹汝霖が「教

授は梅博士から各大学一流の法学家を委嘱してもらう」[9]と言ったように、錚々

たる顔触れであった。監獄学は、無論第一人者の小河滋次郎が担当することに

なった。このことは、以下の梅総理の書簡によって裏付けられる。

　梅総理は、講師委嘱のため 1904 年 4 月 25 日付で次の書簡を発送した。

　　拝啓　今般於本大学　清国留学生法政速成科設置可仕ニ付　貴台にも右講

　　師御担任相願度　且諸事御協議致度存候間　御繁用の御央御恐縮に候へ共

　　何卒来ル廿七日

275

第四編　小河滋次郎と清末中国の監獄改良

（水曜日）午後四時九段坂上富士見軒へ御枉駕被下度奉願候　尚準備之都合も有之候間乍御手数折返し御来否御一報を煩ハし度候

敬具

四月廿五日　　　　　　　法政大学総理　梅謙次郎

宛名人

松本　蒸治	松浦鎮次郎
美濃部達吉	岩田　一郎
板倉松太郎	小川滋次郎
金井　延	岡　実
中村　進午 [10]	

　上記の講師委嘱の書簡の宛名のリストに、「小川滋次郎」、すなわち「小河滋次郎」が入っていることから、法政速成科の監獄学の講師として小河滋次郎が選ばれたことが分かる。小河滋次郎が法政速成科において多くの清国留学生に、彼の得意とする監獄学の講義を行ったことは明らかであろう。このことは、後述するように小河滋次郎の監獄学関係の書籍の多くが中国語訳で出版されたことでも知られるのである。

（二）　監獄学の講義と試験

　法政速成科の新設の1904年は、修業年限を1カ年とし、これを二学期に分け、第一学期は4月1日に始まり、翌年3月31日に終了した。その学科課程 [11] は、以下の通りである。

法政速成科学科課程			
第　一　期		第　二　期	
学　　科	毎週授業時数	学　　科	毎週授業時数
法学通論及民法	一〇	商　　　法	六
国　法　学	四	行　政　法	六
刑　　法	四	民刑訴訟法	六
国際公法	四	国際私法	二
裁判所構成法	一	財　政　学	四
経　済　学	二	監　獄　学	一
計	二五	計	二五

第一章　小河滋次郎と清国留学生

すなわち、監獄学は、第二学期に設けられ週に1時間であった。

同年11月、法政速成科規則は改正され、修業年限を1年半とし、之を三学期に分けた。各学期は、4月1日より9月30日まで、または10月1日より翌年3月31日までとした。新しい学科課程[12]は、以下の通りである。

法政速成科学科課程表					
第　一　期		第　二　期		第　三　期	
学　　科	毎週授業時数	学　　科	毎週授業時数	学　　科	毎週授業時数
法学通論及民法	五	民　　法	四	民　　法	五
国　法　学	五	行　政　法	六	商　　法	六
刑　　法	三	刑　　法	三	国際私法	三
経　済　学	四	国際公法	四	民刑訴訟法	四
西　洋　史	五	裁判所構成法及民刑訴訟法	三	財政学	四
政治地理	二	政　治　学	四	警察監獄学	二
計	二四		二四		二四

ここでは監獄学に警察学を加え警察監獄学とし、第三学期に設けられ、週に2時間となった。

1905年12月に、法政速成科規則は、再び下記のように改正され、法律部と政治部を設置した。

　　第三条　法政速成科修業年限ハ一ヵ年半トシ、之ヲ二学期ニ分ツ。各学期ハ四月ヨリ十二月マテ、一月ヨリ九月マテ、十月ヨリ翌年六月マテ、又ハ七月ヨリ翌年三月マテトス。

　　第四条　法政速成科ノ学科課程左ノ如シ。

法政速成科法律部学科課程			
第　一　学　期		第　二　学　期	
学　　科	毎週授業時数	学　　科	毎週授業時数
法学通論	二	民　　法	二
民　　法	七	商　　法	五
憲法汎論	四	行　政　法	五
刑　　法	四	国際私法	二
国際公法	四	裁判所構成法及民刑訴訟法	五
経済学原論	三	破　産　学	二
		刑事訴訟法	二
		監　獄　学	一
計	二四	計	二四

277

第四編　小河滋次郎と清末中国の監獄改良

法政速成科政治部学科課程			
第　一　学　期		第　二　学　期	
学　　科	毎週授業時数	学　　科	毎週授業時数
法学通論	二	民　　法	二
民　　法	七	比較憲法	二
憲法汎論	四	行　政　法	五
国際公法	四	地方制度	一
経済学原論	三	刑　　法	四
近世政治史	三	政　治　学	三
政治地理	一	応用経済学	三
		財　政　学	三
		警　察　学	一
計	二四		二四

　第六条　法政速成科法律部ノ入学期ハ、毎年四月トシ、同政治部ノ入学期
ハ毎年十月トス。但臨時補欠トシテ入学ヲ許スコトアルヘシ [13]。

　改正によって、監獄学は警察学と分立され、法律部第二学期に設けられ、週
に１時間となった。
　1905 年春、第二学期の「監獄学」の試験問題が残されている。小河講師によっ
て出題されたものである。
　一、犯罪者ノ分類如何
　二、遇囚ノ要素トナルヘキ条件如何
　三、分房制、雑居制、階級制ニ就き其方法ヲ略解セヨ [14]
　清国留学生中の第一学期生 270 余名の学期試験は、1905 年 4 月 17 日より 25
日まで、第二学期生の 70 余名の卒業試験は、 4 月 24 日より 5 月 5 日までに施
行された。そして 5 月下旬に成績を発表し、第一回の卒業証書授与式を挙行し
た。
　このように小河滋次郎は、清国留学生に監獄学の講義を行った。彼の出題し
た試験問題の内容からも、相当に高度で専門的なものであったことは確かであ
る。この試験に応答できる清国留学生がいたことも歴然であろう。

278

第一章　小河滋次郎と清国留学生

(三)　監獄視察

監獄学を担当した小河滋次郎は、1905年に実地研究として清国学生を引率し、巣鴨・東京・市谷監獄・浦和監獄、川越懲治場を見学に行っている。

> 本大学法政速成科に在学せる清国留学生（第二学期生）は、監獄学実地研究として去一月十九日以来、小河講師指導の下に巣鴨監獄（一月十九日及二月九日）東京監獄（一月二十六日）市谷監獄（二月二日）等を参観せり。各監獄何れも典獄の好意に依り、監房、労役場其他事務取扱の状況等を実見することを得て、監獄学研究上大に益する所ありたり[15]。

> 本大学法政速成科清国留学生第二学期生七十余名は、監獄学実地研究として小河講師指導の下に、四月九日浦和監獄、川越分監懲治場を参観し、即日帰京したり。当日は早崎典獄、早川分監長及監員諸氏には、生徒を引率して一行を出迎へられ、且懇切に諸事を斡旋せられたるは、一行の大に感謝する所なり[16]。

川越分監懲治場は、少年感化院であり、当時において先進的な監獄学の理念を代表するものであった。ここから、小河の清国学生にかけた篤い期待が窺われる。

また、同年6月2日に、法政速成科第一班卒業生60余名は、小菅監獄も見学した。

> 今回卒業したる法政速成科清国留学生六十余名は、去五月二十九日以来、各庁十名宛の予定にて、東京府及東京市役所（五月二十九日）、内務省（三十日）、司法省、裁判所（六月一日）、農商務省、小菅監獄（二日）、日本銀行（五日）、北豊島郡役所（六日）、警視庁（八日）等を参観したり。各庁何れも長官及係員諸氏の厚意に依り諸事詳細に会得することを得て、攻学上の参考に資することの大なりしは、一行の大に感謝する所なり。尚ほ不日大蔵省及印刷局をも参観する筈なり[17]。

法政速成科の卒業生である江西萍郷出身の賀国昌と、湖南湘郷出身の蕭仲祈は、法政粋編第十五『監獄学』を編纂し、光緒三十一年（1905）に東京で発行した。同書の例言によれば、この本は主として小河滋次郎が法政大学速成科で行った講義と著作を編集したものである。付録の「日本監獄参観記」は賀国昌が編集

279

第四編　小河滋次郎と清末中国の監獄改良

し、「市谷監獄参観記」「東京監獄参観記」「巣鴨監獄参観記」「川越分監懲治場参観記」を収録している。この付録は、上記のように、小河が清国学生を引率し各地の監獄を見学していた事実を裏付けるものと言えるであろう。

　速成科の学生は、小河の熱意に背かなかった。彼らの中から、清国における監獄改良に大いに貢献した人材が生まれた。上記の『監獄学』の編集者の１人である蕭仲祈は、「清国挙人」[18]であり、日本の法政大学法政速成科を卒業して帰国し、奉天監獄官・湖南都督府司法司長・実業司長・民政司長などを歴任したのである[19]。

　小河滋次郎は、単に教室内での講義のみならず実務経験も重視し、清国留学生に監獄の見学や、そこでの実習を行わせている。小河滋次郎には、監獄学の前では日本人や外国人の区別はなく、監獄や監獄学を探求する人間であれば、内外の区別なく機会均等の姿勢で臨んでいたと言えるであろう。

三　東斌学堂

　明治37・38年（1904 ～ 1905）頃に、東京の芝公園内に設立された学校として東斌学堂がある。東斌学堂は、中国人留学生の日本語教育に生涯を捧げた松本亀次郎の記述によると、法学博士の寺尾亨によって、明治37・38年頃（1904 ～ 1905）に創立され、５年間継続した。東斌学堂については、松本亀次郎によれば以下の通りである。

　　東斌学堂は、寺尾亨博士の設立にかかり、校舎は芝公園内にあって、専ら武の教育を施したものである。其れは革命思想を持って居た留学生は、他の学校で毛嫌いをして入れないから、其れ等の学生を収容する為に、博士が男気を出して特に設けたもので、博士はそれが為、大いに経済的犠牲を払われたそうであるが、三十六、七年頃から五箇年継続したのである[20]。

　東斌学堂の設立趣旨については、『法学博士寺尾亨氏三周年追悼会紀要』に収録されている殷汝耕の懐旧談によって知ることができる。殷汝耕は、早稲田大学出身にして日本の事情に精通し、寺尾博士の政法学校の通訳を担当し、ま

280

第一章　小河滋次郎と清国留学生

たその経営にも参画した関係にあった。

　　東斌学堂は何のために設けられたかと申しますと、是れは軍事学を主とし
　て教える学校でありまして、先生は法学博士であって軍事と何等縁故もな
　いような方であるに拘らず、軍事学校を経営されたのであります。それは
　どう云う訳かと申しますと、支那革命の未だ始まらぬ前に支那の学生に陸
　軍に志願して渡日する人が沢山ありましたが、最初は私費の学生でも何で
　も陸軍士官学校に入学することを許されたのであります。それで私費の学
　生中随分革命思想を有する者も陸軍士官学校に入学して居りました。処が
　段々と清朝の政府はそれに気が附きまして、これは大変だと云うので、官
　費生でなければ士官学校に入ることを禁ずるようになったのであります。
　随て革命の考えを持って居る者で軍事学を修めようと思う者は修学の途が
　絶えたのであります。そこで寺尾先生は此要求に応ぜんが為に東斌学堂を
　設けられたのであります[21]。

　周知のように、東斌学堂は軍事学を主として教える学校であるが、その中に
警察監獄科が設けられたことはほとんど知られていない。警察監獄科の設立は
無論、寺尾が法学博士で、法学が本業であることに関連している。これよりもっ
と大きな計画は、下記の股汝耕の政法学校に関する記述から推測できよう。政
法学校は、東斌学堂を除いて寺尾が直接に経営したもう1つの学校であった。

　　第二の学校は政法学校でございます。此学校を設けられた趣意は何である
　かと申しますと、一般の支那学生を教えると云うよりも、一度革命に従事
　して失敗した人には、革命の志はあるが、如何に国家を建設するかと云う
　ことに就ては知識が足りませぬ、故に失敗して日本に亡命中である此等の
　人々に建設の用意に要する学問を習得させようと云う意味で政法学校を設
　けられたのであります。殊に此学校を始められたに付て日本の各大学の最
　も有名なる学者を集められまして、官立学校と雖も為し得ない所のもので
　ありました。是は日本の博士諸氏の熱心の致す賜でありませうが、同時に
　寺尾先生の声望と其の容易ならざる努力の然らしむる所であります[22]。

　すなわち、寺尾が東斌学校に警察監獄科を設けた理由は、中国留学生に国家
を建設するための学問を授けることではなかったかと思われる。そして、「日

281

第四編　小河滋次郎と清末中国の監獄改良

本の各大学の最も有名なる学者を集める」という主旨から、日本の監獄学界で一番有名な学者小河滋次郎を招聘したのであった。

　小河は、東斌学堂において清国の学生に監獄学を教えていたことについて、1907年5月18日の日記に記している。

　　法科専修の目的を以て留学して居る清国の學生は何れも熱心に監獄学を研究せんとする志望を有して居ると云ふことであるが、是れは甚だ慶ぶべき傾向であつて独り獄制其れ自身の改良の為めのみならず一般刑制の健全なる発展も此くの如くにして数年の後には必らず大に見るべきものがあるであらう。東斌学堂に於ける余が受持の監獄科を聴講する百三十余名の学生に対して第一学期の試験を行ひたる結果は概するに余をして頗る満足を感ぜしめたことであるが九十点以上得点者十三名[23]。

　小河は、清国学生の監獄学に対する勉強意欲の熱心さに感銘を表した。さらに、90点以上得点者13名の中で最も良く問題の意味を解して適当な解答をしたと思われた一例として、「康煥棟」という学生の答案を詳細に同日の日記に記録した。

康　煥　棟

問、現時代ノ監獄ト舊時代ノ監獄ト其性質ヲ異ニスル重ナル點ハ何レニアリヤ

答、監獄者執行自由刑之場所也、舊時代無自由刑、故無監獄、當羅馬ジヤスニヤン帝政時代、雖有監獄、不過拘留犯罪者、以待行刑、與今之未決監相似、中古之時代、則取畏嚇主義、其主義有二、

第一条懲前戒後、（二）殺一多生、故對於罪人、必使受種種痛苦、且以監獄爲拷問制度之一機關者、罪人不待定罪、即殞於獄室、至現時代之監獄、惟以減少犯罪、與制遏犯罪爲目的、其重要不同之點在於是矣

問、獄制改良ノ必要ヲ促スニ至リタル理由如何

答、文明各國、莫不急於謀監獄之改良、其改良之必要之理由有三、

（一）博愛之觀念　人民皆吾同胞、當有同情之感念、犯罪者雖社會不良分子、豈忍見其受監獄之慘苦乎、此一理由也、（二）經濟之思想　人民犯罪、國家即殺戮之、式去其手足、是自塞經濟之源、故不如利用之、藉廣財政此又一

第一章　小河滋次郎と清国留学生

理由也、（三）必要之事情　國家刑罰嚴重、人民嗜殺成性、而犯罪者愈益加
多、故欲減少犯罪、不能不改良監獄、此又一理由也、

問、犯罪カ文明ノ進歩ニ伴フテ增加スル事由ヲ略述スヘシ

答、犯罪因文明進歩而增加之理由有五

第二条人口之繁殖　人口繁殖犯罪增加、其事由又可細分爲二、（甲）犯罪人
格之增加、（乙）生存競爭之激甚

第三条法律之增加　日本四十年前、惟德川之百個條、明治初年、定新律綱領、
後又爲改定律例、至現行法愈加嚴密、故同一事情、昔時不爲犯罪、而今則
爲犯罪、此法律增加、而犯罪者所以增加也、

第四条貧富之懸隔　文明進歩、貧者愈貧、嫉妬富者、富者愈富、厭惡貧者、
生出階級的衝突、而犯罪者乃增加矣

第五条社會之節制力衰耗及消減　社會之節制力有五、（甲）鄉黨、（乙）組合、
（丙）寺院、（丁）學院、（戊）家庭、文明進歩、而五者之節制力、非衰耗、
即消減、故青年墮落、而犯罪者乃增加矣

第六条生計之不安固　文明進歩、今日爲極貧、明日爲極富、今日爲極富、
明日又爲極貧、生計之不安固如此、而犯罪者乃增加矣

問、犯罪者の分類如何

答、犯罪者之分類、在法律上曰累犯、曰初犯、在學說上、曰慣習犯、曰偶發犯、
法律謂累犯初犯者、據犯數言之也、學說上曰慣習犯偶發者、據性質上言之
也、又クローネ氏之分類有三、（一）慣習犯、（二）職業犯、（三）偶發犯、
又ゾイフエルト氏之分類有三、（一）一時的犯罪者、（二）有改良之望者、（三）
不改良之犯罪者、又フエリー氏之分類有五、（一）癲狂性犯罪者、（二）先
天性犯罪者、（三）習慣性犯罪者、（四）機會性犯罪者、（五）感情性犯罪
者、アッシヤツフエンブルグ氏之分類有七、（一）偶發性犯罪者、（二）感
情性犯罪者、（三）機會性犯罪者、（四）考慮性犯罪者、（五）累犯性犯罪者、
（六）慣習性犯罪者、（七）職業性犯罪者、學說雖多、皆不適常、究不如前
二種之善耳、[24]

　小河にその才能を高く評価された康煥棟は帰国後、民国の司法、政治、教育
界においてよく知られていた。彼が浙江省警官学校一期生のために著した『監

第四編　小河滋次郎と清末中国の監獄改良

獄学要義』（上海法学書局、1934 年）は、上海社会科学院の図書館に所蔵されている。その内容は、緒論、監獄の定義、監獄の種類、監獄の歴史、犯罪及び犯罪者、刑罰、行刑制度、監獄構造法、監獄官任用法、看守訓練法などの 10 章からなり、監獄学の体系的な書籍と言える。彼は後に湖南、浙江各法院推事・検察官、中央公務員懲戒委員会秘書、及び汪精衛南京政府「撤廃各国在華治外法権委員会」委員を歴任した。この間に、中国公学、復旦大学、持志大学、大廈大学、上海法学院で教授し、華南大学法学院副院長を兼任し、のち汪精衛政府が主催する南京中央大学で法律系主任を担当した。

　小河が東斌学堂で育成したもう 1 人の秀才は、中華民国の初代獄務司司長となった田荊華である。田荊華は卒業後、日本の巣鴨監獄で 1 年間の実習を経て帰国した。1909 年から江南模範監獄科長、副典獄官に就任した。中華民国成立後、北京政府司法部獄務司司長に昇進し、のち直隷清苑監獄典獄長、京師第三監獄典獄長、司法部秘書、国務院法制局参事、河北第四監獄典獄長、山東第二監獄典獄長、上海漕河泾監獄典獄長などを歴任した。

　1914 年 2 月 19 日付『申報』によれば、民国初年、政府が高等文官学歴を審査する時、田荊華は卒業証書を紛失したため、再発行手続きを申請している。このことから、東斌学堂から卒業したことが確認できる。前述の新聞記事の内容は、次のとおりである。

　　高等文官甄別委員会前日開第三次会議，所議各項已志報端。茲聞該会近来
　　調験文憑，有司法部司長田荊華系在日本東斌学校卒業後入巣鴨監獄実習。
　　該会以東斌雖非高等学校，惟據称系警監専門，且在監獄実習，與現在所任
　　監獄司長尚可以用其所学。惟文憑據称遺失，是否已經畢業及曾經実習，不
　　能不確実調査。因電請駐日公使館査復以憑核辦 25)。

　小河滋次郎が教授した清国留学生は著述を出版した人もいれば、監獄管理の最前線で実践した人物もいた。彼等の活躍によって、清国における監獄学の萌芽が見られたと言っても過言ではない。その足跡は現在も中国に書籍の形で残されているのである。

第一章　小河滋次郎と清国留学生

四　東京警監学校

　1906年2月に創設された東京警監学校は、専ら清国の警察官と監獄吏の養成のために設けられた。清国直隷総督袁世凱の要請により、清国公使が日本警視庁と協議した結果、誕生したのである。その設立の経緯は第二編第四章で説明したため、ここでは省略する。

　小河は、同校の講師として招聘された。そして、翌年2月10日に行われた当校の第一回の卒業式に出席し祝辞を述べている。その内容は、1907年2月11日の小河の日記からその一端を知ることができる。祝辞において小河は、清国留学生に厚い期待と鼓舞する言葉をかけている。自ら看守巡査のような下級官吏となる決心がない以上は、決して清国における警察監獄の根本的改良は望めないと諭した[26]。

　小河の教示を受けた東京警監学校の卒業生から俊才も生まれた。先に触れた王元増も、その1人である。王は、帰国後に奉天地方検察庁検察官に任命され、1910年に自費でヨーロッパ先進国の監獄を視察した。その才能は司法総長の許世英に認められ、民国元年（1912）8月13日に北京監獄典獄長に任命された。北京監獄の前身は、清末時代に創立された京師模範監獄である。民国初年の法曹界では、王元増の実力はすぐに広く認められた。当時の司法部典獄司長の王元豹は、王元増の著作『監獄学』のために序言を記し、「治獄為一生慈善事業，不當作一種官吏生涯」と王元増の監獄事業に対する熱情を大いに賞賛した。司法総長の許世英も、王元増の著作『北京監獄紀實』の序言に「不佞于役歐墨，王君元增斥賷從遊，心焉識之，謂若元增誠治獄才也」と記し、彼が監獄管理の秀才であると認めた。

　王元増は彼の師匠で文章家として世に知られた小河に学び、多数の監獄学の作品を出版した。主なのは以下の8種類である。

　1．日本監獄實務（第一編）、1908年、江蘇嘉定教育會、石印一冊。
　2．獄務類編、1913年、北京監獄印行。

285

第四編　小河滋次郎と清末中国の監獄改良

　　3．北京監獄紀實、1912 年初印、1913 年修訂、北京監獄印行。

　　4．中國監獄之沿革及現今状況、1914 年、北京監獄印行。

　　5．京師第一監獄作業實務彙編、1916 年、北京監獄印行。

　　6．監獄規則講義、1917 年、北京監獄印行。

　　7．監獄學、1924 年、北京監獄印行。

　　8．京師第一監獄報告等其他監獄實務資料彙編若幹。

　そのうち、彼の代表作は言うまでもなく、民国 13 年（1924）4 月に印刷された『監獄学』である。合計 13 章で、21 万字からなる。

　同書の例言に王は、自分の学問は師匠の小河から受け継いだと明確に書き記した。

　　是以本書蕙集事例，采擇樕群言，不厭繁複，而立論大體，亦多取資小河師
　　説，俾從事獄務者，得斟酌取捨，循序漸進，是則本書之微旨也。

　また、王元増は 1912 年に編集した『北京監獄紀実』の例言にも自分の成長履歴を総括している。その中にも、師匠の小河に対して感謝の意を隠さずに述べている。

　　監獄學之智識得之于小河滋次郎先生者最多，其實務上之研求，又得先生之
　　介紹，親受浦和監獄典獄長早崎春香先生之指導，嗣又得從許總長之後，歴
　　史觀英俄德法義奧荷比各先進國之監獄。

　つまり、王元増は 1906 年に日本に渡り、東京警監学校に入学し、小河滋次郎の講義を聴講した。卒業する前に、小河の手配により、浦和監獄で実習し、典獄の早崎春香の指導を受けた。帰国後、自費で欧州各国の先進な監獄を歴遊した。

　日本での監獄実習のことは、小河が清国獄務顧問としての赴任中の 1908 年秋に北京で王元増に頼まれて彼の作品『日本監獄実務』のために書いた序言にも見られ、照合することができる。

　　清國留學生，與余有師弟之誼者，前後至數百人之多，而能深造斯業，駸駸
　　乎臻出藍之境者，亦頓不乏之人，如王君元增者即其一也，……一日有自稱
　　東京警監學校畢業生，叩餘之門者，延而見之，即曩之在講臺前，熱謐面貌，
　　而有所屬望於其首途之篤學者，至此始識其人為王元增君，……懇求甚切，

286

第一章　小河滋次郎と清国留学生

一片熱誠，溢於顏色，餘特請於政府，許君從學監獄，惟為從事寔務研究便
利，計宜先究心於幼年犯罪者之懲治，漸及於一般受刑者之管理，故指定川
越懲治場及浦和監獄，循序而進，是為得計，君深感余之玉成其志也，欣躍
不能措，遂束裝赴川越懲治監，駐此約兩閱月，……，後移浦和監獄，居此
亦三閱月……戊申初秋僑寓北京　嶽洋生 [27)

　王元増は、東京警監学校の卒業生と自称し、小河を訪問し、日本監獄の実務
研修という懇望を訴えた。小河はその勉学の熱情に心を打たれ、日本政府に報
告し、諸手続きをしてくれた。小河は、王のための研究の便利と手順を考慮し、
まず、日本最初の幼年監である川越懲治場に２カ月実習する機会を与えてくれ、
幼年犯罪者の懲治を学ばせ、次に浦和監獄で３カ月研修させ、一般受刑者の管
理法を勉強させてくれたと言う。

　このことからも小河滋次郎が、いかに王元増を育成しようとしたかの苦心の
程がよく窺い知ることができよう。小河の努力は、王元増と言う優秀な学生に
よって実を結んだと言えるであろう。

五　小　結

　近代中国において、西洋の近代監獄学がどのように形成されたかについて、
「日本近代監獄学の父」と言われる小河の教授履歴が最適な手がかりを提供し
てくれたといえる。

　上述のように、20世紀の始め頃、小河滋次郎は法政大学や東斌学堂や東京
警監学校などの公立・私立の法律学校で、数百人の清国留学生に近代監獄学を
教授した。そのうち、最も規模の大きい教育機構は法政大学法政速成科、東斌
学堂、東京警監学校の三校であった。法政大学速成科は最も著名であるが、軍
事学校として知られる東斌学堂に警察監獄科が設けられたことはほとんど知ら
れていない。特に清国直隷総督袁世凱の要請により、清国公使が日本警視庁と
協議した結果、1906年２月に創設された清国の警察官と監獄吏の養成所であ
る東京警監学校は、世に知られず埋もれている。

287

第四編　小河滋次郎と清末中国の監獄改良

　本章は主に小河日記、日本監獄協会雑誌、地方新聞紙等の日本側の資料に基づいて、中国側の関連資料を検討しながら、明治日本における専ら中国人留学生向けの監獄学科目設立の教育機構を解明し、さらに小河が育成した留学生の俊才の実績を発掘し紹介したものである。

　20世紀初めにおいて、蘊蓄を傾けて多数の中国人留学生を育て上げた小河滋次郎は、留学生に慕われ、留学生の翻訳によって近代中国にも漸次名を馳せるようになった。

〔注〕
1)　小河滋次郎「燕京閑話」（『上田郷友会月報』第270號、1909年4月）、7頁。
2)　小河滋次郎『丁未課筆』、冬の巻十二月二十五日、六七九「郵吏が注意したらんには」、79頁。
3)　小河滋次郎『丁未課筆』、冬の巻十二月三十一日、六九〇「人をして其名を記憶せしむるには可」、88頁。
4)　〈雑録〉岳洋生「丁未課筆抄録」（『監獄協会雑誌』Vol.20 No.9（226）、明治40年9月（1907/09/20））、38頁。
5)　「清国留学生法政速成科設置趣意書」（『法学志林』第60号、明治37年9月10日）。
6)　梅謙次郎「法政速成科ノ冤ヲ雪グ」（『法学志林』第7巻第10号、明治38年10月20日）。
7)　「法政速成科講義録創刊」、（「法学志林」第7巻第2号、明治38年2月10日）。
8)　曹汝霖『一生之回憶』（香港春秋雑誌社、1966年）、16頁。
9)　曹汝霖『一生之回憶』（法政大学大学史資料委員会編集『法政大学史資料集第十一集（法政大学清国留学生法政速成科特集）』、1988年）、255頁。
10)　法政大学大学史資料委員会編集『法政大学史資料集第十一集（法政大学清国留学生法政速成科特集）』、1988年、254頁。
11)　「清国留学生法政速成科規則」（『法学志林』第60号、明治37年9月10日）。
12)　「法政速成科規則改正」（『法学志林』第63号、明治37年11月15日）。
13)　「法政速成科規則改正」（『法学志林』第7巻第12号、明治38年12月20日）。
14)　「法政速成科の試験」（「法学志林」第7巻第5号、明治38年5月10日）。
15)　「清国留学生の監獄参観」（『法学志林』第7巻第2号、明治38年2月10日）。
16)　「法政速成科清国留学生の川越懲治場参観」（『法学志林』第7巻第5号、明治38年5月10日）。
17)　「法政速成科卒業生の官公署参観」（『法学志林』第7巻第6号、明治38年6月20日）。

288

第一章　小河滋次郎と清国留学生

18)　挙人とは科挙の郷試に合格し、進士の試験に応ずる資格を得た者である。

19)　敷文社編『最近官紳履歴彙編』（台湾文海出版社、1970 年）、239 頁。

20)　松本亀次郎『中華留学生教育小史』（東亜書房、1931 年）、16 頁。

21)　殷汝耕「支那革命と寺尾博士」（『法学博士寺尾亨氏三周年追悼会紀要』、法学博士寺尾亨氏三周年追悼会残務所）、57 頁。

22)　殷汝耕「支那革命と寺尾博士」（『法学博士寺尾亨氏三周年追悼会紀要』、法学博士寺尾亨氏三周年追悼会残務所）、57 〜 58 頁。

23)　三四六「法科専修の清国学生」（小河滋次郎『丁未課筆』、夏の巻五月十八日）、69 頁。

24)　三四六「法科専修の清国学生」（小河滋次郎『丁未課筆』、夏の巻五月十八日）、69 頁。

25)　「要聞一・京華道中之甄試奔忙者」、『申報』1914 年 2 月 19 日。

26)　一一〇「東京警監学校第一回卒業式の演説」（小河滋次郎『丁未課筆』、春の巻二月十一日）、107 頁。

27)　小河滋次郎「燕京閑話」（『上田郷友会月報』第 270 號、1909 年 4 月）、7 〜 9 頁。

289

第二章　小河滋次郎の監獄学中国語訳本

一　緒　　言

　第三編第一章の「清末における日本監獄関係書籍の中国語訳一覧」において示した 33 種類の日本監獄訳書のうち、18 種は小河滋次郎がかかわり、全体の 55% を占め第 1 位である。第 2 位の佐藤信安が 2 種類であるのに対し、小河は圧倒的な優勢を見せている。

二　小河滋次郎の履歴

　小河はなぜこのように清末中国に受け入れられたのか、まず彼の経歴を以下に述べてみたい。

1880 年　明治 13 年 9 月		東京外国語学校に入学
1882 年　明治 15 年 10 月		東京専門学校（現在の早稲田大学の前身）邦語法律科に入学
1883 年　明治 16 年 9 月		東京帝国大学法科大学別課に入学（東京専門学校は在籍）
1884 年　明治 17 年 7 月 26 日		東京専門学校邦語法律科第一回得業生として首席卒業。 卒業論文は『治獄案』
1886 年　明治 19 年 4 月		東京帝国大学法科大学別課を卒業
	10 月 14 日	内務属・内務省警保局保安課勤務
1890 年　明治 23 年		内務省獄事顧問ゼーバッハに随行し訳官を務

第四編　小河滋次郎と清末中国の監獄改良

			める
1890 年	明治 23 年	3 月 19 日	監獄官練習所勤務、同じくゼーバッハの訳官を務める
1891 年	明治 24 年	9 月 15 日	内務省警保局監獄課長
1893 年	明治 26 年	9 月 26 日	神奈川県監獄署長・典獄
1894 年	明治 27 年	5 月 10 日	監獄学研究のため渡米・留学
1895 年	明治 28 年	2 月 19 日	非職（休職）典獄の扱いを受ける
		2 月 20 日	仏国巴里府で開催の第五回万国監獄会議に政府委員として出席、引継ぎ欧米留学
1897 年	明治 30 年	1 月	欧米留学より帰国
		4 月 22 日	警視属・警視総監官房第一課勤務、警視庁監獄書記、監獄署長欠員中の代理を務める
		5 月 10 日	警視庁典獄・高等官七等
		5 月 13 日	警視庁文官普通試験委員
		5 月 26 日	警視庁及び監獄署建築取調委員
		6 月 22 日	警視庁第四部長兼鍛治橋監獄署長
		8 月 24 日	内務省監獄事務官・高等官六等
1898 年	明治 31 年	2 月 22 日	内務省監獄局獄務課長
		3 月 8 日	東京帝国大学法科大学において監獄学の特殊講義を嘱託される
		11 月 1 日	内務省監獄局長心得
		11 月 7 日	内務省監獄局長事務取扱
		11 月 28 日	内務省監獄局長事務取扱を免じられる
1899 年	明治 32 年	1 月 21 日	改正條約実施委員
		3 月 16 日	法典調査会委員
		9 月 4 日	員警監獄学校講師嘱託
1900 年	明治 33 年	1 月 26 日	員警監獄学校商議委員
		4 月 2 日	白耳義国ブラッセルでの第六回万国監獄会議に政府委員として出席のため出張

		7月1日	内務省監獄事務官・監獄局獄務課長
		12月22日	万国監獄会議出席ののちエルマイラ感化監獄など視察し帰国、帰国後、風土の異変により微恙のため引籠る
1901年	明治34年	1月30日	九段の階行社で帰朝歓迎会が開かれ、『エルマイラ感化監と不定期刑』につき講演、司法大臣清浦奎吾、大審院長野崎啓造・監獄局長久保田貫一のほか参事官・近在典獄ら一六〇人余出席
1905年	明治38年	6月26日	ハンガリー国ブタベストでの第七回万国監獄会議に政府委員として出席
1906年	明治39年	8月8日	東京帝国大学より法学博士の学位を受ける
1907年	明治40年	5月21日	法律取調委員
		5月30日	刑法施行法及び監獄法主査委員
		6月3日	監獄法起草委員
		12月25日	司法省所管事務政府委員
		12月26日	清国皇帝より二等第二双竜宝星章を受ける
1908年	明治41年	4月	内務省監獄事務官を退官
		4月17日	清国政府獄務顧問として招聘され、北京法律学堂監獄専修科教授に任ぜられる。日本の監獄法制を伝えると共に山東省済南監獄等の監獄建築の指導にあたる
		10月7日	中央慈善協会評議員
1910年	明治43年	6月30日	清国政府獄務顧問の招聘を解かれる
		9月15日	米国ワシントンでの第八回国際監獄会議に委員として出席
1911年	明治44年	5月12日	内務省地方局事務取扱を嘱託
1912年	明治45年	7月25日	欧米における感化救済事業調査を嘱託
1913年	大正2年	4月1日	大阪府救済事業指導監督を嘱託

第四編　小河滋次郎と清末中国の監獄改良

1914 年	大正 3 年	6 月	大阪結核予防協会評議員
1916 年	大正 5 年	10 月	愛知県嘱託、感化救済事業の指導にあたる
1917 年	大正 6 年	8 月 18 日	国立感化院長事務取扱嘱託
		12 月	笠井済生会顧問
1918 年	大正 7 年	6 月 1 日	大阪府救済課勤務
		6 月 25 日	国立感化院長事務取扱を免ぜられる
1920 年	大正 9 年	9 月 16 日	大阪府内務部社会課長事務取扱
1921 年	大正 10 年	1 月 13 日	内務省社会事業調査会臨時委員
1924 年	大正 13 年	8 月 30 日	大阪府嘱託を免ぜられる
		9 月 1 日	財団法人日本生命済生会常務理事
1925 年	大正 14 年	4 月 4 日	大阪市住吉区天王子にて肺病で死去、阿倍野斉場で社会事業関係者の感謝葬、従四位勲四等に叙され、京都東山の法然院に葬られる（一段斜上に内藤湖南の墓あり）[1]

　この略歴を、小河滋次郎が第6回万国監獄会議に赴く際に同時代の人が書いた送別文と合わせてみれば、明治日本の監獄界における小河の地位と声望がわかるであろう。

　　回顧すれば西暦千八百九十五年（明治28年）佛京巴里に於て開会したる第
　　五回万国監獄会議に列席の為め、帝国政府の委員として君が横浜を発せら
　　れ……会議閉会の後、尚引続き滞欧正に一年有半、欧洲文明国の監獄を汎
　　く視察し廣く獄制を調査研鑽する所あり、越て明治三十年一月帰朝後は、
　　苟も彼の長所とする所は採て我短を補ひ、又深く我国有的実状に鑑み漸次
　　獄制の上に之を扶植し、以て我国監獄改良事業の進歩発達を措劃施為せら
　　れたるものは、実に君が既往の実歴に於て之を證明する所にして今日現に
　　同人社会の間に於て深く君を欽仰し亦厚く君の識力優健にして而して斯道
　　の老練家を以て許すに至りたるもの豈に偶然なりとせんや、是れ即ち政府
　　が嘗て君を優待し治獄全般の事は挙げて之を君の経営する所に全任する所
　　ある所以にして君は又他方に於ては斯道の後進者を誘掖撕提の勞を採り著
　　述に講演に将た又帝国大学に警察監獄学校に、曰く何学校に、曰く何々講

習院に教授講師の任に該らるる等、要するに君が一身を斯道社会に全提せられつつあるは世間実に君に許すに斯学の木鐸者なり先覚著たるを以てするもの亦た決して理由なしとせざるなり[2]。

一言にいえば、日本監獄学の木鐸であり、先覚者であると位置づけられた。

小河は、明治 31 年（1898）からは、東京帝国大学法科大学の監獄学講義を嘱託された。そのほか、法政大学・東斌学堂・東京警監学校などの公私立法律学校で監獄学の授業を受け持っている。前章で述べたように、多くの中国留学生が小河の講義を受講した。小河の高名は、中国留学生の翻訳を通じて中国国内で日本監獄学の権威として知られるようになった。

三　小河監獄学著述の中国語訳本

第三編第一章でまとめた「清末における日本監獄関係書籍の中国語訳一覧」から明らかなように、日本に関する翻訳書で 33 種にのぼり、そのうち、18 種は小河滋次郎がかかわっており全体の半数を超えて第一位である。

小河の著作の中国語訳本のうち、8 点の講義録と、2 点のゼーバッハの訳本を除いて、ほかはすべて小河の著作である。8 点の講義録は、第 11 の『法政叢編』の第 8 番目に収められた湖北法政編輯社の劉蕃訳『監獄学』（1905 年 7 月）、第 12 の『法政粋編』の第 15 番目の賀国昌・蕭仲祁編訳『監獄学』（1905 年 10 月）、第 33 の鄭篯筆訳『法政速成科講義録第 22 號』（1906 年 4 月）、第 19 の修訂法律館董康編訳『日本監獄訪問録』（1907 年）、第 16 の監獄研究社編訳『監獄学』（1908 年）、第 17 の周慶恩編訳『監獄学』（1908 年）、第 24 の宿松の熊元翰編輯『監獄学』（1911 年）、第 14 の『法律叢書』の第 18 番目の安徽法学社訳『監獄学』（出版年月不詳）である。このうち、第 11・第 12・第 33 は小河の法政大学での講義録であり、第 19 は 1906 年に清国政府が派遣した日本監獄視察団のための講義録である。

つづいて小河の 4 点の講義録と 3 点の著作を述べてみたい。

第四編　小河滋次郎と清末中国の監獄改良

㈠　第 11 の法政叢編第 8 の湖北法政編輯社の劉蕃譯『監獄学』
（1905 年 7 月）

　例言[3] によると、本書の由来と趣旨が一目瞭然になる。本書は小河が法政
大学大学部で講述した内容を筆記し、さらに和文の筆記を元に中国語に訳した
ものである。小河を「日本監獄学専門大家」と称え、「曾巡遊欧米数次調察監
獄制度故閑於監獄学之著述甚夥日本監獄制度所以有今日之現象者先生之力居多
焉」というように、小河の海外経験と著作の質と量、日本監獄改良への貢献な
どの略歴を簡潔にまとめた。本書は、小河が各学説を参考にして自分の実務経
験を合わせて現行の監獄制度にコメントしたものである。

　ここ数年来、中国国内において監獄改良の声が高まってきたが、人材に乏し
く、学説理論も備えないから、年数を重ねても効果がない。そのために、この
本を訳して世間に公布するとした。さらに、本書の留意すべき点を指摘し、監
獄が行刑の地で、刑法と密接な関係を持ち、監獄改良に先立って、刑法の主義
を定めなければならない。また、監獄は、自由刑を執行する場所であるから、
昔の監獄と違って、その構造法と管理法を学ぶべしと言い、監獄官吏の重要性
も強調した。

㈡　第 12 の法政粹編第 15 の賀国昌・蕭仲祁編譯『監獄学』
（1905 年 10 月）

　本書も同じく小河の法政大学の講義録であるが、その特色は理論と実務を併
設するところにある。小河が法政大学の授業で説いた理論を総論とし、中村襄
等の『監獄官教科書』[4] に記された実務知識を各論として、理論と実務を取り
合わせている。中村襄について、ここでも特筆しておきたい。光緒三十四年
（1908）に、京師法律学堂の監獄学教習として清国に招聘された[5]。彼の教学業
績が高く評価され、宣統二年（1910）、清国政府に三等第一宝星を授けられた[6]。
また、『監獄官教科書』について、『大日本監獄協会雑誌』第 127 号に書評が掲
載されている。短いが、本書の特徴をよくとらえている。

　本書は、監獄学、実務要領、刑法、刑事訴訟法、裁判所構成法、憲法、行
　政法、会計法規、統計学大意の九科目を網羅せる浩瀚の著述にして、著者

は之を以て教習所用の教科書に充てんことを目的としたるものゝ如し。今之を一讀するに行文流暢意義明確、啻に以て教科書として適切なるのみならず、教習期間の如きは僅々二三ヶ月に過ぎざるを以て、斯学関係科目の門戸だに窺ふ能はざるの実況あるに依り、遍く斯道に従事する者に於て、之を坐右に供ふれば一大稗益を得るに至るべしと信ず。

治獄の整否は、一に人に存す。人を養成するの方法斯道に要すべき理術を通曉活用せしむるより急且切なるはなし。著者の見る所亦茲に在りて、此必要に應ぜんが為めに寸暇を偸みて、此の大部を作成す。其労思ふべく功忘る可からざるなり。予輩は本書の遍く治獄者間に行はるるに至らんことを切望す[7]。

　もう1つの特色は中国各省の獄務の統一を図るために、日本の監獄法規からもっとも重要なのを選んで訳し、日本監獄改良の沿革も整理したのである。

　第三の特色は、「監獄見学記」を付け加えたことである。江西萍郷の賀国昌が編集し、「市谷監獄参観記」「東京監獄参観記」「巣鴨監獄参観記」「川越分監懲治場参観記（すなわち少年感化場）」を収録している[8]。

(三)　第19の修訂法律館董康編譯の『日本監獄訪問録』（1907年）

　『監獄訪問録』は、中国国家図書館に所蔵されている。これは、小河が1906年に董康をはじめとする清国中央政府の日本監獄視察団のために行った講義の記録である。内容は、前編の総論7章と後編の各論15章からなる。小河の講義は詳しく、理論もあれば、図解と実例説明もある。中国の様子と比べながら説明するため、分かりやすい。『監獄訪問録』は、小河滋次郎の代表作『監獄学』の略本といえよう。小河の『監獄学』も総論と各論という二編からなり、小河が董康らに講演するために、自作の『監獄学』を要約してできた講義録ではないかと考えられる。

　沈家本は、「監獄訪問録序」に、監獄改良の主旨が「監獄者，感化人而非苦人，辱人者也」にあることを言明し、小河について、「日本監獄家之巨擘，本其生平所学為我国忠告，我国之経営斯事者，誠即是編，以考其得失」と高く評価した[9]。

第四編　小河滋次郎と清末中国の監獄改良

　小河の忠告は、同書に散見している。日本や欧米の失敗経験から、最新監獄理論まで、小河が知る限りの智慧を清国の視察団に授けた。その苦心は清国人に認められ、のち清国獄務顧問として招聘される淵源になったと思われる。彼の忠告について、いくつかの具体例を挙げよう。

　日本と欧米の失敗談として、「欧洲各国及日本，其従事改良監獄，無不注重於最大監獄，即拘禁罪犯最重者之監獄。而置各小監獄，即拘禁軽罪者之監獄於不顧。因此延至今日，尚有未改良者有之。其失敗蓋未有勝於此者矣」とある [10]。つまり、監獄の目的は囚人を感化させ、軽罪囚人を拘禁する小さい監獄をより一層重視すべきであるが、欧米にしても、日本にしても、重罪囚人を拘禁する大規模な監獄に目を置いてきた。これが、まさに一番の失敗といえる。

　最新理論として、幼年監 [11] と免囚保護事業 [12] を紹介した。ほかは、地方監獄費用について、監獄改良を推し進めるために、地方政府ではなく、国庫より支給すべしとの持論を開示した [13]。監獄の管轄権は二種類に大別する。内務省所轄と司法省所轄の区別を丁寧に説明した [14]。また、分房式を励行するために作られた巣鴨監獄の扇面形の無意義を容赦なく批判した [15]。

　下巻には、「待遇囚徒之法」について説くとき、各国の風俗習慣に従うべきと指摘した。たとえば、入監のとき、囚人が断髪するという規則は、清国の辮髪保存の風俗に合わないので、強制的に実施してはならないという見方を示した。また、清国人の自尊心を損ねないように、日本にも髪を結う相撲力士がいると言い聞かせ、細かい心遣いを示した [16]。

　結論の最後に、監獄官吏の育成という助言を提示し、具体策として北京中央政府直轄の模範監獄を建造し、その中に監獄学堂を設ければ、学理の考究と実務の練習という両方面の利益を収めることができるとした。

　　今尚有一事應加特別之注意者，即養成訓練監獄吏員也。養成之法，鄙意以
　　為當改良支出，自必先新築或改築一二監獄，即可以為将来之模範監獄，還
　　可以充監獄官吏養成所。於其中設一學堂，則一面可授学理，一面得従事実
　　験。……現在急需設立之属於北京中央政府直轄之監獄，與将来貴国之改良
　　命運，有極大値関係，其設計及実行，切望諸公三致意焉。以上所述過於簡
　　略，以限於時間，不克系貢所懷，不過聊為與我所敬愛之大清帝國之有力諸

第二章　小河滋次郎の監獄学中国語訳本

公，数月以来，同研究獄制之紀念耳 [17]。

彼のこの忠告は、清国政府によって採用されたのである。1908 年、小河は清国獄務顧問として招聘され、京師模範監の設計の大役を任され、また監獄学専修科の講師に当てられたのである。

㈣　第24 の宿松熊元翰編輯の『監獄学（附監獄律)』（1911 年）

これは小河滋次郎が 1908 年から 1910 年までの 2 年間清国に招かれ、京師法律学堂で行った講義録である。安徽法学社によって出版された 22 冊の京師法律学堂筆記の 1 冊である。二部構成で、前編が小河の監獄学原理、後編は小河が起草した「大清監獄律草案」である。小河は監獄律を教えるとき、岡田朝太郎の制定した「大清新刑律」とあわせて講義するのが大きな特徴であったと言える [18]。

『大清監獄律草案』は 241 条で、総則・収監・拘禁・戒護・作業・教誨及教育・給養・衛生及医療・出生及死亡・接見及書信・賞罰・領置・特赦減刑及暫釋・釈放という 14 章からなる。

宣統三年(1911)六月に出版され大きな反響を呼んだ。その後、民国元年(1912)九月初三日再版、民国二年三月二十四日三版、民国三年十二月十五日四版と版を重ねている。

㈤　第13 の明志学舎区枢等譯の『漢訳監獄学』（1906 年）

本書は、題名がほかの訳本と同じで、『監獄学』であるが、実は多数の小河の名を挙げた訳本と違って、講義録ではなく、小河の代表作『監獄学』を翻訳した分厚い学術著作である。

以下の書評から、小河の学界における不動の権威と『監獄学』の学術価値及び広く本書を普及させる意義が知られる。

著者は、獨、斯道に在りて高名逸材の士たるのみならず、誠に我国に於ける監獄学の鼻祖なり、故に吾人監獄の思想を呼び起こす毎に、常に著者の名を連想し来たり、著者と監獄とは、恰も漆膠相離る可からざる因劫を有するの感あり、我邦獄政、未、挙からざるの時、世人の厭嫌する斯事業に、

299

第四編　小河滋次郎と清末中国の監獄改良

甘んじて、身を投ずるが如き、其の志気、早、既に他の俗輩の眼を瞠せしむるに足る、況、営々刻々、其の改善を促進せしめ、遂に今日あるに至らしめたるものは、少なくとも、其の功の一半を著者に帰するを吝しまざるをや、予輩、敢て、諛辞を呈するに非ざるも、清浦次官の序文、能く著者の意を穿ちたるものあるを感ず。

而して、（クロウネイ氏の）官職を問へば、渺乎たる一監獄長にして、高等官の末班に列するに過ぎず、然れとも、氏は斯道の為めに、盡くすことを楽みて、敢て他の名誉の府、利益の地を顧みさる者なり、岳洋の位置、及、志行、頗、クロウネイ氏に類し、此の著、亦、クロウネイ氏の監獄論に似たり云々。

嗚呼、是、著者の心意、卓爾として他の俗表に立つものにして、豈、啻に清浦次官一己の私見のみならんや此の積年の研鑽と経験とは、終に筆を借りて、一大書監獄学となりて顕はれぬ、哀然たる九百五十頁の一大冊、斐然として章を爲し、頗、観るに足るべきものあり、殊に著者劇職の地に在りて、此の一大著述を為す、其の筆力の勁健なること斯の如く、其の専攻の学識あること斯の如きにあらずんは、豈、また能く胸中著書の余地を存せんや、精励苦心の跡、実に想像するに余りあり。

然れども、之を要するに、其の書中臚列したる事項は、悉く、皆、著者の、曾、著はせる、獨逸監獄法、獄務提要、監獄則講義、監獄構造法、及、雑誌上に散見する著者の説議を網羅したりと云ふに過ぎず、唯、獨、第一章監獄の沿革のみ、吾人に取りては、此の著書の恵賜として、始めて拝見したるのみ、其の他、また、斬新の説あるを見ず。

こは云ふもの丶、著者も、亦、之に依りて、大に斯道社會を裨補せんとするの感念あらざるもの丶如し、乃、外間の士に、斯学を拡布せんとするの目的を以て、本書を著されたる意、隠約序辞の間に見るを得べし、曰はく本書普及の範囲を、同僚以外、博く官民の間に拡張しめんこと、実に著者の熱望して止まさる所なりと雖も、是は到底言ふへくして行ふへからさるの難事たるを如何せん、若、夫、僥倖にして、責めて世の先覚を以て任し、法曹を以て許す所の、有数の人士間になりとも、本書の普及を見るを得は、

300

第二章　小河滋次郎の監獄学中国語訳本

豈、獨、著者の光栄のみならんや。

と、然らは、著者初め監獄内部の改善を施さんが為めに、書を著し、今、又外間の士に向かひて、斯学の本旨を紹介せんとするの労を執らる、ものにか、盖、斯道先輩の要を執りたるものと謂ふべきなり [19]。

このような日本監獄学界の第一作を訳し、中国に紹介したことは大きな意味をもっていたといえる。譯例 [20] によると、上巻が理論の総論で、下巻が実務の各論で、分厚いため、三巻に装丁されたのである。訳者は小河の講義を受けたため、講義の内容、さらに小河博士の単行論文も参考文献として補充した。小河の『監獄学』が 1894 年に出版されたので、現行の日本獄制と合わないところがある。それで、日本現行の監獄法規を巻末に付している。

本書のもう 1 つの特色は、挿絵が 21 枚あることである。

(六)　第 18 の文夢輝・曾遇賢同譯の『獄務攬要』(東京秀志社、1906 年)

光緒三十二年（1906）十月に書いた 2 人の訳者の序言によると、文夢輝と曾遇賢は東京警監学校の同窓生で、小河の授業を受けていた。祖国の監獄改良のために、本書を訳したのである。

文夢輝は、序言でまず監獄が「遷善遠罪之地」であるべき獄舎が「魔窟」に化したことを批判し、つづいて「監獄有三尊：曰紀律，曰教養，曰衛生。紀律者，典獄之責也。教養者，教誨師之責也。衛生者，監獄医之責也」という監獄の三要素を指摘し、さらに、

看守者昕夕興罪囚有直接之関係者也，其感化之力最霊亦最捷。

と看守の重要性を力説し、

日本法学博士小河滋次郎講師著獄務攬要一編，挈領振裘洞見癥結，重其責於看守。而以感化囚人之心為目的物，非強禁罪囚之不復幹国紀，而在罪囚自覚国紀之不可犯，斯惟看守之陶鋳力也。可為我中国監獄改良之先導矣。

と、小河の『獄務攬要』を訳した理由を説いた。つまり、本書の中心思想は、看守が監獄改良の要であること。看守は囚人を感化するのが目的で、拘禁するのではないことを知るべしと指摘した。本書が、中国監獄改良の先導になるように訳したわけである。

301

第四編　小河滋次郎と清末中国の監獄改良

曾遇賢も、序言に彼なりの心得を述べた。

> 比年以来吾国賢士大夫之談時政者，莫不以改良監獄為急務。夫獄務之不可
> 改也，盡人所同知矣。然其改良之方，豈徒以整頓獄舍編訂獄則為畢乃事乎。
> 夫監獄行刑之原素有三，衛生紀律教養是也。而三者之中，又以教養為唯一
> 莫二之要義。

とある。つまり、近年来、国内において、監獄改良論が高まっている。その必
要性が世間では共通認識されたが、その改良法は獄舎の整備と獄則の制定にと
どまらないように呼びかけた。監獄行刑の三要素は衛生紀律教養である。その
うち、教養が無論第一要義であり、最後に、

> 小河講師日本監獄学者之山斗也。頃著獄務攬要一書，専以感化囚人為本務，
> 而於社會培養犯罪之原因及看守對於犯罪者之態度，尤推論無遺窮原竟委。
> 藹如其言，誠有益世道人心之著述也，区区獄務云乎哉。因與同学文君夢輝
> 譯之以為吾国改良監獄者之実鑑。循是而行可以救吾同胞于陥阱，斯国民之
> 幸福亦国家之安栄矣。跂予望之。

と記し、日本監獄界における小河の権威地位と本書の内容の大きな意義を評し、
「吾国改良監獄者之実鑑」とし、本書を訳す趣旨を述べている。

　例言の中に、近年の監獄学の訳本は数十種類にのぼるが、大半は法規に詳し
く実務が欠けている。看守が囚人を感化するために重要な役割を果たすため、
小河は実務経験に基づいて本書を著した。理想ばかり説くのではないことは容
易に理解できる[21]。専門用語についても、原作に忠実であり、不明箇所には
注解をつけている[22]。

　1906 年 9 月に書いた小河の原著自序によると、この本は看守のために書か
れた本であることがわかる。多数の看守は、職務に忠実ではあるが、監獄事業
は専門的科学的であるので、職務に忙殺されても実務を磨くべしと切望してい
る。監獄の官吏は昔から獄卒とか牢番とかいう醜名の下に甚しく世人から排斥
されたものであるが、職務の神聖さと責任感を喚起しようとする。

> 若し此際に當つて、當局の官吏殊に多数の看守諸君にして、昔しと異る今
> 日の監獄の性質をも詳らかにせず、自ら其職務を軽視して修練を怠り、或
> は多少の実験あるを頼んで、斯業與みし易しと小成に安んずるが如きこと

第二章　小河滋次郎の監獄学中国語訳本

ありとしたなければ、啻だに一変を見るに至つた斯業の重き価値を失墜する恐れあるのみでなく、終にはまた自ら求めて此光栄ある神聖の職務に従事する諸君其れ自身をば、獄卒たり牢番たる昔しの境遇に堕落するに至らしむるやも測り知るべきからずである。少くも折角転化の傾向を現はしつゝある世人の獄吏観は、再びまた牢屋時代の昔しに逆か戻りするを免かれざるべしと思ふ。此危機に処する者、須らくまた非常の決心なからざるべからず。地位が高まれば高まるほど其責任もまた一層の重きを加ふべきは、蓋し必然の結果である。重き責任を竭くすの道は、先づ斯業に関する専門の知見を広め、此に由つて以て監獄官吏の本能を発揮するの素地を作るに若くはなしと思ふ。著者が諸君に対して尚ほ大に奮勵以て、斯業の研鑽を努むる所あらんことを勧告する所以であつて、研鑽の便に供するが為めに編述刊行したものが即ち本書である。聊か著者の微意を述べて以て本書の序文に代ふ。

とある[23]。

同書は小河の座右の書で、読むたびに新たな「利益」を得る愛読書であると述べる。小河自身は、1907年7月28日の日記に自作への愛着を吐露している。

昨年書いた獄務攬要は、僕の愛読書の一として常に坐右を離すこと能はざる所のものである。自分の作ったものを自分で愛読すると云ふのは、自惚の沙汰で可笑しいやうであるが、実際幾度読んでも飽くことを知らず。読む度びに何となく新たなる利益を得るやうに感じて、心を喜ばしむる次第である。偶々蓮如上人御一代記聞書を拝読するに、中に蓮如上人の御病中ニ、慶聞ニ何ゾ物ヲヨメト仰セラレ候時、御文ヲヨミ申スベキカト申サレ候。ワガツクリタルモノナレドモ、殊勝ナルヨト仰セラレ候云々ト云ふ文句がある。其れと此れと比較するは不倫も亦た甚しとい謂はば言へ。善いと思ふ自信を打ち開かすことは、必ずしも謙徳に不可ならざるの証拠となすことができるであらう[24]。

原著の目次と訳書の目次を対照した表を以下のように作成した。

303

原著目次	訳書目次
第一章　舊時代の監獄	第一章　舊時代之監獄
第二章　現時代の行刑	第二章　現時代之行刑
第三章　看守として採用せらるへき者に必要なる条件を論ず	第三章　論能採用為看守者必要之條件
第四章　看守として心得べき行刑の要義を論ず	第四章　論看守宜心得之行刑要義
第五章　職務規程及ひ思慮ある看守の独立行為に就て	第五章　有職務規程及思慮之看守之独立行為
第六章　看守の間接的遇囚に関する職務に就て	第六章　関於看守間接的遇囚之職務
第七章　犯罪者及び犯罪に就て	第七章　犯罪及犯罪者
第八章　特種の場合に於ける勤務上の心得を論ず	第八章　論特種時勤務上之心得
第九章　監獄官吏の協同一致の精神を必要とする所以を論ず	第九章　論監獄官吏所以必要協同一致之精神
第十章　免囚の保護及び出獄者に対する態度に就て	第十章　對於免囚之保護及看守出獄者之態度
第十一章　多数の累犯者ありと云ふの非難に就て	第十一章　多数累犯者之非難

　上表によると、訳書の内容構成は原著に忠実であることが裏つけられる。

㈦　第 20 の法律館稿本の董康譯の『獄事譚』（1907）

　『獄事譚』も小河滋次郎の著作で、董康が訳したものである。董康が訳した原書は見当たらないが、以下の小河の原著（東京書院、明治 34 年）の緒言を見ると、明治 30 年以降、1 回目の欧州巡遊より帰国して以来各雑誌に掲載された旧稿を集め、さらに 1900 年に欧米各国で免囚保護及び少年感化事業を取り調べた新作を加えた著書である。目録は監獄制度、免囚保護事業、不良少年感化事業、雑部という四編、および談叢からなる。同書の特徴の 1 つは写真を多量に収録しており 36 枚にものぼっている点である。

　　本書採集する所の材料は、多く明治三十年以後の舊稿に係り、一旦監獄其他各種の雑誌類に掲載を經たるものなりと雖も、各雑誌自ら一定せる購読者の範囲を有し、洽く一般関係者の参考に資する能はさるのみならず、雑誌類に散在する所のものは一朝参考の必要ある場合に当り、咄嗟の間に之を捜索すること甚た難く、徒らに時間を空費して終に得る所なきに至るを免かれず。是れ余の常に自ら経験する所にして多数読者の中には、或は余と同一の憾を懐かるゝ者なしとも謂ふべからす。偶ま暑休に際し小閑を利用して、免囚保護及少年感化事業、其他昨年欧米各国に就て取調べたる

304

第二章　小河滋次郎の監獄学中国語訳本

二三の事項を編述せるを以て、磯村氏に托して之を公刊に付せんことを諮る。氏は之を快諾すると共に、此の機会に於て進んで諸雑誌に散在せる論文講話等は勿論、未た世に公けにせさる舊稿等をも併せて之を同一冊子に纂輯せんことを勧告せらる。恰かも余か平素の所感に合したるを以て、直ちに氏の勧告に従ひ、即ち本書の成るを見るに到れり。物、新しきか為めに必すしも貴からすとせは、本書採拾する所の舊作も絶対に一顧の価値なしとも断すへからす。余は敢て再読を煩はさんと欲するには非されとも、少くも雑誌類を精読せらる丶余暇なき人、殊に新任等の當務者にして一読の機会を有せさりし人、尚ほ進んては世間一般の斯業に同情を寄せらる丶有識者の坐右に本書の普及を見るに至らんこと余の切に希望する所にして、本書編纂の目的も亦た実に此に存す。而して其の特に明治三十年を以て限界となしたる所以のものは恰かも同年は余か第一回目の欧洲巡遊より帰朝したる時にして、獄制に対する思想の上にも多少変遷を来したるの機会なりしを以てなり。聊か一言を述べて巻首に記す。

　　　辛丑九月上浣　　　　　　　　　　岳　洋　生　識[25]

同書の中国語訳本の所蔵者によると、該書は出版せず、修訂法律館のガリ版刷り線装稿本で、光緒三十三年（1907）と記されている。印刷用インクが黒で、書籍の前小口の下に「修訂法律館稿本」という七字が印刷され、書中に時には「京師官書局排印」という文字があるので、当時修訂法律館の本が京師官書局によって印刷されたことが推定できよう。印刷用紙は、ほとんど日本産の「有光紙」で、清末官書局が最もよく使った安価な紙であった[26]。

四　小　　結

前述のように、小河滋次郎の監獄学に関する著述の中国語訳本は18種にものぼる。そのうち、8点の講義録と、2点のゼーバッハの訳本を除いて、ほかはすべて小河の著作である。小河の授業のメモをもとに本にまとめて出版されたその翻訳本は、何種類も現れた。例えば、第11・第12・第33は小河の法政

第四編　小河滋次郎と清末中国の監獄改良

大学での講義録であり、第19は1906年に清国政府が派遣した日本監獄視察団のための講義録である。そして、小河の名著である『監獄学』も中国語に訳された。周作人は1907年に日本の町を歩いていて、本屋に監獄の本が満ち溢れ、みな日本への留学生が訳したものと気づいた。大半は小河の講義と著作の訳本であった。

　小河の著作は本だけではなく、中国の雑誌にも載せられた。例えば、「第7回万国監獄会議と獄制改良の前途」という文章は1906年6月に中国の『東方雑誌』に載せられた[27]。

　清国留学生の目に映った小河は、日本監獄学の第一人者で、訳本には賛辞を記した。例えば、第11の『監獄学』の訳者で、日本の法政大学専門部法律科卒業の劉蕃[28]は例言で、小河を「日本監獄学専門大家」と称え、「曾巡遊欧米数次調察監獄制度，故関於監獄学之著述甚夥。日本監獄制度所以有今日之現象者，先生之力居多焉」と言うように、小河の海外経験と著作の質と量、日本監獄改良への貢献などを高評した。また、第6の『漢譯獄務攬要』の翻訳者である東京警監学校卒業の曾遇署も、序言で「小河講師日本監獄学者之山斗也」と、日本監獄界において小河が権威であることを記した。賀国昌・蕭仲祁が編譯した『監獄学』の例言に見られるように、「是編本日本法政大学講師小河滋二郎所口授。先生以慈善家屢遊欧米調査監獄制度，著述甚富。日本改良獄務，先生之功最多。講授時，至誠惻恒，期望宏大。其学説既已験於日本，推之東亜，當有効也。謹輯所聞，不敢刪易一字一句，以資観感」[29]とし、日本の監獄改良の第一の功労者は小河であると評し、その学説が既に日本に実行され成果をあげているため、国境を超えて東アジアに広めても良いと断言した。

　上述のように、20世紀初めにおいて、日本監獄学の権威である小河滋次郎は、清国留学生に慕われ、留学生の翻訳によって近代中国にも名を馳せるようになったのである。

　〔注〕
　1)　重松一義『名典獄評伝』日本行刑史研究会、1984年、第111頁。
　2)　「小河滋次郎君の欧州行を送る」『監獄協会雑誌』第十三巻第四号、明治三十三年四月十五日発行。

第二章　小河滋次郎の監獄学中国語訳本

3)　一．本編乃日本小河先生所講述先生為日本監獄學專門大家曾巡遊歐美數次
調察監獄制度故關於監獄學之著述甚夥日本監獄制度所以有今日之現象者先
生之力居多焉此編乃先生於法政大學大學部所講述者綜合各家之學說參以己
之所經驗而論現在監獄之制度並指摘其改良之處誠為近來傑作吾國近數年來
亦有改良監獄之議然既乏有經驗之人才又少遵行之學說故徂再經年仍無成效
故急譯此編公之於世其有裨益於吾國監獄之發達諒非淺鮮也。

一．監獄乃行刑之地故與刑法有密接之關係刑法若不完全即監獄制度如何美善
終不能見其成效是以苟欲期監獄達於完全之域必先定刑法之主義。

一．監獄乃執行自由刑之場所而非拘禁罪人之地此今昔監獄不同之點也因之其
構造管理之方法亦與昔日不同此編於此二者論之頗詳足為吾國取法者不少。

一．監獄乃紀律之府故為監獄之官吏者必嚴正謹肅重身分慎廉恥然後能貫徹其
目的吾國從來皆以監獄之事委任於無廉恥之小官及獄卒殘酷之狀多有不堪言
者今若欲改良獄制必需先養成監獄之官吏而後可望其發達進步若不然則仍有
名無實不過徒費國之膏脂以慎貪官酷吏之慾耳。

一．此編乃就和文筆記而譯為漢文故字句多有嘅牙之處若改之又恐失其真意讀
者萬不可以文字之故而吐棄之是譯者之所望也。

一．譯者學問其淺此編之譯乃出於同人公命之不可辭且又因出版倉卒故遺誤之
處甚多尚祈海内君子匡正之。

4)　中村襄・三浦貢・上田定次郎三氏合著『監獄官教科書』、警察監獄學會發行。

5)　沈家本奏「監獄專修科學員畢業辦法由」台湾故宮博物院所蔵、宣統二年六
月十四日。

6)　宣統二年六月十四日「法部右侍郎沈家本奏聘請日本教習小河滋次郎等期滿
成績卓著請賞給寶星片」『清宣統朝中日交渉史料』卷五、第 11 頁。

7)　中村襄・三浦貢・上田定次郎合著「監獄官教科書」『大日本監獄協会雑誌』、
大日本監獄協会、Vol.11 No.12（127）、明治 31 年 12 月（1898/12/05）。

8)　監獄學例言

一．是編本日本法政大學講師小河滋二郎所口授先生以慈善家屢遊歐美調査監
獄制度著述甚富日本改良獄務先生之功最多講授時至誠惻恒期望宏大其學説
既已驗於日本推之東亞當有效也謹輯所聞不敢刪易一字一句以資觀感。

一．小河先生以時間短促祇就理論上言其大凡未暇及實務也茲以所講者列為總
論特就中村襄等監獄官教科書（小河先生序行）擇其講説實務者參考小河先
生監獄學獄務要書暨監獄學提要等書輯為各論疏略之至使治獄者略有準據而
已。

一．中國各省獄務自為風氣毫不統一茲就日本監獄法規之最要者譯出數則並述
日本整理監獄之沿革以備參考。

一．聽講之暇參觀各處監獄為時倉猝所見聞者不及實地之十一焉所筆記者又不

307

第四編　小河滋次郎と清末中国の監獄改良

及見聞之十一焉特錄於卷尾以見梗概。

一，監獄人多事雜其組織如一小國家故監獄學所包最廣教育衛生哲學政治經濟各科無一可缺也然中國監獄制度今始萌芽尚無取乎高深學理茲編以淺近簡明為主庶使獄吏即知即行編者所學淺薄俟有所得再以質正海內同志幸賜教焉。

光緒三十一年冬月　編者識於日本東京法政大學

9)　沈家本「監獄訪問錄序」『寄簃文存』卷六、中華書局、1985 年、第 32 頁。

10)　小河滋次郎講述、董康編譯『日本監獄訪問錄』上卷、修訂法律館、1907 年、第 7 頁。

11)　小河滋次郎講述、董康編譯『日本監獄訪問錄』上卷、第 42 頁。

12)　小河滋次郎講述、董康編譯『日本監獄訪問錄』上卷、第 48 頁。

13)　小河滋次郎講述、董康編譯『日本監獄訪問錄』上卷、第 46 頁。

14)　小河滋次郎講述、董康編譯『日本監獄訪問錄』上卷、第 57 ～ 61 頁。

15)　小河滋次郎講述、董康編譯『日本監獄訪問錄』上卷、第 70 頁。

16)　小河滋次郎講述、董康編譯『日本監獄訪問錄』下卷、第 27 頁。

17)　小河滋次郎講述、董康編譯『日本監獄訪問錄』下卷、第 114 ～ 115 頁。

18)　『監獄學（附監獄律）』の例言

一，本書係日本法學博士小河滋次郎所講授編者參合講義原案暨講堂筆記而成。

一，原案文字為博士所自述第一章監獄之沿革語句稍涉重複按之中文體例似有未合然以時分或以地分細加紬繹究有端緒可尋讀者勿以辭害意可也。

一，我國監獄律草案即小河博士所手定本書前半部為監獄學之原理後半部即監獄律之理由書。

一，監獄學與刑法學有密切之關係監獄律與刑律亦有密切之關係本書可與岡田刑法互相發明之處不勝枚舉茲舉一二以概其餘。

（甲）　對於無力繳納罰金者有二主義曰易刑主義即易一種自由刑曰易役主義即使入勞役場作工從前刑法有用易刑主義小河極不以為然。

（乙）　陪審制度岡田以為有弊無利則謂西人法的觀念發達有最重要之原因則陪審制度是也。

（丙）　起訴有二主義一法定主義二便宜主義岡田主張宜用法定主義小河主張宜用便宜主義。

以上各端持論時有同異最足供學者之研究。

19)　〈批評〉『監獄学』小河滋次郎氏著、警察監獄學會出版、『大日本監獄協会雑誌』、Vol.7 No.8（75）、明治 27 年 8 月、1894/08/31、第 28 頁。

20)　一，是書為日本小河滋次郎博士所著。博士專攻監獄學，軼掌於日本獄務者二十年。日本改良監獄事業以博士功最多。是書旨趣見於原序例言，蓋折衷於近代歐美監獄學者之言以成，為博士生平最巨之著述。上卷為理論之大凡，下卷為實務之各論。茲以原書裝帙過於繁重，故析為三卷。

第二章　小河滋次郎の監獄学中国語訳本

一，日本監獄制度日新進歩。此書雖出版數年，而獄制已有更張。故卷内引述悉仍原書，而以日本近今關於監獄一切法規附於卷末。

一，譯者親摳衣于博士之講筵。筆記講義間過與此書有異同，或較詳晰者，輙補入編内。其他博士有單行論文，足供參證者，亦擇尤補入以求完備。

一，東人文字大率分為二種，普通議論記事之文多涉繁冗，而法律政治哲學之書則明白質直若宋明儒先語錄。故於前者不可不為直譯，而後者則反之。譯者欲介紹此書於祖國，為監獄改良之嚮導，尤不敢以文詞為累致誨原著之意。惟至遇其中名詞有不可與漢詁通者，則以意譯。其難於改避者，則仍其本字而加以注釋。

一，譯者辱承博士之厚誼，每譯一章即便索觀，許為無愧然後付梓。故譯稿皆經著者之目，為自來譯界所稀，亦一特色也。

21）　一，近日譯行監獄書籍不下數十種，然皆詳於法規，而略於實際。是書主旨在嚴正刑之場所而研究實行教養感化囚人之道故於看守一職推論特詳。是蓋著者積半生之經驗心得，探本立論，誠與尋常空談理想者不同，閱者一覽自知。

22）　一，中東雖稱同文而名詞解釋間亦有與中土文字本義全不符合者。一由其國習慣所傳來，一由近日翻譯西洋書籍所創立，強為改竄反失真意。故本書於此等名詞一一仍其原著，而別加注解於下為傳信也。

23）　小河滋次郎『獄務攬要』自序、東京書院、明治 39 年（1906）9 月。

24）　小河滋次郎『丁未課筆』秋の巻、四百六十七「昨年書いた『獄務攬要』」、第 47 頁。

25）　小河滋次郎『獄事談』自序、東京書院、1901 年。

26）　田涛『第二法門 學術與隨筆』法律出版社、2004 年、第 213 頁。

27）　「第七次万国監獄會議與獄制改良之前途」（節録丙午二月三十日時報）（日本小河滋次郎述、江蘇賀肩佛譯）『東方雑誌』第三卷第五号（1906 年 6 月 16日出版）内務、第 127 頁。

28）　湖北省安陸県人。1878 年生。日本法政大学専門部法律科卒業。京師高等検察庁検察長、署理総検察庁検察長、交通部航政司長、司法部首席秘書、安徽省広徳県及繁昌県知事、河北省大興県知事、京師大学法科法律系主任、国立北平大学法院講師等を歴任。

29）　賀国昌・蕭仲祁編譯『監獄学』（法政粹編第 15 種、1905 年 10 月）、例言。

309

第三章　小河滋次郎と 1906 年清政府派遣の
日本監獄視察団

一　緒　言

　前述のように、小河は清国留学生に慕われ、留学生の翻訳によって清末中国では有名になった。しかし、修訂法律大臣の沈家本に注目され清国獄務顧問として招聘されるのは、1906 年の董康視察団一行と直接な関係があると考えられる。小河は、清国政府の日本監獄視察団を接待する任に当たった。その熱心な指導ぶりは、以下の小河本人の記述から窺われる。

　　故区天相君ハ余ト半歳餘ノ長キ間、監獄ノ學理ト實務ノ研究ヲ共ニシタ深
　　キ緣故ノアル益友デアル、君ハ余ガ毎週、數回開キタル講演ト府下、各監
　　獄ニ就テノ實務ノ指導トニ滿足スル能ハズ、余ガ監獄巡閲ノ為ニ遠ク北
　　海道地方ニ官遊スル機會マデヲ利用シテ廣ク我監獄行政ノ實際ヲ視察見學
　　セラレタコトデアル、斯學ノ研究ニ忠ナル君ノ如キハ余ガ從學者中、稀レ
　　ニ見ル所デアッテ其熱心ナルニハ余ヲシテ實ニ舌ヲ捲テ敬服セシメタ所デ
　　アッタ、精勵此クノ如シ、其造詣スルノ深キヲ推知スベク大清國ニ於ケル
　　獄制改良ノ前途ニ對シ余ハ至大ノ望ミヲ君ニ屬シテ心ヲ安ンズルコトガ出
　　來タ次第デアル、業成リ使命ヲ終ヘテ將サニ歸國ノ途ニ就カレントスル時
　　ニ方ツテ尚ホ余ニ獄制改良ノ前途ニ處スルノ言ヲ乞ハル余ノ日ク [1]。

この記述の出典は、視察団のメンバーの 1 人である区天相が留学生を動員して訳した小河の代表作である『監獄学』に附した小河の序言である。小河は董康一行のために、週に数回の講義をし、また各監獄に案内し実務指導を行った。その上、監獄学の勉強に打ち込んだ区天相の熱望に応じ北海道の監獄巡閲にまで連れて行った。一行の帰国の際、小河は清国獄制改良に関して、「上流社会」に監獄改良の協力をしてもらうために必ずその改良の意義を了解してもらうこ

311

第四編　小河滋次郎と清末中国の監獄改良

とと監獄管理の人材を育成するよう忠告を与えた。

二　清国視察団の日本監獄協会への訪問

『監獄協会雑誌』によると、中日法曹界の初回の交流がとても友好的なものであったことが知られる。

　　清浦男爵は去ぬる日目下法律制度警察監獄制度視察として來遊中なる清國
　　法律館委員四川綦江縣知縣區天相、法律館總纂刑部郎中董康、法律館纂修
　　刑部主事麥秩嚴の諸氏及江庸、熊垓、蹇念益の三氏を本會に招き小河、眞
　　木監獄事務官は監獄に關する説明を爲し終つて監獄及感化事業に關する幻
　　燈説明を爲したるに何れも感動しつゝ傾聽せられたり[2]。

1906 年 10 月、清浦男爵の招きにより、董康一行は留学生出身の通訳に伴い、日本監獄協会に訪れた。清浦奎吾は 1850 年 2 月 12 日生。明治 19 年（1886）3 月内務省警保局長。同 25 年（1892）8 月司法次官、同 29 年（1896）・34 年（1901）の 2 回司法大臣、男爵。この間、監獄行政に通暁、監獄協会の設立運営に努力、終世監獄界の重鎮として大きな指導的な役割を果たした。小河滋次郎の伯楽でもある。

　その場で、小河、眞木監獄事務官による監獄の説明を聞いてから、監獄改良事業に関するスライドを見ながら説明を傾聴した。友好な雰囲気に包まれる中、董康は清浦男爵と小河にそれぞれ詩を贈った。また、麦秩嚴は清浦男爵にお礼の詩を贈った。

　　席上に於て董康麥秩嚴の二氏は二律一章を天賦し清浦男爵及小河法學博士
　　に贈れり左に掲けて劉覧に供す。

　　　　　　清浦男爵開會招待敬賦二律紀事
　　海上當年曾識韓又陪杖履莅文壇門周久卜于公大櫛沐長思漢詔寬黃閣叅籌同
　　宰輔白雲執法舊秋官燈前幻出呉生筆留作波吒變相看（小字：是夕張監獄幻
　　燈古昔種々修酷狀態誠呉道子地獄變相圖也）樺燭螢煌照玉杯一時賓從盡鄒枚
　　襟懷謝墅絲兼竹勛業商巖鹽與梅始信明刑原弼教何妨圜土變春臺願憑琬琰銘

第三章　小河滋次郎と1906年清政府派遣の日本監獄視察団

嘉訓取次規隨志不攉
　　　　　贈小河岳洋博士
讜論錚錚邁碧霄（博士屬於國會提議改良監獄事宜均蒙贊可）幸隨講席挹清標
文章聲價三都貴（著述等身每出一書學著爭購）博濟襟期四海昭不見南冠悲楚
客從敎北寺重皋陶（漢北寺獄奉皋陶）貫垣我亦親承乏竊祿頻年愧折腰（余
於壬寅曾任刑部提牢）
　　　　　　　　　　　　　　　　晋陵董康初稿
　　　清浦男爵招待於監獄協會敬賦一章誌謝
東國衣冠萃俊厨喜從魁碩識模天才手翊維新新運地獄心矜變相圖李泌寵承黄
屋問留侯游與赤松俱漢唐羅馬今同轍法界平々有垣途
嶺南麥秩嚴初稿 [3]

　董康は贈詩の中で小河の監獄改良事情に対する功績を激賞した。「讜論錚錚
邁碧霄」とは小河が日本国会に提出した監獄改良に関する提議はすべて採用さ
れたことを指す。「幸隨講席挹清標文章聲價三都貴」とは小河の著述が、出版
されるたびに注目され購読される様子を描いたのである。

　当日、董康らは清国修訂法律大臣である伍廷芳と沈家本の2人の名も加えて
合計9人で日本監獄協会に入会し、会費を支払った。

　　清國欽命修訂法律大臣刑部左侍郎伍廷芳氏、欽命修訂法律大臣刑部右侍郎
　　沈家本氏　竝別項の區天相、董康、麥秩嚴、江庸、熊垓、蹇念益諸氏は左
　　記頭書の金員を納付し本會に入れり

　　　金五十圓　　　　　　　　　　伍　廷　芳氏
　　　金五十圓　　　　　　　　　　沈　家　本氏
　　　金二十圓　　　　　　　　　　區　天　相氏
　　　金十　圓　　　　　　　　　　董　　　康氏
　　　金十　圓　　　　　　　　　　麥　秩　嚴氏
　　　金十　圓　　　　　　　　　　江　　　庸氏
　　　金十　圓　　　　　　　　　　熊　　　垓氏
　　　金十　圓　　　　　　　　　　蹇　念　益氏 [4]

313

第四編　小河滋次郎と清末中国の監獄改良

三　小河滋次郎と帰国した清国視察団成員との交流

　董康らが帰国した後も、書信の往来や雑誌著書の寄贈などを通じて中日法曹
界の友好交流が続いていた。
　視察団団員の麦秩厳は、帰国して1年後に法部典獄司員に抜擢された。麦は
早速、清浦奎吾に報告の手紙を寄越した。
　　　一昨年法制視察として清國政府より吾國へ派遣せられたる麥秩嚴氏は渡來
　　　孜々研究し監獄事業に就ては清浦會頭竝小河委員長の幹旋に依り調査し又
　　　は監獄の視察を爲し吾協會の模様をも一覧せしことありて歸國後倍々監獄
　　　事業に趣味を有するに至りしが遂に法部の典獄に抜擢せらる、に至れりと
　　　て清浦會頭に左の消息を寄せられたり
　　　清浦子爵先生大人閣下一別經年渴想無已昨承
　　　　　　華翰恍挹
　　　　　　蘭芬敬維
　　　　　　勛望日隆
　　　　　　興居增勝至以爲頌嚴風塵碌碌乏善可陳所賴諸獲順平差堪報
　　　　　　慰焉耳昨遊歷
　　　　　　貴國調查監獄事宜飫領　盛筵備聆
　　　雅敎下情感激莫可名言　敝國監獄現方逐漸改良示我周行皆出自先生之賜也
　　　監獄協會雜誌屢蒙郵寄欣悉改良進步日新月異可勝健羨嚴回國後忝充法部典
　　　獄司員德薄才疏懼弗勝任所望
　　　箴言時錫以匡不逮是則私衷所切禱者爾耑此謹覆敬請 崇宏
　　　晚生麥秩嚴頓首 5)
　その手紙にある「監獄協會雜誌屢蒙郵寄欣悉改良進步日新月異可勝健羨」と
いう一句から、日本監獄協会の機関誌である『監獄協会雑誌』は清国会員に郵
送していたことが分かった。
　麦秩厳（1864〜1941）は、広東南海県海口村の人。1894年の甲午科郷試で

第三章　小河滋次郎と 1906 年清政府派遣の日本監獄視察団

副貢生に、1898 年の会試で貢士に選ばれ、さらに殿試で二甲進士に採用された。1895 年、彼は会試受験のため北京に赴いたが、日本に敗れた清朝政府が過酷な講和条件を受諾しようとしているのに憤激し、康有為は 1200 名の科挙受験者の署名を集めて和議拒否の上書を提出した。麦秩厳も、それに参加した。日清戦争後、光緒帝は立憲君主制などの政治改革を主張する変法派を登用し、改革に着手した。しかし、西太后ら保守派のクーデータで改革は失敗した。彼は広東に里帰りし流亡した。その後、1903 年、刑部の試験に合格して刑部主事となった。1906 年渡日して監獄視察し、のち宣統元年六月甲辰（1909 年 8 月 12 日）の期日により「奏改良監獄亟宜整飭折」という上奏文を提出し、また宣統二年（1910）四月から建設する京師模範監獄の監督を勤めた。大理院審判官、督察院福建道監察御史、督察院京畿道監察御史を歴任し、民国時代になると、粛政庁粛政史、平政院評事に就任している。

　視察団団員の董康・熙槙・区天相の 3 人は、それぞれ自分の著作を小河に寄贈したことが小河の日記によって明らかになった。3 人のうち、小河が「墨を惜しまず」に記述したのは監獄改良の熱心家で帰国途中没した区天相であったが、第三編第二章で詳論したため、ここで省略する。

　1907 年 5 月 31 日付の日記に、小河は熙槙から『調査東瀛監獄記』と題する印刷物の寄贈を受けたことを記した。

　　北京の法律館協修法部員外郎（花翎四品銜）熙槙氏より「調査東瀛監獄記」と題する印刷物の寄贈を受けたが此人は董康氏一行と共に我が獄制の調査に従事しつつあるの際、母君重疾の急報に接して半途に歸國せられたのである、書中、記する所の二三を左に掲ぐ。

　　槙詳覽巣鴨等監皆意美法良秩然有序使人耳目一新惜槙因母病僱歸使遊子之心方寸已亂未及徧歷各監然以巣鴨一處而論覺其獄官之稱職囚徒之遵守工場之責罰教師之感化年表之比較若綱有條不紊日人稱巣鴨爲模範監獄舉一反三其餘亦概可知矣

　　管理各員遴選最難雖嚴定規則職有專司而我國不能破除情面每多濫用私人則有治法無治人仍多流弊故必先得人而後能不佩法也槙遊日本見巣鴨典獄山上君以及會議員各課長皆勤勤懇懇精神專注於此一若惟恐失職者途中見楮衣皮

第四編　小河滋次郎と清末中国の監獄改良

　笠数人於芝地刈草有白衣白帽之巡査立其後薙者之舉動皆依白者之指揮其整
　肅之容如士官之領兵卒區々一巡兵尚守法奉公如此寔足令人起敬用人貴當不
　可不愼[6]。

　小河は該書を受け取り早速一読し、興味のある部分を日記に摘録した。

　1908年1月20日付の日記に、小河は当時北京法律学堂主事に就任した董康
から『監獄訪問録』という編著を受け取ったことを記した。4カ月後の5月4日、
小河は東京を発ち、清国に渡った。清国獄務顧問の小河は、董康が主宰する北
京法律学堂の監獄学専修科の講師を2年間担当していた。このことから、小河
の招聘は董康らの日本視察と密接な関係を持つことが立証できよう。

　　北京法律學堂主事董康君編著の監獄訪問録成り其の一本を惠贈せらる本書
　　は專ら余が先年同君一行に對して講演したる監獄學の一班を清譯したるも
　　のに係る、本書に題せる沈總長の序文に曰く[7]。

　『監獄訪問録』は小河の検閲によれば、専ら董康らの訪日中受けた小河の講
演の訳文であることが分かった。該書の沈家本の序文には、小河は多大な関心
を示し、序言の全文を当日の日記に抄録した。

　　圈點は余の妄りに加へたる所、議論雄大にして周到、監獄専門家の言はん
　　と欲するを盡くしてまた遺憾あることなし、斯業の有力なる為政家に了解
　　せらるること此くの如くなる清國の前途もまた多幸多望なるかな[8]。

　中国事情のことをあまり知らない小河は、清末中国の修訂法律大臣の沈家本
の名前を「沈何本」と間違えてしまったが、序文に秘められた沈家本の監獄改
良思想の価値を高く評価した。清の監獄改良事業は、沈家本のような有力者
が主導してこそ前途が「多幸多望」なものと、小河は確信していた。

四　小　　結

　上記のように、小河は懇切に監獄改良の方策を一行に説き、厚い信望を集め
たため、翌年1907年清政府より二等第二宝星を授けられた。小河本人は受賞
のことを同年12月24日の日記に書き記し、自分の貢献を僅かなものと自認し

316

第三章　小河滋次郎と1906年清政府派遣の日本監獄視察団

謙遜していた。

　　清國政府は余が同國の爲めに竭せる微功を錄し賜ふに二等第二の寶星を以
　　てす、勳記（執照）に曰く。

　　欽命全權大臣便宜行事軍機大臣總理外務部事務和碩慶親王　爲給發執照
　　事大日本國司法省監獄事務官法學博士小河滋次郎經修訂法律大臣沈　奏請
　　賞給二等第二寶星光緒三十三年四月十一日奉旨允准茲照章製造寶星一座竝
　　繕就執照一張發交收執須至執照者右。

　　大日本國司法省監獄事務官法學博士小河滋次郎收執　光緒三十三年十月
　　十二[9]。

董康ら一行の日本視察団に対する小河の認識は1907年5月、日本監獄協会
で委員長として発言した小河の「庶務の報告」から見られる。

　　招待會としては此期間中に於て先刻會計の報告にも見えて居りますが清國
　　の中央政府から日本の司法制度并に監獄制度を取調べるために特に數名の
　　委員を派出になつたのであります、此人達は數日間司法省に就きまして司
　　法制度并に監獄制度の研究をし又監獄の實際に就きましても各監獄に臨ん
　　で其狀況を調査いたして餘程深く研究をして參つたのでありますが、此人
　　達は中央政府から派遣された人で、相當の地位もあり權力もある人で、此
　　人達が歸朝されたならば必らず清國全體の監獄改良に大いなる貢獻をする
　　であらうと期待して居るのでありますさう云ふ人の來朝された機會であり
　　ましたが故に本會に於きましては特に本會の名を以て茲に一行五人程の人
　　を招待いたしまして一席の宴會を開き尚ほ其當時會頭からも悉しい監獄改
　　良に關する御演説などもありまして一行に對して清國將來の監獄改良の計
　　畫に就ての希望を述べられたのでありまして此一席の會合は一行が數月間
　　調査した以上の力を與へたのであらうと信じて居るのであります[10]。

日本監獄協会の名義で視察団を招待したのは、董康一行が清国中央政府から
派遣された人物で、相当な地位と権力を持っていたため、帰国して日本で学ん
だ監獄学の知識を活用し清国全国の監獄改良に多大な貢献ができると、小河は
確信していたためである。そして、小河は一国の監獄改良に関して、「上流社会」
に監獄改良の協力をしてもらうために必ずその改良意義を了解してもらうこと

317

第四編　小河滋次郎と清末中国の監獄改良

が非常に重要で、また、上から下へ展開していくべきと主張していた。そこで、小河は蘊蓄を傾け董康一行に監獄学を授けたと言える。

〔注〕

1)　小河滋次郎著『漢譯監獄學』小河序言、明志學舍譯兼發行、校正者區樞、1906 年。

2)　〈監獄協会記事〉「会頭清浦男爵清国人を招待す」『監獄協会雑誌』Vol.19 No.10（215）、明治 39 年 10 月（1906/10/20）、第 75 頁。

3)　〈監獄協会記事〉「会頭清浦男爵清国人を招待す」『監獄協会雑誌』Vol.19 No.10（215）、明治 39 年 10 月（1906/10/20）、第 76 頁。

4)　〈監獄協会記事〉「清國人の入會」『監獄協会雑誌』Vol.19 No.10（215）、明治 39 年 10 月（1906/10/20）、第 76 頁。

5)　〈雑録〉「麥秩嚴氏典獄に任せらる」『監獄協会雑誌』Vol.21 No.1（230）、明治 41 年 1 月、1908/01/20、第 66 頁。

6)　小河滋次郎『丁未課筆』夏の巻五月三十一日、三六八「『調査東瀛監獄記』の一節」、第 93 頁。

7)　戊申課筆、一月二十日 二十五「沈家本氏の序文」『監獄協会雑誌』Vol.21 No.2（231）、1908/02/20、第 58 頁。

8)　戊申課筆、一月二十日 二十五「沈家本氏の序文」『監獄協会雑誌』Vol.21 No.2（231）、1908/02/20、第 58 ～ 59 頁。

9)　小河滋次郎『丁未課筆』冬の巻十二月二十四日、六七八「清廷予に宝星を賜ふ」、第 79 頁。

10)　〈監獄協会記事〉「庶務の報告」『監獄協会雑誌』Vol.20 No.5（222）、明治 40 年 5 月（1907/05/20）、第 76 頁。

第四章　清末獄務顧問としての小河滋次郎

一　緒　　言

　小河は 1908 年 5 月から 1910 年 5 月までの 2 年間北京に招かれ、清国の獄務顧問に任じられた。光緒三十四年四月戊辰（1908 年 5 月 13 日）、小河は家族を連れて北京に到着した [1]。同年 6 月から、京師法律学堂の監獄学専修科の教職を受け持った。小河の月給は 800 銀元で、中国同僚の 5 〜 10 倍、日本同僚の 3 〜 5 倍にあたる。「大清刑律草案」を編纂した岡田朝太郎と同じで、最高礼遇と言える [2]。小河の月給から、修律大臣の沈家本の高い期待と重視の一端が見られる。沈家本は上記の董康の帰国後編集した『監獄訪問録』に書いた序言の中に、「小河滋次郎為日本監獄家之巨擘，本其生平所學為我國忠告」と高評していた。

　小河は、沈家本の厚い期待に背かなかった。清国赴任中、小河は監獄学専門人材の育成、京師模範監獄の設計、大清監獄則草案の起草などの功績によって、1910 年に清国政府よりふたたび二等第二宝星が授けられた。

二　監獄管理の人材の育成

　小河は、京師法律学堂附設の監獄学専修科の講義を 2 年間担当した。この監獄学のクラスは 1908 年 5 月に始まり、1910 年 5 月に終了した。学生は普通の生徒と異なり、年齢を問わずに大半司法省の官吏や裁判所に在籍している人から選抜したので、卒業後監獄の官吏として実務のかなめに当たった。一クラス120 人のうち、最優等生 5 名、優等生 14 名、中等生 24 名、下等生 26 名、合計 69 名しか卒業できなかった [3]。合格率は 57.5% で、小河の教学の厳しさを

319

第四編　小河滋次郎と清末中国の監獄改良

物語った。

　上海図書館所蔵の聴講生が書き残した講義記録によって、小河の講義の様子がうかがえる。その内容は、2つの部分からなる。1つは『監獄学』で、岡田朝太郎の作成した『大清刑律草案』と照らし合せながら講述した。もう1つは小河が起草した『大清監獄則草案』で、中国の国情に基づくと同時に日本監獄法と比較しながら解釈している。

　小河本人は京師法律学堂について、

　　法律學堂と云ふのは光緒三十二年（明治四十年）に立てられたもので獨立して何れにも屬して居らぬ。予が教鞭を執つて居たのは即ち此學堂で、岡田、志田、松岡、岩井、中村等の諸氏も亦此所に居る、此所には現在約六百名程の生徒を有し、既に速成班、即ち一年半程教育した生徒と、完全班と稱して、三年間教育を施した生徒と前後二回の卒業生を出して居る[4]。

と記し、学堂の性質と日本人教習とカリキュラムを紹介した。

　さらに、小河は自分の受け持った監獄専修科についても論じた。

　　予が受持つて居た學生は、普通の生徒とは異つて、予が教育を受けしめんが爲に持に監獄班と云ふものに各地方から募集した特別の生徒である、此監獄班は表面法部即ち司法省から法律學堂に委托をした形になつてあるが、實際は矢張法律學堂の經營に一任せられ、法部とは殆ど何等の交渉をも持て居らぬ。其監獄班の生徒が總計約百二十人、多くは法部の官吏或は大理院其他の裁判所に籍を有して居る人々から選抜したので、畢業の上は監獄の官吏として實務の衝に當らしむる筈である。監獄班の科目は監獄學の外尚監獄と關係を有する所の學科即ち刑法、刑事訴訟法、行政法、統計學、精神病學等であつて其々專門の學者が教授を擔任せられたのである。學生の教育程度年齡等は非常に不同で、中には高級の官吏も居り、從て年も相應に長じ學識經驗にも富んだのが少からぬ。一方には年も若く未だ完全の學歷を有つて居らぬと云ふ人も交つて居る。然し學生の多くは非常に趣味を有つて熱心に勉強したものであるから、數回に行つた試驗の結果も、概して優秀の成績を舉ぐることが出來て、余はも勿論、學校當局者も亦大に滿足した次第である[5]。

320

第四章　清末獄務顧問としての小河滋次郎

120 人の学生のうち、多数は学識と経験のある現役の役人であった。また、小河と中国側の当局は教学の効果に満足していたことは明らかであった。

法部は監獄専修科の卒業生のため、以下の「酌擬監獄専修科畢業學員委用詳細章程」という任用規則を定めた。合計で 11 か条である。

一．凡考列最優等優等中等者均照以後各條酌量委用。

二．本部郎員主各員如現在並無烏佈者，准其呈請改派典獄司當差，俟到司後果能得力再以相當烏佈酌量派充。

三．各廳候補推事各員如願補行政官者，遇有對品所長缺出，准由廳丞酌量呈請錄用。

四．各廳錄事，准由廳丞考驗得力以所官酌量請署。

五．各廳候補錄事俟補缺後，亦准由廳丞以所官酌量請署。

六．原系各衙門候補人員，准其呈明，劄派各廳當差，俟考驗得力再行奏留。

七．已分省候補之考列中等及未分省之考列最優等暨優等各員，均准呈明。願就京職者劄派各廳當差，俟考驗得力再行奏留；願歸外用者，由本部咨行各省督撫轉飭提法使分別以原官辦理監獄看守事宜。

八．原無官階僅有拔貢附生出身者，准其呈明，劄派各廳以錄事候補，俟考驗得力補缺後再行酌量派充看守之差。

九．以上各項願就京職者亦可酌量派充模範監獄之差。

十．以上各項如有酌量委派之處，均應按照原試驗等第名次先後委用。

十一．考列下等各員生均令聽候，俟有相當之差再行酌量委用。

上記の章程から、小河が育成した監獄管理の人材は典獄司司員、模範監獄や各地監獄の看守などの清末監獄改良の第一線に当てられたことが分かった。

三　京師模範監獄の設計

小河は、中国各地の模範となる京師模範監獄を設計した。京師模範監獄に関して、小河は「清国の獄制」に、

次に北京に於て新に監獄を建築すると云ふことで、之を模範監獄と稱して

321

第四編　小河滋次郎と清末中国の監獄改良

居る、設計は予が作つたので、其案に依つて今既に起工しつゝある、二年の後には落成を見るに至るだらうと思ふ。兎に角自分が設計した形は此新監獄に依つて見ることが出来るだらうが、内容が果たして予の考へ通り出来上るや否やは保證することが出来ない、何となれば予は只形式を設計したと云ふに過ぎないので、内容の構造に就ては全く關係を絶つて居るので、清國人の一手、而かも建築専門の技師もなければ監獄制度の事に通暁した専門家も關係して居らぬので、全く素人の管督經營の下に行はれると云ふ譯であるから、其結果は豫め知るに難からぬのである。之を模範監獄と稱して居る所以のものは、即ち此監獄に依つて將來出來る總ての監獄を改良する手本たらしむると云ふ考へで、將來新築せらるべき監獄は總て此法式に則らしむる理想であるからである。即ち一面に於ては立派の監獄制度が出來、其制度を實行する機關たる機關の運轉手、即ち監獄官吏が出來たと云ふ譯である。監獄改良の献立が一通り之に依つて完うせらるゝことが出來る仕組になつて居る[6]。

と記し、模範監獄の形式だけ設計したが、その実質内容はどうなるかという懸念を示した。

　結局、清国の滅亡にいたるまで、竣工しなかった。民国元年（1911）ようやく竣工し、同年5月28日にこれを接収した新政府は、民国三年に「京師第一監獄」と改称した。上記した王元増典獄の記述によると、地勢や監房などの面で不合格ということである。監獄を立てるには、場所の選択はもっとも重要であるが、結局模範監獄の場所が北京で一番低くて湿気の多いところにあり、

地甚卑濕，四周開鑿大溝，而溝水無排泄，積久變成綠色，時逢大雨，護城河之水橫流而入，溝為之溢，兼以附近一帶，葦蕩相接，濁水停留，毒氣蒸發，病者必多[7]。

とし、囚人が病気になりやすいという。

　監房の品質について、

監房建築不固，一遇大雨，到處滲漏，基址較事務室更低一尺，故潮濕尤甚，黴腐之氣撲鼻難聞；雖開放窗戶，而房內仍不見乾燥，泥土亦不堅硬，步履稍重，磚即下陷。窗坎不用木石，以鐵柵直插牆內，雖障以鐵絲網，包以鉛

322

第四章　清末獄務顧問としての小河滋次郎

　　皮，拆毀仍易；鐵柵之外附設木框，裝置玻璃窗，不但不便啓閉，且有雨水
　　滴入；房門自外推入，窒礙尤多；雜居房有長至十五密達半者，而深僅二密
　　達有餘，向門孔窺視，則房内左右均不能見；空氣光線除夜間獨居房及八人
　　雜居房外，均不足用 8)。

と評し、建築の質も悪く、雨漏りがひどく、風通しも明り取りもよくないとい
うことであった。

　小河の懸念は事実となったが、小河の学生である王元増は典獄として改修工
事など多方面の努力を試みたため、名実ともに全国の模範監獄となった。

　北京模範監獄の以外に、小河は順天府尹の王乃徴の招聘を受け、順天府の新
式監獄を設計した。

　　民政部尚書の肅親王を始め、現に北京に於ける警視總監として有力なる章
　　宗祥、及北京の地方長官即ち順天府尹の王乃徴の如きは、最も熱心に此の
　　方面に力を盡して居る。此王乃徴と云ふ人も順天府に一の新式監獄を造る
　　と云ふ考へを起して、予に其設計等を依囑し、總て予の考案を採用し、建
　　築に着手する筈であつたが、惜い事には予の歸朝する間隙に、湖北の布政
　　使に榮轉して北京を去つて了つた。建築は中止にはなるまいが、此獄制改
　　良と云ふことに非常の趣味を有つて居た人を失ふたことは、大に惜まなけ
　　ればならぬ 9)。

　小河は、王乃徴のような監獄改良に熱心な有力者たちがいるからこそ、清国
獄制の前途が多望であると楽観していた。王乃徴が転任したことに落胆の念を
禁じ得なかった。

　また、山東省済南監獄等の監獄建築の指導にもあたった 10)。小河が山東省
の監獄改良に関与した中国側の史実はまだ見つかっていないが、日本側の史料
から推測すれば、おそらく明治 32 年（1899）11 月内務省監獄事務顧問として
来日し、35 年（1902）3 月に清国に招かれ去るクルーゼン（Karl Krügen）に
かかわるのであろう。クルーゼンはドイツの区裁判所判事で、監獄学に明るい。
日本赴任中、警察監獄学校教授のほか数多くの典獄会議・地方協議会に出席、
監獄上級幹部の実務指導に大きな功績をのこし、明治政府より勲三等瑞宝章が
贈られた 11)。日本を離れた後、クルーゼンは小河に手紙を寄せた。その手紙から、

323

第四編　小河滋次郎と清末中国の監獄改良

彼の赴任先はドイツに占領された山東省の膠州湾であったことが分かった[12]。
小河は、クルーゼンとの関係で山東省の監獄改良にかかわったと考えられる。

四　大清監獄則草案の編定

　小河は明治40年（1907）の日本監獄法に基づき、大清監獄則草案を起草した。
小河は清国に来る前年の明治40年、日本監獄法の起案に加わった。その経験
を十分に中国に生かしたと言える。大清監獄則草案の編成が、どのような経過
をもってなされたかについては、「清国の獄制」にも紹介されている。

　　予の任務は此學生を教育すると云ふ外に、尚清國に於ける監獄制度を起草
　　する事と、其から監獄改築の設計を立てることであつた。余の立案に成る
　　監獄制度は一旦之を法律館（法典調査會の如きもの）に回付し、此で審査
　　を遂げたる上、本年中（1910）に上奏する都合になつて居る、審査の結果、
　　多少の變更を見るべきも、大体の主義、組織等の上に於ては余の立案を崩
　　すやうなことはなからうと思ふ[13]。

　熊元翰が編集した京師法律学堂の筆記によると、小河が編定した大清監獄則
草案は日本監獄法の真似をすると同時に、中国的に変容した点もあったことが
判明した。例えば、未決囚と既決囚を収容する監獄はそれぞれ独立して作るべ
きであるが、経費が少ないため、同じところに隔てて作ることを容認する。また、
日本の監獄は民政部に帰属したが、中国の場合、昔の慣例にしたがい司法省が
管轄することを定めた。さらに、日本より進んだところがあった。清国監獄法
では、囚人は満1歳までの子供を、被告人は満3歳までの子供を携えることが
できると規定していた。これに対して、日本の場合、囚人も被告人も区分せず
に満1歳までの子供を携えることのみが許された。また、世界でも最新の条例
も取り入れた。つまり、精神病や感染病などの患者は監獄内で適当な治療を受
けられなければ、家族に託す、あるいは病院に移送することが規定された[14]。

　しかし、この大清監獄則は清朝の滅亡によって、公布、実施を見るに至らな
かった。中華民国の時代に入り、実際に採用され、幾たびかの修訂を加えられ

第四章　清末獄務顧問としての小河滋次郎

現行されたから、中国監獄制度の近代化に果たした役割は大きいと言わなければならない。

五　「清国の獄制」の記録

　小河氏は帰国後『刑事法評林』に「清国の獄制」という文章を発表した。これは直接関与者として、清末の監獄改良事情を語る唯一の資料であると言えよう。その史料価値はとても高い。外国の専門家として客観的立場から清末の獄制改良の実情を記録し、中国側の史料を補足することができた。

　清朝の獄制は西洋各国に猛烈な非難を浴びてきたが、小河の清国獄制に対する評価は肯定的なものが少なくなかった。

　　其れで支那の監獄を見ない以前は、予は心窃かに到底、手の着けられぬ程不完全のものであらうと想像して居たが、拠實際を見るに及んで、予は必ずしも一時に監獄の改築などしないでも、現在の儘で十分改良を施し得べき餘地あることを認めたのである[15]。

とし、清国に来る前にその劣悪の状態を想像していた小河は現地の監獄の実状を見て「十分改良し得べし」と所感を述べた。

　また、小河は視察した清国の監獄状態について、

　　清國に於ける今日の監獄状態が、大體に於て尚不完全なる状態を免れぬものゝ多いことは勿論である。然し實際に就いて見れば、想像した程に悪くはない、予は朝鮮の監獄を見たことは無いが、人の言ふ所を聞くと、従前は非常に不完全のものであつたらしいが、支那の今日の監獄は其比に非ず、不完全の中にも自ら改良の可能性を備へて居る。

　　予が赴任の當時、先づ法部に属する南北監獄と云ふ古い監獄を視察したが、成程監房内に在つても戒具を用ゐ、多数の囚徒が雑居混同して、終日何事をも爲さずに遊んで居ると云ふ様な状態を見ては、勢ひ顰蹙せずには居られぬのである。併し衛生法の如きは、一通り行届いて、病人も少く、總ての囚徒が何れも能く健康を保つて、牢獄の苦に堪へないと云ふ様な悲惨の

325

第四編　小河滋次郎と清末中国の監獄改良

状態を認めなかつた ¹⁶⁾。

と記し、不完全でありながら「比較的良好」という結論を下した。

　小河は清国の監獄制度の近代化の成果に注目する一方、強く批判されてきた中国監獄のそれまで全く知られていない人情味のある伝統的な制度を特筆し世界に伝えた。これは死刑囚に対する優遇対策である。

　　此囚徒の面會（接見と稱す）に就ては、支那獨得の面白い制がある、即ち死刑の宣告を受けた者は、毎月一回下院と稱すする可なり廣い接見堂に於て、其妻女に接見することを許され、其接見の場合には、二人限りで官吏も立會を爲さず、三十分か一時間緩くり面會を爲すことを得せしめて居る。是は子孫の種を絶たざらしめんとする主旨から出たもので、昔時から行はれて居る所の、死刑囚に對する一の恩典である。文明各國の監獄制度で、刑事被告人と辯護士との接見に限り、官吏の立會を爲さしめぬと云ふことはあるが、死刑囚と其妻女の接見に立會を爲さぬと云ふことは、恐らく支那の外に、其例を見ることが出來ぬであらう ¹⁷⁾。

と記し、子孫の種を断たせないという趣旨から死刑囚に妻との面会という規則が考え出された。

　当時の明治日本では、改正刑法の運用により在監者が横溢するという好ましくない現象が現れた。清国監獄の在監者の意想外に少ないことに着目し、

　　支那の監獄を見て最も羨しく感ずることは、先づ在監者の意想外に少いこと。殊に婦人及未成年者の最も僅少な事である。併し一般犯罪者が必ずしも少いと云ふ譯ではない、婦人及未成年者亦然りで、犯罪檢擧に就て若し日本と同じ樣筆法を用ゐたことならば、今より數十倍の多き在監者を見るべく、多少は法律や警察の關係にも因ることもあらうが、兎に角、便利主義の行はれて居ると云ふことが、其主なる原因で、之に加ふるに家族制度の力に依つて、婦女、子弟、婢僕等の犯罪が、或程度迄家長家父に依つて、制度せらるゝ所あるが爲めであらう ¹⁸⁾。

とし、「在監者少数の好現象」としてとらえ大いに賞賛した。

　小河は文末に清国の獄制改良の前途について、以下の感想を述べた。

　　予は支那に於ける、獄制改良の前途に就て、大に樂觀して居る者である、

第四章　清末獄務顧問としての小河滋次郎

現に今日既に改良の機運が、次第に展開しつゝある事實を認むるのである
が、元來民を見る傷むが知しと云ひ、仁道を以て爲政の根本と爲したる支
那人の頭脳の底には、同情惻憫の感念が遺傳的に深く刻み込まれてあるの
で、其が唯今日迄適當に發現することが出來なかつたに過ぎぬのである。
撃てば必ず鳴る、響くべき可能性は十分に具へられて居る、獄制改良の如
きも仁道主義の上より之を説けば、支那人には容易に了解せらるゝのであ
る。了解して見れば、一層其必要を認め、從つて斷行するの勇氣も亦生ず
る譯である。

現に北京の模範監獄建築の議の發表せられた後廣東の商人が一個人で三萬
兩の私財を寄附せんことを申出で、續いて南洋邊に駐在する支那の領事が、
是亦一萬兩を建築費の中に加へられんことを請願し來りたるが如き、日本
などでは殆んど夢想にも行はされざる所である[19]。

すなわち、中国人には監獄建築に私財を寄付するような監獄改良に熱心な人
が少なからずいること、また中国において仁政の思想が昔から根付いてきたこ
とから、小河は清国の獄制改良の前途が明るいものと締めくくった。

六　小　　結

清末法律改革の総設計師である沈家本は、上記の小河の貢献を高く評価した。
彼は、宣統二年（1900）六月十四日付の「法部右侍郎沈家本奏聘請日本教習小
河滋次郎等期満成績卓著請賞給宝星片」という上奏文を奉った。その内容は以
下のとおりである。

再，監獄專修科教習日本司法省監獄局事務官法學博士小河滋次郎，崎阜典
獄中村襄均系日本監獄學專家，富於經驗。前經臣函致出使日本國大臣訂立
合同延聘來京到堂教授，現在業經期滿，該教習等盡心講解，造就專材。小
河滋次郎兼任修訂法律館調查事務，編有監獄法草案，大理院看守所章程，
多至數十萬言。法部籌辦模範監獄，度地繪圖，多與商定。順天府添設習藝所，
圖式亦出其手。該教習遇有詢問，靡不竭誠相告，纖悉無遺，有裨於中國監

327

第四編　小河滋次郎と清末中国の監獄改良

獄前途者甚大。臣知之既確，未敢壅于上聞。査小河滋次郎曾於光緒三十三年三月在考察日本法制案内奏給二等第二寶星。此在京効力，卓著勤勞。擬懇循舊賞給二等第二寶星出自恩施逾格。中村襄系專任教授，擬請賞給三等第一寶星，以酬勞動而昭輯睦。如蒙諭兪允，由臣咨行外務部遵照辦理。謹附片具陳。伏乞聖鑒。謹奏[20]。

　沈家本はその中に法律学堂の監獄専修科での教授、修訂法律館調査事務の担当、総計数十万字に達した監獄法草案や大理院看守所章程などの編定、京師模範監獄と順天府習芸所の設計など、小河の功績をひとつひとつ列挙した。とりわけ、質問されるたびに小河が薀蓄を傾けて熱心に教える態度を激賞した。小河が２回にわたり清政府に二等第二宝星を授けられたことは、前例のない破格の受賞である。

　小河がどうして清末の監獄改良の事業に多大な情熱と熱望をかけたかというと、無論人格の偉大さも一因であるが、明治後期の時代背景の微妙な変化と密接な関係があると思われる。ここで慶應義塾大学の小野修三教授の透徹した論述を引用しておきたい。

　　穂積陳重によると、内務省と司法省とはこう違っていた。すなわち、「内務省は、監獄は社会のために存在しておるとの観念が強いのであるが、司法省でみると、監獄は教育を行うところではない、罪悪の報としての刑罰を受けるところであるがゆえに、監獄のために監獄があるように考えられたのである」。そして穂積は明治33年までの内務省監獄事務官当時の小河を「得意」の時代、それ以後の司法省監獄事務官当時の小河を「失意」の時代と、評していた。小河は明治25年（1892）9月に刊行された『監獄学雑誌』に次のような文章を発表していた。……この文章は監獄行政を司法省へ移す案への反論として執筆されていたが、小河は明治20年代の半ばには既に行刑が、今日の言葉で福祉、とりわけ教育との関連を深めることで、初めて社会のなかでの犯罪の予防に繋がるとの教育刑思想を抱いていたわけである。監獄は監獄のためにあるのではなく、社会のため、すなわち犯罪の発生する場たる、まさにその社会の中で予防のための努力、撲滅のための尽力が同時になされるべきだと、小河は考え、内務省全体として

328

第四章　清末獄務顧問としての小河滋次郎

も考えていたということであろう。しかし、明治33年（1900）以降の小河が「失意」の時代だったこと、つまり司法省の、監獄は教育を行うところではない、罪悪の報いとしての刑罰を受けるところだとの考え方に、中央政府全体が傾いていったのは、どんな背景があったのだろうか。それを私は、明治33年を境にして、日本が文明の受容から文明の拒絶、ないしナショナリズムの時代へと移行しようとした点に基因するものと考える[21]。

　小野修三は、小河滋次郎を日本を写す鏡として捉えていた。清末の監獄改良と結びつけて論じなかったが、ナショナリズムの道を歩みつつある明治政府に失望した小河は、清国で自分の理想を実現させたいと考えるようになった。

　小河が清国招聘に応じた原因は、幼年囚処遇理念に共鳴した彼の学友である早崎春香の1909年の退官の真相と関係していると考えてよかろう。

　　早崎が退官に至る真相というものは特に究明しておくべきものが多く、行刑思潮の曲り角として史的意義をもっている。ことに監獄法成立前後の少年問題の扱い、すなわち床次竹二郎の行政権主義と花井卓蔵の裁判権主義の論争が、この当時から一〇年間もたたかわされたと同様、司法省と内務省の感化事業、少年行刑の認識の差をはっきりとみせつけている。ここに小河滋次郎、早崎春香ら、いわゆる人道的開明的な学究的実践派が追われ、行政界は谷田三郎を主枢とした官僚派、および事務の能吏の一派の法則訓令を中心とした管理体制下に入ってゆくのである[22]。

　つまり、小河滋次郎、早崎春香らの学究派は司法省の官僚派に排斥され追放されたわけであった。

　小河と久しく交際していた大久保利武侯爵も、回想文で小河の失意に言及した。

　　これと時を同うして、我が監獄制度に大變更が行はれ監獄費の支辨は地方費より國庫に移り、監獄事務も司法省の所管となり博士も一時内務省より司法省に轉じたが、行刑上の所見が省議と合はないので、留任を快しとせず、終に官を辭したのであった。然るに間も無く博士は當時の清國政府に聘用され、支那の監獄改良事業に參畫し、數年を同國に送られたが、任滿

329

第四編　小河滋次郎と清末中国の監獄改良

ちて歸國するや又々國際監獄會議に出席して親しく歐米最近の社會事業を視察して歸朝し、爾來は單なる内務省囑託として全國各地を巡回し、當時の用語に所謂「感化救濟」事業の指導に從事して居られたのである[23]。

回想文の中に、大久保利武は小河が所見の相違で司法省から官を辞したことを明確に記した。

清国から帰国した後、小河は米国で行われた第八回万国監獄会議に自費で出席し、欧米を漫遊した。帰国後の小河は司法省に戻ることなく、明治45年に自ら起草した監獄法の説明書である「監獄法講義」を著しただけで以後一切監獄を論ずることがなくなり、元監獄局長で大阪府知事になった大久保利武の紹介で大阪府嘱託となり、社会救済事業に投身した。この間の事情については、清国を離れる前に送別会で吐露した小河本人からの説明が残されている。

六月一日午後八時より林ホテルに開催す、會する者在留邦人中の主なるもの四十餘名、豐島捨松氏發起總代として小河博士の盛德を稱して開會送別の辭を陳じ、やがて小河博士より感謝の挨拶あり、其語中、予が歸朝後歐米を漫遊する眞意は日本に歸るも予に適當なる地位なきに由る、「出獄人保護」なる語は予輩の如き清國より歸朝すべき出獄人を保護すべき意味をも含蓄せすと云はんや[24]。

その中で小河は自身の帰朝を出獄人と喩え、司法省に居場所が完全になくなった無念の想いを吐き出した。

小河は、清国で人生の過渡期を過ごしたと言える。小河滋次郎の人生にとって、明治40年（1907）は、学者としても官吏としても最高峰に到達した時であった。学者としては、董康一行が日本視察に来た明治39年8月に、東京帝国大学に提出中の学位請求論文「未成年者ニ対スル刑事制度ノ改良ニ就テ」が、教授会の審査を通過して法学博士の学位を授けられていた。また、官吏としては、監獄事務官として現行の監獄法の起草作業の中心的存在でもあった。明治日本の監獄界に君臨していた小河は、さらに人徳もあったことから、清国獄務顧問の一番の適任として選ばれるのは無理もないことと言える。清国の監獄改良事業に対する小河の多大な寄与は、一抹の淋しさを感じながらも、完全燃焼前の一時的光明にも似たものであった。

330

第四章　清末獄務顧問としての小河滋次郎

　1910 年に、清国がいままで拒絶されていた万国監獄会議に招かれるように
なった。換言すれば、明治日本の監獄制度を受容した清国の監獄制度の改良事
業は西洋諸国に認められるようになった。そこに寄与した小河滋次郎は最大の
功労者と言えるであろう。

〔注〕
1)　当時の北京在留日本人の同人雑誌である『燕塵』1 - 5 第 49 頁に、小河の
　　到着を記し、「於是燕京は四博士を得たり」といっている。文学博士服部宇之吉、
　　法学博士厳谷孫蔵、同岡田朝太郎と小河の四人である。やがて法学博士志田
　　鉀太郎が加わり、法律学堂には、岡田（刑法）・志田（商法）・松岡義正（民法）
　　小河（監獄学）の四人が揃い、修訂法律館の顧問としても活躍することになる。
2)　汪向榮『日本教習』三聯書店、1988 年、第 110 頁。
3)　『政治官報・摺奏類』宣統 3 年 9 月 22 日第 1074 號、第 5 頁。
4)　小河滋次郎「清国の獄制（上）」『刑事法評林』第 2 巻第 9 号、第 55 頁。
5)　小河滋次郎「清国の獄制（上）」『刑事法評林』第 2 巻第 9 号、第 56 頁。
6)　小河滋次郎「清国の獄制（上）」『刑事法評林』第 2 巻第 9 号、第 56 ～ 57 頁。
7)　王元増『北京監獄紀實』、民國 2 年 7 月出版。
8)　王元増『北京監獄紀實』、民國 2 年 7 月出版。
9)　小河滋次郎「清国の獄制（上）」『刑事法評林』第 2 巻第 9 号、第 59 頁。
10)　重松一義『名典獄評伝』日本行刑史研究会、1984 年、第 111 頁。
11)　重松一義『図鑑日本の監獄史』東京雄山閣出版、1985 年、第 230 頁。
12)　〈雑報〉「クルーゼン氏膠州灣に赴任す」『監獄協会雑誌』Vol.16 No.1（170）、
　　明治 36 年 1 月（1903/01/20）、第 98 頁。原文は「本會小河副會頭宛の來信に
　　依れば氏は愈々獨國占領の膠州灣に赴任し裁判及監獄事務に鞅掌せりと謂ふ
　　殊に監獄事務就ては我國に於て經驗したる智識を活用する上に於て至大の便
　　益を感する趣云々とありたり、氏は尚近き未來に於て再遊を欲するの情切な
　　りと」とある。
13)　小河滋次郎「清国の獄制（上）」『刑事法評林』第 2 巻第 9 号、第 56 頁。
14)　熊元翰編『監獄學附監獄律』安徽法學社、宣統三年（1911）五月。
15)　小河滋次郎「清国の獄制（下）」『刑事法評林』第 2 巻第 10 号、第 60 頁。
16)　小河滋次郎「清国の獄制（下）」『刑事法評林』第 2 巻第 10 号、第 59 頁。
17)　小河滋次郎「清国の獄制（下）」『刑事法評林』第 2 巻第 10 号、第 60 頁。
18)　小河滋次郎「清国の獄制（下）」『刑事法評林』第 2 巻第 10 号、第 62 頁。
19)　小河滋次郎「清国の獄制（下）」『刑事法評林』第 2 巻第 10 号、第 62 ～ 63 頁。
20)　『清宣統朝中日交渉史料』巻五、沈雲龍主編『近代中國史料叢刊』臺北文
　　海出版社、1963 年、第 11 頁。

331

第四編　小河滋次郎と清末中国の監獄改良

21)　小野修三「日本を写す鏡としての小河滋次郎」『せめぎあう官と民』勉誠
　　出版、2001 年 11 月。
22)　重松一義『名典獄評伝』日本行刑史研究会、1984 年、第 212 頁。
23)　大久保利武「大阪の社会事業研究会を指導した小河博士を憶ふ」『上田郷
　　友会月報』第 650 号、昭和 16 年 3 月 25 日、第 14 頁。
24)　「北京通信」『上田郷友會月報』285 號、1910 年 7 月、第 31 頁。

終　章　清末中国における日本監獄制度受容研究の意義

　上述のように、本書『中国の監獄改良論と小河滋次郎』は、清末中国における監獄制度の近代化に関して、いかに明治日本を模範として西洋的な監獄制度を導入したかについて論述した。

　まず、清末までの中国監獄の劣悪な状況について西洋人の記録を中心に、中国監獄の環境を論述することからはじめた。16世紀以来の中国刑獄をめぐる西洋人の中国観の形成・発展、さらに清末監獄改良への影響を述べた。近代において、西洋人の中国監獄に対する認識は明末における中国監獄の暴虐に関するポルトガル商人の16世紀の記録にさかのぼることができる。清の康熙時代になって、フランスのデュ・アルド神父の大作である『中華帝国通志』と『耶蘇会士書簡集』に見られるように、主たる意識は中国文明への憧れでありながら、中国監獄の不平と残酷さにもふれた。モンテスキューとヘーゲルは、理論上から中国の専制制度と蒙昧な精神状態を批判した。1793年のイギリスのマカートニー（Lord Macartney）の訪中使節団をきっかけに、西洋のマスコミによって中国監獄の姿が、なまなましく描写された。阿片戦争以降、西洋の宣教師は中国監獄の暗黒を暴き、しかも中国異教徒の霊魂を非難し、キリスト教をもって中国人を改造しようとした。宣教師をはじめとする西洋人が、近代中国において創刊した漢文英文の新聞が中国の官僚層と知識層に与えた影響も無視できない。これらの新聞紙上には、中国監獄への非難と西洋監獄の宣伝の投稿がたびたび掲載された。中国刑獄の悪名は、西洋列強に中国内政への干渉と治外法権の維持の口実を与えることになった。これが、清末監獄改良の大きな推進力であると言える。

　西洋人に見られた「野蛮な中国人」という悪名をすすぎ、西洋列強の領事裁判権保有の口実を取り除くため、監獄という象徴的な意義を持つ領域から近代

333

化に着手しなければならない。中国では、「刑は士大夫に上らず」という伝統があるため、士大夫階層には穢れた監獄から遠ざかる習慣が根付いていた。しかし、自国の監獄の暗黒のような実状も知られている。唐宋の古文を規範として文章の典雅さを尊んだ清代の文章家であり、桐城派を創始した方苞の「獄中雑記」は、悲惨な清代監獄の様子を描いた名作である。方苞は、康熙五十年(1711)に投獄された。彼の「獄中雑記」は体験談である。同時期には、『耶蘇会士書簡集』がフランスで次々と発表されていた。実は中国文学には、監獄を対象とする恐怖の描写が少なくない。しかし、西洋人の視点が、それを明確にヒューマニティーの理性的な高みに昇華させた。その上、西洋の大砲と軍艦がもっとも現実的な圧迫感を有していた。したがって、もともと見慣れて少しも珍しくない監獄問題は、直ちに変えなければならないことになった。西洋列強に国の尊厳を認めてもらうためには、西洋の近代監獄制度を導入するのが唯一の選択肢と見なされるようになっていたのである。

　中国官民の視察日記から、19世紀後期に中国官民が近代獄制と接触した状況を知ることができる。その大半は、欧州駐在の使節をはじめとする欧米視察日記に記述されたものであり、清国最初の外国への大使であった郭嵩燾は、西洋獄制に関して7カ所の監獄を見学し6,000字にのぼる記録を残している。視察日記の流布に伴い、近代獄制思想は康有為などの維新派をはじめとする中国官僚知識層に浸透していった。康有為が1896年から着手した『日本書目志』には、3種の監獄書がある。それは、後年の清末新政において清国獄務顧問として招聘される小河滋次郎の著作であり、これが小河滋次郎が清国の法政関係者から注目される契機になったのである。このことは、清国の監獄制度における日本の監獄制度の受容史を考える際に最も重要な転換点になったことを意味するのである。

　19世紀後期の中国官民の海外視察日記に見られる数多くの明治日本の記載も、注目に値する。中国国内は、日清戦争にいたるまで明治日本の成果を否定していた。ではなぜ、出国した中国官民はいち早く明治日本を肯定できたのか。その理由は、黄遵憲の『日本雑事詩』の修訂から窺える。『日本雑事詩』について、周作人は「『日本雑事詩』を詩歌として読むのはもっともだが、一層重要なの

終　章　清末中国における日本監獄制度受容研究の意義

は作者の思想を見ること、つづいて日本文物の記録として読みとることである」
と記している[1]。監獄の詩は 1879 年の初刻本にはなかったが、1890 年参事官
として英国に駐在するとき、明治日本の成果として監獄の詩歌を新たに創作し
たのである。出国した近代中国官民は欧米を歴訪し、明治日本が西洋と大差が
ないことに気づいた。その上、彼らは西洋の高官及び学者から明治日本に対す
る賞賛の言論を聞き、世界形勢を敏感に読み取り、明治日本の飛躍をいち早く
見抜いたのだと考えられる。これは、20 世紀初期の清国が明治日本を媒介に、
監獄を含む西洋制度文明を取り入れる大きな動きの前触れといえよう。

　中国における「刑は士大夫に上らず」という伝統により、士大夫階層には穢
れの多い監獄から遠ざかる習慣があり、古くから獄吏を「賤役」と蔑視し、監
獄を軽視する伝統が続いてきた。その例は、周作人の作品からも窺われる。周
作人が 1907 年に日本の書店で見つけた監獄に関する書籍は、中国語の翻訳書
であった。さらに、そのほとんどが日本に留学していた清国留学生の作品であっ
たのである。周作人は、監獄学を翻訳した留学生を批判の目で見ていた。せっ
かく留学したにもかかわらず、大きな理想を持たず、言うに足りない監獄を取
り上げて論じたことを批判した[2]。このような周作人の態度から、数千年来、
中国の士大夫が刑獄を軽蔑し極力避けてきた実状を想像できよう。

　しかし、近代以降、中国士大夫は忌みはばからずに監獄改良論を唱え、さら
に 20 世紀初期に至り新聞紙上でその言論が満ち溢れることは注目すべき大き
な変化と言える。

　中国士大夫の思想変化には、未曾有の民族危機に直面するという外発的な原
因があると思われる。国の主権を損なう領事裁判権を奪回するため、西洋の法
律を模倣して中国の法律を改革しなければならない。光緒二十八年（1902）か
ら始まった修律活動では、刑法が最初に改革され、従来の生命刑・身体刑・遷
徙刑を主体とした元来の刑罰体系が、自由の剥奪を特徴とする近代的自由刑に
取って代わった。次第に、刑罰の執行場所である監獄も改革しなければならな
くなった。よい法律があっても、よい裁判がなければ無用である。また、公正
な裁判ができても、刑罰の執行機関である監獄が残酷であれば、立法も司法も
無効になってしまう。いわゆる立法・司法・行政の三者は依存関係であり、同

335

時に改良しなければ、効果を得られないし、治外法権の撤廃も空中楼閣になってしまう。行刑機関としての監獄の重要性は、次第に認識されるようになった。

19世紀後期から、海外使節に派遣された中国官民は次第に増え、西洋の法政を視察し、西洋文明の成果のひとつとされる監獄まで足を運び、その視察の様子を記録している。西洋人と出国した中国官民の記録によって、国内にとどまる中国知識階層は大きな影響を受けて、中国の監獄制度を見直すようになったのである。20世紀初期の清末中国の新聞紙上に見られる監獄改良論には、明治日本の例が頻繁に見られることは注目に値する。その関連記事には、日本監獄の見学記もあり、日本留学生の提議書もあり、日本監獄視察員の意見書もある。

日清戦争を契機に、清末中国人の日本観は大きく変化した。凶暴な面相をした倭寇から、西洋学を授ける東洋の「導師」に変身したのである。阿片戦争から日清戦争までの半世紀に、中国人の日本認識は大きな変化を遂げた。その変化の背後には、数千年の華夷秩序の崩壊があるだけではない。未曾有の時代大変革に直面した中国人が慌しく自我意識を調整し、西洋主導の近代世界に融合されていった過程でもあった。迅速に近代化した日本は中国にとって、西洋文明を吸収する近道だけでなく、自我の再発見の鏡でもあった。中国の有識者は日本の「夜郎自大」を嘲笑した後、突然自分自身でさえ真の「夜郎」であると気づいた。驚きのあまり、はじめて謙虚な気持ちで、日本の外来文化に対する姿勢を学び、「以強敵為師資」というように、強敵を師とし、近代化の道を歩み始めた。

中国近代史において、阿片戦争以降の西洋の影響はきわめて大きかったが、日清戦争がもたらした中国人の日本観の変転は直接的に20世紀の中国歴史を変えたといってもよかろう。日清戦争以降の十数年間は中日関係が極めて良好な関係に入り、中日関係史上において空前絶後の友好期をなした。20世紀初めに起こった清末新政において、明治日本を通し西洋の法政などの諸制度の受容に順調に滑り出した。このような時代背景において、日本視察とりわけ法政関係さらには監獄視察が積極的に進められたのである。

清末中国における近代的な監獄制度への開眼に関し、明治日本は見落とせぬ

終　章　清末中国における日本監獄制度受容研究の意義

媒介作用を果たした。中国官民は日本監獄視察を通して、どのように近代監獄制度を抵抗感なく受け入れるようになったか。つまり、日本はどのように近代中国の監獄制度の導入に媒介作用を果たしたのかが、近代中国官民の日本視察日記などの資料から明らかになるのである。

　清末において、「西洋民主＝古代中国仁政」という考えは共通認識されていた。監獄についても同様であった。特に、日本の巣鴨監獄などを見学し、儒教関連の格言をよく見かけることは「仁政」との同一性を裏付けたと思われる。近代監獄の根本精神は、一口で言えば、監獄は囚人を苦しめ恥をかかせるところではなく、囚人を感化させ、新しい人生を始めさせる場所だと考えられた。そのため、まず衛生や食事などの環境改善に力を入れ、さらに技術を身につけるために働かせ、神父が監獄へ来て懺悔するように説教する。

　これに照らして、監獄に表される中国の仁政観念として、日本監獄を見学した中国官民の頭に浮かんできたのは論語から出た有名な一句である。『論語』の「為政」に、「子曰く、政を以ってこれを導き、刑を以ってこれを整えれば、民は免れて恥を知らず。徳を以ってこれを導き、礼を以ってこれを整えれば、恥ありてかつただし」とあるように、中国の伝統的な仁政観をよくまとめている。換言すれば、監獄に入れて刑罰を与えるより、礼を以って恥を知らせ感化させるほうが有効だと考えられた。

　中国の視察官民はこの句をよく引用し、近代的な日本監獄を称えた。近代日本監獄の衛生（状態）、給与（品）、作業、教誨などの四大要素は重要視したが、しかしもっと中国人の心をひきつけたのは、日本の監獄制度は西洋一辺倒ではなく、日本的な、あるいは東洋的な、儒教的工夫も施されていたところである。それは、監獄のいたるところに儒教の格言が貼り付けられていたことである。中国の視察者はこれらを見て、まず親近感を持った。

　近代中国官民は、日本監獄の視察を通して、儒教精神に基づいた日本独特な監獄制度に心を引き付けられ、それによって、懲悪でなく勧善を目的とする西洋の近代監獄制度が古代中国の仁政と結びつけられて、容易に中国に受け入れられるようになった。

　当時、清国は法律、裁判、監獄の不備を口実に、西洋列強から治外法権を押

337

し付けられていた。清政府は治外法権を取り除こうとしても、西洋列強に野蛮国とからかわれ拒否された。もともと「文明大国」と誇ってきた中国にとって、西洋列強の大きな圧力によって、やむをえず近代監獄制度を導入しなければならないと同時に、強い抵抗感を持っていたが、日本の監獄視察を通して、多数の中国官民が、近代的な監獄制度に開眼した。帰国した後、日本視察の経験を生かし、直接にしても間接にしても近代中国の監獄改革に貢献している。

　地方政府が地方官を日本へ派遣する例として、清末における直隷官紳の日本監獄視察は、直隷新政の一環として位置づけることができよう。近年、清末新政の功績について見直され、研究ブームが起こった。とりわけ清末新政と日本との関連は注目され、論文は無論、著作も上梓された[3]。直隷総督であった袁世凱による直隷新政は、直隷省の近代化を推進しただけでなく、清末新政において、他省や各地さらに中央政府の改良見本となり、重要な模範作用を果たしていた。

　直隷が、教育・実業・軍事・警察などの新政の発祥地と見なされ、御史であった胡思敬が北京での十余年の政治生活に基づいて清末政界の掌故と逸聞を記述した『国聞備乗』からも明らかなように、近代の学堂・警察・新軍がすべて天津から芽生えたので、各地の督撫たちは、視察員を天津へ赴かせ、その章程を模範としたと指摘したのである[4]。

　凌福彭らが日本監獄視察の成果を生かして創立した天津罪犯習芸所も、国内において注目を集め、中国各地からの見学者はあとをたたなかった。天津罪犯習芸所の模範作用は各地方政府に限らず、中央政府にも注目された。1906年に修律大臣の沈家本が派遣した中央政府の日本監獄視察団の一員である法律館協修法部員外郎の熙楨が、帰国した直後、天津罪犯習芸所の名を慕って視察に来た。熙楨は日本監獄では巣鴨が最良で、わが国では天津が最良であると言い切った[5]。

　1906年中国地方政府が連合派遣した「調査日本監獄員」も直隷の提議によるものである。その呼びかけに呼応し、直寧蘇皖江浙斉豫秦晋十省、すなわち直隷、江寧、江蘇、安徽、江西、浙江、山東、河南、陝西、山西の十省が合計役人50名を日本へ監獄視察に派遣し、東京警監学校に入学し、日本監獄を実

終　章　清末中国における日本監獄制度受容研究の意義

地踏査し、日本獄官や専門家とも交流を交わし、約6カ月滞在した。

　監獄改良を含む直隷新政については、袁世凱をぬきにして語ることができない。従来、戊戌変法の裏切り者、共和制を壊して自ら帝位についた「窃国大盗」、日本と不平等条約を結んだ「売国賊」というのが定論であった。80年代以来、一辺倒だった評論も変わりつつある。西法に対する袁世凱の理解は、康有為に劣らないと主張する研究者さえいる[6]。

　袁世凱の変法思想が康有為と異なる点は、要約すれば2点ある。1つは中央ではなく、地方から改革を行うべきこととした点である。中央政府によって全国に広める前に、まず、2、3人の忠誠で有能な地方督撫を選んで一定の時間内に改革の実験をさせた。つまり、袁世凱が熱心に監獄改良を含む直隷新政を遂行できた要因がここにある。もう1つは、変法活動において旧式官紳のエネルギーを十分に発揮させたことである。この点において、変法に反対する頑固な旧臣を殺そうとし、猛反対され失敗してしまった康有為とまったく相違する。袁世凱は若い人を欧米や日本に留学させ、熟年の官紳に日本視察をさせるという両全の策をとった。直隷新政の妨げにならないように、袁世凱は1905年に、新しく選ばれた各州県の地方官が就任する前に3カ月間、日本視察しなければならないという規定を作成したのである。そして、凌福彭のような日本視察を終えて帰国したいわゆる新旧法政を融合貫通した新たなる〈旧式官吏〉を育て、彼らを頼りに新政を広めた。

　袁世凱の一生（1859～1916）は、近代中日関係史の縮図ともいえる。朝鮮駐在時代において、日本を見下し、「戦争を持って戦争を止める」という対日強硬政策を主張したが、日清戦争以降は積極的に明治日本を「導師」とし、直隷新政を推し進めた。中国近代化において、媒介としての明治日本の役割と、導入者としての袁世凱及び直隷官紳の功績の重要性を指摘しておきたい。

　1906年に清末中央政府が派遣した日本裁判監獄視察団は、近代において国家レベルの中日法曹界の最初の接触であり、晩清の法制改革に大きな影響を及ぼした。清政府が明治日本を視察対象国に選んだのは、偶然ではないと考える。

　日清戦争以降、清末中国では、明治日本を学ぼうという論説が思潮となり、世に風靡した。張之洞の『勧学篇』には、日本から西洋学を学ぶ利点が述べら

339

れている。地理的に近く、視察しやすい。西洋学は複雑だが、日本人はすでに
西洋学のかすを取り除き、精髄を取り入れた。また日本語は漢字を用いるから、
分かりやすい。中日の風習も類似するから、模倣しやすく、半分の労力で倍の
成果をあげられることは日本をおいてほかにはないと明言した。この論は、当
時の晩清法界にもぴったり当てはまる。

　また、財政問題も要因の１つであろう。法部は清政府の割当資金に頼るしか
ないので、資金は監獄改良を含む法整備の大きな壁となった。光緒三十三年
(1907)、法律館は法部から独立した。修訂法律大臣の沈家本は清政府に年間
７万両の資金を請求したが、財政困難の清政府はなかなか返答しなかった。沈
家本はやむをえず自ら３万両に減らすと申請し、やっと運営資金を入手した。
このわずかな資金は、日本顧問の招聘、日本留学生の給料、海外視察の費用、
国内民情風俗商事習慣調査の経費など、いろいろな用途があった。このような
厳しい経済状況のもとで、日本を視察対象国としたことは賢明な選択であった
といえよう。

　　監獄改良を含む清末の法制改革は、沈家本と補佐役の董康も重要人物である。
董康の回想録によると、沈家本の知遇を受け提調に抜擢され、法律修訂の責任
者をつとめた[7]。２人は新旧論争において、攻撃の的とされ、猛烈な非難を浴
びた。免官どころか投獄の危険に陥ることもあった。董康が誹謗をうけたこと
も、彼の貫く信念、いわゆる「古いものを取り除き、新しいものを打ち立てる」
という主義とかかわっている。清末の中国人は、「伝統―近代」「東洋―西洋」
という２つの大きな時代の課題に直面していた。沈家本と董康の答えは日本を
模範とし、西洋の近代法律制度を取り入れることである。保守派の反対を最低
限にとどめるため、明治日本という武器が考え出されたわけである。古くは中
華法律の系統に属していた日本が、近代になって、西洋の法律を取り入れ、さ
らに実行に移し、結局領事裁判権の撤廃に成功した。明治日本は、晩清中国人
を悩ませた「伝統―近代」「東洋―西洋」「理論―実践」という３つの関係をう
まく取り扱い、危機を脱出し強国に列した。明治日本は保守派を黙らせ、法制
の近代化を推し進める最高の武器であろう。これこそ、明治日本を模範として
視察対象国にした最大の要因であったのである。

340

終　章　清末中国における日本監獄制度受容研究の意義

　清末中国の監獄制度の近代化において、日本監獄視察の他に、日本監獄学書籍の翻訳も１つの受容法であった。第三編第一章において示した「清末における日本監獄関係書籍の中国語訳一覧」から明らかなように、清末中国における35種の監獄学の訳書のうち、33種が日本の監獄書籍から翻訳されたものであった。これは監獄学に限ったことではなく、明治日本という近道を通って監獄を含める西洋の法政制度を取り入れた近代中国の歴史的選択であった。

　1896年、梁啓超は『変法通議』で日本という近道を通して西洋法律を学ぶという思想を提起した[8]。1906年に、袁世凱は『日本法規大全』序言において、西洋留学と日本留学の効果の相違について感嘆した[9]。曾国藩、李鴻章は、学生を西洋に送り出して、西洋学術が次第に中国に知られるようになったが、その影響はわずかであった。これに対して、日本への留学は十年もたたないうちに訳本が大量にでき、大きな貢献をした。その理由は、地理的距離の近さと「同文同種」の国からの移才であるとされた。修訂法律大臣の沈家本も、日本の法律書籍の翻訳の計り知れぬ利点を見抜いた。彼は「新訳法規大全序」に明治日本が法整備によって一挙に強国に変身したことを絶賛し、財力を惜しまずに訳した洋書はすでに西学のかすを取り除き、精髄を取り入れたと指摘した[10]。当時、修訂法律館は西洋法律の書籍が多く、しかも翻訳人材が足りないという深刻な問題を抱えていたが、沈家本は解決の策として、日本の法律著作と訳書を大量に翻訳させたのである。

　清末中国における日本の監獄学書籍の翻訳ブームは、偶然のことではなかった。これは、近代中国が明治日本を近道として西洋の法政学術を移植する一例といえよう。その事実が、詳論した日本監獄関係書籍の翻訳の過程において如実に読み取ることができる。明治日本の監獄学界の泰斗とされた小河滋次郎の著作は、日本監獄学の書籍では一番多く中国語訳された。小河滋次郎に関しては、郷里の長野県上田市などに関係資料が膨大に残されている。彼のほか３人の日本人著者、印南於菟吉・藤沢正啓・谷野格の著作も知られていた。明治時代に発刊された『監獄協会雑誌』と国立公文書館の関係史料から、彼らのあまり知られなかった事績、とりわけ監獄学に関する日本の先学の事績を第三編で明らかにした。日本の監獄学研究の先人の成果の中で33種類の中国語訳され

341

た日本監獄学書籍の訳者についても明らかにしたように、翻訳していたのは日本語が堪能で専門知識を備えていた留学生が主流であった。しかし、清国法政官僚の董康も、2冊の本を翻訳し、もう1人の区天相も翻訳に関与した。区天相は『漢譯監獄學』自序において、日本監獄学と言えば小河の著述をおいて語ることができず、このため『監獄学』が小河の代表作であるとして翻訳したと記した。しかし、彼は来日期間が短く日本語が堪能でなかったため、小河の授業を受けていた留学生で同郷の者に翻訳を依頼したのである。また、同書の朱汝珍の序言に区天相と留学生の関係に言及し、明志学舎という翻訳団体を組織させ、『監獄学』を翻訳させている。同書の訳例により、翻訳の原稿が著者小河に親閲されたことが最大の特色としてアピールしていたが、小河自身は、誤訳を心配し、また校閲しなかったと記している [11]。清末中国における日本監獄学書籍の翻訳は留学生のみならず、法政官僚も関与していたことが知られ、また、必ずしも全てが著作者の許可を得て、さらに校閲を経たものであったとはいえないのが実状であった。

　日本監獄学の漢訳本が頻出したことは、当時の日本留学生の翻訳事業の一環と見ても良いであろう。中国人留学生の日本での出版物が多くなるにしたがい、中国人による印刷所さえ東京に現れた [12]。日本人の印刷所を借りて出版された日本書籍の漢訳本は、膨大な量に達した。

　日本語の教科書に仮名があるためや、校正の便を考慮したからであろう。人の往来と物の交通が不便であったため、中国に原稿を送って出版するより日本の印刷所に依頼したほうが資金上も時間的にもはるかに経済的であった。その上、日本の印刷は中国よりもすぐれていた。中国では、西洋人の作った活字印刷を行いながら、一面印刷の袋綴ばかりであった。それに対して、日本では、明治の初めごろから印刷・製本ともに洋式であった。日本の両面印刷の洋装本は、経費の節約という方面だけから見ても、中国の片面印刷の袋綴より紙を半分近く減らせるなど頗る利点が多かった。

　これら日本で出版された漢訳本は、汽船という近代的な交通手段によって、郵送あるいは指定した中国書店を通じて、中国国内の人々の手元に届けられた。郵送の場合、まず日本から上海まで運び、それから汽船で各地に輸送された。

終　章　清末中国における日本監獄制度受容研究の意義

汽船が到達しない内地の送料は倍以上に高くなり、また、四川・雲南・貴州などの中国西部内陸地域はさらに倍以上に値あがったと思われる。しかし、それでも購入されるほど必要とされた。

　また、新聞雑誌というマスメディアを利用して宣伝するという近代的方法も現れた。袁世凱などの地方有力者は、直接、出版社に『監獄学』を含む法政叢書を大量に注文し、地方官の法政試験の参考書として地方官に配布したのである。日本の近代政治家である大隈重信が各分野の専門家を集めて集大成した『開國五十年史』は、その特殊性のために伝播の方法がほかの書物の民間経路と異なり、清国皇帝や高官への贈呈という上層路線をとっていた。郵送・新聞広告・地方官の法政受験参考書・清国上層部への贈呈などのルートによって、中国語訳された日本監獄関係書籍は清代中国の内地まで伝わり、その近代獄制の思想の種が蒔かれたのである。

　日本の監獄制度を受容する方法として、日本への留学、監獄視察団の派遣、日本監獄学書籍の翻訳、日本人の獄務顧問の招聘などの４つのルートが挙げられる。小河は以上の４つのルートにすべて関わったので、この複雑な移植過程を解き明かす最適の中心人物となる。

　近代中国の近代監獄学がどのように形成されたかについて、「日本近代監獄学の父」と言われる小河の教授履歴を見ることで最適の手がかりが与えられる。20世紀の始め頃、小河滋次郎は法政大学や東斌学堂や東京警監学校などの公立・私立の法律学校で数百人の清国留学生に近代監獄学を教授した。そのうち、最も規模の大きい教育機構は法政大学法政速成科、東斌学堂、東京警監学校の三校であった。法政大学速成科は最も著名であるが、軍事学校として知られる東斌学堂に警察監獄科が設けられたことはほとんど知られていない。特に清国直隷総督袁世凱の要請により、清国公使が日本警視庁と協議した結果、1906年２月に創設された清国の警察官と監獄吏の養成所である東京警監学校は、今現在も世に知られず埋もれている。

　数百名に及ぶ多数の中国人留学生を育て上げた小河滋次郎は、留学生に慕われ、留学生の翻訳によって近代中国にも漸次名を馳せるようになった。

　筆者の調査統計によると、小河滋次郎の監獄学に関する著述の中国語訳本は

343

18種にのぼる。そのうち、8点の講義録と、2点のゼーバッハの訳本を除いて、ほかはすべて小河の著作である。小河の授業のメモをもとに本にまとめて出版されたその翻訳本は、何種類も現れた。小河の名著である『監獄学』も、中国語に訳された。周作人は1907年に日本の町を歩いていて、本屋に監獄の本が満ち溢れ、みな日本留学生が訳したものだと気づいた。大半は、小河の講義と著作の訳本であった。小河の作品は本だけではなく、中国の雑誌にも載せられた。たとえば、「第7回万国監獄会議と獄制改良の前途」という文章は1906年6月に中国の『東方雑誌』に載せられた[13]。

　清国留学生の目に映った小河は、日本監獄学の第一人者で、訳本には賛辞が呈されている。日本の監獄改良の第一の功労者は小河であると評し、その学説が既に日本に実行され成果をあげているため、国境を超えて東アジアに広めても良いと断言した人もいる。

　修訂法律大臣の沈家本に注目され、清国獄務顧問として招聘されるのは、1906年の董康視察団一行と直接な関係があると考えられる。小河は、清国政府の日本監獄視察団のうけいれに当たった。日本監獄協会の名義で視察団を招待したのは、董康一行が清国中央政府から派遣された人物で、相当な地位と権力を持っていたため、帰国して日本で学んだ監獄学の知識を活用し清国全国の監獄改良に多大な貢献ができると、小河は確信していたためである。そして、小河は一国の監獄改良に関して、「上流社会」に協力をしてもらうためには必ず改良の意義を了解してもらうことが非常に重要で、また、上から下へ展開していくべきと主張していた。そこで、小河は薀蓄を傾け、董康一行に監獄学を授けた。小河は懇切に監獄改良の方策を一行に説き、厚い信望を集めたので、翌年1907年清政府より二等第二宝星を授けられ、1908年5月から1910年5月までの2年間北京に招かれ、清国の獄務顧問に任じられた。清国赴任中、小河は監獄学専門人材の育成、京師模範監獄の設計、大清監獄則草案の起草などの功績によって、1910年に清国政府よりふたたび二等第二宝星が授けられた。小河が2回にわたり清政府に二等第二宝星を授けられたことは、前例のない破格の扱いである。

　小河がどうして清末の監獄改良の事業に多大な情熱と熱望をかけたかという

終　章　清末中国における日本監獄制度受容研究の意義

と、無論、人格の偉大さも一因であるが、明治後期の時代背景の微妙な変化と密接な関係があると思われる。穂積陳重は、明治33年までの内務省監獄事務官当時の小河を「得意」の時代、それ以後の司法省監獄事務官当時の小河を「失意」の時代と評していた。内務省と司法省の違いと言えば、内務省は、監獄は社会のために存在しているとの観念が強いのであるが、司法省でみると、監獄は教育を行うところではない、罪悪の報としての刑罰を受けるところであるがゆえに、監獄のために監獄があるように考えられたのである。慶応義塾大学の小野修三教授は、小河滋次郎を日本を写す鏡として捉えていた。ナショナリズムの道を歩みつつある明治政府に失望し、司法省の官僚派に排斥され追放された小河は、清国で自分の理想を実現させたいと考えるようになったのではないかと思われる。清国から帰国した後、小河は自費で米国で行われた第八回万国監獄会議に出席し、欧米を漫遊した。帰国後の小河は司法省に戻ることなく、明治45年に自ら起草した監獄法の説明書である「監獄法講義」を著しただけで以後一切監獄を論ずることがなくなり、元監獄局長で大阪府知事になった大久保利武の紹介で大阪府嘱託となり、社会救済事業に身を投じた。小河は、清国で人生の過渡期を過ごしたと言える。清国の監獄改良事業に対する小河の大きな寄与は、一抹の淋しさを感じながらも、完全燃焼前の一時的光明にも似たものであった。

　以上のように、中国は古代より監獄環境の劣悪さは周知の事実であった。特に、明代以降に中国に渡来した西洋人が監獄に収監されたことから、その劣悪な状況が世界の人々に知られることになった。このことが清末における中国が西洋諸国と締結する外交交渉の際にも問題とされ、中国が領事裁判権や治外法権などの不平等条約を受け入れざるをえない状況に追い込まれる大きな要因になったのである。このため、清朝政府は速やかな不平等条約の撤廃を企図するが、その為には自国の監獄の改良を迅速に進め西洋監獄と引けを取らない状況に改善する必要があった。その改良には、最速の方法が求められたのである。清末中国において日清戦争を契機に、日本の明治維新の成果を認め、明治日本に学ぶ世論が高まったわけである。

　監獄改良が、19世紀の思潮から20世紀の全国規模の改良運動と発展したの

345

は、上記の領事裁判権の撤廃への悲願が要因であるとともに清末新政の要請でもあった。光緒二十八年（1902）から始まった修律活動は、刑法が真っ先に改革され、従来の生命刑・身体刑・遷徙刑を主体とした元来の刑罰体系が、自由の剥奪を特徴とする近代的自由刑に取って代わった。次第に、刑罰の執行場所である監獄も改革しなければならなくなった。清代の刑罰体系は、明代のものを引き継ぎ、笞・杖・徒・流・死という五刑であった。笞は、細枝を使っての鞭打ち、杖は木の棒で叩くこと、徒は労役刑、今で言う懲役に当たる。流は流刑、島流し。ここに、終身刑が含まれていた。そして、最後が死刑である。『清史稿・刑法志』は「既定罪，則笞杖折責釋放，徒流軍譴即日發配，久禁者斬絞監候而已」「監羈罪犯，並無已決未決之分」「大都未決犯為多」14）と記しており、笞杖の受刑者は刑罰を受けてから釈放され、また徒流の受刑者は即日流され、監獄には長期拘禁された囚人が死刑囚だけであり、さらに囚人は未決既決を分別せず、原告・被告・容疑者・証人を一括収監し、未決囚が多いということが分かっている。既決囚を収容し、自由の剥奪を特徴とする近代監獄とまったく異なっていた。監獄と立法と司法は互いに補完し合うもので、整備した法典と公平な法官を備えても、刑罰執行機関としての監獄を改良しなければ、すべての努力は無駄になってしまう。したがって、刑法の改革を成し遂げるため、刑罰の執行機関である監獄を改革しなければならなかった。

　本書が取り上げた清末中国における日本監獄制度の受容も、その一環と言って良かろう。清末中国において、中央政府派遣の法制官僚、直隷官紳などによる日本監獄の視察を通じて監獄制度の日本からの導入を図り、また日本の監獄学関係者の招聘による清国監獄の改良など多岐にわたる日本からの影響が見られたのである。さらに、日本監獄関係書籍の翻訳を通じて、明治日本が近代化した西洋的であるが日本独自の監獄制度を創成した成果などが書物を通じて清代中国社会に浸透するなど多くの影響があった。このように、清末中国の監獄制度における日本からの監獄制度の受容によって、中国は監獄制度の近代化を成し遂げたと言えるであろう。

終　章　清末中国における日本監獄制度受容研究の意義

〔注〕

1) 周作人「日本雑事詩」『知堂書話』（上）中国人民大学出版社、2004 年、第
258 頁。

2) 周作人『知堂書話』（上）海南出版社、1997 年、第 1269 頁。

3) 任達『新政革命と日本（1898 ～ 1912)』江蘇人民出版社、1998 年。

4) 章伯鋒・荘建平編『晩清民初政壇百態』四川人民出版社、1999 年、第 16 頁。

5) 熙楨『調査東瀛監獄記』王宝平主編『晩清東遊日記彙編　日本政法考察記』
上海古籍出版社、2002 年、第 21 頁。

6) 孔祥吉『康有為変法奏議研究』遼寧教育出版社、1988 年、第 395 頁。

7) 何勤華・魏瓊編『董康法学文集』中国政法大学出版社、2005 年、第 360 頁。

8) 「譯書」『變法通義』三之七『時務報』第廿七冊、1897 年 5 月 22 日。

9) 項城袁世凱序、光緒丙午十二月（1906)、『日本法規大全』。

10) 『寄簃文存巻六・新譯法規大全序』中華書局、1985 年、第 2242 頁。

11) 小河滋次郎『丁未課筆』秋の巻九月八日、五三五「故区天相氏の遺業に序
す」、第 87 頁。

12) 実藤恵秀『中国人日本留学史』東京くろしお出版、1981 年、第 326 頁。

13) 「第七次万国監獄會議與獄制改良之前途」（節録丙午二月三十日時報）（日
本小河滋次郎述、江蘇賀肩佛譯）『東方雑誌』第三巻第五号（1906 年 6 月 16
日出版）内務、第 127 頁。

14) 趙爾巽『清史稿・刑法志三』北京中華書局、1976 年、第 4217 頁。

付　録

付録一　清末における中国官民の西洋監獄視察の一覧表

視察人	視察期日及び監獄名称		視察日記
張　德彝	同治5年（1866）4月17日	英国倫敦監獄	航海述奇
志　剛	同治7年（1868）6月17日	米國敖拜爾 (Aubuen) 監獄	初使泰西記
張　德彝	同治7年（1868）6月17日	米國敖賁城 (Aubuen) 監獄	歐美環遊記
王　韜	同治9年（1870）	英國倫敦碧福（Bedford）監獄	漫遊隨録
李　圭	光緒2年（1876）6月15日	米國費城（Philadelphia）輕犯監獄	環遊地球新録
	6月21日	米國費城（Philadelphia）重犯監獄、習正院	
郭　嵩燾	光緒2年（1876）10月22日	香港監獄	使西紀程
	11月7日	錫蘭監獄	
	光緒3年（1877）2月23日	英國倫敦開敦威拉（Pentonville）監牢	
	7月5日	英國倫敦紐該脱（Newgate）監牢	
	8月13日	英國倫敦何羅威（Holloway）監獄	
	光緒4年（1878）9月21日	英國蘇格蘭科爾登山（Calton）監牢	
	光緒5年（1879）2月19日	新嘉坡監牢院	
劉　錫鴻	光緒2年（1876）10月22日	香港監獄	英軺私記
	光緒3年（1877）2月22日	英國倫敦奔敦維辣（Pentonville）監獄	
	6月23日	英國倫敦米勒班（Millbank）監獄	
	7月20日	都伯林（Dublin）監牢	
張　德彝	光緒2年（1876）10月22日	香港監獄	隨使英俄記
	11月7日	錫蘭監獄	
	光緒3年（1877）2月23日	英國倫敦老城盆島威（Pentonville）監	
	6月24日	英國倫敦米勒班（Millbank）獄	
	7月5日	英國倫敦老城牛該達（Newgate）獄	
	8月13日	英國倫敦號騷靠蕾慎獄（Holloway）	
薛　福成	光緒16年（1890）1月15日	香港監獄	出使英法義比四國日記
	光緒17年（1891）11月27日	仏蘭西巴黎麻寨監獄（Prison Massail à Paris）	
戴　鴻慈	光緒31年（1905）12月24日	米國内布拉斯加州林肯（Nebraska Lincoln）監獄	出使九國日記
	光緒32年（1906）1月15日	米國愛爾賣拉（Elmira）改良所	
	2月19日	獨逸柏林重罪監獄	
載　澤	光緒32年（1906）4月11日	仏蘭西巴黎弗蘭姆監獄（Prison Flam à Paris）	考察政治日記

【解説】本表は1866年から1906年までの清朝の末期において欧米の監獄を視察した官民と、彼等によって著された著述の一覧である。なお月日は旧暦である。
参考文献：1、王錫祺輯『小方壺齋輿地叢鈔』、杭州古籍書店、1985年。2、鐘叔河主編『走向世界叢書』、岳麓書社、1985年。

349

付録二　清末における中国官民の日本監獄視察の一覧表

年月	姓名	職務	派遣單位	視察内容	視察日記	出版
1903年9月	淩福彭	天津府知府	北洋大臣袁世凱	工業、監獄		
	富士英	洋務委員	同上	同上		
1903年11月	羅崇齡	陪觀大操官	四川總督	軍事學校、大學、員警、監獄、炮兵工廠		
	田明德	隨員				
	傅俊招	隨員				
	黃德基	隨員				
	龔熙台	隨員				
	羅厚甫	隨員				
	陳紹祖	翻譯				
1904年	淩福彭	天津府知府	北洋大臣	監獄		
1904年11月	朱家寶	保定府知府	直隸總督袁世凱	學校、行政、監獄		
	王祿	候補知縣				
	樊海南	即用知縣				
1905年7月	慶春	荊門州知州	湖廣總督張之洞	農工商漁學事務、員警、道路、水利財政、武備、製造、監獄		
	潘誦捷	黃岡縣知縣				
	徐培光	圻水縣知縣				
	滕松	麻城縣知縣				
	劉肇堭	松滋縣知縣				
	陳鈞	天門縣知縣				
	蔣有霖	孝感縣知縣				
	趙振聲	隨州知州				
	陳圓	棗陽縣知縣				
	趙永清	武昌縣知縣				
1905年9月	黎淵	中央大選學畢業生、北洋大臣官署任官内定	北洋大臣	裁判、監獄		
	稽鏡	早稻田大學畢業生、北洋大臣官署任官内定				
	李士偉	同上				
1905年10月	吳嘉瑞	知府	貴州巡撫	學校、工藝、員警、監獄		
	陳鴻年	知府			東遊日記	1907 年
	閔世榮	通判				
	李授	通判				
	劉華瓊	知縣				
	羅萬華	知縣				
	陳鴻爵	經歷				
	周篆訓	從九				
	吳甬	教習				
	宋葆昌	教習				
1905年11月	季熙照	教習				
	李立成	教習				
	黃祿貞	教習				

日期	姓名	職位	派遣	調查	報告書	年
	謝祖禹	直隸州知州	直隸總督	學務、工藝、員警監獄		
	李大森	同上				
1906年1月	言有章	知縣	河南巡撫	監獄裁判		
1906年1月	董鏞	知縣	山東巡撫	監獄裁判		
	侯殿英	知縣				
	孔令偉	訓導				
1906年6月	董康	刑部郎中、法律館總纂	修訂法律館大臣	裁判、監獄及法律	調查日本裁判監獄報告書、監獄訪問錄	1907年
	麥秩嚴	刑部主事、法律館纂修				
	熙楨	刑部員外郎、法律調查委員			調查東瀛監獄記	
	區天相	四川綦江縣知縣、法律調查委員				
	熊垓	法律調查委員				
1906年6月	範炳勳	河南知縣	直隸總督	裁判監獄員警郵電		
	高蘊傑	候補知縣				
	蔡振洛	法政學員				
	呂文惠					
1906年8月	陳瑜	候補道	江蘇巡撫	裁判、監獄、員警		
	馮浩昌	陳瑜的隨員				
1906年8月	張序來	知縣	南洋大臣周馥	裁判、監獄、員警		
1906年8月	周鏞	刑部主事	陝西巡撫曹鴻勳	學務、監獄		
	繆延福	知縣				
	張楠	中書				
	劉廷琦	知州				
1906年10月	魏業銳	山東候補道	山東巡撫楊士驤	監獄、工藝		
	李葆良	直隸州				
1906年10月	郭振墉	安徽候補知府	安徽巡撫恩銘、安徽提學使沈曾植	學校、警監、工業		
	沈文孫	知縣				
	惲槃森	知縣				
	錢印綬	知縣				
	馮汝簡	知縣				
	夏敬	知縣				
	王邁常	中書科中書				
	李士熙	知縣				
	熊羅宿	知縣				
1906年10月	歐珽	浙江候補知縣	浙江巡撫張曾敭	監獄、工藝		
	蔡鐘駿	知縣				
1907年1月	劉重堪	江蘇蕭縣知縣	兩江總督	學校員警裁判監獄		
1906年12月	鄒國柱	直隸州知州	吏部	員警監獄	東遊志略	1907
1907年1月	趙詠清	四川榮昌縣知縣		法政	東游紀略	1907

1907年5月	彭銘恭	新選衡州府安仁縣知縣	湖南巡撫	員警監獄		
	潘運銕	常德府龍陽縣知縣				
1907年3月	樓藜然	在任候選道四川漢州知州	浙江巡撫	鐵道監獄學校	東遊日記	
1907年6月	查秉鈞	候選道	貴州巡撫龐鴻書	員警監獄	丁末東遊日記	1907
1907年7月	韓兆蕃	郎中	法部	監獄	考察監獄記	
1907年8月	羅良經	遇缺先選用知縣	吏部	教育員警監獄		
1907年9月	王元之	泰興縣知縣	兩江總督	裁判監獄員警		
1907年10月	麥鴻鈞	承政廳參事	法部	裁判制度、監獄		
1907年	呂慰曾				調查日本裁判監獄報告	1907
	陳善同					
1908年9月	張修身	法部候補郎中	法部	裁判所、監獄制度		
	楊建倫	浙江候補知府				
1910年1月	劉永湞	廣東巡警道	不明	員警、裁判、監獄制度		
1910年7月	管鳳龢			司法裁判監獄	四十日萬八千里之遊記	1910
1910年8月	梅光義	候補道	廣東諮送	司法、監獄制度		

付　録

付録三　清末中国語訳された日本監獄学書籍の目次

【解説】本表は、管見の限り判明している中国国内の図書館で所蔵される、日本人によって著された13種類の監獄関係の書籍であり、中国語訳された翻訳書の目次を全て、翻訳書ごとに列記した。この目次から、清末の中国においてどのような監獄関係の項目に関心がもたれたかがうかがえる。

　所蔵される図書館は北京の国家図書館、上海の上海図書館、杭州の浙江図書館古籍部である。

　13種書目
　1.『日本監獄法』中國國民叢書社譯
　　　　　　　　　　　（中国国家図書館古籍館普通古籍閲覧室　請求記号 45029）
　2.『日本監獄法』王家駒譯　　　　　　（浙江図書館古籍部 請求記号 369.5/2442）
　3.『監獄學』區樞等譯　　　　　　　　（上海図書館近代図書庫 請求記号 389089）
　4.『監獄訪問録』　　　　（中国国家図書館古籍館普通古籍閲覧室 請求記号 11939）
　5.『警視廳警察全編第十三冊　監獄學』
　　　　　　　　　　　　（浙江図書館古籍部 請求記号 369.308/0861 V13）
　6.『法政叢編監獄學』　　　　　（國家圖書館マイクロ中心庫 請求記号 00M061127）
　7.『法政萃編監獄學』　　　　　　（上海図書館近代図書庫 請求記号 289224）
　8.『獨逸監獄法』　　　　　　　　（浙江図書館古籍部 請求記号 5943/4740）
　9.『新譯日本法規大全　第十六類　監獄』
　　　　　　　　　　　（浙江図書館古籍部 請求記号 普 348.52/ 7222G600612）
　10.『獄務攬要』　　　　　　　　（浙江図書館古籍部 請求記号 2114236）
　11.『監獄學』廖維勛編譯　　　（浙江図書館古籍部 請求記号 369.5/0022）
　12.『開國五十年史之監獄誌』　　（浙江図書館古籍部 請求記号 MP001895）
　13.『監獄学』熊元翰編輯　　（国家図書館マイクロ中心庫 請求記号 00M016391）

1．日本監獄法（佐藤信安著，中國國民叢書社譯，商務印書館，1903 年）

第一編　緒言　　　　　　　　　　　　第四節　巡閲及巡視
　第一章　監獄制度之概念　　　　　　　第五節　府縣會議員之監獄巡視
　第二章　日本監獄制度之沿革　　　　　第六節　入監者領受之要件
第二編　日本監獄法　　　　　　　　　　第七節　囚人之釋放
　第一章　總論　　　　　　　　　　　　第八節　囚人監房之別異
　第二章　監獄則　　　　　　　　　　　第九節　作業
　　第一節　監獄之種類、名稱　　　　　第三章　監獄則施行細則
　　第二節　監獄權　　　　　　　　　　　第一節　通則
　　第三節　監督權　　　　　　　　　　　第二節　作業

353

第三節　工錢	第九章　看守長之職務
第四節　給與衣服制式	第十章　看守者、教誨師、醫師、看守女監者、押丁、授業手分掌之職務
第五節　衛生及死亡	
第六節　書信及接見	第十一章　司獄官吏任用法
第七節　送入品	第十二章　看守教習法
第八節　教誨及教育	第十三章　司獄官吏服制及禮式
第九節　賞譽	第十四章　懲戒
第十節　懲罰	第十五章　精勤證書及休假
第四章　勘查行狀及賞譽之規定	第十六章　俸給及人員之規定
第五章　假出場規則	第十七章　看守之給助
第六章　停止假出獄之規則	第十八章　司獄官吏給與品借與品手當金宿料之規定
第七章　典獄之職務	
第八章　監獄書記之職務	

2．漢譯日本監獄法（佐藤信安，王家駒譯，普及書局，1906 年）

第一編　緒論	押送之方法（第十六條）
第一節　監獄制度之概念	作業（第十七條）
第二節　日本監獄制度之治革	囚人服役之免除（第十八條）
第二編　日本監獄法	無定役囚之作業（第十九條）
第一節　總論	懲治人之作業（第二十條）
第二節　監獄則	役場之區劃（第二十一條）
監獄之種類並名稱（第一條）	囚人之工錢（第二十二條）
監獄最高監督權之所在（第二條）	工錢之領置（第二十三條）
監獄直接監督權之所在（第三條）	遺留貨物之處分（第二十四條）
監獄之巡閱及巡視（第四條）	領置貨物之使用（第二十五條）
府縣會議員職監獄巡視（第五條）	囚人之衣類臥具（第二十六條）
入監者領取之要件（第六條）	懲治人刑事被告人衣類臥具之自辨（第二十七條）
女監幼子之乳養（第七條）	
入監者攜有物之領置（第八條）	食料（第二十八條）
變災之場合（第九條）	須發（第二十九條）
囚人之釋放（第十條）	教誨（第三十條）
囚人監房之別異（第十一條）	教育（第三十一條）
懲治人監房之別異（第十二條）	書類之看讀（第三十二條）
刑事被告人監房之別異（第十三條）	囚人之書信（第三十三條）
	信書之檢閱（第三十四條）
別種監獄之區劃（第十四條）	接見（第三十五條）
男監女監之嚴隔（第十五條）	醫療（第三十六條）

死亡（第三十七條）

對於懲治人及刑事被告人物品之贈與（第三十八條）

對於囚人物品之贈與（第三十九條）

囚人之賞與（第四十條）

對於賞表囚人之特遇（第四十一條）

囚人違犯獄則之懲罰（第四十二條）

對於幼年囚之懲罰（第四十三條）

醫師之證明（第四十四條）

施鈦之場合（第四十五條）

解鈦之場合（第四十六條）

賞表之褫奪（第四十七條）

懲罰之免除（第四十八條）

免幽閉（第四十九條）

對於司獄官吏之苦情（第五十條）

施行細則之制定（第五十一條）

本則適用之範圍（第五十二條）

第一章　監獄則施行細則

第一節　通則

入監之手續（第一條及第二條）

遵守之事項（第三條）

監房前之揭示（第四條）

領置（第五條乃至第七條）

攜入之物品（第八條）

通身檢查（第九條）

放免期日（第十條）

釋放之手續（第十一條）

領置貨物給還之手續（第十二條）

釋放數名之手續（第十三條）

共犯人之別異（第十四條）

特赦免幽閉假出獄（第十五條乃至第二十一條）

死刑（第二十二條乃至第二十五條）

關於監房之要件（第二十六條乃至第三十一條）

死刑場（第三十二條）

監房之設備品（第三十三條乃至第三十五條）

第二節　作業

作業之指定科程種類（第三十六條乃至第三十八條）

外役（第三十九條乃至第四十條）

副業（第四十一條）

作業之出品（第四十二條）

科程之了否（第四十三條）

服役時間（第四十四條）

作業規定適用之範圍（第四十五條）

第三節　工錢

工錢之料定（第四十六條）

工錢之給與（第四十七條）

免役日之使役（第四十八條）

不給與工錢之場合（第四十九條）

工錢之通知（第五十條）

第四節　給與

衣類（第五十一條）

被褥（第五十二條）

衣類之貸與（第五十三條）

白布之縫著（第五十四條）

衣類及雜具之種類（第五十五條）

病者之衣類雜具（第五十六條）

療養必要之飲食物（第五十七條）

食物之購求（第五十八條乃至第六十條）

第五節　衛生及死亡

清潔（第六十一條及六十二條）

運動（第六十三條）

體量檢查（第六十四條）

瀚曬（第六十五條）

入浴（第六十六條）

355

鬚髮梳理（第六十七條及第六十八條）

傳染病之豫防（第六十九條乃至第七十一條）

危篤病者之通知（第七十二條）

死亡之通知（第七十三條）

死亡檢案（七十四條）

遺骸下付（第七十五條及七十六條）

死亡者之領置貨物（第七十七條）

合葬（第七十八條）

第六節　書信及接見

書信（第七十九條及第八十條）

接見（第八十一條乃至八十五條）

第七節　差人之飲食品（第八十六條）

差人品檢查（第八十七條）

衣類解縫（第八十八條）

受免幽閉者得之寄贈品（第八十九條）

第八節　教誨及教育

教誨（第九十條及九十一條）

教育（第九十二條）

第九節　賞譽

賞表（第九十三條）

賞表者之優待（第九十四條）

金錢之賞與（第九十五條）

第十節　懲罰

監房之別異（第九十六條及就九十七條）

執行之中止（第九十八條）

施鈦之免除（第九十九條乃至百一條）

被罰者之動靜視察（第百二條）

第二章　在監人行狀勘查及賞與規定

第三章　被懲治者假出場規則

第四章　假出獄停止手續

第五章　典獄之職務

第六章　監獄書記之職務

第七章　看守長之職務

第八章　看守及監獄傭人分掌例

第一節　看守

巡警（第一條）

人員之點檢（第二條）

監房之檢查（第三條）

行狀之視察（第四條）

科程之點檢（第五條）

工場之取締（第六條）

身體衣服之搜檢（第七條）

監門之守衛（第八條）

監房之開閉（第九條）

諸物件之取締（第十條）

火災之豫防（第十一條）

犯則之申告（第十二條）

懲罰者之視察（第十三條）

戒具之點檢（第十四條）

物品受渡之立會（第十五條）

接見及教誨之立會（第十六條）

醫治之立會（第十七條）

急病之申告（第十八條）

變災之準備（第十九條）

反獄逃走等時之措置（第二十條）

清潔之視察（第二十一條）

掃除之立會（第二十二條）

押丁授業手之視察（第二十三條）

罪狀之申告（第二十四條）

在監人之押送（第二十五條）

訴願之申告（第二十六條）

代書（第二十七條）

第二節　教誨師之職務

教誨及教授（第二十八條）

特別之教誨（第二十九條）

行狀之報告（第三十條）

監房之訪問（第三十一條）

學業事項（第三十二條）

賞罰事項（第三十三條）
監房之教誡（第三十四條）
改悛状之具申状（第三十五條）
書籍器具之管理（第三十六條）
第三節　醫師之職務
疾病之治療（第三十八條）
衛生事項（第三十九條）
調治簿之整理（第四十條）
體質之檢查（第四十一條）
監房及工場之巡視（第四十二條）
流行病（第四十三條）
受罰者之診斷（第四十四條）
急發病者之診察（第四十五條）
役業種類之指定（第四十六條）
攝生物（第四十七條）
手術之具申（第四十八條）
死亡證書（第五十條）
解剖（第五十一條）
作病之申告（第五十二條）
差人飲食物之檢查（第五十三條）
看病者之監視（第五十四條）
器械及書籍之管理（第五十五條）
患者表（第五十六條）
體格檢查（第五十七條）
第四節　女監取締之職務
職務之範圍（第五十八條及
五十九條）
看護（第六十條）
器械類之受渡（第六十一條）
第五節　押丁之職務
身體衣服之搜檢（第六十二條）
控繩及戒護（第六十三條）
死刑執行（第六十四條）

檢房（第六十五條）
門之開閉（第六十六條）
諸物品之配與受渡（第六十七條）
看護（第六十八條）
死體收埋（第六十九條）
器械等之受渡（第七十條）
物件之排列（第七十一條）
監具之監視（第七十二條）
不潔之申告（第七十三條）
犯則之申告（第七十四條）
罪状之申告（第七十五條）
行状之申告（第七十六條）
火災之豫防（第七十七條）
第六節　授業手之職務
農工業之教授（第七十八條）
科程之注視（第七十九條）
器械雜具之整理（第八十條）
科程及工錢（第八十一條）
役業之廢設（第八十二條）
息役之申告（第八十三條）
器具之新調及修繕（第八十四條）
受業囚之優劣進否等明細報告（第
八十五條）
第十一章　司獄官吏採用法
第十二章　看守教習法
第十三章　司獄官吏之服制及禮式
第十四章　懲戒
第十五章　精勤證書及休暇
第十六章　俸給並人員
第十七章　司獄官吏之給助
第十八章　司獄官吏之給與品貸與品
　　　　　手當金支給及宿料給與

3．監獄學（小河滋次郎著，區樞等譯，明志學舍，1906～1907 年）

第一篇　總論

第一章　監獄之沿革

第一節　古代

第二節　中古

第三節　監獄改良之開始

第四節　近世及各國獄制改良之現況

第五節　日本帝國近世獄制改良之沿革

第二章　犯罪及刑罰

第一節　犯罪者

第二節　犯罪

第三節　刑罰

第四節　刑罰種類

第五節　自由刑之種類

第六節　附加刑

第七節　財産刑

第八節　名譽刑

第三章　行刑法

第一節　雜居制

第二節　分房制

第三節　階級制

第四節　假出獄

第四章　犯罪之預防

第一節　出獄人保護事業

第二節　救貧及教育事業

第三節　員警

第五章　監獄構造法

第一節　總論

第二節　關於監獄構造一般之原則

第三節　分房制大監獄之構造

第四節　監房之構造

第五節　拘置監

第六節　留置場

第七節　懲治場

第八節　結論

第六章　監獄管理法

第一節　監獄之定義及其種類

第二節　中央監獄及地方監獄（附監獄國庫支辦之理由）

第三節　監獄官吏

第四節　官吏採用法

第五節　看守教習法

第六節　俸給及給助

第七節　監獄官吏之職務

第八節　監獄官吏之一般義務

（甲）服務紀律

（乙）服制

（丙）懲戒

第九節　精勤證書及休假

第七章　監督權之所在

第一節　最上監督權之所在

第二節　直接監督權之所在

第二篇　各論

第一章　收監

第一節　收監事序

第二節　收監者安置之事序

第二章　在監人檢束法

第三章　戒護官吏勤務法

第四章　遇囚法

第一節　妨害官吏之行其職務之罪

第二節　囚徒逃走之罪及藏匿罪人之罪

第五章　懲罰

第六章　賞與

第七章　書信及接見

第八章　監房訪問

第九章　釋放

第一節　釋放之事由

第二節　釋放處理事序

第三節　假出獄施行之事序

第四節　免幽閉特赦及大赦

第五節　免刑及押送事序
第六節　死亡之事序
第七節　宅預及病院送致
第十章　作業
第一節　作業之旨義
第二節　作業施行法之種類
第三節　作業之種類
第四節　使役法
第五節　工錢
第十一章　給與
第一節　食品
第二節　被服及臥具
第三節　清潔法
第十二章　衛生
第一節　病者處遇法
第二節　精神病者處遇法
第三節　監獄醫之職務
第十三章　會計
第十四章　教誨
第一節　教誨之主義及方法
第二節　教誨師之職務
第十五章　教育
第十六章　書籍
第十七章　監獄統計
第十八章　補遺
第一節　女監取締之職務
第二節　押丁之職務
第三節　授業手之職務
第四節　送達契約事項

附譯日本現行監獄法規

一、監獄則
二、監獄則施行細則
　第一章　通則
　第二章　作業
　第三章　工錢
　第四章　給與
　第五章　衛生及死亡
　第六章　書信及接見
　第七章　差人品
　第八章　教誨及教育
　第九章　賞與
　第十章　懲罰
三、在監作業規程
四、監獄作業規程
五、看守及監獄傭人之分掌例
　第一章　看守之職務
　第二章　教誨師之職務
　第三章　醫師之職務
　第四章　女監取締之職務
　第五章　押丁之職務
　第六章　授業手之職務
六、監獄醫教誨師教師藥劑師之職務規程
　第一章　監獄醫之職務
　第二章　教誨師之職務
　第三章　教師之職務
　第四章　藥劑師之職務
七、看守採用規則
八、看守考試規程
九、看守教習規程
十、囚人及刑事被告人押送規則
十一、囚人及刑事被告人押送細則

359

4．監獄訪問録（小河滋次郎講演，董康編譯，修訂法律館，1906 年）

第一編　總論
　第一、獄制之歷史
　第二、監獄之構造
　第三、刑罰之目的　刑罰之種類　自
　由刑之種類
　第四、監獄之定義
　第五、監獄官吏與監獄之監督權
　第六、拘禁制度
　第七、犯罪者之分類
第二編　各論
　第一、入監之方法
　第二、檢束
　第三、待遇囚徒之法

　第四、懲罰
　第五、賞譽
　第六、通信
　第七、出監
　第八、作業
　第九、工錢
　第十、衛生
　第十一、監獄統計
　第十二、拘置監
　第十三、未成年監
　第十四、懲治場
　第十五、結論

5．警視廳員警全編第十三冊　監獄學（島田文之助講授，陳士英編輯，警視廳員警
　　編輯社，1907 年）

緒言
第一編　監獄學之概念
　第一章　監獄學之意義
　　第一節　監督罪人之方法
　　第二節　刑罰之執行
　第二章　犯罪之觀念
　第三章　犯罪之定義
　第四章　犯罪之防遏
　第五章　監獄之沿革
　第六章　監獄之容體
　　第一節　在監人之種類
　　第二節　犯罪之種別
　　第三節　囚人之稱呼
　　第四節　囚人之簿冊
　第七章　監獄之分類
　第八章　監獄之目的
　　第一節　犯由之調查
　　第二節　注意個人之境遇
　　第三節　感化教育之施設
　　第四節　犯人之類別

　第九章　拘禁制度
　　第一節　分房制
　　第二節　雜居制
　　第三節　階級制
　第十章　監獄之構造
　　第一節　監獄之位置
　　第二節　獄舍之形狀
　　第三節　獄舍之區劃
　　第四節　房內置設備
　　第五節　工廠之設置

第二編　監獄實務
　第一章　檢束法
　　第一節　逃走豫防
　　第二節　獄內規律勵行
　　第三節　賞罰
　　第四節　獄內非常員警
　第二章　作業之賦課
　　第一節　作業執行之方法
　　第二節　作業之種別

付　録

第三節　課程之標準
第四節　課程之種類
第五節　課程之計算
第六節　習熟之期間
第七節　工錢料之酌定
第八節　工錢之給與
第三章　教誨及教育
第一節　教誨
第二節　教育
第三節　監獄中教誨及教育之起源
第四節　就學之方法
第五節　就學之學級與時期
第六節　教師之資格

第四章　囚人之生活
第一節　雜居之制限
第二節　衣服之制限
第三節　飲食之制限
第五章　監獄之衛生
第一節　換氣法
第二節　營養法
第三節　體溫調查
第四節　療養法
第六章　出監
第七章　司獄官及其勤務
第一節　司獄官之心的
第二節　司獄官勤務之法方

6. 法政叢編監獄學（小河滋次郎講述，劉蕃譯，湖北法政編輯社，1905 年）

第一篇　汎論
第一章　監獄之定義
第二章　監獄學之意義
第三章　監獄學與專門學科之關係
第四章　刑事人類學
第五章　刑事統計及監獄統計
第二編　各論
第一章　犯罪及犯罪者
第一節　犯罪
第二節　犯罪者
第二章　刑之種類
第三章　自由刑之種類
第四章　附加刑
第五章　財產刑
第六章　名譽刑
第七章　行刑法
第一節　雜居制
第二節　分房制
第三節　階級制
第四節　假出獄
第八章　防罪之豫防
第一節　出獄人保護事業

第二節　救貧及教育事業
第三節　員警
第九章　監獄構造法
第一章總論
第二章關於監獄一般之原則
第三章分房制大監獄之構造
第四章監房之構造
第五章拘置監
第六章留置場
第七章懲治場
第八章總論
第十章　監獄管理法
第一節　監獄之定義及其種類
第二節　中央監獄及地方監獄並監
　　　　獄費由國庫支辨之理由
第三節　監獄官吏
第四節　官吏採用法
第五節　看守教習法
第六節　俸給及給助
第七節　監獄官吏之職務
第八節　監獄官吏之一般義務
第九節　精勤證書及休假

361

第十一章 監督權之所在   第二節 直接監督權之所在
　第一節 最上監督權之所在

7. 法政萃編監獄學（小河滋次郎·中村襄，賀國昌·蕭仲祁編譯，1905 年）

監獄學總論   第三条檢束
監獄學各論   第六章 監獄官吏
第一章 監獄之種類   第一節 典獄
第二章 刑事被告人之入監出監   第二節 書記
第三章 囚人之入監出監   第三節 看守長
第四章 作業   第四節 看守
　第一節 作業之要旨及種類之選擇   第五節 監獄醫及教誨師
　第二節 作業之指定及外役   第六節 官吏採用法及俸給給助
　第三節 科程等級及工業資金   監獄法規
　第四節 作業實行之種類   參觀監獄記（江西萍鄉　賀國昌輯、收
　　第一欵 作業之種類   錄有《市穀監獄參觀記》、《東京監獄參
　　第二欵 受負業與官司業之利弊 觀記》、《巢鴨監獄參觀記》、《川越分監
第五章 在監人待遇   懲治場參觀記（即少年感化場)》》
　第二条教誨及教育

8. 獨逸監獄法目次（Curtt von Seebach 講述，小河滋次郎口譯，印南于菟吉筆述，
　柳大謐編譯，上海群益書局，1911 年）

前編   後編 司獄官吏
第一章 犯罪及刑罰   第一章 下等司獄官吏
第二章 行刑及行刑制度   第二章 下等官吏之任命法
第三章 犯罪之防制   第三章 服制
第四章 犯罪之豫防   第四章 看守之職務
第五章 監獄之構造   第五章 特務分掌例
第六章 監獄普通管理法   第六章 授業手之職務
第七章 各課管理法   第七章 看守長（戒護主任）服務須知
第八章 囚人之檢束法   第八章 監長之職務
第九章 遇囚法   第九章 上等司獄官吏
第十章 監房訪問   第十章 書記之職務
第十一章 懲罰   第十一章 用理理事之職務
第十二章 囚人之出獄   第十二章 工業理事之職務
第十三章 書信及接見   第十三章 會計理事之職務
第十四章 戒護事務配置法及勤務法

付　録

9．新譯日本法規大全　第十六類　監獄（劉崇傑譯校，上海商務印書館，1907 年）

第一章　普通監獄
　第一款　監獄則
　　監獄則
　　監獄則施行細則
　　監署雜則
　　在監人賞譽規程
　　關於放免精神病之在監人之取扱
　　手續
　　假出獄停止手續
　　特赦免幽閉假出獄言渡之儀式
　　假出場規則
　第二款　巡閱
　　監獄巡閱内規
　第三款　看守監獄傭人
　　看守及監獄傭人之分掌例
　　看守押丁賞與方法
　　看守點檢規則
　第四款　監獄費
　　府縣監獄費等關於國庫支辦之件
　　明治三十三年法律第四號施行之
　　際關於國庫地方費區分之件
　　府縣監獄費等應以國庫支辦之法
　　律其在施行日期内如要處分屬於
　　府縣監獄之物件宜為報告件
　第五款　囚徒押送

　　囚人及刑事被告人押送規則
　　囚人及刑事被告人押送細則
　　關於囚人及刑事被告人遞傳被告
　　人遞傳護送之件
　　囚檢證而召囚人出張巡查護送之
　　件
　　徒刑流刑禁獄送致法及聯合地方
　　區分
　　聯合地方之區分
　　軍衙間囚人及刑事被告人押送規
　　則
第二章　陸軍監獄
　　陸軍監獄條例
　　陸軍監獄條例施行細則
　　陸軍監獄條例第一條明文外之囚
　　人取扱方
　　囑託刑事被告人之婦女于地方監
　　獄時費用請求法
第三章　海軍監獄
　　海軍監獄則
　　海軍監獄則施行細則
　　海軍軍法會議處斷之囚人交付地
　　方監獄之件
　　拘禁海軍軍法會議所處斷之囚人
　　及費用支辦方

10．獄務攬要（小河滋次郎著，文蓂輝・曾遇賢同譯，東京秀志社，1906 年）

第一章　舊時代之監獄
第二章　現時代之行刑
第三章　論能採用為看守者必要之條
　　　　件
第四章　論看守宜心得之行刑要義
第五章　有職務規程及思慮之看守之
　　　　獨立行為
第六章　關於看守間接的遇囚之職務

第七章　犯罪及犯罪者
第八章　論特種時勤務上之心得
第九章　論監獄官吏所以必要協同一
　　　　致之精神
第十章　對於免囚之保護及看守出獄
　　　　者之態度
第十一章　多數累犯者之非難

363

11. 監獄學（廖維勛編譯，政法學社，1905 年）

上編

第一章　總論

第一節　定改良之宗旨

第二節　立待囚之標準

第三節　除刑法之弊端

第四節　別監獄之種類

第五節　愼獄制之採用

第六節　講築造之方法

第七節　採巡閱之制度

第八節　重治獄之人才

第二章　各論

第一節　公正

第二節　嚴肅

第三節　知恥

第四節　自新

第五節　工作

第六節　衛生

第七節　教誨

第三章　結論

（1）清源

（2）善後

下編

第一章　關於監獄官吏之事務

第一節　最上監督權

第二節　官吏

第二章　關於囚人之事務

第一節　工作

第二節　懲罰

第三節　衛生

第四節　教育及教誨

第五節　入監

第六節　出監

第七節　雜則

12. 開國五十年史之監獄誌（法學博士小河滋次郎・留岡幸助，開國五十年史發行所，1909 年）

古代之刑罰、貴族之處刑、盟神探湯、古代之行刑法、聖德太子之憲法、近江令、大寶律令、古代之刑部、刑罰種類、唐制、檢非違使廳、鎌倉幕府、貞永式目、鎌倉時代之法術、刑名、建武式目、公家法度武家法度、評定處、律令之公佈、德川時代之刑制、地方司獄官、江戶獄舍、病監、收氓處、刑名、拷問、獄制、牢囚之制裁、給與、被服、沐浴、獄制之實情、監獄改良論、假刑律、新律綱領、視察獄制、改定律令、集治監、監獄費、新刑法、未決囚、懲治人、傳告者、誘工者、服勞役、教誨教育及賞罰、改正監獄則、監獄費由國庫支辦、感化法、幼囚監獄、監獄改良、基督教徒之盡力、員警監獄教育、行刑法之發暢。

（自三百五十一至三百七十三）

付　録

13. 監獄学（附監獄律）（熊元翰編輯，安徽法學社，1911 年）

緒論

第一編　總論

第一章　監獄之沿革

第二章　獄制改良之開始

第三章　各國監獄改良之現狀

第四章　日本監獄改良之沿革

第五章　列國監獄會議

第六章　歷史的發達之結果

第二編　犯罪及刑罰

第一章　犯罪

第二章　犯罪者

第三章　犯罪者之類別

第四章　刑罰及刑罰之種類

第五章　自由刑

第六章　財産刑

第七章　執行自由刑之方法

第八章　流遣刑

第九章　刑責無能力者

第一節　精神病者

第二節　未成年犯罪者

第十章　犯罪之豫防

第一節　保護免囚

第二節　社會的犯罪原因之排除

第三節　使健實法德觀念發達之必要

第十一章　監獄搆造法

第一節　普通監獄

第二節　附屬施設物

第三節　分房監獄

第四節　監房（獨居房）之搆造

第五節　折罎監獄

第六節　拘置監

第七節　警察監獄

第十二章　監獄統計

第十三章　感化法

第六条施行方法

第七条感化院管理法

第八条感化院之規模及職員

第九条感化教育之要素

第十条感化教育之段落

第十一条感化事業經費之關係

第十二条感化事業之成績

監獄律草案目録

第一章　總則　自第一條至第二十四條

第二章　收監　自第二十五條至第三十五條

第三章　拘禁　自第三十六條至第五十三條

第四章　戒護自第五十四條至第七十四條

第五章　作業　自第七十五條至第九十八條

第六章　教誨及教育　自第九十九條至第一百五條

第七章　給養　自一百六條至第一百十六條

第八章　衛生及醫療　自第一百十七條至第一百四十三條

第九章　出生及死亡　自第一百四十四條至第一百六十一條

第十章　接見及書信　自第一百六十二條至第一百八十五條

第十一章　賞罰　自第一百八十六條至第二百四條

第十二章　領置　自第二百五條至第二百十九條

第十三章　特赦減刑及暫釋　自第二百二十條至第二百二十七條

第十四章　釋放　自第二百二十八條至第二百四十一條

365

初出一覧

序章　清末中国における日本監獄制度受容研究の課題と展望
第一編　清末中国における西洋近代監獄制度の啓蒙
　第一章　西洋人が見た明清時代の中国監獄
　第二章　中国官民が見た19世紀後期の西洋監獄
　　　　「19世紀後期における中国官民の海外監獄視察について」（『アジア文化交流研究』第4号、2009年3月）を改稿
　第三章　清末中国における監獄改良論の高揚

第二編　清末中国における日本監獄視察の潮流
　第一章　清末中国官民の日本監獄視察の概論
　　　　「清末中国における監獄制度の改革と日本―清末中国官民の日本監獄視察を中心に―」（『アジア文化交流研究』第2号、2007年3月）を改稿
　第二章　清末直隷官紳の日本監獄視察
　　　　「近代中国の直隷官民の日本監獄視察」（『東アジア文化環流』第2編第2号、2009年7月）を改稿
　第三章　清末中央政府派遣の日本監獄視察団
　　　　「晩清政府派遣の日本監獄視察団について」（『アジア文化交流研究』第5号、2010年3月）を改稿
　第四章　1906年中国地方政府連合派遣「調査日本監獄員」――浙江省を中心に

第三編　清末中国語訳された日本監獄学書籍の動向
　第一章　清末中国語訳された日本監獄学書籍の書目
　　　　「清末中国語訳された日本監獄学書籍の書目」（『東アジア文化交渉研究』第4号、2011年3月）を改稿
　第二章　清末中国語訳された日本監獄学書籍の著者と訳者
　　　　「晩清中央政府の法制官董康の日本監獄視察について」（『或問』第18号、2010年7月）を改稿
　第三章　清末中国語訳された日本監獄学書籍の伝播
　　　　「清末中国語訳された日本監獄学書籍の伝播」（『東アジア文化環流』第3編第2号、2010年11月）を改稿

第四編　小河滋次郎と清末中国の監獄改良
　第一章　小河滋次郎と清国留学生
　　　　「小河滋次郎と清国留学生」（『東アジア文化交渉研究』東アジア文化研究科開設記念号、2012年3月）を改稿
　第二章　小河滋次郎の監獄学中国語訳本
　第三章　小河滋次郎と1906年清政府派遣の日本監獄視察団
　第四章　清末獄務顧問としての小河滋次郎
終章　清末中国における日本監獄制度受容研究の意義

※初出の明示のないものは、すべて新稿である。

366

　　　　　あとがき

　監獄といえば、人間社会において最も日が当たらない凶悪で陰険な所だという固定なイメージがあり、「非礼勿視」（礼にあらざれば視るなかれ）の対象とされてきた。実は、百余年前に監獄が「西洋文明の象徴」として脚光を浴びていた時期があったことはあまり知られていない。このため清末中国の監獄改良を研究テーマとして選択した時、周りの人々が不思議がるのがよく理解できた。しかし、監獄の改良者は獄中で受難した英雄と同じく偉大な存在である。
　今年は、本書の主人公の一人である小河滋次郎氏の逝去 90 周年にあたる。この中国であまり知られていない日本人は、過去十年来、私の心の中の英雄となり、去年亡くなられたネルソン・マンデラにも少しも劣らない偉大な人物と言える。マンデラは長年の囚人であることに対して、小河氏は囚人の管理者であるが、2 人とも愛と勇気をもって暗黒な監獄を照らした。
　小河滋次郎氏は、日本における近代監獄学の木鐸で、日中両国の監獄の近代化に全力を尽くし、やむを得ず無念に退官した後も、日本社会事業史上の画期的大事業とされる、方面委員制度（今の民生委員制度）を全国に先駆けて生み出した。すなわち小河氏は一生を貫いて、弱き者の友として生き抜いた。懲罰と報復は容易なことで、これは人間の動物的本能の現れである。一方、寛容と仁愛は最も深い同情と更なる大きな勇気が必要で、真なる文明ないし神性の現れである。
　清末の監獄改良を含む法制の近代化は、中国法制自身の自覚発展というより西洋列強の中国における領事裁判権の撤廃のために応急的で受身的に行われたが、近代化の過程で滲み出た仁愛と文明への追求に感動せずにはおられない。これこそが、本書の主題である「こわくて険しい」監獄研究を持続する原動力となった。2011 年に研究のため来日して帰国する直前に、宿願をかなえに、京都法然院にある小河滋次郎氏のお墓を参拝したとき、供えた花はすでに散っ

て土にかえってしまっていたが、拙著を以てこの気高い仁人君子に敬意を捧げる次第である。

　本書の出版の契機は、2012 年に中国国家留学基金が授与され、2014 年 2 月 17 日から 1 年にわたり、日本での訪問研究者の機会を得たからである。訪問研究者として関西大学アジア文化研究センターに受け入れていただき、研究を進めることができた。このような機会は、私の研究人生に再度訪れる可能性は少ないであろう。そこで、これまで日本語で発表したものを中心に、日本でぜひ出版したいと、研究を指導してくださった松浦章教授に相談したところ、清文堂出版の前田正道氏を紹介された。前田氏は本書の内容が監獄のことであることから少し躊躇されたが、原稿を読んでいただき、『中国の監獄改良論と小河滋次郎』というタイトルでの出版を快く引き受けてくださり、本書の出版が可能となったのである。

　本書を完成するまで、様々な方々のご支援を得た。

　ふりかえれば、浙江大学の大学院時代に、指導教官の王宝平教授から読むように指示された近代中国人の日本視察日記であるさまざまな「東遊日記」を読んでいるうちに、修士論文のテーマ「清末日本監獄考察之研究」にたどり着くことができた。これらの「東遊日記」は、王教授が日本で収集されたものである。王宝平教授は、学部生から院生へ、さらにガイドから教師に変身した長い年月にわたる私の恩師であり、資料提供のほかに、様々な研究のためのご配慮いただいている現在の上司でもある。

　王宝平教授の堅実で実証的な研究法から多大な啓発を受け、さらに人となりの寛容と仁徳も私の手本となった。そして王教授が主宰する日本文化研究所によって、松浦章教授をはじめとする多数の優秀な学者に触れ合うことができた。

　大学院を卒業した後、日本語教育に専念し、研究が停滞していた。大きな転機が訪れたのは、2006 年 3 月に王教授が企画して杭州で開かれた学会での松浦教授との 7 年ぶりの再会である。学会の終了後、王教授が松浦教授を招待された席に私も呼ばれ、両教授から大学の教員を続けながら研究することの大切さを教えられた。その後、細々と研究を再開し、研究することの重要性を認識し、資料が少ないため、来日する機会を考えたところ、2010 年に 2 度の来日

の機会を得て、合わせて8か月近く関西大学において研究できた。その間、松浦教授のもとで、本書の中心となる論文がいつくかできたのであった。

恩師松浦教授の指導により、2009年に副教授に昇進し、さらに、今回を含む前後して四回にわたる渡日機会に恵まれた。2011年3月には関西大学から博士（文学）の学位を授与され、研究の道が大きく進展した。

関西大学での研究期間中、松浦教授の明晰な研究思想と資料の発掘及び活用の方法論から多大な啓発を受け、時には、恥ずかしさのあまりに人前で自分の選んだ研究テーマを言えないこともあるが、松浦教授は最初から私の選択を十分に理解してくださり、学問に貴賎なしと強調し、早く成果を出すように期待をかけてくださった。松浦教授は屈指の「文章大家」で、毎年必ず新著を出版し、自ら学生の手本とされている。かつても帰国後、わざわざと国際電話をかけていただき、論文の作成に精進するようにと諭された。松浦教授の温かい励ましと厳密な指導なくしては今の私を語れない。

慶應義塾大学の小野修三教授は、小河滋次郎研究の第一人者で、インターネットでもその研究成果を公開されている。2003年に東京へ資料調査に赴いた際、唐突に小野教授を訪ねた。まったく知らない招かれざる客の私に対し、懇切に指導いただいただけでなく、昼食にまで招待いただき、さらに貴重な矯正図書館の情報を教えてくださった。そのうえ帰国後、小野教授からご著書を寄贈していただいた。

日本法制史学者である早稲田大学の島善高教授は、著名な法学者瀧川政次郎の高弟である。瀧川氏は董康と親交があり、董康という人物を研究する価値があると明言された。島善高教授は、董康に関連する論文と東京警監学校の日本資料を送ってくださった。

小野教授と島教授の両教授は、一面識だけの中国人研究者の私に、学術的なご教示だけでなく、真なる学者の品格を体得する機会を与えてくださった。

一度、松浦教授に「研究していて楽しくないか」とたずねられたことがある。私は、研究に励む苦しみに楽しさがあると思う。最大の楽しみは博学でしかも仁徳のある先生方に触れ合えることにあると気づき、感謝の念を禁じ得ない。

日本住友財団から2002年度の「アジア諸国における日本関連研究助成」を

受け、2009 年に中国教育部人文社会科学基金から、研究助成金を授与されたことが研究の重要な支えになったことに深く感謝したい。これらの基金の採択により監獄研究の意味が認められ、非常に自信となった。

「監獄改良」、「中日交流」、「官紳視察」などのキーワードは、頭の中で十年間思いめぐらしてきた。やっと一段落を付けて落ち着く時期となった。論文を書くにしても、書かない日常生活にしても、いつも人間関係、特に善良、同情、寛容、勇気などの人類の美しい品格に注目してきた。「監獄」と結びつける長い年月の間、人間性の輝きを見出したことはなんと幸せなことであろう。暗い所だからこそ、光がよく見えたかもしれない。この光が私のこれからの人生を照らし続けてくれると信じている。

本書の出版は、英文学を研究している夫、管南異の協力なしではできなかった。息子の養育に協力してくれた両親、そして母親らしくない母に我慢して学業に励んでいる息子に感謝を捧げる次第である。

本書の編集と索引などの細部のことは、清文堂出版の前田正道氏とトビアスの齋藤伸成氏のご尽力なくしては語れない。末筆ながら、深謝する次第である。

    2015 年 1 月 24 日   孔　穎
                                        関西大学以文館において

人 名 索 引

【ア 行】

青柳篤恒	264
アステュディロ	25, 26
アベール	29
アレン	32
デュ・アルド	24, 37, 333
殷　汝耕	280
印南於菟吉	211, 233, 234, 341
ウィリアムズ	31
梅謙次郎	120, 145, 182, 274
袁　世凱	114, 123, 139, 140, 148,
	149, 151, 156, 158, 184, 192,
	195, 218, 223, 227, 260, 265,
	338, 339, 341, 343
王　元増	196, 285, 286
王　乃徴	323
王　韜	45, 46, 58, 59, 63, 81
大久保利武	274, 329, 330, 345
大隈重信	217, 218, 220 ～ 223,
	263 ～ 265
岡田朝太郎	108, 175, 182, 319
小河滋次郎	6, 9, 11, 53, 68, 85, 170,
	172, 176, 178 ～ 180, 184, 196,
	197, 217, 224, 233, 235, 245 ～ 247,
	249, 255, 273 ～ 288, 291 ～ 306,
	311 ～ 331, 341 ～ 345
小野修三	6, 328, 345

【カ 行】

何　啓	81, 82
郭　嵩燾	48, 50, 54 ～ 56,
	59 ～ 64, 334
神野忠武	118
熙　槙	126, 151, 170 ～ 172,
	178, 245, 315, 338
清浦奎吾	312
区　天相	170, 171, 173, 240,
	243 ～ 247, 311, 313, 342
G.W.Cook	28
クルーゼン	323
クルズ	19, 22
呉　汝綸	118, 172
胡　礼垣	81, 82
康　煥棟	282
黄　慶澄	107
黄　遵憲	60, 63, 66 ～ 68, 104, 334
項　文瑞	118
康　有為	10, 65, 84, 231, 232, 334, 339

【サ 行】

載　澤	60, 218
斎藤十一郎	9, 170
佐藤信安	212, 260
志　剛	45
志田鉀太郎	183
島田正郎	6

周　作人	10, 68, 93, 94, 179, 205, 211, 335
蕭　仲祈	280, 296, 306
章　炳麟	35
沈　家本	9, 113, 116, 124, 133, 137, 150, 164, 168, 169, 175 ～ 177, 180, 181, 183 ～ 185, 218, 242, 311, 313, 316, 319, 327, 338, 340, 341, 344
沈　茞	35, 36
薛　福成	54 ～ 56, 60, 62, 63, 65 ～ 67
セメード	23
宋　育仁	56
宋　恕	82
曹　汝霖	275

【タ　行】

戴　鴻慈	165, 218
谷野　格	238, 341
段　献増	143, 155, 261
チェッター	30
張　之洞	110, 114, 119, 138, 227, 339
張　自牧	64
張　徳彝	44, 45, 54
陳　金度	193, 194, 199, 200
鄭　観応	83, 84
丁　汝昌	105, 107
寺尾　亨	280
田　荊華	284
塗　福田	120, 143
董　康	9, 123, 168, 169, 171, 172, 177 ～ 183, 185, 240 ～ 242, 245, 297, 304, 312, 313, 316, 330, 340, 342, 344
留岡幸助	224

【ナ　行】

中村　襄	176

【ハ　行】

パークス	28, 29
麦　秩厳	168, 169, 178, 179, 245, 312 ～ 314
橋本左内	80
早崎春香	329
ドミニコ・パランナン	25
バロウ	27
ジョン・ハワード	49, 59, 75 ～ 77
范　源廉	274
トメ・ピレス	17
傅　雲龍	104, 105
ファーベル	33
藤沢正啓	144, 234, 235, 341
ヘーゲル	26, 37, 333
ペレイラ	17, 22
方　苞	334
穂積陳重	102, 345

【マ　行】

マカートニー	26, 37, 333
マガウアン	34
松本亀次郎	280
メンドーサ	22

モンテスキュー	3, 26, 37, 333	李　　圭	46 〜 48, 63, 65
【ヤ　行】		李　經方	105, 107
山上義雄	120	劉　錫鴻	53, 54
楊　　枢	274	梁　啓超	65, 132, 217, 227, 255,
吉田松陰	78, 79		256, 341
【ラ　行】		凌　福彭	123, 146, 147, 149 〜 151,
羅　振玉	118		338, 339

資　料　名　索　引

【カ　行】		『中国叢報』	16, 31
『海国図志』	44, 75, 77, 78, 80	『中国総論』	31
『近代中国官民の日本視察』	6	『中国旅行記』	27
「獄中雑記」	7, 38, 57, 74, 334	『東西洋考毎月統計傳』	75
【サ　行】		『東方雑誌』	87, 89, 180, 191, 260, 344
『自西徂東』	33	【ナ　行】	
『申報』	9, 90 〜 93, 125, 126, 141,	『日本雑事詩』	334
	145, 153, 164, 191 〜 194, 258, 259	『日本書目志』	334
『清末中国対日教育視察の研究』	6	【ハ　行】	
【タ　行】		『万国公報』	32, 33
『大公報』	35, 191	『晩清東遊日記彙編　日本政法考察記』	
『大中国誌』	23		8, 101
『中華大帝国史』	22	『北華捷報』	34 〜 36
『中華帝国通志』	24 〜 26, 37, 333	【ヤ　行】	
『中国酷刑』	27	『耶蘇会士書簡集』	24 〜 26, 37, 38,
『中国志』	19		333, 334

地 名 等 索 引

【カ 行】

京師法律学堂	319, 320
京師模範監獄	321, 344

【サ 行】

上海	48, 108, 231
シンガポール	4, 50
巣鴨・巣鴨監獄	118 ～ 121, 123, 124, 143, 148, 150, 152, 197, 235, 245, 338

【タ 行】

天津	123, 231, 338
東京警監学校	195, 285, 338, 343
東京集治監	105

東斌学堂	280, 284, 343

【ナ 行】

長崎	57, 242
寧波	15, 16, 46

【ハ 行】

万国監獄会議	51, 52, 92, 292, 306, 330, 345
ベルギー	52, 53, 56, 60
香港	4, 49, 53 ～ 55, 59, 63, 64

【ラ 行】

ロンドン	44, 45, 48 ～ 50, 52 ～ 54, 57, 58

清末监狱改良与小河滋次郎

中文提要

本书所谈的是中国近代史中一个细节问题，即晚清新政时期政府如何鼓励官绅游历日本、尤其是考察日本监狱、以及实际执行情况及其成效。但本书真正关注的是一个更重大的问题——清政府试图仿效明治日本移植西方监禁制度、实行改良监狱，其根本目的是废除领事裁判权，由此可以管中窥豹，看到外力作用下中国法律的近代化历程。而本书最终触及的是一个文化问题，即中国之选择日本为监狱改良的考察和模仿对象、以及清政府对包括监狱在内的近代西方法律制度的移植方式之激烈争论，均为中国传统文化面对近代西方文化的强大挑战时的适应和选择问题。本书同时意图说明，在改变传统社会文化的进程中，经过海外游历融通新旧的官绅，较之留学生，在清末新政的特定时期发挥了更为积极稳健的作用。

The Late Qing Prison Reform and OGAWA Shigejiro

Abstract

The present book looks into a small detail in the modern Chinese history, namely how the Late Qing Government decided to encourage officials and gentlemen to take enlightenment tours of Japan, with its modernized jails as one of the required stops, how the policy was implemented and what were the consequences. The book, however, has a broader and more significant concern: to examine China's partly forced legal modernization through a particular case, since the attempt to introduce Western prison system by following the Japanese example was really for the purpose of abolishing the Consular Jurisdiction imposed by the foreign powers. Ultimately it is a cultural issue that the book deals with; both the fierce debate within the Qing Government regarding the ways of prison reform and the choice of Japan as its example of the reform are indications of traditional Chinese culture adapting and adjusting to the challenges from the modern Western culture. The book also tries to show that officials and gentlemen who had seen the modern world by overseas experiences played a more stable and positive role than returned overseas students in the progress of changing the traditional Chinese social life.

孔　　穎（こう　えい）

〔略　　歴〕
1971年　中国浙江省杭州市生まれ
1993年　杭州大学日本語学科卒業
　　　　　　　浙江省青年旅行社・浙江省海外旅遊公司に勤務
2001年　浙江大学人文学院大学院修了
　　　　　　　浙江大学城市学院外国語学院日本語学科講師をへて
現　在　浙江工商大学日本語言語文化学院副教授　　博士（文学・関西大学）

〔主要著作並びに論文（中国語）〕
『走近文明的櫥窗──清末官紳対日監獄考察研究』（法律出版社，2014 年）
「明季澳門“倭奴”辨析」（『古代文明』2012 年第 3 期，74 ～ 80 頁）
「《泰晤士報》通訊員筆下的 1858 年広州監獄」（『海洋史研究』第三輯，社会科学文献出版社，2012 年，284 ～ 306 頁）
「明朝刑獄的域外形象研究」（『明史研究』第十二輯，2012 年，279 ～ 295 頁）
「芥川龍之介的杭州之行──一個大正西湖夢的破滅」（『浙江工商大学学報』2009 年第 4 期，72 ～ 76 頁）

など

中国の監獄改良論と小河滋次郎

2015 年 3 月 20 日　初版発行

著　者　孔　　穎
発行者　前田博雄
発行所　清文堂出版株式会社
　　　　　〒542 - 0082　大阪市中央区島之内 2 - 8 - 5
　　　　　電話06 - 6211 - 6265　FAX06 - 6211 - 6492
　　　　　http://www.seibundo-pb.co.jp
特別編集協力：有限会社トビアス
印刷：朝陽堂印刷株式会社　製本：免手製本株式会社
ISBN978-4-7924-1038-4　C3022
©2015　KONG Ying　Printed in Japan